Los SECRETOS
de *ÁNGELES Y DEMONIOS*

Los SECRETOS de *ÁNGELES Y DEMONIOS*

La guía no autorizada al bestseller

Editado por Dan Burstein y Arne de Keijzer

PRIMER EDITOR COLABORADOR: *David A. Shugarts*

EDITORES COLABORADORES: *Paul Berger, Peter Bernstein, Annalyn Swan*

EDITORES DE CONSULTA: *John Castro, Judy De Young, Anna Isgro, Gwen Kinkead, Jill Rachlin, Alex Ulam*

TRADUCCIÓN DE: *Agustín Pico Estrada*

emecé

Burstein, Dan
    Los secretos de ángeles y demonios / Dan Burstein y Arne de Keijzer.–
1ª ed.– Buenos Aires : Emecé, 2005.
    424 p. ; 25x16 cm.

    Traducción de: Agustín Pico Estrada

    ISBN 950-04-2632-3

    1. Investigación Periodística I. Keijzer, Arne de II. Título
    CDD 070.44

Emecé Editores S.A.
Independencia 1668, C 1100 ABQ, Buenos Aires, Argentina
www.editorialplaneta.com.ar

Título original: *Secrets of Angels & Demons*

Secrets of Angels and Demons by Squibnocket Partners LLC
Published in agreement with the author, c/o Baror International, Inc.,
Armonk, New York, USA

Traducción de Agustín Pico Estrada, 2005
© *Mapas de General Cartography, Inc. Adaptación de Diego Carrillo*
© *Ambigrama: Scott Kim, 2005*

© *2005, Emecé Editores S.A.*

Diseño de cubierta:
Departamento de Arte de Editorial Planeta
1ª edición: marzo de 2005
Impreso en Grafinor S. A.,
Lamadrid 1576, Villa Ballester,
en el mes de febrero de 2005.

IMPRESO EN LA ARGENTINA / PRINTED IN ARGENTINA
Queda hecho el depósito que previene la ley 11.723
ISBN: 950-04-2632-3

Para Julie,
el ángel que iluminó mi experiencia de Roma circa
MCMLXXI *y el resto de mi vida desde ese momento:*
"Bella… Molto Bella!" *Por todas las vacaciones*
romanas y aventuras italianas que vendrán…

Y para David,
experto residente en la lista de bestsellers, latín y las
similitudes entre Harry Potter y Robert Langdon:
"Súbitamente, todo se aclaró".

—DB

Para Hannah,
que danza en mi alma
y a Dick, Steve, Brian, DDJ, Clem,
y mi extraordinaria familia extendida.

Y especialmente a Helen,
"Si alguna vez alguna belleza vi,
deseé y obtuve, no fue más que un sueño de ti".

—AJD

Índice

2 Galileo: el hereje piadoso

3 De conspiraciones y conspiradores: los illuminati iluminados

4 ¿Dos ventanas al mismo universo?
La discusión ciencia versus religión

7 *Ángeles y Demonios*, Dan Brown y el arte de convertir los "hechos" en ficción

Nota del Editor

Los secretos de Ángeles y Demonios: *la guía no autorizada al bestseller* sigue el mismo formato de nuestro primer libro de esta serie, *Los secretos del Código: guía no autorizada a los misterios detrás del Código Da Vinci.*

Una vez más, hemos buscado proveer una completa guía de lectura mediante una cuidadosa recolección de pensamiento y escritura original, extensas entrevistas con expertos y extractos de libros, revistas y sitios web. Una vez más, nos intrigó la técnica de Dan Brown de entretejer ideas importantes, ricas e históricamente significativas en el corazón de su trama de intriga criminal. Al mismo tiempo, la mezcla que Brown hace de historia real y fantasía inventada inmediatamente lleva a preguntarse qué es hecho y qué ficción en *Ángeles y Demonios.* Hemos encarado la tarea de responder a esa pregunta, no sólo en el campo de la historia y de las ideas, sino en los elementos y recursos argumentales que emplea el autor. Nos hemos cuidado de distinguir la voz de nuestro editor de las contribuciones de los autores poniendo nuestros comentarios introductorios en *bastardilla.* El texto que sigue es la voz original del autor o del entrevistado. Todo el material tiene copyright de Squibnocket Partners LLC a no ser que se indique otra cosa en la advertencia de copyright que sigue a cada sección.

Al trabajar con una selección tan amplia de materiales-fuente, hemos tendido a regularizar las convenciones de ortografía y nomenclatura en nuestra obra, dejando intactos la ortografía y convenciones que aparecen en algunas de las obras que se citan. Por ejemplo, algunos expertos se refieren a Bernini como Gianlorenzo, otros como Gian Lorenzo. Hemos tendido a emplear la primera forma.

Las palabras, fragmentos de frases o notas explicativas que aparecen entre corchetes nos pertenecen; las que están entre paréntesis son las del autor. Materiales complementarios preparados para este libro pero no incluidos aquí debido a necesidades editoriales —incluyendo varios ensayos y entrevistas que no pudimos emplear— aparecerán más adelante en nuestro sitio web. Para encontrarnos en la web, busque www.secretsofangelesanddemons.com.

Los números de páginas de las referencias de este libro a *Ángeles y Demonios* corresponden a la edición en idioma castellano disponible en 2004/5.

El dar a los lectores un vistazo rápido de las ideas y escritos de muchos expertos, ha hecho que inevitablemente dejásemos fuera cosas que nos habría gustado usar en otras circunstancias. Queremos agradecer a todos los autores, entrevistados, editores y expertos que tan generosamente han puesto a nuestra disposición sus pensamientos y materiales. Como gesto de reciprocidad, instamos a nuestros lectores a comprar los libros escritos por nuestros expertos para seguir en sus fuentes originales la miríada de ideas a que se hace referencia en estas páginas.

Introducción

Ángeles y Demonios: Borrador de *El Código Da Vinci*, mapa del próximo libro de Dan Brown

La primera vez que hablé en público sobre los *Los secretos del Código*, el libro que publiqué en abril de 2004 acerca de las historias y misterios detrás del exitoso bestseller *El Código Da Vinci* (*CDV*) de Dan Brown, alguien se puso de pie y me preguntó si yo iba a producir un libro similar acerca de *Ángeles y Demonios* (*A y D*) de Dan Brown. Mientras recorría el país durante el 2004 con *Los secretos del Código* —respondiendo a preguntas acerca de si Jesús y María Magdalena realmente estaban casados, si una María Magdalena disfrazada aparece en *La Última Cena* y si el priorato de Sión es una organización real— invariablemente alguien me preguntaba acerca de *Ángeles y Demonios*. Una encuesta informal que llevé a cabo sugirió que, de hecho, aproximadamente uno de cada cinco lectores realmente encontraba *Ángeles y Demonios* más interesante que *El Código Da Vinci* —una respuesta asombrosa si se considera que *El Código Da Vinci* estaba resultando ser una de las novelas más exitosas y más ampliamente discutidas de todos los tiempos.

Tras vender modestamente cuando fue publicado por primera vez en 2000 (tres años antes de *CDV*), en 2004 *Ángeles y Demonios* corría a la zaga de *El Código Da Vinci* como parte de la millonaria industria Dan Brown. Se imprimieron cinco millones de ejemplares y ascendió sin cesar en las listas de libros de ficción más vendidos en su versión de tapa dura y tapa blanda.

Decidí leer *Ángeles y Demonios* para poder responder a las preguntas que me hacían. Al igual que con *El Código Da Vinci* un año antes, me quedé despierto toda la noche leyendo *Ángeles y Demonios*, fascinado con muchas de las ideas y temas contenidos en el texto, mientras pasaba las páginas tan rápido como podía siguiendo el argumento del enigma policial. Cuando cerré el libro a la mañana siguiente, había experimentado una serie de poderosas reacciones.

En primer lugar, *Ángeles y Demonios* me impresionó como borrador de *El Código Da Vinci*. Quien realmente quisiera entender *El Código Da Vinci* debía leer *Ángeles y Demonios*. En *Ángeles y Demonios* Dan Brown creó al personaje Robert Langdon. Aunque Brown aún no había dado en llamarlo "simbologista" (designación que Landogn recibiría en el *CDV*), el profesor de Harvard, especializado en historia del arte e iconografía religiosa, iba camino de serlo.

Por supuesto, que, estructuralmente, las tramas y personajes de ambas novelas están estrechamente emparentadas: ambos comienzan con el brutal homicidio, en una ciudad europea, de un hombre brillante que posee un conocimiento especial. En ambos casos, el asesino es un personaje inusual que es parte de un culto antiguo secreto. Ambos asesinatos tienen características forenses inusuales —el ojo arrancado de Leonardo Vetra que yace en el piso del corredor de CERN y la forma en que Jacques Saunière se dispone a sí mismo en la forma del Hombre de Vitruvio sobre el piso del Louvre.

En ambas novelas, Langdon es despertado por una llamada telefónica altamente improbable y se lanza a la acción como una suerte de Sherlock Holmes posmoderno gracias a su peculiar conocimiento de la historia y la simbología ocultas. En ambas ocasiones, Langdon colabora con una hermosa, inteligente y soltera europea cuyo padre/abuelo ha sido brutalmente asesinado y que deviene en compañera de Langdon para descifrar las pistas y resolver misterios apocalípticos. Langdon se sentirá atraído físicamente por Vittoria (*A y D*) y por Sophie (*CDV*) en diversas partes del relato, y en ambos casos habrá la promesa de un encuentro sexual al final. Pero estos libros, a diferencia de la mayor parte de sus contrapartidas del género, pasan casi todo su tiempo resolviendo los misterios de la civilización occidental, sin casi tiempo para el sexo.

Se supone que cada una de las historias, a pesar de su peripatética odisea de acción, tiene lugar en veinticuatro horas. En *Ángeles y Demonios*, el artista en cuestión, cuyas obras contienen la clave para entender los asesinatos es Bernini y el telón de fondo para la mayor parte de la acción es Roma; en *El Código Da Vinci* son Leonardo da Vinci y París. En *Ángeles y Demonios*, la secta misteriosa son los *illuminati*; en *El Código Da Vinci* es el Priorato de Sion. En *Ángeles y Demonios*, Dan Brown imagina documentos perdidos escritos por Galileo; en *El Código Da Vinci*, Brown recurre a los muy reales y auténticos evangelios gnósticos y a los cuestionables *Dossiers Secrets*. En *Ángeles y Demonios*, se trata de ambigramas; en *El Código Da Vinci*, de anagramas.

Ambas obras tratan en forma predominante de la Iglesia católica y de la larga y complicada historia de las creencias cristianas. En *El Código Da Vinci*, Brown explora temas vinculados a los orígenes y codificación del cristianismo en *Ángeles y Demonios*, explora un tema crucial que el Vaticano enfrenta a partir de Galileo: el conflicto entre las cosmologías científica y religiosa. En *El Código Da Vinci*, la Iglesia católica tradicional y el Priorato de Sion creen, cada uno por su lado, estar practicando la verdadera versión de la religión. En *Ángeles y Demonios*, se sugiere que el CERN y el Vaticano son dos clases de iglesias. En la "Catedral de la Ciencia" (CERN), se almacena, a gran profundidad bajo la tierra, antimateria, mientras que en la "Catedral de la Religión" (la basílica de San Pedro), las reliquias del propio Pedro están guardadas bajo tierra (bueno, tal vez no —véase el capítulo 1).

Experimenté otra reacción tras finalizar *Ángeles y Demonios*. En mi juventud, pasé algunos meses memorables en Roma y conozco sus calles y monumentos razonablemente bien; estudié historia del siglo XVII en la universidad y hasta cierto punto estoy familiarizado con el mundo de Bernini, Galileo, Milton, Bruno, la Reforma y la Contrarreforma; he leído bastante acerca de física cuántica y cosmología contemporánea, y *Ángeles y Demonios* volvió a estimular mi curiosidad respecto de estos temas. Como en el caso de mi experiencia con *El Código Da Vinci*, mi reacción a *Ángeles y Demonios* fue precipitarme a la librería local y comprar docenas de libros de no ficción referidos a más de una docena de temas (desde la antimateria a los antipapas) que daban claves para una comprensión más profunda de la trama ficticia de *Ángeles y Demonios*.

Ciertamente, Dan Brown, es una figura controvertida. Los teólogos lo han acusado de blasfemia; otros escritores lo han acusado de plagio. Académicos serios lo han acusado de confundir a las masas con su inusual combinación de realidad y ficción, que, insiste él, es toda realidad (aunque las suyas son meras novelas y claramente se comercializan y venden como tales).

En mi opinión, todos estos críticos miran al fenómeno Dan Brown desde un punto de vista incorrecto. Mi opinión es que nuestra cultura siente hambre de discusión intelectual acerca de los grandes temas de nuestra época. Ya no entendemos los signos y símbolos que alguna vez fueron intuitivamente obvios para nuestros predecesores. Estamos siendo desarraigados de nuestro legado cultural. Estamos divididos entre los impulsos de, por un lado, la fe y la espiritualidad y, por otro, la ciencia y la tecnología. Cuanto más lógica y tecnológica se vuelve nuestra sociedad, más ansiamos algunos espiritualidad y un retorno a valores pasados. Cuanto más algunos concluyen que Dios está muerto o es irrelevante, más desean otros regresar a la Iglesia. Y cuanto más globalizadas y materialistas se vuelven nuestras culturas, más parece haber pequeños grupos atraídos por los dogmas religiosos más ilógicos, insostenibles, extremistas y peligrosos. Se supone que vivimos en la era de la información, pero no sabemos si se nos miente acerca de los hechos más básicos. Cada vez sabemos más acerca de lo ocurrido microsegundos después del big bang, pero aún no sabemos nada acerca de lo ocurrido antes de éste. Nos estamos zambullendo de cabeza en un nuevo milenio que es cualitativamente distinto de los dos que lo precedieron. Tenemos una desesperada necesidad de hablar de la experiencia, pero no tenemos un foro donde hacerlo.

Los libros de Dan Brown nos dan la posibilidad de discutir hasta cierto punto estos temas. Tal vez no se trate de la más profunda de las discusiones, pero lo que le falta de profundo lo compensa con lo que tiene de accesible. En la vida cotidiana de la mayor parte de las personas, es difícil encontrar el momento para leer un libro del principio al fin, pensar acerca de él, hablar de él y ser estimulado a leer más al respecto. Pero *Ángeles y Demonios* y *El Código Da Vinci* han hecho que millones de personas lleven a cabo ese proceso. Dan Brown dice algunas cosas intrigantes y que dan ganas de saber más acerca de la antimateria, la teoría del enredo y la cosmología del siglo XXI. Da un punto de partida. Hace que uno se interese, pero no cuenta todo lo que uno quisiera saber. Eso es lo que hace el presente libro.

En *Los secretos de* Ángeles y Demonios, uno realmente puede enterarse de la verdadera historia del proceso de selección papal y de qué puede ocurrir cuando los cardenales del Vaticano vuelvan a reunirse en cónclave —y a quién pueden elegir como próximo papa cuando llegue el momento. Una vez familiarizado con los puntos de vista de algunos de los principales científicos, teólogos y filósofos en el capítulo 4, usted puede pensar en forma más crítica acerca de su propia cosmología personal. La mayor parte de los lectores de *Ángeles y Demonios* no habían oído hablar de los illuminati antes de leer la novela. En el presente libro, usted puede enterarse de los principales hechos acerca de los illuminati y de cómo el papel de éstos en la historia fue reformulado por teóricos de la conspiración de toda laya. Si a usted le interesa Bernini (y debo confesar que a mí *no* me interesaba mucho Bernini cuando comencé mi investigación para este libro, pero ahora cambié de idea), en el capítulo 5 encontrará considerable información acerca de su papel en la creación del aspecto y la atmósfera de la "ciudad eterna" tal como la experimentamos los turistas de hoy. Si usted cree que entiende quién era Galileo y qué ocurrió en su famoso juicio, eche una mirada a algunos de los ensayos del capítulo 2, que le darán algunas nuevas perspectivas. Y si a usted le divierte el juego de separar realidad de ficción en la trama de Dan Brown, tenemos reporteros investigadores, especialistas en medicina forense, tecnólogos, estudiosos de Bernini y expertos en teoría de la conspiración a lo largo de todo el libro para contarle qué hizo bien, y qué no, Dan Brown en *Ángeles y Demonios*. Usted puede participar del debate acerca de si un "globo ocular muerto" puede emplearse para engañar a un sistema de seguridad basado en la identificación de la retina. O si la escultura de Bernini *Santa Teresa en éxtasis* en la iglesia romana de Santa María della Vittoria puede representar a una mujer que experimenta una visión religiosa estática, "un orgasmo brutal" (la frase es de Dan Brown) o tal vez ambas cosas al mismo tiempo.

Tuve una tercera reacción a *Ángeles y Demonios*. Así como *Ángeles y Demonios* me ayudó a entender mejor *El Código Da Vinci*, me di cuenta de que me ayudaba a entender cuál sería la probable dirección de su próximo y aún inédito libro, que se espera que aparezca en 2005. En *Los secretos del Código*, nuestros investigadores y expertos ya habían descifrado el mensaje codificado de la sobrecubierta de *El Código Da Vinci* (letras ligeramente resaltadas que, cuando se las unía, formaban la frase *"is there no help for the widow's son?"* ["¿nadie ayudará al hijo de la viuda?"]. Nuestro equipo ya había dicho en forma pública que creíamos que el próximo libro de Dan Brown se centraría en la francmasonería y probablemente tuviera lugar en Washington DC. Poco después de que emitiéramos un comunicado de prensa a ese respecto en mayo de 2004, Dan Brown anunció en una de sus ahora infrecuentes apariciones públicas que sí, está trabajando en un nuevo libro y que sí, en él se trataría la historia de la francmasonería y estaría ambientado en Washington DC.

Los lectores atentos de *El Código Da Vinci* y *Ángeles y Demonios* notarán que en *ambos* libros Robert Langdon encuentra ocasión de explayarse sobre el significado simbólico de la pirámide truncada que figura en el reverso del billete de dólar estadounidense, atribuyendo el símbolo a los masones y/o illuminati, y arguyendo que representa la influencia de éstos ente los Padres Fundadores de los Estados Unidos. A lo largo de *Ángeles y Demonios*, Brown refunde las historias de los francmasones y los illuminati. De hecho, cuando Brown aún era un escritor que luchaba por darse a conocer, en su primera gira para presentar *Ángeles y Demonios*, enfatizó la historia de los francmasones que se presenta en el libro más bien que la de los illuminati, y dio varios indicios de que es un tema que le interesa profundamente.

Como señalan muchos de nuestros expertos en las presentes páginas, ni Galileo ni Bernini pueden haber integrado los illuminati (como sugiere Dan Brown), aunque más no sea debido a que la organización no fue fundada hasta 1776, más de un siglo después de la muerte de Galileo. Pero al igual que en muchos otros aspectos, lo central en la obra de Dan Brown no son los hechos (por más que él asevere una y otra vez que todo lo que dice es cierto). Lo central es entender su empleo del mito y la metáfora, su increíble habilidad para sugerir explicaciones alternativas a eventos históricos y su talento para recurrir a ideas y símbolos que se han ocultado durante siglos sin dejar de estar a la vista —y de instilarles a éstos nuevas interpretaciones que incitan a la reflexión.

Si lee usted el capítulo 3 del presente libro, probablemente se entere de muchas más cosas que las que nunca supo acerca de los illuminati, los francmasones y del papel real o imaginado de éstos en la historia de los Estados Unidos. Así como muchos lectores respondieron a *El Código Da Vinci*, diciendo: "¿Cómo puede ser que yo no supiera nada de esto?" (acerca de Jesús y María Magdalena, acerca de la *Última Cena*, etcétera), muchos se harán la misma pregunta acerca de George Washington, Thomas Jefferson y la historia estadounidense temprana tras leer el próximo libro de Dan Brown.

Parecería que Dan Brown ha leído y estudiado una variedad de teorías ocultistas de la historia, y ha quedado fascinado con la línea argumental de esta versión de la historia: comienza en tiempos de las cavernas con la preeminencia de la "femineidad sagrada" y los cultos de la Diosa/de la fertilidad como inspiración para las primeras ideas religiosas y artísticas. Se desarrolla en el tiempo en el antiguo Egipto, donde los constructores de las pirámides y los seguidores del culto a la Diosa adquirieron conocimientos secretos acerca de la construcción de monumentos, la alquimia y la magia. Recorre Grecia, Creta y las culturas del Mediterráneo oriental, incluyendo las formas más primitivas del judaísmo, combinando constantemente los conocimientos de ingeniería de la época (por ejemplo, la capacidad de construir grandes pirámides y templos), con énfasis en el culto a la Diosa; los ritos religiosos de los misterios; cuerpos especializados de conocimientos ocultos, matemáticos y mágicos (por ejemplo, la cábala del judaísmo); y, ocasionalmente, ritos sexuales extáticos practicados como forma de devoción religiosa.

Luego, Jesús (a quien Dan Brown llama "el primer feminista" en *El Código Da Vinci*), María Magdalena y los círculos gnósticos del cristianismo primitivo retoman ese hilo conductor. Los romanos refundieron aspectos de sus creencias paganas con estas nuevas creencias cristianas. Luego vienen los Templarios, quienes combinan el conocimiento secreto que obtuvieron durante su ocupación del Templo de Salomón con su creencia de que María Magdalena era el "santo grial" y sus habilidades como constructores de templos. Tras la derrota y la masacre de los templarios vienen todos los grupos desprendidos de éstos, desde los francmasones al priorato de Sion a los illuminati, todos los cuales supuestamente continúan la tradición de conocimiento antiguo y místico, brillantes habilidades en la ingeniería y la ciencia y creencia en la femineidad sagrada. Estas creencias se oponen a las corruptas y profanas organizaciones religiosas de la época. Llegan a su punto más alto durante el Iluminismo con las revoluciones americana y francesa y la victoria de la ciencia y el libre pensamiento sobre el dogma religioso.

Es probable que el próximo libro de Dan Brown también se desarrolle sobre esta interpretación. De hecho, los oscuros secretos de esta visión de la historia, los ocultamientos y conspiraciones, los tesoros y reliquias sepultados, los signos, símbolos y obras de arte que yacen bajo los cimientos de la psiquis humana y de la experiencia humana, el cisma entre ciencia y religión, entre lo masculino y lo femenino —todo ello proveerá al profesor Langdon material más que suficiente para continuar con sus prácticas de descifre simbológico durante muchos más libros en los años por venir.

En nuestra serie de *Los secretos de...*, buscamos reunir expertos e ideas que puedan enriquecer y profundizar la experiencia de cada lector de los temas de Dan Brown. Estoy particularmente orgulloso de los recursos que mi coeditor, Arne de Keijzer y yo mismo hemos reunido en *Los secretos de* Ángeles y Demonios. Les deseo a todos nuestros lectores felices viajes en las diversas travesías de descubrimiento intelectual que ofrecen las ideas de este libro.

Dan Burstein
Noviembre de 2004
Únase al debate en www.secretsofangelsanddemons.com

1

El Vaticano:
una visión desde dentro

Cómo separar los hechos de la imaginación astuta en el proceso de la sucesión papal • Posibilidades en la elección del sucesor de Juan Pablo II • ¿Cómo funciona el Vaticano? • ¿La historia papal es tan tétrica como santa? • Los huesos de San Pedro ¿realmente están sepultados bajo el Vaticano? • Cómo ha cambiado —y cómo no ha cambiado— la actitud de la Iglesia hacia la ciencia desde la época de Galileo hasta el presente.

Cónclave 101: Pasado, presente y futuro de las elecciones papales

POR GREG TOBIN

Greg Tobin es un autor, editor, periodista y estudioso que actualmente publica *The Catholic Advocate*, periódico de la archidiócesis de Newark, Nueva Jersey. Recientemente ha escrito dos novelas, *Cónclave y Council* [*Concilio*], así como un libro acerca del proceso de selección papal, *Selecting the Pope: Uncovering the Mysteries of Papal Elections* [*Seleccionar al papa: Descubriendo los secretos de las elecciones papales*].

En su bestseller acerca de la muerte y la elección del papa, *Ángeles y Demonios*, Dan Brown escribe con brío acerca de ideas e instituciones que han sido temas fascinantes para personas de todo el mundo. La novela es una mezcla de hechos y ficción que plantea importantes cuestiones acerca de la estructura y el manejo interno de la Iglesia Católica Romana y las influencias a las que se enfrenta la Iglesia en los primeros años del siglo XXI. Brown se toma las licencias imaginativas de cualquier novelista popular. Pero los lectores informados querrán saber hasta qué punto corresponde su vívida descripción del Vaticano a la realidad de los papas y el papado de hoy.

El papado tiene casi dos mil años de antigüedad y 261 hombres han ocupado oficialmente el cargo de obispo de Roma. Comenzó con la misión del apóstol San Pedro a la capital del imperio a fines de la década del 50 o comienzos de la del 60 del primer siglo del cristianismo y ha continuado sin interrupciones significativas hasta el actual pontificado del papa Juan Pablo II.

No existe evidencia concluyente de que Pedro haya estado nunca en Roma. Sin embargo, el conjunto de la tradición, la evidencia circunstancial (incluyendo sus supuestos tumba y restos) y la ausencia de cualquier versión que afirme que estaba en otro lugar, indican la posibilidad, casi la certeza, de que Pedro ejerció su ministerio entre los cristianos de Roma (como San Pablo) y que fue martirizado allí, en el circo de Nerón, en torno de los años 64-67 dC (más o menos al mismo tiempo que Pablo). La Iglesia católica denomina a Roma Sede Apostólica como reconocimiento a los "cofundadores" de la fe cristiana y de su posición como jefes principales entre los primitivos padres de la Iglesia de la llamada época apostólica (es decir, el lapso que media entre la muerte de Cristo y el fin del siglo I —cuando el último de los doce apóstoles originales presumiblemente abandonó la escena).

Desde los primeros días, los cristianos y sus jefes (los *episkopoi* o "superviso-

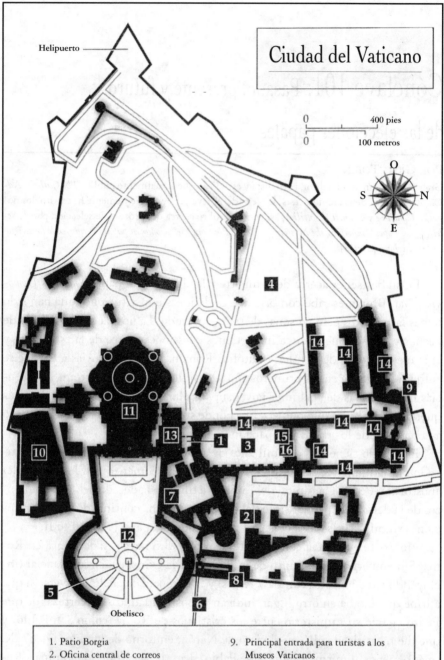

Ciudad del Vaticano

Helipuerto

| 0 | | 400 pies |
| 0 | | 100 metros |

Obelisco

1. Patio Borgia
2. Oficina central de correos
3. Patio del Belvedere
4. Jardines
5. "Círculo de los vientos", incluido el Poniente Oeste
6. Il Passetto
7. Aposentos papales
8. Porta Sant'Anna
9. Principal entrada para turistas a los Museos Vaticanos
10. Sala de audiencias papales
11. Basílica de San Pedro
12. Plaza San Pedro
13. Capilla Sixtina
14. Museos Vaticanos
15. Archivos secretos papales
16. Biblioteca vaticana

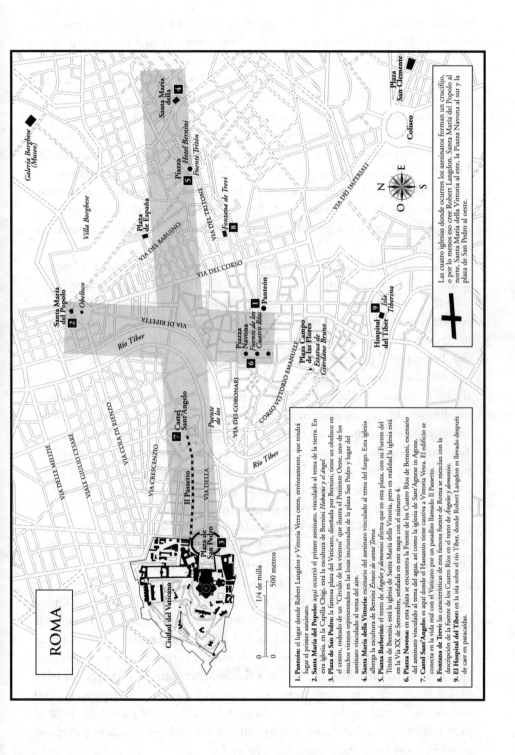

ROMA

1. Panteón: el lugar donde Robert Langdon y Vittoria Vetra creen, erróneamente, que tendrá lugar el primer asesinato.

2. Santa María del Popolo: aquí ocurrió el primer asesinato, vinculado al tema de la tierra. En esta iglesia, en la Capilla Chigi, está la escultura de Bernini *Habacuc y el ángel.*

3. Plaza de San Pedro: la famosa plaza del Vaticano, diseñada por Bernini, tiene un obelisco en el centro, rodeado de un "Círculo de los vientos" que ilustra el Poniente Oeste, uno de los muchos vientos representados en las losas incrustadas de la plaza San Pedro y lugar del asesinato vinculado al tema del aire.

4. Santa María della Vittoria: escenario del asesinato vinculado al tema del fuego. Esta iglesia alberga la escultura de Bernini *Éxtasis de santa Teresa.*

5. Piazza Barberini: el texto de *Ángeles y demonios* afirma que en esta plaza, con su Fuente del Tritón de Bernini, está la iglesia de Santa María della Vittoria, pero en realidad la iglesia está en la Vía XX de Settembre, señalada en este mapa con el número 4.

6. Piazza Navona: en esta plaza se encuentra la Fuente de los Cuatro Ríos de Bernini, escenario del asesinato vinculado al tema del agua, así como la iglesia de Sant'Agnese in Agone.

7. Castel Sant'Angelo: es aquí donde el Hassassin tiene cautiva a Vittoria Vetra. El edificio se conecta en la vida real con el Vaticano por un pasadizo llamado Il Passetto.

8. Fontana de Trevi: las características de esta famosa fuente de Roma se mezclan con la descripción de la fuente de los Cuatro Ríos en el texto de *Ángeles y demonios.*

9. El Hospital del Tíber: en la isla sobre el río Tíber, donde Robert Langdon es llevado después de caer en paracaídas.

Las cuatro iglesias donde ocurren los asesinatos forman un crucifijo, o por lo menos eso cree Robert Langdon. Santa María del Popolo al norte, Santa María della Vittoria al este, la Piazza Navona al sur y la plaza de San Pedro al oeste.

0   1/4 de milla
0   500 metros

res", quienes luego serían llamados obispos) intentaron resolver el tema de la autoridad en materia de doctrina y moral. Surgían disputas teológicas en medio de un clima de persecuciones romanas a los cristianos intermitentes aunque severas. Muchas Iglesias (por ejemplo, la Iglesia africana) recurrían a Roma para mediar en los conflictos locales. En torno del año 150 dC el obispo de Roma era el más influyente de los jefes de la Iglesia en el mundo mediterráneo.

Desde el comienzo, tras el martirio de Pedro, los jefes de la Iglesia de Roma fueron elegidos de entre el clero local. Pasaron muchos cientos de años antes de que un obispo de otra diócesis fuera elegido a la Sede Romana: Marino I (en 882) era, cuando lo eligieron, obispo de Caere, y, varios años después fue seguido por Formosus (891), obispo de Porto, el segundo obispo ajeno a Roma en ser elegido en la historia de la Iglesia. Esto evolucionó hasta el punto en que hoy es casi un requisito obligatorio haber sido obispo residente de una diócesis importante.

Durante la Edad Media —el período que medió entre la caída del Imperio Romano de Occidente en 476 hasta la época del Renacimiento (en los siglos XV y XVI)— las elecciones papales eran el espectáculo deportivo favorito de los europeos, y en ellas había en juego fuertes apuestas: para esa época los papas habían adquirido poder temporal además de espiritual. A partir de una concesión hecha por el padre de Carlomagno (en 754), el pontífice romano regía una considerable parte de Italia, conocida como los Estados Pontificios. Familias rivales romanas e italianas literalmente se mataban por colocar a sus candidatos. Emperadores y reyes intentaban (y a menudo lograban) controlar las elecciones papales por medio del dinero, la fuerza militar y la persuasión política. Tales maquinaciones políticas resuenan hasta hoy, en que cardenales de países poderosos (como los Estados Unidos) no son considerados candidatos adecuados por miedo a que consideraciones políticas globales puedan sobrepasar o contaminar la capacidad del papa de gobernar la Iglesia universal.

Entre 1305 y 1375 los papas (todos franceses) vivían en Aviñón, en espléndido exilio de Roma, y todos respondían a la influencia del rey de Francia. A continuación, entre 1378 y 1417 hubo un período de cisma. Durante buena parte de ese lapso *tres* papas se adjudicaban en forma simultánea el trono de Pedro. La situación fue resuelta por el Concilio de Constanza (1417-1418), pero no antes de que la reforma protestante fuese exitosamente fundada. Durante la era barroca, en que la gran basílica de San Pedro fue completada en la forma que conocemos hoy, y en las eras del iluminismo y la revolución, los papas eran elegidos por su capacidad intelectual y flexibilidad política, y a veces por cuán maleables eran ante el Colegio de Cardenales. El papa Pío VII, elegido en 1799 después de que su predecesor fuera obligado a exiliarse por Napoleón, puso al papado en su senda moderna, resistiéndose a los poderes seculares y concentrándose en el gobierno interno de la Iglesia.

Los sucesores de Pío VII, que incluyen a los pontífices de gestión más larga de la historia (Pío IX se desempeñó como papa durante casi treinta años) han sido todos considerados válidos desde el punto de vista teológico e intachables en lo moral, y fueron elegidos mediante reglas de cónclave bien reguladas que hacían que los fieles, y los cardenales que los elegían los consideraran ante todo como guías espirituales —o, mejor dicho, como *el* guía espiritual— de la cristiandad.

En los últimos cuatro cónclaves papales, tres de los "ganadores" resultaron sorpresas por una u otra razón. En 1958, los cardenales eligieron al ex diplomático y veterano de la Primera Guerra Mundial Angelo Roncalli, hasta entonces a cargo de la *cathedra* ("silla" episcopal) en Venecia. Se difundió la creencia de que había sido elegido como mero papa de transición, cuyo papel no iría más allá de cuidarle el lugar a quien lo sucediera. Como el papa Juan XXIII, sorprendió a toda la Iglesia al convocar al Segundo Concilio Ecuménico Vaticano (1962-1965), que tuvo como resultado una arrolladora marea de reforma administrativa y renovación espiritual.

Su sucesor, Giovanni Battista Montini, llamado Pablo VI (1963-1975), no fue una sorpresa. Un auténtico hombre del Vaticano, Montini había recibido algunos votos en el cónclave de 1958, aunque sólo era arzobispo y aún no había llegado a cardenal (fue la última vez en la historia que un prelado que no fuese cardenal obtuvo votos). Fue la principal figura progresista del concilio y, tras varias votaciones, fue elegido en 1963.

El 26 de agosto de 1978, los cardenales eligieron a un pastor amable e intelectual, que no estaba en las previsiones de nadie, en el cónclave más breve de que haya quedado registro: Albino Luciani de Venecia. El sorprendente elegido a su vez sorprendió a todos eligiendo el nombre doble Juan Pablo por primera vez en la historia. Desgraciadamente, sólo vivió treinta y tres días. Los cardenales habían regresado a sus diócesis, felicitándose unos a otros —y agradeciendo al Espíritu Santo— por hacer tan buena elección... sólo para regresar a Roma dos meses después a seleccionar un tercer papa.

En un cónclave que resultó realmente impactante, un "desconocido de un país distante" fue elegido el 16 de octubre de 1978: el cardenal Karol Wojtyla, de cincuenta y ocho años de dad, arzobispo de Cracovia, en Polonia. Por primera vez en 455 años (desde el holandés Adrián VI, papa entre 1522 y 1523), un no italiano ocupó el trono de San Pedro. Y la Iglesia —y el mundo— no volvieron a ser los mismos.

En lo que muy probablemente sea el futuro cercano, los aproximadamente 120 cardenales del cónclave (casi todos los cuales recibieron su capelo rojo del papa Juan Pablo II) casi con certeza sorprendan a los observadores —y tal vez a sí mismos— una vez más.

¿Quién es el papa?

El papado, o cargo que ocupa el papa, es un concepto que ha evolucionado hasta su forma contemporánea, a lo largo de veinte tumultuosos siglos, a partir de la tradición referida a la vida del apóstol Pedro, su ministerio y su martirio en Roma. Se considera que 261 hombres fueron sucesores de San Pedro legítimamente elegidos como obispos de Roma. Una forma de entender qué son el papa y el papado es examinando los varios títulos que se le adjudican a aquél. Los títulos del papa son muchos, significativos desde el punto de vista histórico y teológico y ligeramente desconcertantes para el observador contemporáneo (especialmente si no es católico). Ésta es una breve descripción de sus títulos oficiales:

- Obispo de Roma: en primer lugar y siempre, la principal tarea del papa es supervisar la "Santa Sede" o "Sede Apostólica", nombres que designan la iglesia local de Roma. El vicario general de la diócesis, por lo general un cardenal, sirve como principal oficial operativo del papa.

- Vicario de Jesucristo: este título suplantó al término anterior "Vicario de Pedro", adoptado por el papa san León I Magno (440-461) en el siglo v. Se puede argumentar que vicario de Cristo es aplicable a cualquier sacerdote u obispo, no sólo al papa. El papa Inocencio III (1198-1216) afirmó que él era "*Vicarius Christi* (Vicario de Cristo), sucesor de Pedro, ungido del Señor... por abajo de Dios, pero por encima del hombre, menos que Dios, pero más que el hombre".

- Sucesor del Jefe de los Apóstoles: Hay otros obispos y arzobispos, pero sólo se reconoce a un sucesor del propio San Pedro: "Eres Pedro... te daré las llave del reino de los cielos", dijo Jesús en el evangelio de Mateo, capítulo 16. Se cree que el altar mayor de la basílica de San Pedro está construido sobre la tumba del apóstol.

- Supremo Pontífice de la Iglesia Universal: el título es una adaptación de *Pontifex Maximus* (Alto o Supremo Sacerdote). *Pontifex* significa "constructor de puentes". Al papa se lo llama a veces Pontífice romano.

- Patriarca de Occidente: el papa es uno de los varios patriarcas o "padres" de las diócesis que trazan sus orígenes directamente a los apóstoles y a los centros del gobierno imperial romano. Otros patriarcas presiden Constantinopla, Jerusalén, Antioquía, Alejandría, Venecia y Lisboa.

🙐 Primado de Italia: por tradición, muchas naciones europeas y de América latina tienen un obispo principal o primado.

🙐 Arzobispo y Metropolitano de la Provincia Romana: este título refleja diversos factores. Un metropolitano ejerce jurisdicción eclesiástica sobre los otros obispos de su provincia (área geográfica definida). Como metropolitano, el arzobispo viste el palio (una estola de lana —no una "faja", como dice *Ángeles y Demonios*, y que no está reservada exclusivamente a los cardenales) que simboliza tal jurisdicción, que sólo es universal en el caso del papa.

🙐 Soberano de la Ciudad Estado del Vaticano: el papa es el regente político de un Estado independiente. Este título fue formalizado en el Tratado Laterano de 1929 entre el papa Pío XI (1922-1939) y Mussolini. Desde el siglo VIII y hasta 1870, el papa gobernó los llamados Estados Pontificios en Italia.

🙐 Sirviente de los Sirvientes de Dios: el Papa san Gregorio I, Magno (590-604), adoptó el título espiritual *Servus Servorum Dei* para significar que un obispo es aquel que busca "dominarse a sí mismo antes que dominar a sus hermanos" y ser "ministro, no amo".

¿Quiénes son los cardenales?

Tal vez más misterioso, tanto para católicos como para no católicos, es el concepto de *cardenal*. Estas criaturas ligeramente exóticas son conocidas como príncipes de la Iglesia, en parte porque forman parte de la "corte" del papa en su función de colaboradores más estrechos y de sirvientes, y en parte porque antiguamente muchos de ellos eran elegidos de entre familias nobles y aun principescas. Para decirlo en forma sencilla, los cardenales constituyen el "gabinete" de consejeros y ejecutivos del Santo Padre, tanto si viven en Roma y están a cargo de agencias de la Curia romana como si son arzobispos residentes en capitales de distintas partes del mundo. Los primeros cardenales eran ante todo diáconos que ayudaban al papa a gobernar las casas parroquiales locales (también llamadas *tituli* o "iglesias titulares") y distritos dentro de Roma (desde fecha tan temprana como el siglo III dC). Como en el caso de cualquier otra institución, aquellos que estaban más cerca del poder se volvían poderosos a su vez, y los cardenales de la antigüedad tardía y de la época medieval eran inmensamente ricos e influyentes, llegando a veces a competir con el propio papa por la autoridad para regir la Iglesia. Pero a medida que el colegio de cardenales crecía en tamaño y se dispersaba por el mundo —y a medida que los cardenales italianos perdían de a poco su predominio numérico— se volvió un poco menos aislado y centrado en sí mismo.

Sólo el papa puede "hacer" un cardenal: es una decisión personal que sólo le pertenece a él. Sólo el papa fija las reglas de juego para tales designaciones en términos numéricos (en la actualidad, no hay una cantidad máxima de integrantes del Colegio de Cardenales, aunque un máximo de 120 son elegibles para ser electores, según dictaminaron los papas Pablo VI y Juan Pablo II. En el pasado, llegó a haber tan poco como tres o cuatro cardenales-electores, y la mayor cantidad que haya participado nunca en un cónclave fue de 111 (ambas veces en 1978, aunque en cada cónclave, la composición fue ligeramente diferente debido a muertes y enfermedades).

Tradicionalmente, se supone que los arzobispos de ciudades importantes de los Estados Unidos, América latina, Europa, África y Asia (por ejemplo, Boston, Viena, Río de Janeiro, Durban y Bombay) obtienen el rojo capelo cardenalicio, signo de su alta jerarquía eclesiástica. El papa también puede elegir no hacer esto: por ejemplo, el arzobispo Montini de Milán (quien más adelante fue el papa Pablo VI) no fue elevado al cardenalato por su mentor el papa Pío XII, aun después de ser el más cercano consejero del Papa durante años. En cambio, cuando resultó electo, Juan XXIII casi inmediatamente hizo cardenal a Montini —y lo favoreció para que lo sucediera como papa.

La cantidad máxima de 120 cardenales-electores (los elegibles pata votar por el nuevo papa) fue fijada por primera vez por Pablo VI en un pronunciamiento hecho en un consistorio (una reunión o encuentro de cardenales) el 5 de marzo de 1973, y posteriormente incluido en las reglas formales para el *Romano Pontificieligendo*. Juan Pablo II mantuvo esa regla en *Universi Dominici Gregis* (*UDG*), pero también ha "hecho" tantos cardenales que es teóricamente posible que más de 120 estén vivos y elegibles para participar del cónclave; ¡contraviniendo así su propia regla!

Sin embargo, es altamente improbable que puedan existir 165 cardenales elegibles bajo las actuales reglas y directivas, y menos aún que se les permita reunirse en cónclave (como ocurre en el capítulo 33 de *Ángeles y Demonios*).

En este momento (al publicarse el presente libro) hay un total de unos 190 cardenales vivientes, incluyendo a aquellos que tienen ochenta años o más. El papa Juan Pablo II ha creado más cardenales (231) que ningún otro papa de la historia, incluyendo a la mayor cantidad creada en una sola ocasión (cuarenta y dos el 21 de febrero de 2001). Sobresaltó a los observadores del Vaticano al nombrar a treinta cardenales más el 21 de octubre de 2003, lo cual elevó la cantidad total de integrantes del Colegio de Cardenales al actual nivel récord.

Qué está bien en *Ángeles y Demonios*, y qué está mal

1. El papel del camarlengo

El personaje del padre Carlo Ventresca es el *camarlengo* o "chambelán papal" en *Ángeles y Demonios*. Se lo describe como "sólo hay un sacerdote aquí. Es el sirviente del finado papa" (capítulo 36). En realidad, el camarlengo es un cardenal de la Iglesia y asume plenos poderes gubernativos, junto a sus pares del Colegio de Cardenales, durante el período de sede vacante. Ingresa en el cónclave para presidir la votación que allí se desarrolla y para participar también él como elector. A diferencia de lo que afirma el libro, él también puede ser elegido papa, como ocurrió con el cardenal Eugenio Pacelli in 1939, quien había sido camarlengo desde 1935 y que fue el papa Pío XII.

En este momento (fines de 2004), el cardenal-camarlengo es Eduardo Martínez Somalo, un español de setenta y siete años, quien fue hecho cardenal el 28 de julio de 1988 y ha sido chambelán de la santa Iglesia romana desde el 15 de abril de 1993.

El camarlengo no encierra bajo llave a los demás y luego se retira a la "oficina del papa" (que tampoco existe) a ocuparse del papelerío atrasado, como sugiere la novela. Es uno de los tres cardenales a quienes no se le exige que resigne su cargo administrativo. Los otros son el cardenal vicario de Roma, que administra la diócesis, y el cardenal prefecto de la Penitenciaría Apostólica, quien debe mantenerse en capacidad de dirigir el tribunal que confiere la absolución de pecados graves, las dispensas e indulgencias con calidad de "emergencia". (¡Sólo cabe imaginar en qué consistirán tales emergencias!).

2. El papel de los demás cardenales

Dan Brown no se adentró en los detalles acerca de los procedimientos y protocolos, que son cruciales para aquellos que participan en ellos, es decir, los cardenales.

En cuanto muere el pontífice romano, los integrantes del Colegio de Cardenales de todo el mundo comienzan a congregarse en Roma. Aunque llevan a cabo mucha actividad social (cenas íntimas, recepciones nacionales y regionales, cócteles diplomáticos), también hay mucho trabajo que hacer. Los cardenales se reúnen a diario para prepararse para velar y enterrar al finado papa.

Este período de nueve días de luto se llama el *novemdiales*, y comienza en cuanto el camarlengo certifica que el papa ha muerto.

A partir del segundo día de la muerte del santo padre, comienzan a celebrarse encuentros, llamados *congregaciones*. El decano del Colegio de Cardenales (en la actualidad, el cardenal alemán Joseph Ratzinger, quien también ejerce una cantidad de otros importantes cargos clericales y está muy cerca del papa Juan Pablo II) preside estos encuentros así como reuniones de comité más reducidas con algunos cardenales designados para ese propósito.

Los cardenales son elegidos por sorteo para participar de estos comités de manejo durante el período anterior al cónclave, usualmente para turnos rotativos de tres días en el cargo. Se insta a quienes no están calificados como elegibles, los cardenales de más de ochenta años, a participar en las congregaciones, aunque no es obligatorio, como para los cardenales-electores, que así lo hagan. El papa Juan Pablo II se dirige a estos ancianos en su constitución:

> *Con la mayor insistencia y sentimiento recomiendo esta plegaria a los venerales cardenales que, por razones de edad, ya no gozan del derecho de hacer parte de la elección del Supremo Pontífice. En virtud del singular vínculo con la Sede Apostólica que representa el cardenalato, que conduzcan las plegarias del Pueblo de Dios, tanto si está congregado en las basílicas patriarcales de la ciudad de Roma como en lugares de culto de otras iglesias en particular [es decir, de las diócesis de todo el mundo], implorando fervientemente que Dios Todopoderoso asista y que el Espíritu Santo ilumine a los cardenales-electores, especialmente en el momento mismo de la elección. De esa manera participarán de una forma real y efectiva en la difícil tarea de proveer un pastor para la Iglesia universal. (UDG, nro. 85)*

Los cardenales-electores tienen mucho para hacer antes del comienzo mismo del cónclave: el Colegio de Cardenales puede llevar adelante las tareas ordinarias del Vaticano y de la Iglesia en general —cualquier cosa que no pueda ser legítimamente pospuesta. La *congregación general*, que comprende a todos los cardenales presentes en Roma, funciona como un *comité de todos* para ocuparse de tales asuntos. Las congregaciones generales se celebran a diario, y comienzan a pocos días de la muerte del santo padre. La constitución apostólica que gobierna su conducta se lee en voz alta y se discute. Los cardenales deben formular el primero de una serie de juramentos de secreto. Entre los temas que se tratan, hay cuestiones financieras y diplomáticas.

Además, una *congregación particular* compuesta del cardenal camarlengo y de otros cardenales escogidos por sorteo se ocupa de asuntos domésticos como los preparativos del funeral y del cónclave. Este grupo le presenta a la congregación general la agenda de *decisiones urgentes* que deben ser tomadas, tales co-

mo fijar el día y la hora en que el cadáver del papa se lleva a la basílica de San
Pedro para ser velado, ocuparse de los ritos funerarios y preparar los aposentos
para los cardenales-electores que van llegando, asignarles habitaciones por sorteo a los cardenales, aprobar un presupuesto para los gastos en que se incurra
durante el período de sede vacante, leer cualquier documento que el papa haya dejado para el Colegio de Cardenales.

Todos los temas se deciden por voto de la mayoría de los cardenales de la
congregación general.

3. Las reglas de la elección

La vívida descripción que hace Dan Brown del cónclave papal incluye alguna información precisa, como el hecho de que la reunión secreta en que la
votación tiene lugar no comienza antes de cumplirse quince días de la muerte
del papa (y no después de más de veinte días), que la votación tiene lugar en
la Capilla Sixtina y que sólo los cardenales y un puñado de empleados autorizados pueden estar dentro del Palacio Apostólico (el complejo que sirve de residencia y oficinas para el santo padre y funcionarios clave).

Aunque tal vez esto sorprenda a muchos lectores, las reglas que gobiernan
las elecciones papales no son "antiguas leyes olvidadas" ni "extremadamente
complejas", ni tampoco estas reglas pueden ser "olvidadas o ignoradas por ob-
soletas", como se afirma en el capítulo 136. De hecho, las reglas de la elección
papal fueron clara (aunque no concisamente) revisadas en un documento llamado una constitución apostólica, escrita por Juan Pablo II: *Universi Dominici Gregis* fue promulgada el 22 de febrero de 1996 y es uno de los pronunciamientos más recientes que hay sobre el tema en cuestión. También confirma,
aclara y enmienda muchas de las reglas previas, elimina algunas, agrega otras,
y reemplaza todas la constituciones previas promulgadas por papas previos.

El propio sistema de cónclave data del 7 de julio de 1724, cuando el papa
Gregorio fijó reglas estrictas en *Ubi majus periculum* (en el Segundo Concilio de
Lyon). La primera elección bajo el sistema de cónclave tuvo lugar el 21 de enero de 1276; el ganador, el papa Inocencio V, fue también el primer sacerdote
dominico en ser elegido papa.

Sólo en el siglo XX, las reglas de la elección fueron revisadas nueve veces,
cuatro mediante la promulgación de una nueva constitución apostólica (la forma más comprensiva de legislación papal). En 1970 Pablo VI provocó escándalo —y reprobación por parte de los cardenales— cuando, el 21 de noviembre, estipuló que los cardenales perdían su derecho a elegir al papa en cónclave
cuando alcanzaran los ochenta años. (Además, se ordenaba a los cardenales que
encabezaban agencias de la Curia romana que presentaran sus renuncias al llegar a los setenta y cinco años).

El "renombrado especialista en el Vaticano de la Universidad De Paul de Chicago", llamado el doctor Joseph Vanek (capítulo 136, y que no tiene parecido alguno con ningún estudioso conocido de la Iglesia, vivo o muerto) cita de *Romano Pontifice eligendo* (*RPE*), la constitución promulgada por Pablo VI el 1° de octubre de 1975. Este documento ha quedado anulado por la constitución de Juan Pablo II. Y las reglas más recientes tienen requisitos únicos que reflejan la tradición y la práctica de los anteriores diez siglos y se proyectan al primer cónclave del siglo XXI.

Durante la mayor parte del último milenio y medio, ha habido varios métodos de elegir al papa permitidos por la ley eclesiástica. Tales métodos están diseñados para ser justos y legales, y abiertos a la influencia del Espíritu Santo (que los católicos consideran como tercera persona de la Santísima Trinidad, junto a Dios Padre y al Hijo). De modo que los sistemas de aclamación, acuerdo y voto eran todos permisibles —hasta la última constitución de Juan Pablo II y mucho antes del momento en que transcurre la novela.

El santo padre prohíbe en forma muy explícita dos de las tres formas tradicionales: *per acclamationem seu inspirationem* (por aclamación o inspiración) y *per compromissum* (por compromiso o sistema de comités). Luego afirma que "de ahora en más la forma de elegir al pontífice romano será sólo *per scrutinium*" [por escrutinio o votación secreta]. (*UDG* N° 62).

La elección por compromiso significaba que los cardenales-electores, si por algún motivo no llegaban a una decisión, podían designar un comité para tomarla, y ésta luego sería adoptada como propia por el colegio en su conjunto. La elección por aclamación o inspiración estipulaba que cualquier integrante del cuerpo electoral podía ponerse de pie y declarar que, por inspiración del Espíritu Santo, se declaraba papa al cardenal fulano o mengano; si los demás integrantes del cónclave estaban de acuerdo, ese candidato era elegido papa. Escrutinio significa, simplemente, por voto escrito. Las reglas para la votación misma se fijan en detalle en la constitución de Juan Pablo, que requiere dos votaciones por la mañana y dos por la tarde.

Por primera vez —y éste es el aspecto más revolucionario de *UDG*, si el cónclave queda trabado después de unas treinta votaciones, el papa puede ser elegido por mayoría simple del voto de los cardenales, anulando así el requerimiento de los dos tercios.

No hay, y nunca ha habido, una "Elección por Adoración". En mi opinión, el autor de *Ángeles y Demonios* creó esta regla ficticia porque la trama de la novela la requería, y desempeña su función con eficacia.

Hay otros puntos de discrepancia (algunos discutibles) entre la realidad de una elección papal y la elección imaginada por Dan Brown:

☙ Elegir un "abogado del diablo" es una práctica eclesiástica que tiene que ver con la canonización (ratificación) de nuevos santos en la Iglesia católica, no la elección de un papa. Y en años recientes ha sido abandonada por completo.

☙ Es altamente improbable, aun en una crisis, que a alguna persona no autorizada (como Vittoria Vetra y Robert Langdon) le sea permitido ingresar en la Capilla Sixtina cuando los cardenales están aislados del mundo participando en un cónclave.

☙ Si faltaran cuatro cardenales importantes, es muy posible que el cónclave fuera demorado por un tiempo hasta determinar el paradero de éstos y su disponibilidad. Sería una circunstancia extraordinaria, pero un cardenal puede unirse al cónclave después de que éste haya comenzado.

☙ Llevaría años (no días) esculpir el sarcófago de un papa muerto para colocarlo sobre su tumba —de hecho, los papas modernos no han encargado que se les crearan sarcófagos, sino que han optado por recipientes funerarios más simples y dignos, que se pueden ver en la gruta ubicada bajo el altar mayor de la basílica de San Pedro.

☙ "Gran Elector" no es un cargo oficial ni una función dentro del Colegio de Cardenales. Sí, en cambio, se le da a veces, *a posteriori*, el nombre de *grand elettore* al cardenal por cuya influencia se considera que resultó en definitiva elegido el nuevo papa en un cónclave.

☙ Un voto unánime en un cónclave sería muy inusual, pero no "inédito". Según las reglas actuales y en la atmósfera de la Iglesia universal, sería casi milagroso que así ocurriera en el próximo cónclave.

☙ Sería casi imposible para un papa contemporáneo tener un hijo secreto. En la Edad Media temprana, algunos papas eran casados, y en la Edad Media tardía, algunos tenían amantes. El papa Hormisdas (muerto en 523) era el padre del papa Silverus (muerto en 537). En el Renacimiento, muchos tíos papales cultivaban "sobrinos cardenales" que eventualmente resultaban elegidos por propio mérito.

En el próximo cónclave, el mundo entero estará atento al humo blanco (controlado químicamente desde el Palacio Apostólico) que indica la elección de un nuevo papa, cabeza de mil millones de católicos del mundo entero. *Án-*

geles y Demonios pretende darnos un atisbo de este proceso infinitamente fascinante y misterioso, pero la realidad —y los resultados— son a menudo más singulares y sorprendentes que nada que pueda soñar un autor de ficción. Siempre ha sido así, desde los días del pescador galileo Simón Pedro al histórico pontificado de Juan Pablo II, uno de los más grandes sucesores de San Pedro.

Fechas clave y documentos en la historia de las elecciones papales

ca. aD 64	San Pedro martirizado por el emperador Nerón en Roma.
ca. 150	La función del papa como obispo monarca surge bajo San Pío I.
ca. 180	San Ireneo, obispo de Lyon, publica la lista de los doce primeros sucesores de San Pedro.
217	En la primera elección papal abiertamente disputada, San Calixto I es elegido; San Hipólito se convierte en el primer *antipapa*.
10 de enero, 236	Fabián elegido por señal del Espíritu Santo: una paloma sobre su cabeza.
27 de mayo, 308	Marcelo elegido tras la vacante más prolongada de que haya registro: cuatro años.
1º de marzo, 499	El texto más antiguo acerca de la regulación de la elección papal, *Ut si quis papa superstite*, promulgado en un sínodo de obispos en Roma; permite que el papa designe a su sucesor, prohíbe la participación de los laicos en la elección.
16 de dic., 882	Tras el primer asesinato de un papa (Juan VIII), el primer obispo de otra diócesis elegido papa en contravención a la ley canónica: Marino I.
13 de abril, 1059	Nicolás II promulga *In nomine Domini*.
1179	La *Licet de vitanda* de Alejandro III requiere un voto de dos tercios para elegir al papa.

7 de julio, 1274   Gregorio X promulga *Ubi majus periculum*, que establece el *cónclave*.

10 de dic., 1294   *Constitutionem* de Celestino V permite tres formas de elección: aclamación, compromiso y escrutinio.

22 de oct. 1303   Primer cónclave papal celebrado en el Vaticano elige por unanimidad a Benedicto XI.

8 de abril, 1378   Urbano VI es el último no cardenal en ser elegido papa.

11 de nov., 1417   Se celebra un cónclave papal en el Concilio de Constanza para terminar con el Gran Cisma de Occidente, última vez que no cardenales participan en una elección papal.

Diciembre, 1558   *Cum secundum Apostolum* decretado por Pablo IV prohíbe hacer campaña electoral antes de la muerte de un papa.

9 de oct. 1562   *In eligendis* (también de Pablo IV) pone reglas más estrictas para el cónclave.

23 de sept. 1695   *Ecclesiae Catholicae* de Inocencio XII prohibía a los candidatos hacer promesas electorales que los comprometieran en caso de que fueran papas.

30 de dic., 1797   *Christi Ecclesiae regenda* de Pío VI fija reglas para el cónclave y la vacancia.

10 de ene., 1878   Pío IX decreta nuevas reglas a ser observadas durante la *sede vacante*.

20 de ene., 1904   Pío X termina con el *derecho de exclusión* o veto que había sido empleado en elecciones papales por los gobernantes católicos de Austria, España y Francia.

25 de dic., 1945   Pío XII, en la segunda revisión importante de las reglas ocurrida en el siglo XX, promulga *Vacantis Apostolicae Sedis*, que requiere un mínimo de dos tercios más un voto para elegir un papa.

5 de sept., 1962   Juan XXIII emite el documento *Summi Pontificis electio*, que modifica ligeramente la constitución de 1945 de Pío XII.

21 de nov., 1970   Pablo VI estipula en *Ingravescentem aetatem* que al llegar a la edad de ochenta años, los cardenales pierden el derecho a votar en el cónclave.

1º de oct., 1975   En la tercera constitución importante que trate de la elección papal, Pablo VI emite *Romando Pontifici eligendo*, que moderniza y aclara algunas reglas.

22 de feb., 1996   Juan Pablo II promulga *Universi Dominici Gregis*, las reglas sustancialmente revisadas que regirán el próximo cónclave.

Fuente: *Selecting the Pope: Uncovering the Mysteries of Papal Election* (Barnes and Noble Books) copyright 2003 por Greg Tobin y usado con permiso del autor.

Ángeles, demonios y el próximo papa

Por Amy D. Bernstein

Amy D. Bernstein es una autora y académica especializada en literatura del siglo XVI.

Lanzándose en paracaídas desde miles de pies de altura, mientras la antimateria explota sobre la Ciudad del Vaticano, el camarlengo asesino de *Ángeles y Demonios* hace un aterrizaje perfecto en la terraza ubicada sobre la basílica de San Pedro, y ahí mismo es elegido papa por aclamación. Esta licencia de la fantasía es uno de los elementos más inverosímiles del relato de Dan Brown sobre un cónclave papal que ha perdido el rumbo. Pero de hecho, muchos de los detalles del relato de Brown están tomados, al menos en parte, de los anales del antiguo y no tan antiguo juego sucio en el Vaticano, que encontró hurgando en los dos mil años de historia de la Iglesia católica. Como escribe Dan Brown, "los cónclaves creaban una atmósfera intensa, políticamente cargada, y, a lo largo de los siglos, llegaron a ser letales; se produjeron envenenamientos, peleas a puñetazos y hasta asesinatos".

Al explorar las posibilidades dramáticas de cómo un cónclave papal del presente puede sobrevivir cuando su propia existencia se ve amenazada, Brown ha creado una historia que claramente toma sus elementos del turbulento pasado de la Iglesia, incluyendo relatos de travesuras sexuales. Al mismo tiempo, hace alusión a algunos de los temas reales que deberán enfrentar los electores papales del cónclave que se acerca a medida que se deteriora la salud del actual papa, Juan Pablo II.

Desde los valerosos mártires que condujeron la Iglesia en los primeros siglos, a los papas intrigantes del medioevo, al envenenador papa Borgia, en el transcurso de su larga historia, el papado sólo ha sido tan bueno como los seres humanos elegidos para conducirlo. La lista ha incluido una abigarrada sucesión de papas santos, visionarios y estadistas, mezclados con otros inescrupulosos, corruptos o simplemente débiles. Mientras el papado alternaba entre períodos de aguda incertidumbre y conmoción y otros de relativa estabilidad, los hombres han peleado —y hasta matado— por ocupar el trono papal. Otros, sin embargo, han hecho todo por evitar ese destino. Muchos de los primeros papas fueron martirizados, de modo que aceptar el cargo en ese entonces equivalía a una sentencia de muerte. Aun sin los peligros físicos, siempre ha sido una función erizada de dificultades.

Con la excepción de San Pedro —quien, según la tradición, fue elegido por Jesús mismo— cada nuevo obispo de Roma (título original del papa, y aun el más importante) en la era cristiana temprana era elegido por un consenso entre los integrantes laicos y religiosos de la comunidad romana. Debido a la inestabilidad y al potencial de discordia inherentes en un proceso de selección en el que participan tantas personas, durante el primer milenio de la Iglesia cristiana hubo una notable cantidad de papas que abdicaron (dos), fueron depuestos (siete), asesinados (posiblemente, tanto como ocho) o que fueron candidatos alternativos que se declararon papas a sí mismos (llamados *antipapas*, hubo unos treinta y nueve en la historia). Los cónclaves a menudo aparejaban una crisis, y algunos cónclaves eran casi tan violentos como el de *Ángeles y Demonios*, con sus horripilantes homicidios y amenaza de aniquilación inminentes. Por ejemplo, en la elección papal de 366, partidarios de distintas facciones combatieron hasta que 137 partidarios de Ursinus fueron masacrados y Dámaso (366-384) fue elegido papa.

Tras siete siglos de luchas internas, el papa Nicolás II, en un intento de crear un proceso de elección con menos posibilidades de conflicto, decretó en 1059 que sólo los cardenales podían elegir al nuevo papa, aunque debían contar con la aprobación de otros integrantes laicos y religiosos de la comunidad. Sin embargo, ello sólo trajo una pequeña mejoría, pues los cardenales aún estaban a merced de los dirigentes seculares que tenían el poder de rechazar la elección que aquellos hicieran. Las reglas del cónclave moderno comenzaron en 1274, después de un hiato entre papas de casi tres años. En su frustración, las autoridades civiles primero encerraron a los cardenales en el palacio papal y finalmente, desesperados, quitaron el techo y se negaron a suministrarles alimentos hasta que no eligieran al papa. El papa Gregorio X (1271-1276) fue más lejos, pues promulgó una constitución apostólica, *Ubi periculum* (Donde Hay Peligro), que requería que todos los electores se congregaran en una habitación y permanecieran allí durante todo el proceso, completamente aislados del mundo exterior —literalmente encerrados con llave (*cum clave*). De todas formas, el sistema de cardenales-electores no se puso en práctica hasta fecha mucho más tardía. En un momento de comienzos del siglo XV, las cosas se complicaron tanto que hubo tres papas elegidos legítimamente en forma simultánea, uno en Aviñón (Benedicto XIII, antipapa, 1394-1417), uno en Roma (Gregorio XII, 1406-1415) y un papa de compromiso (Alejandro V, antipapa, 1409-1415) elegido por un concilio de la Iglesia en Pisa.

Una historia más tétrica que santa

Dada su trama apocalíptica, no es sorprendente que una cantidad de siniestros detalles que usa Dan Brown puedan ser rastreados en el período más corrupto del papado romano —lo que el historiador Eamon Duffy en su libro *Santos y Pecadores* llama "el siglo oscuro". Comenzó con el reino de Sergio III (904-911), quien fue proclamado papa tras haber ordenado que su predecesor, León V, fuera muerto por sofocación. Su pontificado, y el de sus sucesores inmediatos, fue conocido como la *pornocracia*, y estaba totalmente dominado por la abusiva y decadente aristocracia romana. El papa Sergio III tuvo un hijo con su hermosa y promiscua amante, Marozia. Llamado Octavio, el niño llegó a papa con el nombre de Juan XII (955-964), "el único ejemplo del que ha quedado registro de un hijo ilegítimo de un papa previo que haya llegado al papado", según Richard McBrien, autor de *Vidas de los papas*. (Este detalle histórico en particular provee una de las más espectaculares sorpresas de la trama, cuando se revela que el camarlengo es en realidad hijo del Papa). Según Claudio Rendina en su *Los papas: historias y secretos*, Octavio continuó "entregándose a sus desenfrenados placeres, y el palacio Laterano se convirtió en un verdadero burdel, con el Papa rodeado de hermosas mujeres y muchachos atractivos, en un estilo de vida completamente incompatible con sus deberes eclesiásticos".

La antigua y verdadera fortaleza de Castel Sant'Angelo, donde el ficticio Robert Langdon rescata a Vittoria Vetra de las garras del Hassassin también solía cumplir una doble función, sirviendo de lugar de mancebía y también de mazmorra papal. Durante un período en que Hugo, el segundo marido de Marozia se adueñó del poder, sirvió de residencia imperial para ambos —hasta que

Alberico II, medio hermano del Papa e hijo legítimo del primer matrimonio de Marozia, los derrocó. Encarceló a su propia madre, Marozia, en la mazmorra de Castel Sant'Angelo, donde pasó cincuenta y cuatro años. Fue un castigo terrible: Robert J. Hutchinson en *When in Rome* cita al alguna vez prisionero Benvenuto Cellini, quien afirmó que "estaba inundada y llena de grandes arañas y muchos gusanos venenosos".

Hizo falta que llegara un emperador alemán, Enrique III, en los primeros años del segundo milenio, para arrebatarle el papado a la aristocracia romana y ayudar a lanzar una reforma de la Iglesia y sus monasterios. Era una época en que Europa aún estaba dividida en feudos, que con el tiempo llegarían a ser Estados modernos, y los monasterios habían devenido en centros de poder político y económico. En 1066, año de la conquista normanda, treinta y cinco monasterios de Inglaterra controlaban aproximadamente un sexto de la renta del país, según el *Saints and Siners* [*Santos y Pecadores*] de Duffy, y los abates tenían suficiente poder como para desafiar la autoridad del rey. Lo mismo puede decirse de los obispados. La simonía (el trueque de valores espirituales por aportes materiales a menudo considerables) era un hecho habitual en la obtención de ascensos religiosos. El papa León IX, seguido por Gregorio VII, dirigió el movimiento para reformar la Iglesia, librarla de corrupción y transformarla de institución parroquial en una fuerza internacional adecuada para producir cambios constructivos. La internacionalización perduró, pero las reformas religiosas duraron poco.

Con la aparición de monarcas más fuertes a la cabeza de los nuevos Estados-nación llegó una nueva amenaza: la competencia con Roma por la primacía política. El papa Bonifacio VIII (1294-1303) fue particularmente bueno en lo de afirmar el poder del papado y chocó con el rey de Francia, Felipe IV, por diversos temas. Finalmente, lo excomulgó cuando el Rey lo trató de hereje. Como venganza, la monarquía francesa conspiró para derrocarlo. Aunque la conjura fue frustrada, Bonifacio VIII, quebrado, murió un mes después. Felipe IV lo juzgó en forma póstuma por sodomía, fornicación, ateísmo y simonía, aunque el tribunal nunca llegó a pronunciar sentencia. A pesar de su inmensa arrogancia, Bonifacio VIII también fue un gran visionario. Fundó una universidad, La Sapienza, en Roma, codificó la ley canónica, reorganizó los archivos vaticanos y catalogó los libros de la biblioteca. También instituyó el primer jubileo en el año 1300, en que cientos de peregrinos visitaron el Vaticano, entre ellos Dante Alighieri, quien inmortalizó el encuentro en su poema *Infierno*, en el siglo XIV. La representación de las espectacularmente crueles muertes de los cuatro cardenales en *Ángeles y Demonios* recuerda mucho, de hecho, a los castigos del *Infierno* de Dante. El poema épico incluye una descripción de cómo, en el octavo círculo del infierno las llamas devoran los pies del papa Bonifacio VIII por el pecado de simonía, mientras a los adivinos se les retuerce el cuello hasta que sus rostros quedan mirando hacia atrás —en forma muy similar a la descripción del cadáver de Leonardo Vetra en el CERN.

El siglo de Dante y los dos que lo sucedieron fueron de importancia crucial en la historia del papado en lo que hace a los estudios clásicos y al florecimiento del arte y la arquitectura religiosas. Nicolás V (1447-1455), al que habitualmente se considera el primer papa del Renacimiento, fue un prudente estadista y un apasionado humanista que alentó la recolección, traducción y estudio de los textos clásicos. Su biblioteca personal de libros y manuscritos, 807 de ellos latinos y 355 griegos, fue la base de una muy expandida biblioteca vaticana. Uno de sus sucesores, Sixto IV (1471-1484), fue responsable de la construcción de la Capilla Sixtina y de la creación del Coro Sixtino.

Los malos días de antaño regresaron con un integrante de la criminal familia Borgia, el papa Alejandro VI (1492-1503), quien ha sido llamado "el papa más infame de la historia" por McBrien en su *Vidas de los papas*. Tuvo varios hijos de distintas mujeres, practicó la simonía, y, por medio del asesinato y las confiscaciones forzadas consolidó su poder y el de otras familias aristocráticas romanas.

Muchos de sus hijos ilegítimos fueron designados cardenales (lo que, una vez más, tiene un eco en el papa ficticio de Dan Brown). Como corolario de su violenta vida, se cree que Alejandro VI fue envenenado. En su libro *The Bad Popes* [*Los papas malos*], Russell Chamberlin incluye un testimonio de primera mano del cardenal contemporáneo Juan Burchard, quien notó el "aspecto hinchado y negruzco" del cadáver del Papa —lo cual puede haber inspirado la descripción que Brown hace del papa asesinado en *Ángeles y Demonios*: "Las mejillas estaban sumidas y la boca del Papa estaba abierta. Su lengua estaba negra como la muerte".

Brown también recurre a un interesante elemento de la historia del siglo XVI cuando incluye en su narración al *passetto*, el oscuro corredor por el cual los desprevenidos papables (en italiano *papabili*, no, como insiste en decir Brown, *preferiti*) son llevados desde el palacio vaticano a su muerte en el Castel Sant' Angelo. Oculto dentro de un sector de muralla fortificada que se extiende por tres kilómetros, fue construido durante el papado de León IV (847-855), y fue la ruta de escape de Clemente VII (1523-1534) cuando Roma fue saqueada por los mercenarios alemanes de Carlos V en 1527. Los 147 guardias suizos que fueron dejados atrás para cubrir su ruta de escape fueron masacrados. El aniversario de esta tragedia aún se observa en el Vaticano mediante una ceremonia y una misa que se celebran el 6 de mayo.

En *Ángeles y Demonios*, Brown afirma que el *passetto* también sirvió durante algunos momentos de la historia como ruta secreta desde los aposentos papales en el Vaticano a citas eróticas en el Castel Sant'Angelo, que eran en parte prisión, en parte residencia principesca. Sus paredes estaban "cubiertas de murales de rollizas mujeres desnudas de la cintura para arriba, tomándose los pechos con las manos como si cada una fuese una chica Playboy del mes... Está claro que algunos de los primeros papas pensaban en algo más que en expandir los estados papales". En otros períodos, el papado era tan disoluto que las amantes vivían en forma completamente abierta en los aposentos papales, de modo que no se puede decir que hiciera falta un pasadizo secreto para que el papa se encontrara con ellas.

Brown, además de usar el poco recomendable pasado del Castel Sant'Angelo como telón de fondo a la acción de *Ángeles y Demonios*, emplea las obras maestras del barroco creadas por Gianlorenzo Bernini como pistas para dar con el paradero de los cardenales papables que se encuentran en peligro de muerte y como escenario de los crímenes que puntúan la sangrienta venganza de Hassassin. De este modo destaca dos elementos que definen la mayor fuerza y la mayor debilidad de la Iglesia: que haya encargado algunas de las obras de arte más importantes y osadas de la historia de Roma, y que al mismo tiempo haya sofocado la investigación científica y la libertad intelectual, estimulando así el disenso y la rebelión. El ejemplo más tristemente célebre de la intolerancia de la Iglesia hacia la investigación intelectual y científica es, por supuesto, el juicio y encarcelamiento del astrónomo Galileo por parte de la Inquisición por defender la teoría copernicana de que el universo era heliocéntrico. Entre otras cosas, la ansiedad de la Iglesia por tener el control de la información llevó al establecimiento de los Archivos Secretos, que comprendía todos los documentos sacados de la Biblioteca Apostólica Vaticana por el papa Pío IV en 1610, que permaneció cerrada para quienes no pertenecieran al Vaticano hasta el fin del siglo XIX. Entre los documentos del catálogo de los Archivos Secretos está el juicio y condena a Galileo en 1634.

Para el fin del siglo XVIII, los principios iluministas y racionalismo y el libre pensamiento habían tomado suficiente fuerza como para cuestionar no sólo a la Iglesia católica sino a los cimientos mismos del sistema político europeo. Dan Brown explota a fondo esta historia al hacer que sus villanos sean los illuminati, sociedad secreta que, según él, fue fundada para combatir al pensamiento religioso y alentar el racionalismo. Como muchos otros expertos dejan claro en el presente libro, los verdaderos illuminati, fundados en Baviera en 1776, no tenían nada que ver con Galileo, quien murió 134 años antes de esa fecha. Pero Dan Brown usa una historia ficticia, imaginada, de los illuminati para dramatizar la amenaza real, no ficticia, que significaron para la Iglesia las ideas del iluminismo desde el siglo XVII hasta ahora.

Sin embargo, durante todo ese período, en particular en las Iglesias no europeas, ha habido fuerzas progresistas, como el Movimiento de Obreros Católicos y la "Teología de la Liberación" latinoamericana que actuaron como fermento modificador del conservadurismo eclesiástico con ideas derivadas del evangelio cristiano. En particular, en el transcurso del último siglo, la Iglesia católica ha presenciado el desarrollo de dos marcadas vertientes en su seno, el progresismo social y el conservadurismo doctrinario, que han estimulado el debate, en particular a partir desde que el Segundo Concilio Vaticano finalizó en 1965. Dan Brown sugiere estas diferencias reales cuando describe las opiniones y pensamientos de los diversos cardenales ficticios de *Ángeles y Demonios*, así como los del fallecido papa y su camarlengo.

Aunque en su desarrollo de *Ángeles y Demonios* Dan Brown claramente tiene en mente las tétricas historias de lo acaecido en el Vaticano hace cientos de años, en realidad no necesita ir tan atrás en el tiempo en busca de materiales que lo inspiren.

En el último tercio del siglo XX, tras los dramáticos eventos del Vaticano II, la Iglesia se encontró en una encrucijada. Bajo el liderazgo del papa Juan XXIII, el concilio ecuménico súbitamente transformó el papado en un período de tres años, produciendo alarma y oposición en la facción conservadora de la Curia y dando esperanza a los liberales. Pablo VI, quien había sucedido a Juan XXIII, condenó la práctica de la anticoncepción en la encíclica *Humana vitae*, pero continuó implementando las decisiones del concilio. Tras la muerte de Pablo VI, se eligió a un papa de avanzada edad en la esperanza de que fuese una figura conservadora, de transición. En la historia real del papado, la táctica de elegir un papa anciano, que se esperaba que no tardara en morir, fue empleada en más de una ocasión cuando los cónclaves se trababan. En el caso del papa Juan Pablo I, quien fuera que esperaba que fuese una figura de transición, no tardó en ver su error. A pesar de sus muchos problemas de salud, se lanzó de inmediato a la acción, promoviendo el ecumenismo, la paz y el diálogo con fes no cristianas. Se embarcó en una revisión del Código de Ley Canónica para las Iglesias ortodoxa y latina, y ordenó una investigación del Banco Vaticano, cuyas finanzas eran caóticas.

Cuando el papa Juan Pablo I murió repentinamente el 29 de septiembre de 1978, tras sólo treinta y tres días de gestión, se conjeturó que había sido envenenado, en forma muy similar a la del papa asesinado que muere tras "un reino de doce años tremendamente popular" en *Ángeles y Demonios*. La causa oficial de la muerte fue un ataque cardíaco mientras el Papa dormía (similar a la causa oficial de la muerte del Papa en la novela, un síncope ocurrido mientras dormía). En el transcurso de los últimos veinticinco años han aparecido varios artículos y libros que afirman que Juan Pablo I fue asesinado por los conservadores del Vaticano, pero ninguno presenta evidencia sólida que sustente tal aseveración. Sin embargo, había varias inconsistencias en los detalles que dieron diversos testigos circunstanciales respecto de esa muerte, y no se llevó a cabo una autopsia. En 1984, David Yallop alegó en su libro *En nombre de Dios* que Juan Pablo I fue envenenado, posiblemente con digitalis, por funcionarios vaticanos que querían detener la investigación del escándalo del Banco Vaticano y las inversiones de éste en el Banco Ambrosiano de Milán. (En *Ángeles y Demonios*, lo que mata al Papa no es la digitalis, sino una sobredosis de heparina).

La elección del actual papa, Juan Pablo II, tuvo lugar, como nota el estudioso Greg Tobin, en uno de los desplazamientos más sorprendentes de los cónclaves de la época moderna. "Muchos la percibieron como una victoria de los conservadores del Vaticano". Primer papa no italiano desde el siglo XVI, este papa polaco era hondamente espiritual y, como dice Eamon Duffy "despreciaba los valores morales y sociales del iluminismo que, creía, habían llevado a la humanidad a un callejón sin salida y habían seducido considerablemente a las Iglesias".

En 1981, tres años después de la muerte de Juan Pablo I, hubo un intento de asesinato contra Juan Pablo II en la plaza San Pedro. Este incidente también puede haber servido como inspiración al comportamiento criminal del Hassassin en *Ángeles y Demonios*. Quien pretendió asesinar a Juan Pablo II fue un musulmán turco llamado Mejmet Alí Agca. Tras el intento de asesinato, se dijo que la policía secreta búlgara había contratado al asesino y que ellos, a su vez, actuaban bajo órdenes de la KGB. Esta aseveración nunca fue completamente sustentada, y nadie fue acusado además de Mejmet Alí Agca, quien en junio de 2000 fue indultado por el presidente italiano Carlo Azeglio Ciampi.

Uno de los episodios más escandalosos de la historia reciente del Vaticano tuvo lugar en 1998, cuando Alois Estermann, comandante de la Guardia Suiza del Vaticano y su esposa, Gladys Meza Romero fueron asesinados en los cuarteles de la Guardia por Cedric Tornay, otro guardia suizo, quien a continuación se suicidó. En su momento, el Vaticano caracterizó el crimen de Tornay como un "ataque de locura" aislado. Se rumoreó, pero nunca se comprobó, que Tornay, heterosexual, tenía un romance homosexual con Estermann, y hubo testigos que dijeron que Estermann lo trataba con implacable prepotencia y bloqueaba sus posibilidades de ascenso. Tanto Estermann como su mujer eran integrantes del Opus Dei, lo cual contribuyó a alimentar las especulaciones de que otra facción del Vaticano, temerosa de la influencia del Opus Dei, estaba detrás de los asesinatos. Estos sucesos fueron el tema de un libro reciente escrito por el periodista especializado en el Vaticano John Follian, llamado *City of Secrets, The Truth behind the Murders at the Vatican* [*La ciudad de los secretos: la verdad de los asesinatos del Vaticano*]. Publicado en 2003, en él se alega que el Papa sabía de la homosexualidad de Estermann y que se opuso a la designación de éste al frente de la Guardia Suiza. Pero el secretario de Estado, el cardenal Angelo Sodano, supuestamente vinculado al Opus Dei, insistió tanto que el Papa, debilitado por sus problemas de salud, finalmente accedió al nombramiento. En 1998, mientras Dan Brown escribía *Ángeles y Demonios* estos asesinatos fueron intensamente difundidos por la prensa europea, y, en las acciones de Olivetti, Rocher y otros personajes ficticios de la novela, se ve la impronta del caso Estermann y la forma en que Dan Brown recurre a éste. El Opus Dei, claro, se convertiría en uno de los protagonistas de *El Código Da Vinci* pocos años después.

El próximo cónclave

En el capítulo 42 de *Ángeles y Demonios*, Dan Brown ennumera los "requisitos tácitos" para ser elegido papa: hablar italiano, español e inglés, no tener nada que ocultar, y tener entre sesenta y cinco y ochenta años. En realidad, ésta sería una lista muy incompleta, además de inexacta, pues el papa Juan Pablo II fue elegido a los cincuenta y ocho años. Enfrentado a una serie de desafíos de creciente complejidad, el próximo papa debería tener una gama de talentos que rivalicen con los del más hábil diplomático moderno.

Al escribir acerca de los debates internos que ocupan a la Iglesia en estos momentos, expertos en el Vaticano como John L. Allen en *Conclave*, Francis Burkle-Young en *Passing the Keys* [*La transmisión de las llaves*], Greg Tobin en *Selecting the Pope* [*Seleccionar un papa*] han identificado los temas que creen que figurarán en la elección del próximo papa. La mayor parte de los expertos coinciden en que la colegiación, tema de mucho debate en el Vaticano II, se ha hecho aún más importante a partir del prolongado reino del papa Juan Pablo II, que en realidad ha tendido a una recentralización de la autoridad. La colegiación les daría más poder a los obispos y requeriría de muchas tomas de decisiones conjuntas entre religiosos y laicos. La Iglesia también debe enfrentar el problema de cómo los laicos, en particular las mujeres, pueden tener más responsabilidad en la vida cotidiana de la Iglesia, tanto administrando los sacramentos como fijando políticas.

Los observadores vaticanos también concuerdan en que la Iglesia también debe continuar con el diálogo entablado por Juan Pablo II con otros cristianos —a dado pasos tendientes a la unificación con la Iglesia ortodoxa oriental— así como con otras religiones. Desarrollando el contenido de la encíclica *Nostra aetate* del Concilio Vaticano II, que enfatizaba el patrimonio espiritual común de judíos y cristianos y declaraba que los judíos no eran responsables de la muerte de Jesús, Juan Pablo II ha hecho una cantidad de pronunciamientos y gestos simbólicos tendientes a curar la brecha entre ambas fes. Fue el primer papa en visitar la sinagoga de Roma en 1986 y estableció relaciones diplomáticas con Israel en 1994. Tras el sínodo de Europa de 1986, se celebró un servicio penitencial para expiar la indiferencia de los cristianos durante el Holocausto. En 1998, el Vaticano difundió una disculpa por su silencio durante el

Holocausto y abrió sus archivos para que fueran examinados. David Kertzer, profesor de la Universidad de Brown, obtuvo acceso a una cantidad de archivos vaticanos, mantenidos en secreto hasta entonces y publicó recientemente un libro titulado *The Popes against the Jews: the Vatican's Role in the Rise of Modern Anti-Semitism* [*Los papas contra los judíos: el papel del Vaticano en el surgimiento del antisemitismo moderno*]. En su libro, cuestiona las afirmaciones de no intervención por parte de la Iglesia, que ahora deberá responder al cuestionamiento. La oficina de asuntos interreligiosos del Vaticano también ha dedicado mucho tiempo a mejorar las relaciones con el islam. Juan Pablo II fue el primer papa de la historia en visitar una mezquita, en Damasco en el año 2001.

Los problemas de la globalización y de la creciente población mundial de personas pobres y desplazadas han intensificado la necesidad de justicia social. Desde los debates del Vaticano II, en que los miembros del concilio identificaron como una de las misiones más importantes la del cuidado pastoral de los pobres y oprimidos del mundo, este tema se ha convertido en una prioridad.

Los recientes escándalos de alcance mundial sobre las revelaciones de pedofilia por parte de sacerdotes han creado una crisis con la que la Iglesia también deberá lidiar en su evolución. La crisis ha puesto en el centro de la escena el debate respecto de si los sacerdotes deben o no tomar un voto de celibato, que algunos consideran la razón detrás de las grandes cantidades de sacerdotes culpables de delitos sexuales. *Ángeles y Demonios* muestra en forma oblicua los argumentos que afirman que el celibato tiene efectos negativos al mostrar la desastrosa manera en que ha resultado afectada la vida del camarlengo por la decisión de su padre y su madre de permanecer célibes. Sin embargo, tal vez el problema más intrincado de los que enfrenta la Iglesia —y que Dan Brown señala con gran oportunidad— es el de la bioética, la sexualidad, todos los temas vinculados a la tecnología del nacimiento, la anticoncepción, el divorcio y la familia como institución. En su encíclica de 1995, *Evangelium vitae*, el papa Juan Pablo II condena lo que llama la "cultura de la muerte", reiterando la posición de la Iglesia en todos los temas desde la anticoncepción y el aborto hasta la investigación en células madre y la eutanasia. La posición de un candidato sobre estos temas en un cónclave bien puede definir su éxito o su fracaso.

A medida que Juan Pablo II envejece y su salud se deteriora, han surgido multitud de especulaciones respecto de quién lo sucederá, a pesar del hecho de que la ley canónica prohíbe la discusión de la sucesión papal hasta que finalicen los *novemdiales*, el período de luto que sigue a la muerte del papa. Así y todo, se ha escrito mucho respecto de cuáles son los cardenales con más potencial como papables, es decir, los candidatos más posibles al papado. Las poblaciones católicas mayores y de crecimiento más rápido están en este momento en América latina, África y China. Dos tercios de los mil millones de católicos del mundo viven al sur del Ecuador; hay insistentes voces que afirman que el próximo papa debe venir de alguno de estos lugares.

La observadora del Vaticano Pamela Schaeffer, editora a cargo del *National Catholic Reporter*, ha identificado como el papable más posible al cardenal Francis Arinze, un nigeriano nativo que ha estado a cargo de la oficina vaticana de asuntos interreligiosos. Desde esa función, Arinze ha estado hondamente comprometido en llevar adelante el acercamiento con la fe islámica. Steven Waldman, fundador de beliefnet, un popular sitio web multirreligioso, también cree que Arinze tiene una real posibilidad. Así también lo cree el autor Greg Tobin (en este mismo capítulo hay más análisis de Waldman y Tobin). Paddypower.com, la agencia irlandesa de apuestas por internet le da a Arinze posibilidades de 6 a 1.

Otro posible candidato sería un cardenal latinoamericano, ya que las poblaciones de las Iglesias sudamericanas y caribeñas se han convertido en las más grandes del mundo. En esta categoría de candidatos, Oscar Rodríguez Madariaga, de sesenta y un años, arzobispo conservador de Tegucigalpa, Honduras y el septuagenario Claudio Humme de Brasil, el país con la mayor población católica del mundo también suelen ser mencionados. Jorge Mario Bergoglio, un argentino de sesenta y siete años, también se ha destacado por su liderazgo moral durante la crisis del 2001 en la Argentina y también por lo que John Allen ha llamado su "genuina profundidad teológica y filosófica". Norberto Rivera Carrera, de sesenta y dos, también es percibido como un posible papable, ya que es marcadamente ortodoxo y además un campeón de la justicia social. Se ha pronunciado frecuentemente contra los males de la globalización.

Entre los europeos, un ingenioso y encantador cardenal belga, favorito de muchos de sus colegas, Godfried Danneels, de setenta y un años, es quien Allen señala como más posible papable. Este arzobispo de Bruselas, con buena relación con la prensa, tiene una reputación muy positiva como intelectual y como pastor, aunque tal vez sea demasiado progresista como para llegar a papa. Otro nombre que persiste, aunque algunos consideran que, con sus setenta y ocho años, es demasiado viejo, es el del arzobispo de París Jean-Marie Lustiger. Lustiger, judío converso al catolicismo, ha presidido una renovación espiritual en París.

Entre los italianos, se destaca uno en particular: Dionigi Tettamanzi. Arzobispo de Milán —la diócesis más grande el mundo— desde 1998 es un conservador doctrinario, a quien, según la revista *Time*, admiran por igual el Opus Dei y los progresistas. El *Corriere della Sera* lo ha llamado el "candidato natural".

Thomas Reese, en su edición de 2003 de *Inside the Vatican* [*Dentro del Vaticano*], provee una importante perspectiva cuando observa que los cimientos eurocéntricos de la Iglesia se están derrumbando. "La cultura occidental ya no es cristiana, y menos aún católica", escribe Reese. "En la actualidad, el mensaje cristiano es contracultural y debe competir por el tiempo, la atención, y la aceptación, en un ambiente pluralista. Los estadounidenses y europeos que se consideran católicos reclaman transformaciones en temas como el celibato y el control de la natalidad, y demandan mayor participación en los procesos de toma de decisión de la Iglesia. El próximo papa deberá fijar el tono en que se considerarán muchos temas importantes que pueden determinar en última instancia si la Iglesia sobrevive —tema que Brown destaca en *Ángeles y Demonios*.

Ni siquiera Dan Brown apuesta contra la Iglesia. Cuando, al final de la novela, el humo se despeja, la Iglesia católica, sobreviviente de incontables catástrofes, y su nuevo papa, el heredero de San Pedro son los únicos que aún quedan en pie, mientras que los villanos han fracasado, muerto o se han evaporado.

Posibilidades en la primera elección papal del siglo XXI

Cada vez que la salud de un papa se deteriora comienzan las especulaciones respecto de quién será su probable sucesor. El interés se ha agudizado en el caso de Juan Pablo II, quien, en forma inédita, puso al papado en el centro de la escena global con su apoyo a los trabajadores portuarios polacos, su conservadurismo social, sus viajes por el mundo en "papamóvil", sus misas celebradas frente a miles de fieles y sus amonestaciones a líderes mundiales. Amplificando una ceremonia con la que sólo rivalizan las de la coronación en Gran Bretaña, los conductores de canales globales de televisión, acompañados de veteranos expertos en temas vaticanos cubrirán el desarrollo del espectáculo de la sucesión papal minuto a minuto. Dado el secreto que rodea el proceso, esto será muy positivo para esa maravilla que es Roma, y transmitirá un intenso sentido simbólico a los fieles y a millones de otros. Aquí, dos respetados observadores del Vaticano anticipan el proceso, evaluando las posibilidades de una carrera entre aquellos que están dispuestos a enfrentar desafíos que son simultáneamente amplios y complejos: el papel de las mujeres, el ecumenismo, el equilibrio de poder en el seno de la Iglesia, el escándalo de abuso sexual en los Estados Unidos, y, como de costumbre, los temas vinculados a la reforma teológica y estructural. ¿Quién es el mejor calificado para enfrentar tales reformas?

¿Quiénes son los *papables*?

POR GREG TOBIN

Greg Tobin es un autor, editor, periodista y estudioso que actualmente publica *The Catholic Advocate*. Autor de *Cónclave*, su último libro es *Selecting the Pope: Uncovering the Mysteries of Papal Elections* [*Seleccionar al Papa: Descubriendo los secretos de las elecciones papales*]

Tratar de evaluar las posibilidades de la elección papal es simplemente estúpido, sin embargo los periodistas y los observadores del Vaticano (incluido yo) no pueden evitar hacerlo. En la edición del 11 de mayo de 1998 del *US News & World Report*, por mencionar sólo un ejemplo de este muy arraigado juego de apuestas, la especulación se centró en once papables. Hoy, media docena de años después, cinco de ellos tienen más de ochenta años, uno murió y sólo dos, Schönborn y Arinze son posibles candidatos. El favorito, Carlo Maria Martini, SJ, quien ahora tiene setenta y siete años y se retiró del arzobispado de Milán, ha dejado el grupo debido a la edad y a la mala salud.

Para un análisis pormenorizado del proceso y de los potenciales candidatos a ganadores, véase mi *Selecting the Pope* y *Conclave: The Politics, Personalities, and Process of the Next Papal Election* [*Cónclave: la política, personalidades, y proceso de la próxima elección papal*], de John L. Allen Jr., el muy respetado corresponsal jefe en Roma del *National Catholic Reporter* y *The Next Pope* [*El próximo papa*] del fallecido comentarista y biógrafo papal Peter Hebblewhite.

El término "papable" se aplica a aquellos que tienen más posibilidades que los demás de llegar a papa. El término empleado en *Ángeles y Demonios*, *preferiti*, no se suele emplear entre los expertos en el Vaticano. Y el viejo y muy repetido adagio sigue vigente: "Quien entra en el cónclave como papa, sale como cardenal".

Los propios electores contemplan a los favoritos sin especial fervor.

Para el momento de la edición del presente libro, hay 12 cardenales-electores en condiciones de participar en el próximo cónclave. De éstos, los siguientes doce nombres pueden ser considerados candidatos favoritos o papables. Así que aquí van...

❧ FRANCIS ARINZE, setenta y un años, prefecto de la Congregación para el Culto Divino y la Disciplina de los Sacramentos desde 2002 (cardenal desde 1985). Arinze ha sido muy mencionado como candidato favorito durante los últimos diez años. Se lo considera una persona que tiene los pies firmemente asentados en la tierra y dueño de un buen sentido del humor. Ha viajado mucho (va con frecuencia a los Estados Unidos) y el hecho de que sea un africano negro es un importante punto a favor, ya que la Iglesia está en una importante fase de crecimiento en ese continente.

❧ GODFRIED DANNEELS, setenta y un años, arzobispo de Mechelen-Brussels desde 1979 (cardenal desde 1983). Considerado progresista y producto de la Universidad Católica de Lovaina (para algunos, un semillero progresista), Danneels, que suele ser citado en los medios cuando se habla del papa y el papado, es autor de varios libros de teología. Participa en sínodos episcopales en todo el mundo (una de las formas en que cardenales y obispos se conocen, lo cual puede servir, o no, en el cónclave).

❧ JULIUS RIYADI DARMAATMADJA, SJ, sesenta y nueve años, arzobispo de Semarnag, Indonesia, desde 1983 (cardenal desde 1994). Ser jesuita (pertenecer a la Compañía de Jesús) es considerado un punto en contra para cualquier candidato, pero tiene la edad adecuada si el cónclave se celebra en el transcurso de los próximos pocos años. Probablemente sea el principal candidato asiático, ahora que el cardenal Jaime Sin, de setenta años, se ha retirado del archiepiscopado de Manila y no goza de buena salud.

❧ FRANCIS EUGENE GEORGE, OMI, sesenta y siete años, arzobispo de Chicago desde 1997 (cardenal desde 1998). Aunque es casi imposible imaginar que un estadounidense sea designado papa en nuestros días —dados la condición de superpoder de los Estados Unidos, el reciente escándalo con el clero y el episcopado de ese país y el generalizado resentimiento hacia Estados Unidos por parte de Europa— el cardenal George bien puede ser el prelado más respetado de la delegación estadounidense, bien considerado por su espiritualidad y ortodoxia teológica.

❧ CLAUDIO HUMMES, OFM, setenta años, arzobispo de San Pablo, Brasil, desde 1998 (cardenal desde 2001). Brasileño de ascendencia alemana, Hummes, un franciscano ex profesor de filosofía fue designado obispo a los cuarenta años. Una señal de favor papal es que predicó en el retiro de Cuaresma en el Vaticano (al Papa y sus consejeros) en 2002. Es un candidato fuerte y no tan secreto que puede unir a los electores latinoamericanos y europeos.

❧ JEAN-MARIE LUSTIGER, setenta y ocho años, arzobispo de París desde 1981 (cardenal desde 1983). Sería histórico elegir un judío (perdió a su madre en Auschwitz) en esta época. Lustiger tiene una fuerte reputación como dirigente pastoral y "sacerdote de sacerdotes" en la cuna del liberalismo. Es un poco viejo para ser considerado en serio, pero, ¿pueden los cardenales dejar pasar la oportunidad que representa?

♠ Renato Raffaele Martino, setenta y un años, presidente del Consejo Pontificio para la Justicia y la Paz desde 2002 (cardenal desde 2003). Es un diplomático experto que ha sido el observador permanente de la Santa Sede en las Naciones Unidas, además de delegado apostólico en Laos, Malasia y Singapur. Pertenece a la nueva camada de cardenales y ahora está firmemente emplazado en el Vaticano, donde exhibe sus virtudes sociales (se fabrica su propio vino) y políticas.

♠ Giovanni Battista Re, setenta años, prefecto de la Congregación de los Obispos desde 2000 (cardenal desde 2001). Durante más de diez años, Re fue *sostituto* (similar al cargo de jefe de gabinete en un gobierno secular), uno de los cargos más poderosos en la curia romana —y ahora está a cargo de presentarles los candidatos a obispo al Santo Padre. Es una persona amigable y franca, quien parece emplear su influyente puesto para ser el "candidato de los que saben qué ocurre entre bambalinas".

♠ Oscar Rodríguez Madariaga, SDB, sesenta y un años, arzobispo de Tegucigalpa, Honduras, desde 1993 (cardenal desde 2001). Es sacerdote salesiano y fue ordenado obispo a la asombrosamente corta edad de treinta y seis años. Rodríguez Madariaga parece demasiado joven para ser candidato (significaría un pontificado de veinte años). Es el favorito entre los papables latinoamericanos —otros son Norberto Rivera Carrera, de sesenta y dos años, arzobispo de Ciudad de México y el cardenal Hummes (véase arriba)— así como uno de los más conservadores de éstos.

♠ Christoph Schönborn, cincuenta y nueve años, arzobispo de Viena desde 1995 (cardenal desde 1998). Ahora es el sexto en orden de edad (antes fue el más joven) de los integrantes del colegio cardenalicio). Schönborn aparece en prácticamente todas las listas serias de aspirantes al papado. Ocupó una sede episcopal que había sido conmovida por el escándalo de su predecesor (ahora fallecido) y en los últimos meses, nuevos escándalos han vuelto a golpear la Iglesia de su país. Bien considerado por sus evidentes inteligencia y tacto.

♠ Angelo Scola, sesenta y dos años, patriarca de Venecia desde 2002 (cardenal desde 2003). Uno de los principales candidatos italianos, designado en el consistorio más reciente. Scola es uno de los italianos (quienes, en conjunto, son cada vez menos en cantidad e importancia dentro del colegio cardenalicio) más mencionados. Históricamente, el patriarca de Venecia fue elegido papa en tres ocasiones durante el pasado siglo: Pío X en 1903,

Juan XXIII en 1958 y Juan Pablo I en 1978. Pío X fue canonizado y Juan
pronto lo será.

&. DIONIGI TETTAMANZI, setenta años, arzobispo de Milán desde 2002 (cardenal desde 1998). Ex arzobispo de Génova, tiene la edad justa, la ortodoxia ideal y una fuerte posición (como la tuvo un anterior arzobispo de Milán, Giovanni Battista Montini, elegido papa como Pablo VI en 1963).
También es favorito del movimiento Opus Dei, prelatura personal de Juan
Pablo II, a quien a su vez él ha apoyado —lo cual puede ser una espada de
doble filo en una elección papal que no favorecerá a los italianos.

En busca del papa: ¿será el próximo papa negro, hispano o judío?

POR STEVEN WALDMAN

Steven Waldman es el editor en jefe de Beliefnet, el principal sitio web religioso y espiritual
multiconfesional. Su ensayo apareció originariamente en Slate.com

Bien, ¿quién será el próximo papa? ¿un negro, un hispano, un estadounidense, o un judío?

No, no es una broma. Las cuatro son posibilidades reales. Claro que especular sobre quién será el nuevo papa en medio de la celebración del vigesimo-
quinto aniversario del papa actual es irrespetuoso para con él, quien o está en
razonables condiciones físicas (en cuyo caso no deberíamos hablar de él como
si estuviese muerto) o está muy enfermo (en cuyo caso, deberíamos ofrecerle
nuestras oraciones y buenos deseos).

Pero, por otro lado, ¡no podemos evitarlo!

Las mayores diferencias entre el proceso de selección papal de hoy y el de hace veinticinco años son demográficas. De los cinco países con mayor población católica, sólo uno (Italia) es europeo. El cuarenta y seis por ciento de los católicos del
mundo está en América latina; hay más católicos en las Filipinas que en Italia. En
1955 había 16 millones de católicos en África; hoy hay 120 millones.

Los cardenales que elegirán al próximo papa son un grupo conservador. Todos, menos cinco, de los 134 cardenales que votan (también llamados cardenales-electores) fueron designados por el papa Juan Pablo II y la mayor parte
de ellos comparte sus puntos de vista. De modo que difícilmente veamos a un
fogoso izquierdista como próximo pontífice. Algunos factores que los cardenales tomarán en cuenta al votar: ¿eligen a alguien que provenga del tercer
mundo para reflejar la demografía o a alguien que refuerce la cristiandad de la

vieja Europa? ¿Quieren a un hombre joven (bueno, de menos de setenta años) y que salga bien en TV para explicarle el catolicismo al mundo? ¿O un anciano que no vaya a durar tanto?

John Allen, el corresponsal en el Vaticano del *National Catholic Reporter*, cita un viejo dicho italiano: "Después de un papa gordo, siempre viene un papa flaco". Pero de haber una reacción, muchos analistas estiman que será contra la tendencia de este papa a la autoridad central, no contra su ideología.

Éstos son los papables más frecuentemente citados entre los conocedores de los asuntos papales.

Francis Arinze

País: Nigeria
Edad: 71
A favor: ¡Negro! Del tercer mundo. Puede tener buen diálogo con el islam.
En contra: ¿Negro? Tal vez demasiado conservador. La Iglesia católica africana tal vez sea demasiado joven.

Si lo eligen, Arinze, además de conmocionar al mundo por ser el primer papa negro, también sería un buen papa para que esté al mando en una época de conflictos religiosos. Ex titular del Consejo Pontificio para el Diálogo Interreligioso, Arinze es el señor Multiconfesional, y ayudó a organizar la visita de Juan Pablo II —primer papa en la historia que así lo hace— a una mezquita. Ha dicho: "Teológicamente, todos provienen de un mismo Dios".

Deborah Aldwell, editora jefe de Beliefnet, dice de los electores: "Deben apoyar a un cardenal del tercer mundo debido al desplazamiento de las mayorías cristianas a África, Asia y América latina. *Deben* hacerlo", dice. "Y si a esto se agrega el choque global entre el islam y la cristiandad, está claro que la elección es Arinze".

Ah, pero vaya dilema para los progresistas. Un papa negro que, en cuestiones sociales, hace que Phyllis Schlafly parezca Jane Fonda. En un discurso inaugural pronunciado este año en la Universidad de Georgetown, Arinze provocó protestas al afirmar que "la homosexualidad es una burla a la institución del matrimonio". Si llegara a papa y los progresistas criticaran sus puntos de vista antigay y antiaborto, ¿podrían los conservadores resistirse a la tentación de acusarlos de racismo? Tal vez sería pedir demasiado.

También es posible que, en su fuero interno, y aunque no lo admitieran en público, los cardenales temieran que la elección de un cardenal negro pudiera alienar a algunos católicos blancos. Pero su mayor contra es que la Iglesia africana, aunque crece rápidamente, aún es demasiado joven, en especial si se la compara con la Iglesia de América latina.

Oscar Rodríguez Madariaga

País: Honduras
Edad: 61
A favor: Latinoamericano. Amigo de Bono.
En contra: Comparó a la prensa con Hitler. Demasiado joven.

"Hay una sensación de que llegó el turno de América latina", dice Tom Reese, editor de la revista jesuita *América*. No es sólo que allí hay más católicos que en ningún otro continente; es un campo de batalla competitivo, en el que los pentecostales están llevándose parte del mercado católico.

Hasta ahora, no hay consenso sobre un candidato latinoamericano, pero el que se menciona más a menudo es Rodríguez, ex jefe del grupo de obispos latinoamericanos. Ha sido un fuerte oponente a la deuda del tercer mundo y un defensor de la misión antipobreza de la Iglesia. Se juntó con Bono, cantante de U2 para presentar en el encuentro del G8 de 1999 una petición firmada por 17 millones de personas pidiendo una condonación de la deuda.

David Gibson, autor de *The Coming Catholic Church* [*La Iglesia católica que viene*] describe lo que Rodríguez tiene a favor: "Un latinoamericano políglota y con buena relación con los medios que conoce a todos los integrantes del Colegio y que representaría una poderosa afirmación en favor de la vasta y pobre Iglesia latinoamericana, así como del resto del mundo en desarrollo". John Allen agrega que Rodríguez también es un defensor de la descentralización, lo cual puede resultar ser el factor más importante.

Un problema puede ser que sus comentarios en el sentido de que la cobertura de la prensa del escándalo de los sacerdotes pedófilos refleja el punto de vista anticatólico de Ted Turner y otros pesos pesados de los medios. "Es la única forma en que me puedo explicar esta ferocidad [de la prensa], que me recuerda los tiempos de Nerón y Diocleciano y, más recientemente, de Stalin y Hitler", dijo.

Jean-Marie Lustiger

País: Francia
Edad: 77
A favor: ¿Judío? Reforzar la vieja cristiandad europea.
En contra: ¡Judío! Demasiado viejo.

La madre judía de Lustiger fue matada en Auschwitz. Si lo que los cardenales quieren es generar agitación en Europa, elegir a Lustiger sería una forma espectacular de lograrlo.

¿Los judíos lo consideran judío? Técnicamente, sí. Como dijo el rabino Joseph Telushkin, autor de *Jewish Literacy* [*Letras judías*], "según la ley judía, una persona nacida de una madre judía es judía, y ser judío no es algo a lo cual alguien puede renunciar. Sin embargo... la comunidad judía normalmente no se relaciona con una persona de esas características como si la considerara judía".

Según Telushkin, Lustiger es popular entre los judíos parisienses, pero otras autoridades opinan que los judíos se indignarían si fuese escogido. "Elegirlo sería un desastre para las relaciones católico-judías", dice Reese. "Algunos judíos considerarían que, de hacerlo así, la Iglesia lo estaría poniendo como ejemplo de lo que deben hacer los judíos".

Pero lo que probablemente lo descarte es, en realidad, su edad. Dado que la edad obligatoria para que los cardenales se retiren son los setenta y cinco años, podría ser un poco incómodo desde el punto de vista de la autoridad moral que quien no acatara esa regla fuese el papa. De modo que probablemente nunca lleguemos a saber si las madres judías del mundo les podrían haber llegado a decir a sus hijos que cuando crecieran serían doctores, abogados, o papas.

Lubomyr Husar

País: Ucrania
Edad: 71
A favor: Extrasanto. Buena edad. Une Oriente y Occidente.
En contra: ¡Es estadounidense!

Husar es el jefe de la Iglesia Católica Griega de Ucrania y tiene ciudadanía estadounidense. Sus padres emigraron a los Estados Unidos, donde asistió a la Universidad Católica de América, fue ordenado sacerdote en Stamdford, Connecticut, y enseñó en el seminario del colegio St. Basil entre 1958 y 1969.

John Allen, quien lo considera un favorito oculto, resume sus pros y sus contras así: en primer lugar, representa a Europa oriental y, después de Juan Pablo, muchos creen que esa región del mundo deberá esperar unas pocas generaciones para producir otro papa. En segundo lugar, es ciudadano de los Estados Unidos y los observadores creen que sería diplomáticamente imposible elegir un pontífice de una superpotencia. Algunos sospecharían que la política vaticana es manejada por la CIA. En tercer lugar, se supone que el papa debe ser el patriarca de Occidente, y sería raro desde el punto de vista teológico que esa función fuese ocupada por alguien que proviene del rito oriental.

Pero, arguye Allen, esas objeciones pueden ser vueltas a favor. "Las primeras dos señalan a la posibilidad de que Husar sea un puente entre Oriente y Occidente; la tercera sugiere que podría ser un símbolo de la total universalidad de la Iglesia, de su unidad en la diversidad". Finalmente, Allen dice, "También es uno de los hombres más genuinamente cristianos que yo haya conocido".

Dionigi Tettamanzi

País: Italia
Edad: 70
A favor: Italiano
En contra: Italiano

Sólo el 5 por ciento de los católicos del mundo vive en Italia. De modo que ¿por qué habría siquiera que haber un italiano en la lista? Porque el 35 por ciento de los cardenales que votan o representan una diócesis italiana o trabajan para la administración vaticana. También puede existir la sensación de que la Iglesia ya pasó por una fase excéntrica y experimental al elegir al papa polaco y que necesita volver a la normalidad. Tettamanzi es conservador, y es apreciado por el muy conservador movimiento Opus Dei; la mayor parte de los cardenales que votan también son conservadores. Lo más importante es que la agencia de apuestas por internet Paddypower.com lo califica como el favorito.

Christoph Schönbron

País: Austria
Edad: 59
A favor: Peso pesado intelectual. A la cristiandad europea le vendría bien un poco de excitación.
En contra: Europa ya tuvo su posibilidad.

¡Este cardenal además es conde! Teólogo respetado, Schönbron fue elegido por Juan Pablo II para actuar como editor general del catecismo católico revisado. David Gibson califica a Schönbron como "un austríaco culto que es conservador pero que, fiel a sus raíces centroeuropeas, puede ser un puente entre Oriente y Occidente. Tal vez demasiado cerca en el tiempo del papa eslavo, y tal vez también demasiado joven". Su mayor problema es su edad.

Jaime Lucas Ortega y Alamino

País: Cuba
Edad: 68
A favor: País comunista. Hispano.
En contra: El comunismo ya no es un problema.

Escoger a un papa de un país comunista funcionó bien la última vez, así que ¿por qué no probar otra vez? Alamino tiene la ventaja de ser un baluarte de la fe en un país sin Dios y *además*, la de ser hispano.

Godfried Danneels

País: Bélgica
Edad: 70
A favor: Ingenioso
En contra: Demasiado progresista

En el poco probable supuesto de que los cardenales decidieran apoyar a un progresista, Danneels podría ser el candidato. "Cuando obispos y cardenales se reúnen, Danneels suele ser el centro de atención, y es apreciado por su ingenio y su intelecto", dice Greg Tobin, autor de *Selecting the Pope*. Debilidades: al ser un progresista belga, podría ser considerado el Michael Dukakis de la carrera papal.

Hay que recordar que los cardenales tradicionalmente abjuran de los candidatos obvios aún más que quienes votan en las primarias demócratas, de modo que hay una buena posibilidad de que el elegido no sea ninguno de los mencionados. Como dice el viejo proverbio italiano: "Quien entra papa en el cónclave, sale cardenal".

Y, finalmente, está lo que puede llamarse "el factor Dios". Aunque es tentador (y divertido) ver la elección papal como si se tratase de una votación en Iowa —en términos de bloques de votantes, tendencias y posicionamiento— ésta aún es, en cierto nivel, una decisión altamente personal y espiritual. Puede haber un cardenal que tenga en contra todas las razones que acabamos de ennumerar pero que sea considerado por sus pares como un individuo verdaderamente santo. Muchas personas creen que el Espíritu Santo guiará las deliberaciones de los cardenales y, diga lo que diga Paddypower.com, Dios puede tener sus propias opiniones al respecto.

Pontífices pasados, presentes y futuros

ENTREVISTA CON RICHARD P. McBRIEN

Richard P. McBrien es profesor de teología en la Universidad de Notre Dame y autor de veinte libros, incluyendo *Lives of the Popes* [*Vidas de los papas*] y el bestseller *Catholicism*.

El padre Richard McBrien no es un fanático de Dan Brown. "Decir que Brown es algo más que un novelista sería un error", dice McBrien, señalando que el autor no es ni historiador ni teólogo. McBrien es ambas cosas. Profesor de teología en la Universidad de Notre Dame, se puede literalmente decir que McBrien escribió el libro del cato-

licismo —es autor de la HarperCollins Encyclopedia of Catholicism [Enciclopedia HarperCollins del Catolicismo]. *McBrien le reconoce a Brown haber creado una plataforma para discutir temas tales como la humanidad de Jesús y el papel de las mujeres en la Iglesia primitiva —temas tratados en el primer libro de esta serie,* Los secretos del Código.

McBrien también podría concederle a Brown el haber agitado la discusión sobre el papado. Uno de los personajes principales de Ángeles y Demonios *es Carlo Ventresco, el camarlengo psicótico que quiere ser papa. Aunque tal personaje es puramente ficticio, como bien sabe McBrien, a lo largo de los siglos, el Vaticano ha alojado tanto a santos como canallas. Entre los santos, el mártir Sixto II (257-258) se negó a abandonar a su grey y fue decapitado por fuerzas imperiales mientras oficiaba la misa. Al otro lado del espectro está Juan XII (955-964). Llegó a papa cuando aún era adolescente, llevó una de las vidas más inmorales que haya vivido ningún "padre santo" de la historia y se afirma que murió en la cama de una mujer casada. En esta entrevista, McBrien, comentarista habitual de asuntos eclesiásticos, discute los papas pasados y presentes, además de sus perspectivas respecto de los pros y los contras del proceso de selección papal. Todas las fechas se refieren al término de los papados.*

Como ha escrito usted, en los dos mil años de papado, algunos papas han sido santos y otros canallas; algunos políticos, otros pastores; y algunos reformadores, y otros no.

Antes de los tiempos modernos, el más grande de los papas fue Gregorio Magno (590-604) quien sentía verdadera preocupación por los pobres y tuvo un perdurable impacto en la formación del ministerio pastoral de obispos y sacerdotes de los siglos siguientes. Fue el primero que se refirió al papa como al "sirviente de los sirvientes de Dios". Un papa menos conocido pero no menos santo fue Sixto II (257-258), uno de los mártires más venerados de la Iglesia primitiva. Fue decapitado por fuerzas imperiales mientras celebraba la misa, pues se había negado a abandonar a su grey.

Entre los llamados papas canallas tenemos a Sergio III (904-911), quien ordenó el asesinato de su predecesor, León V, y al antipapa Cristóbal. Durante todo su pontificado, fue un instrumento de las familias poderosas de Roma. Juan XII (955-964) fue elegido a la edad de dieciocho años y llevó una de las vidas más inmorales de cualquier papa de la historia. Murió de un síncope, según se dice, en la cama de una mujer casada. Inocencio IV (1243-1254) fue el primer papa en aprobar el empleo de la tortura por parte de la Inquisición.

Los papas de la Edad Media tendieron a ser más políticos que los de otros momentos de la historia. Inocencio III (1198-1216) y Bonifacio VIII (1295-1303) son dos casos ilustrativos. Inocencio reclamó autoridad sobre todo el mundo cristiano. Bonifacio VIII (1295-1303) tuvo pretensiones aun mayores de poder espiritual y temporal, pues declaró que todos los habitantes del mundo eran súbditos del papa. Uno de los más destacados papas reformistas fue Gregorio VII (1073-1085). Hizo cuanto pudo por enfrentar los problemas planteados por la simonía (la compra y venta de beneficios espirituales), el nepotismo (el ubicar a parientes en altos cargos eclesiásticos), la corrupción clerical (en sus vertientes financiera, sexual y pastoral) y la interferencia de gobernantes laicos en los asuntos internos de la Iglesia.

La mayor parte de los papas del primer milenio fueron considerados santos, aunque en ese entonces no existía un proceso de canonización formal. En el segundo milenio, sólo cinco papas fueron canonizados. Los grandes papas reformistas, incluyendo particularmente a Juan XXIII (1958-1963), tuvieron un gran impacto en la transformación de la Iglesia. Indirectamente, esto tuvo efecto sobre el mundo en general, lo cual es el motivo por el que recibió tantos elogios por sus esfuerzos por la paz. Aunque aún no se lo ha canonizado formalmente, el papa Juan XXIII era claramente un santo. Debido a su actitud cálida, compasiva y no discriminatoria hacia las personas, pudo crear una atmósfera ecuménica completamente nueva en la Iglesia, e inspirar incluso a ateos como el premier soviético Nikita Kruschev a tomarse en serio los llamados papales a la paz durante la crisis de los misiles cubanos. Fue tal vez el papa más amado de toda la historia de la Iglesia. El ex premier soviético Mijail Gorbachov le atribuyó al papa Juan Pablo II haber acelerado el derrumbe del llamado imperio soviético mediante su respaldo al movimiento Solidaridad en Polonia y a otras diversas iniciativas. Otros papas, en particular León XIII (1878-1903) llamaron la atención hacia la situación de los trabajadores en el nuevo mundo industrial y defendieron los derechos de éstos a la organización gremial, un salario justo y condiciones de trabajo saludables. Los papas que lo sucedieron continuaron insistiendo sobre estos puntos. ¿Tuvieron sus esfuerzos el efecto deseado sobre las condiciones de vida de los trabajadores? Eso se sabrá el día del juicio final.

¿Cómo eran los papas en la época de Galileo y de la Contrarreforma?

En general, varios de los papas del período de la Contrarreforma —concretamente Pablo III (1534-1549), Pablo IV (1555-1565) y Pío IV (1559-1565)— hicieron cuanto pudieron por enfrentar los problemas de corrupción en la Iglesia. Estos papas también hicieron parte de la jerarquía a varios de los principales reformadores de la Iglesia, como Carlos Borromeo (m. 1584). Como arzobispo de Milán, Borromeo celebró concilios y sínodos, hizo visitas regulares a las parroquias, reorganizó la administración diocesana, estableció seminarios para la educación de futuros sacerdotes, impuso normas de moralidad al clero y fundó una confraternidad destinada a enseñarles la doctrina cristiana a los niños. De hecho, sus reformas fueron tan auténticas y profundas que una organización laica que lucraba con el viejo sistema intentó hacerlo asesinar.

Pablo III (1534-1549) convocó al Concilio de Trento en 1545, lanzando así la Contrarreforma católica. Pío IV (1559-1565) volvió a convocar el concilio tras una suspensión de diez años y dedicó su pontificado a la reforma. Pío V (1566-1572) impuso las reformas del concilio, publicó el catecismo romano y reformó el misal romano (empleado para celebrar misa) y el oficio divino (que cantaban monjes y sacerdotes). Estas reformas se mantuvieron vigentes hasta mediados del siglo XX, en que el Vaticano II introdujo una nueva era para la liturgia y la práctica católica. Gregorio XIII (1572-1585) reconstruyó y financió el antiguo Colegio Romano, que luego, en su honor, fue llamado Universidad Gregoriana. Aún existe y prospera en la Roma actual. También reformó el calendario juliano al eliminar diez días y agregar un año bisiesto. El calendario fue llamado gregoriano en su honor. Alejandro VII (1655-1667) permitió a los misioneros jesuitas en China que emplearan ritos chinos en la misa y la administración de los sacramentos, pero Clemente XI (1700-1721) anuló ulteriormente esa decisión.

Por otro lado, algunos de los papas de la Contrarreforma promovieron la tarea de la Inquisición para eliminar la herejía, lo cual incluyó el encarcelamiento de Galileo, poner las obras de Copérnico en el índice de libros prohibidos bajo Pablo V (1605-1621) e imponer una segunda condena a Galileo, bajo Urbano VIII (1623-1644) en 1633.

¿Cómo evaluaría la relación entre la Iglesia y el mundo de la ciencia en el transcurso de los últimos siglos?

Mejor ahora que antes. Inicialmente, la Iglesia tendió a ponerse a la defensiva y aún a condenar los nuevos desarrollos que al aparecer cuestionaban sus enseñanzas tradicionales respecto de uno u otro tema. Esto fue así en el siglo XIX y durante la primera mitad del siglo XX en lo que respecta a la interpretación de las escrituras. El famoso sílabo de errores promulgado por Pío IX en 1864 condenaba al liberalismo político (incluida la democracia y a varios puntos de vista filosóficos que exaltaban a la razón por sobre la autoridad en cuanto norma de verdad). Además, durante el siguiente pontificado, el de Pío X (1903-1914), se llevó adelante una campaña antimodernista contra los estudiosos católicos. Los historiadores han afirmado que estas políticas hicieron que la vida intelectual católica sufriera un retraso de cincuenta años, que no fue recuperado hasta el Segundo Concilio Vaticano (1962-1965). el caso de Galileo, por supuesto, ha sido emblemático de la tradicional postura contraria a la ciencia de la Iglesia. El hecho de que un papa tan conservador como Juan Pablo II haya admitido que la Iglesia se equivocó es en sí mismo un indicio de la gran transformación de la postura oficial de la Iglesia frente a la ciencia.

Ángeles y Demonios *se centra en los eventos del cónclave. ¿Cuál es su opinión acerca del proceso de elección papal?*

El proceso de elección papal hace que lo ocurrido con las elecciones del estado de Florida parezca bueno. Es defectuoso porque es secreto y está limitado a un grupo relativamente pequeño de eclesiásticos varones, todos los cuales deben sus cargos a la decisión de un hombre, el papa, y a sus asesores más cercanos y poderosos.

Algunos de los peores ejemplos ocurrieron en el siglo X, cuando el papado se transformó en el juguete de ciertas familias aristocráticas de Roma, quienes controlaron las elecciones desde el pontificado de Sergio III (904-911) hasta el de Juan XI (931-936). Alberto II, príncipe de Roma, controló el papado entre 932 y 954. El sacro emperador romano Otto I (m. en 973) controló las elecciones de Juan XIII (965-972) y Benedicto VI (973-974), pero después de su muerte, el poder pasó a manos de otra familia romana, hasta el siglo XI con el pontificado de Sergio IV (1009-1012).

La historia de las elecciones papales muestra que los papas —en particular cuando eran figuras dominantes o sus papados eran muy prolongados— rara vez son sucedidos por fotocopias de sí mismos. Después de tales pontificados, los cardenales-electores parecen preferir un período de reacomodamiento (que es el motivo por el cual a menudo eligen lo que se denomina un papa de transición) o un cambio de rumbo. Este patrón ha estado vigente durante los últimos ciento cincuenta años o más: Pío IX fue elegido en tanto liberal para suceder al reaccionario Gregorio XVI en 1846. Pío IX se volvió reaccionario y no fue sucedido por un cardenal de inclinaciones parecidas sino por un moderado, León XIII en 1878. A su vez, León XIII fue sucedido no por su moderado secretario de Estado, el cardenal Rampolla, sino por el ultraconservador Pío X en 1903. Pío X, a su vez, no fue sucedido por su ultraconservador secretario de Estado, el cardenal Merry del Val, sino por el protegido del cardenal Rampolla, Benedicto XV, en 1914. Benedicto no fue sucedido por otro moderado, sino por el autoritario Pío XI en 1922. Aquí viene una excepción en la secuencia. Debido al estallido de la Segunda Guerra Mundial, los cardenales buscaron a alguien que tuviera experiencia diplomática, de modo que recurrieron al cardenal Pacelli, quien había actuado como secretario de Estado de Pío XI. Pacelli tomó el nombre de Pío XII. No fue sucedido por otro papa ascético y distante sino por el cálido y jovial Juan XXIII en 1958. Él, a su vez, fue sucedido por el tímido y estudioso Pablo VI en 1963 y éste lo fue por el gentil y sonriente Juan Pablo I en 1978. Como sabemos, ese papa murió tras sólo treinta y tres días de gestión. Los cardenales eligieron a un joven y vigoroso eslavo llamado Karol Wojtyla, quien continúa al frente del papado con el nombre de Juan Pablo II. ¿Lo sucederá otro papa semejante a él, dado que él fue quien designó a casi todos los cardenales que elegirán a su sucesor? La historia nos enseña que no suele ser así. Pero por supuesto toda regla tiene su excepción.

¿Hay posibilidades de que cambie el sistema de elección del papa?
En el futuro, el proceso electoral deberá incluir una representación más amplia de los obispos del mundo; por ejemplo, los presidentes de las diversas conferencias episcopales nacionales y alguna representación significativa de otras de las congregaciones del mundo —laicas, clericales y religiosas. Sin embargo, ello sólo puede ocurrir si cambian las leyes eclesiásticas que regulan las elecciones papales. Según la actual ley eclesiástica, sólo un papa puede hacer tal cambio. Por lo tanto, sólo habrá cambios si resulta elegido un papa que esté convencido de que el sistema actual es defectuoso.

¿Cuáles cree que sean los temas centrales que deberá enfrentar el papa durante la próxima década?
En primer lugar, debe restaurar al papado como al "puente" literal —*pontifex* significa "hacedor de puentes" en latín— que se supone que es, no sólo entre Dios y la humanidad, sino dentro de la familia humana misma y especialmente en el interior de la Iglesia. El actual pontificado se ha dejado llevar a una alianza con una facción específica dentro de la Iglesia —conservadora a ultraconservadora— y al hacerlo ha hecho que muchos que pertenecen al centro amplio, así como aquellos de orientación más decididamente progresista, sientan que no es también su "santo padre". En segundo lugar, deberá enfrentar con franqueza y sin actitud defensiva la más seria de las crisis que la Iglesia católica experimenta desde la reforma, es decir, el escándalo de los abusos sexuales por parte de sacerdotes. Deberá hacer lo que el actual papa no ha podido o querido hacer, que es pedirles disculpas a las muchas víctimas y a sus familias y reunirse con un grupo que las represente para excusarse cara a cara. También debe exigir la renuncia de todos los obispos que permitieron que los sacerdotes corruptores siguieran oficiando como curas y que intimidaron a aquellos que llamaron la atención de los obispos y del público en general sobre estos escándalos. En tercer lugar, debe defender la recuperación de la doctrina de la colegiación que recuperó el Segundo Concilio Vaticano e invertir la tendencia de

los últimos veintiséis años a recentralizar la autoridad en el Vaticano. Una forma espectacular de hacer esto sería instruir a cada una de las conferencias episcopales nacionales a que prepare proyectos para un nuevo proceso de selección de obispos, proyectos que incluyan a los laicos y al clero inferior y que esencialmente ponga la decisión en manos de las Iglesias locales más bien que en el Vaticano. En cuarto lugar, debe dejar claro que empleará la influencia del papado para defender la causa de la justicia social, la paz y los derechos humanos, y también promover el diálogo interreligioso y la cooperación institucional para enfrentar estos desafíos. Finalmente, debe urgir a una concienzuda reconsideración de las enseñanzas tradicionales de la Iglesia sobre la sexualidad humana sin dejar ni un elemento de lado, incluyendo el celibato obligatorio para los sacerdotes, el control de la natalidad, la homosexualidad y otros.

¿Quién está sepultado en la tumba de San Pedro?

Los terroristas illuminati de Ángeles y Demonios *(y su cerebro "infiltrado") tienen aguda conciencia del significado simbólico de sus acciones. Aunque la novela de Dan Brown fue publicada casi dos años antes del 11 de septiembre de 2001, hay extraños paralelos entre las mentes de los terroristas del tipo Al-Qaeda y los terroristas de la novela. Tanto en la vida real como en la novela, estos terroristas en particular no pretenden hacer exigencias ni negociar. No buscan dinero ni quieren el respaldo de la opinión pública. En cambio, llevan a cabo acciones simbólicas orientadas a destruir los símbolos, así como los sistemas que éstos representan, de aquellos a quienes odian.*

En Ángeles y Demonios *la antimateria que podría destruir la ciudad del Vaticano no ha sido puesta al azar, ni tampoco en el lugar en el que la explosión tendría necesariamente el mayor impacto destructivo. En cambio, en forma altamente simbólica, ha sido puesta precisamente en el supuesto lugar subterráneo donde está enterrado San Pedro, la "roca" misma que está en el corazón físico y espiritual de la Iglesia. Esta parte de la historia de* Ángeles y Demonios *plantea varias cuestiones interesantes —históricas, filosóficas y teológicas— (por no hablar de las vueltas de la trama, que dejan tantos cabos sueltos como los que se encontrarían en un lugar de donde se acabara de escapar Houdini). De hecho, historiadores, arqueólogos y teólogos han discutido por años respecto de si Pedro siquiera fue a Roma, si está enterrado bajo San Pedro, si lo ente-*

rraron cerca de Jerusalén y sobre las diferencias teológicas y espirituales que entrañan estas distintas interpretaciones.

Tom Mueller, talentoso escritor de viajes con base en Roma, oyó hablar de los huesos de oveja, buey y cerdo, así como del esqueleto de un ratón que, según se dice, encontraron investigadores bajo el altar mayor de la basílica de San Pedro. También él quería encontrar una respuesta a la pregunta: San Pedro mismo ¿estuvo allí? Aquí da a conocer los resultados de sus investigaciones.

También tenemos a Deirdre Good, renombrada profesora de estudios del Nuevo Testamento en el Seminario Teológico General de Nueva York, quien trata varias de estas cuestiones desde el punto de vista académico, incluso la de si el simbolismo que equipara la "roca" con la tumba de Pedro es correcto. La profesora Good es particularmente hábil en entender e interpretar idiomas antiguos (lee griego, copto, latín, hebreo y algo de arameo), arrojando así nueva luz sobre textos bíblicos. Sus referencias bíblicas están traducidas del griego, pero dice que la versión revisada estándar es una buena referencia para aquellos que quieran verificar los textos que se señalan más adelante.

Más allá de la tumba

Por Tom Mueller

Tom Mueller es un escritor que reside en Italia. Originariamente, este artículo apareció en forma ligeramente distinta en *The Atlantic*. Usado con permiso del autor.

Adecuadamente, fue la muerte lo que me llevó a la necrópolis. Sentado contra el obelisco de la plaza San Pedro, vi las decorosas cruces negras en los periódicos vaticanos que anunciaban el fallecimiento, a los ciento dos años de edad, del padre Antonio Ferrua, el gran anciano de la arqueología cristiana. Un artículo describía los muchos descubrimientos de Ferrua en el subsuelo romano, incluyendo el que estaba directamente debajo de mí: un vasto cementerio pagano sepultado bajo la plaza de San Pedro y la basílica misma, que contiene una tumba que se supone que es la de Pedro. Otro mencionaba una prolongada y áspera controversia sobre la identidad de huesos supuestamente encontrados en esa tumba, que al parecer le había costado el cardenalato a Ferrua.

Sentí curiosidad, y decidí visitar la necrópolis. No tardé en encontrarme junto a una guía vaticana bajando por una larga y oscura escalera, mientras el aire en torno de nosotros se cargaba de humedad y olor a moho. Emergimos a una penumbrosa senda a la que daban las fachadas de las casas de los muertos, pintadas con frescos que representaban una miríada de dioses antiguos: Horus, con su cabeza de halcón y la sagrada cruz ansada, Venus, surgiendo fresca y perfumada de las olas, Dionisos, acompañado de una ebria comitiva de ninfas y faunos que blandían varas fálicas. Mi guía, una joven arqueóloga de ojos azul claro, corto cabello rubio y discurso pulido por muchos tùrs, me explicó que alguna vez esos mausoleos estuvieron al aire libre. Algunos tenían patios para celebrar banquetes funerarios, con caños de terracota que llevaban a las tumbas por los cuales se vertía vino para saciar la sed de los muertos. A medida que avanzábamos, enrejados ubicados sobre nuestras cabezas revelaron un lejano y luminoso techo dorado artesonado. Estábamos directamente bajo la nave de la basílica, cerca del altar mayor.

Al fin del camino, bajo el altar mismo, había un tosco bloque de albañilería. A través de una rajadura entre los ladrillos, se distinguía una esbelta columna de mármol blanco, como un hueso pelado. "Ésta es la tumba del apóstol Pedro" anunció la guía, "marcada por la llamada *aedicula*, un monumento a Pedro con dos columnas, erigido en el siglo II". El otro lado del bloque de albañilería estaba cubierto de una red de antiguos graffiti, dejados por piadosos visitantes a la tumba. Me indicó los estratos de construcción en piedra que se habían ido acumulando sobre la *aedicula*, un ejemplo perfecto de cómo se había constituido el lugar: la albañilería del siglo IV de Constantino el Grande, que construyó la primera iglesia de San Pedro; un altar del siglo VII; otro del XII; y finalmente, el actual altar mayor, erigido en 1594, cuando la iglesia original de Constantino fue demolida y la nueva San Pedro fue construida en su lugar.

"No nos debe sorprender que la tumba de San Pedro esté rodeada de tumbas paganas" dijo. "Recuerde que en 64 dC, cuando murió Pedro, los cristianos de Roma practicaban un poco conocido culto oriental y eran un pequeño enclave en una población predominantemente pagana". En ese año, el reinante emperador Nerón los juntó en el circo Vaticano. Paseó entre ellos vestido de auriga, mientras algunos eran envueltos en pieles de animales y destrozados por perros y otros crucificados e incendiados para que iluminaran el espectáculo a modo de antorchas humanas. Me dijo que en esa noche infernal murió Pedro, su jefe. Fue enterrado en una ladera de la cercana colina Vaticana, que se alzaba donde hoy está la basílica; con el tiempo, una extensa necrópolis pagana creció alrededor de su sencilla tumba. Doscientos cincuenta años después, cuando Constantino decidió erigir una basílica sobre la tumba de Pedro, sus obreros sepultaron la necrópolis al hacer un relleno que ocupó un millón de metros cúbicos que permitiría construir la basílica sobre un terreno llano. Ésta era el área, preservada bajo un hondo manto de tierra, que revelaron las excavaciones de Ferrua.

La historia de la guía coincidía con la versión oficial del Vaticano sobre el martirio y la tumba de Pedro. Pero nunca hizo mención a la cuestión de los huesos de Pedro.

En 1939, cuando los obreros desenterraron una extensión de suntuosa albañilería romana bajo el altar mayor, el estudioso Pío XII ordenó que se excavara en forma sistemática. Fue una decisión valiente (papas anteriores habían prohibido esa exploración), aunque su valor tuvo límites. Los excavadores que escogió —Antonio Ferrua y sus tres colegas— eran allegados al Vaticano, y trabajaron bajo un solemne juramento de secreto. La investigación, que se prolongó durante una década, fue supervisada por el viejo colaborador de Pío XII, monseñor Ludwig Kaas, y la excavación misma fue llevada a cabo por los *sampietrini*, el equipo hereditario de obreros del Vaticano. Fue una operación para iniciados.

En 1951, tras un silencio de doce años en el sitio de la investigación y febriles especulaciones en el mundo exterior, Ferrua y sus colegas publicaron el informe oficial. Provocó una inmediato escándalo. Los críticos los acusaron de practicar una arqueología defectuosa y aleatoria y de perder artefactos valiosos. Surgieron evidencias de un constante enfrentamiento entre los cuatro excavadores y monseñor Kaas, y de intervenciones nocturnas en el lugar donde se trabajaba. Kaas había incluso cortado el suministro eléctrico a la excavación cuando él y los *sampietrini* no estuvieran allí para evitar que los arqueólogos hicieran descubrimientos sin supervisión.

De hecho, Ferrua y sus colegas habían trabajado con notable objetividad. Pues, a pesar de la intensa presión de la comunidad vaticana, no informaron haber encontrado ni rastros de Pedro —ni una inscripción que lo nombrara, ni siquiera entre los graffiti de su supuesta tumba. Aún más extraño, comprobaron que la tierra bajo la *aedicula* estaba vacía.

Pío XII pronto autorizó a que se hicieran más investigaciones en la necrópolis bajo la dirección de Margherita Guarducci, una eminente epigrafista clásica y también ferviente católica. Guarducci no tardó en desautorizar las conclusiones del equipo que la precedió, dejando entrar, de paso, la cálida brisa de una polémica a la italiana. Descubrió inscripciones y dibujos en honor de Pedro que, según ella, Ferrua y sus colegas habían omitido inexplicablemente en su informe; la más importante de las inscripciones, dijo, estaba cerca de la *aedicula* y decía "Pedro está aquí dentro", y había sido retirada por Ferrua de la excavación y ocultada en su celda monástica. En la maraña de graffiti que cubrían la tumba de Pedro discernía una "criptografía mística" que contenía incontables mensajes en código referidos al apóstol. Finalmente, incluso hizo aparecer los restos de Pedro. Explicó que un *sampietrino* le había dado una caja de madera que contenía huesos que habían estado dentro de la *aedicula* cuando los arqueólogos la descubrieron por primera vez. Por algún motivo, no habían dado importancia a las preciosas reliquias, y después monseñor Kaas las había ocultado en lugar seguro. Exámenes científicos organizados por Guarducci indicaron que los huesos habían sido envueltos en una tela de púrpura real bordada de oro, y pertenecían a un hombre de sesenta a setenta años de edad y físico robusto —los huesos, aseveró ella, del apóstol.

Los resultados de Guarducci, que dio a conocer en un incesante flujo de artículos y libros, fueron criticados por la comunidad académica en tonos que fueron de la burla a la indignación. Su criptografía mística fue muy cuestionada, así como cada paso de la lógica y la ciencia que empleó para concluir que los huesos de la caja eran los de Pedro. Su crítico más cáustico fue Antonio Ferrua, quien sometió cada una de sus publicaciones a reseñas de abrumador sarcasmo. Poco después de que Guarducci anunciara el descubrimiento de los restos de Pedro, Ferrua le dirigió un feroz memorándum al papa Pablo VI para ponerlo en guardia. Tras desmantelar metódicamente las afirmaciones de Guarducci, pasaba revista con intensa ironía al contenido de la famosa caja que, además de los restos humanos, contenía huesos de oveja, buey y cerdo, así como el esqueleto completo de un ratón.

Al parecer, Pablo VI creyó a Guarducci, pues no tardó en anunciar que las auténticas reliquias de Pedro habían sido halladas. Pero el padre Ferrua rió último. Poco después de la muerte de Pablo VI en 1978, a Guarducci se le prohibió el acceso a la necrópolis y, posteriormente, a los archivos de la basílica. Las presuntas reliquias, que habían sido instaladas con gran fanfarria en la albañilería que rodea la *aedicula* fueron quitados de allí. Posteriormente, una amargada Guarducci dio a entender que las fuerzas de la oscuridad, encarnadas en Antonio Ferrua, habían saboteado su obra.

Éste es sólo el episodio más reciente en el inmemorial misterio de la tumba de Pedro. En 1624, el papa Urbano VII ordenó que comenzaran las obras del alto dosel de bronce de Bernini que iría sobre el altar mayor. Sin embargo, no bien se hubo comenzado a cavar, los obreros empezaron a caer muertos. El propio Urbano enfermó, y en toda Roma se murmuró sobre la maldición de Pedro que, se decía, fulminaba a quienes perturbaban el descanso del apóstol. En tanto, horrorizados testigos veían cómo surgía una incesante corriente de reliquias paganas del seno de la más sagrada tierra de la Iglesia, algunas tan escandalosas que el papa ordenó que fueran arrojadas al Tíber. Uno de los hallazgos, la estatua funeraria de un hombre reclinado sobre un triclinio con una amable sonrisa epicúrea, afortunadamente sobrevivió a la furia papal, junto a su inscripción:

De Tívoli soy, Flavius Agricola es mi nombre —sí, soy quien ves reclinado aquí, tal como lo hice durante todos los años de vida que me concedió el destino, cuidándome bien a mí mismo, sin que me faltara nunca el vino... mezcla el vino, y, coronado de flores, bebe un largo trago y no les niegues a las lindas

muchachas los placeres del sexo. Cuando llega la muerte, la tierra y el fuego lo
devoran todo.

En tiempos de Urbano, la especulación acerca de qué yacía bajo el altar mayor ya tenía mil años de antigüedad. Escritores de la Edad Media temprana mencionaban apariciones aterradoras, cuevas y pasadizos secretos que corrían por debajo de la iglesia, así como la curiosa idea de que Pedro estaba sepultado en un templo pagano. Tales ideas pueden haber surgido en parte debido a descubrimientos accidentales de la necrópolis pagana que ahora sabemos que se extiende por debajo de la basílica. Pero también se originaban en una incertidumbre mayor respecto de la tumba de Pedro, la cual tenía sus raíces en la Biblia misma.

El Nuevo Testamento, donde se encuentra el único relato más o menos contemporáneo de la vida de Pedro, no hace referencia a que éste haya estado en Roma, ni a su martirio. En los Hechos de los Apóstoles, que relatan las actividades de éstos después de la muerte de Jesús, Pedro aparece por última vez en torno al año 44 dC, en una cárcel de Jerusalén, de donde lo libera un ángel. Luego, desaparece de la narración bíblica en forma tan definitiva que algunos estudiosos consideran que el ángel liberador es un eufemismo que representa su muerte. Pablo, quien escribió a Roma y de Roma en los años en que Pedro supuestamente estaba allí, no lo menciona en las listas de cristianos prominentes de Roma con que concluyen sus cartas. Yo, Pedro, epístola atribuida a Pedro mismo está fechada en "Babilonia", que puede querer decir Roma. Más allá de lo oblicuo de esta referencia, la teología de la epístola y el griego culto en que está escrita no corresponden a Pedro, un pescador galileo carente de educación. Muchos estudiosos rechazan la posibilidad de que él sea el autor.

A lo largo del siglo II, la evidencia literaria de la presencia de Pedro en Roma y su martirio allí continúa siendo ambigua. Algunos investigadores ven indicios en Yo, Clemente, probablemente escrita en Roma en torno del 96 dC y en la carta de Ignacio de Antioquía a los romanos, compuesta unas pocas décadas más tarde. Pero estas referencias son extremadamente vagas y su contexto no es claro. Y ninguna menciona la tumba de Pedro.

Y es lógico que así sea. Aun si aceptamos que Pedro fue martirizado en Roma, es poco probable que su cuerpo haya sido recuperado para ser sepultado, o que su tumba tuviese identificación. La persecución de Nerón hizo del cristianismo un delito castigado con la pena de muerte. Bajo la ley romana, al cadáver de un criminal de esas características, en particular si, como Pedro, era extranjero, se le negaba sepultura y podía ser sumariamente arrojado al Tíber. Para recuperarlo, alguien tendría que haber peticionado ante las autoridades romanas, identificándose de esta manera como cristiano, lo que hubiera equivalido a suicidarse.

Además, pocos de los cristianos compañeros de Pedro se habrían preocupado por sus huesos. En torno al año 64 dC, los cristianos aguardaban con ansiedad la Parusía, el inminente Segundo Advenimiento de Jesús. Las reliquias y tumbas de mártires parecían tener escasa importancia en un mundo que estaba a punto de ser consumido por el fuego. No fue hasta pasado un siglo o más de la muerte de Pedro que se desarrolló el culto de los mártires en Occidente.

Las primeras menciones explícitas de la estada en Roma de Pedro, su martirio y su tumba aparecen por primera vez en torno de esa época. Entre los años 170 y 210, tres autores —Dionisio de Corinto, Ireneo de Lyon y Gaio de Roma— afirman que Pedro y Pablo fundaron la Iglesia romana. Como Pablo claramente niega que esto sea así en sus cartas, la afirmación es problemática. Así y todo, es intrigante. Dionisio dice que Pedro "dio testimonio" evidentemente a través del martirio. Aún más significativo es que Gaio afirme que, en su época, había un *tropaion* ("trofeo" o "monumento") en memoria de Pedro en el Vaticano. Muchos estudiosos, incluido Ferrua, creen que éste es la *aedicula* que está en el corazón de la necrópolis vaticana, que la evidencia arqueológica ha datado en torno del año 170 dC, haciendo así de la de Gaio la primera referencia a la tumba de Pedro.

Sin embargo, Gaio escribió ciento cincuenta años después de la muerte de Pedro. El cristianismo ya no era una secta aislada sino un movimiento que abarcaba todo el imperio. La idea de una Parusía inminente se había desvanecido y había surgido el culto de los mártires, presumiblemente debido al anhelo de un vínculo tangible con un cielo que ahora parecía más distante, aunque también por razones más prácticas. En esos momentos la unidad de la Iglesia estaba amenazada por las herejías místicas y especulativas practicadas por gnósticos y montanistas, quienes afirmaban tener acceso a nuevas revelaciones divinas. Contra esos peligrosos innovadores, los cristianos convencionales como Dionisio, Irineo y Gaio insistían en que las únicas creencias válidas eran las de Jesús y aquellos que habían oído su voz. Compilaron listas de obispos para las principales iglesias para demostrar que había una cadena ininterrumpida de dirigentes que se remontaba hasta el ilustre primer fundador. La presencia de un apóstol, confirmada por su tumba y sus reliquias, devino en la prueba ideal de un linaje ortodoxo para las congregaciones locales, así como una fuente de enorme prestigio. Los restos de Pedro, príncipe de los apóstoles, eran los que más prestigio daban.

Sentado hoy en la plaza San Pedro, imagino cómo sería el Vaticano antes de todo esto —antes de la basílica barroca con su vertiginosa cúpula diseñada por Miguel Ángel, antes del majestuoso edificio del papado. Imagino la iglesia original de Constantino, envejecida y austera, y luego miro aún más atrás, al Vaticano como lo vio Constantino por primera vez en 312 dC, puntuado por varios monumentos en distintos grados de deterioro: el circo en ruinas, que aún tenía un obelisco en el medio: la lindera colina vaticana, con sus nobles tumbas en forma de casas y un plateado olivar en la cima; una pirámide de mármol de más de treinta y cinco metros de altura; un estadio estanco para batallas navales entre gladiadores; y el enorme cilindro blanco del mausoleo de Adrián, mucho antes de que se metamorfoseara en el Castel Sant'Angelo.

Por sobre todo esto, imagino los templos por los cuales el Vaticano era famoso. Según nos cuentan los historiadores romanos, en la antigüedad, esta cenagosa región más allá del Tíber era una extraña tierra fronteriza de fiebres y serpientes gigantes, donde podía oírse la voz de los dioses. Estos historiadores derivaron el nombre "Vaticanum", de *vates*, un vidente sagrado que entendía esas voces. Plinio describe un antiguo roble, que aún estaba allí en su época, en el que había letras de bronce etruscas que tenían un significado religioso. Posteriormente, se construyeron extravagantes templos y complejos de edificios sagrados dedicados a deidades orientales. Los ritos extáticos que se celebraban allí fascinaban a los romanos, aunque eran demasiado salvajes como para celebrarlos dentro de la ciudad misma. No es de extrañar, pues, que se creyera que Pedro, héroe de otro culto oriental marginal, hubiera ido a dar allí, ni que Constantino haya construido un glorioso templo nuevo en su honor. El Vaticano siempre fue tierra sagrada.

"Sobre esta piedra"

POR DEIRDRE GOOD
Deirdre Good es profesora de Nuevo Testamento en el Seminario Teológico General de Nueva York. Lee griego, copto, latín, hebreo, y algo de arameo.

En su libro *Ángeles y Demonios*, Dan Brown describe un breve e intenso diálogo entre Robert Langdon y el camarlengo respecto de la interpretación de las palabras de Jesús (véase pág. 480 de la novela). Están tratando de encontrar un tarro lleno de antimateria antes de que éste haga explotar el Vaticano y la mayor parte de Roma. El camarlengo declara que su ubicación le ha sido revelada por las palabras de Jesús a Pedro en Mateo 16:18: "Eres Pedro (en griego, *petros*) y sobre esta roca (en griego, *petra*) construiré mi iglesia". En contraste, Langdon entiende las palabras de Jesús en un sentido metafórico. Exclama: "¡Esa cita es una metáfora, padre! ¡No hay una verdadera roca!". Pero el camarlengo declara: "Pedro es la roca" e identifica la "roca" como la tumba de Pedro y el lugar donde está la antimateria, diciendo, "los illuminati han puesto su herramienta de destrucción en la misma piedra angular de esta iglesia. En los cimientos… en la misma piedra sobre la que se construyó esta iglesia. Y sé dónde está esa piedra".

Al parecer, el camarlengo toma literalmente a Mateo 16:18. En ese pasaje de Mateo, Pedro es identificado por nombre y lugar y su tumba queda debajo de San Pedro. Dan Brown deja de lado muchas versiones alternativas al escoger la que más le conviene a su trama. El texto está construido de forma que se adecue a la nota del autor al comienzo del libro, en la que se afirma que todas las referencias a obras de arte, túneles y arquitectura son enteramente fácticas y pueden ser vistas al día de hoy.

Pero, ¿ha interpretado correctamente Dan Brown las palabras de Jesús, según se las cita en Mateo? En el evangelio de Mateo, ¿identifica Jesús el lugar de la sepultura (y el cuerpo) de Pedro como el lugar donde sería construida la iglesia? ¿O le estaba diciendo a Pedro que lo *reconocía* como cimientos de la Iglesia? ¿Había una iglesia específica, física, que Jesús tuviera en mente?

Este pasaje frecuentemente citado está en el contexto más amplio de Mateo 16:13-19

> *Cuando Jesús llegó al distrito de Cesárea Filipi, les preguntó a sus discípulos: "¿Quién dice la gente que es el Hijo del hombre?" Y dijeron, "Algunos dicen que Juan el Bautista, otros que Elías, otros Jeremías o uno de los profetas". Les dijo "Pero vosotros ¿quién decís que soy?" Simón Pedro respondió, "Eres el Cristo, Hijo del Dios viviente". Y Jesús le respondió, "¡Bendito eres tú, Simon Barjona [hijo de Jonás]!" Pues la carne y la sangre no te han revelado [esto], sino que fue mi Padre que está en el cielo. Y te digo, tú eres piedra [Pedro] y sobre esta roca construiré mi iglesia y los poderes no podrán con ella. Te daré las llaves del reino de los cielos, y lo que atares en la tierra será atado en los cielos, y lo que desates en la tierra será desatado en los cielos".*

¿En qué nos ayuda este contexto ampliado para interpretar el texto de "Sobre esta roca…"? ¿Cuál es el papel de Pedro en el evangelio de Mateo? ¿Cuál es el significado de "esto" en la frase "la carne y la sangre no te han revelado esto"?

Sin duda, la tradición que la basílica de San Pedro fue construida sobre la tumba de Pedro perdura hasta hoy. La tradición se basa en la identificación de un enterratorio de los siglos I y II ubicado cerca del circo de Nerón, donde los cristianos fueron martirizados durante el reinado de éste (54-68 dC). No hay un relato específico sobre Pedro ni sobre su sepultura en Roma, pero su martirio y crucifixión tradicionalmente se ubican en la colina del Vaticano. Para mediados del siglo II, apareció un santuario sobre la tumba de Pedro y el circo de Nerón cayó en desuso. Constantino el Grande (306-37) erigió una basílica sobre la necrópolis en la que se creía que Pedro había sido sepultado. El santuario ubicado en el presbiterio (el área que rodea al altar de una iglesia) estaba sobre una plataforma de mármol erigida sobre el crucero, y un dosel o baldaquín por encima de éste se alza sobre cuatro columnas en espiral. En el siglo VI, Gregorio Magno (590-604) elevó el nivel del suelo y agregó una cripta. Antes de que el papa Pablo III (1534-49) le encargara a Miguel Ángel diseñar una nueva basílica, las tropas de Carlos V emplearon la antigua como establo para sus caballos. Finalmente, en el siglo XVII, el baldaquín de Bernini se elevaría sobre ese lugar sagrado.

El 23 de diciembre de 1950, el papa Pío XII hizo un anuncio asombroso. ¡La tumba de San Pedro había sido descubierta bajo el altar de la basílica de San Pedro! Ello fue el resultado de investigaciones arqueológicas realizadas bajo la basílica entre 1939 y 1949. Se afirmó que había sido descubierto un pequeño monumento que marca la tumba de Pedro, y se creía que era de fecha tan antigua como 160 dC. Las investigaciones fueron supervisados por monseñor Ludwig Kaas.

¿Pero realmente era ésta la tumba de Pedro? ¿Y pueden identificarse con certeza sus huesos? De hecho, también había un segundo sepulcro que los excavadores desconocían. Monseñor Kaa, frustrado por el trabajo de los arqueólogos que se desempeñaban bajo su supervisión, había dado en visitar el sitio solo y en secreto. En una ocasión, notó una segunda tumba, sin abrir, en el monumento y le ordenó al obrero que lo acompañaba que la abriera. La tumba no estaba vacía, y Kaas ordenó que los restos fueran retirados y conservados en lugar seguro. Margherita Guarducci, una epigrafista que se dedicaba a investigar graffiti funerarios, descubrió estos hechos por casualidad después de la muerte de Kaas. Cuando Pablo VI, amigo de la familia Guarducci, fue elegido papa, ella le informó que creía que de hecho esos restos eran los auténticos restos de Pedro. Los huesos estaban donde los había guardado Kaas. Un análisis demostró que de hecho pertenecían a un hombre de unos setenta años, lo cual le permitió a Pablo VI anunciar el 26 de junio de 1968 que las reliquias de San Pedro habían sido descubiertas.

Aunque inicialmente se identificaron los escasos restos de huesos hallados en la tumba como correspondientes a un hombre de casi setenta años, estudios más detallados llevados a cabo posteriormente revelaron que en realidad pertenecían a un hombre de edad, otro hombre más joven, un cerdo, un pollo y un caballo.

Muchos estudiosos, incluyendo a John Curran de la Queen's University de Belfast no están convencidos por los argumentos de Guarducci de que los huesos realmente son los de San Pedro. De modo que el hecho es que no hay evidencia documental indiscutible acerca de que Pedro haya sido sepultado en algún lugar en particular.

Regresemos al texto de Mateo. Desde el siglo I distintos intérpretes leen el texto de distintas maneras. Algunos, por ejemplo, que se centran en la interpretación literaria de Mateo, creen que las palabras de Jesús a Pedro son metafóricas y que se refieren a la importancia del reconocimiento por parte de Pedro de Jesús como "Hijo del Dios Viviente" (Mateo 16:13-18) más que a una construcción real. *Esto* es un pronombre de femenino que remite a *roca*, que es un sustantivo femenino en la frase "en esta roca".

A pesar de la interpretación que hace Dan Brown de las palabras de Jesús en Mateo, y para ser justo, en la mayor parte de las traducciones modernas, Pedro (en griego *petros*) no existía como nombre griego precristiano. Se traduce al arameo como *kefa*, que significa "piedra", y bien puede haber tenido el sentido de un apellido que se le confiere en Mateo 16. Simón hijo de Jonás será conocido a partir de ese momento como Simón Piedra, y ya no será hijo de un padre terrenal, sino la "piedra" que está en la base de la comunidad. La palabra también connota "gema", o puede tratarse de una alusión al duro carácter de Pedro.

La palabra griega *ekklesia*, que se traduce como "iglesia", connota "asamblea" o "reunión" más que un edificio. El reformista temprano Tyndale la tradujo como "congregación" en 1524. Mediante el término "comunidad", el Jesús de Mateo indica la existencia de la comunidad de Mateo, distinguiéndola de otras asambleas o sinagogas. En este punto del evangelio, tras predicarles a distintos grupos que aceptan y luego rechazan su mensaje, Jesús identifica a sus discípulos y forma un grupo construido sobre el cimiento que es Pedro. Una casa construida sobre roca se mantiene firme (7:24-25).

La autoridad de Pedro de "atar y desatar" citada en el citado pasaje de Mateo probablemente se refiera a "prohibir o permitir" en el contexto de decisiones rabínicas legales o *halákicas*. En 18:18, la misma frase describe un juicio comunitario, de modo que la autoridad de Pedro tiene como contrapeso la de la comunidad de Mateo. Así, la tarea de Pedro como custodio de las llaves es abrirles a los creyentes el reino de los cielos mediante su interpretación autorizada de la ley. Pedro representa la dependencia de los discípulos no sólo en entender la enseñanza de Jesús a través de la enseñanza interpretativa dentro y fuera de la comunidad mateana (especialmente después de la resurrección) sino también, y tal vez más importante, por medio de la revelación. Al mismo tiempo, hay algo único en un cimiento que lo diferencia de aquello que se construye sobre él. Un edificio crece. Un cimiento no. De modo que el concepto de cargo o función existe inicialmente en el contexto de una comunidad local. El ministerio de Pedro, como vimos, se prolonga en el de la comunidad.

Orígenes fue el primero, en el siglo II, en conectar a Pedro, en tanto discípulo prototípico con "la fundación de la Iglesia en él, hecha mediante la palabra". En el siglo III, Cipriano ve en Pedro al prototipo de todo obispo. El obispo Esteban (254-57) parece haber sido el primero en conectar "roca" con el obispo de Roma. De modo que, a partir del siglo III, las palabras de Jesús a Mateo fueron empleadas en Roma para legitimar afirmaciones que indudablemente habían sido hechas anteriormente. En la nueva interpretación de las escrituras que se hace a partir del siglo III, se entiende que el término "piedra" connota la autoridad localizada en un lugar en particular (Roma). Continúa con los sermones del siglo V del papa León Magno, para quien la autoridad del papa descansa en Pedro. Por su parte, Agustín interpreta a Cristo como piedra fundamental de la Iglesia. La falibilidad de Pedro era lo que hacía que los cristianos de la Edad Media se identificaran con él. Por contraste, en Oriente, la confesión misma de Pedro es la piedra de la Iglesia.

Todas estas interpretaciones de las palabras de Jesús en Mateo son lecturas del texto bíblico en mutua tensión y con diferentes implicaciones. ¿Cómo unimos todas estas interpretaciones? Reconociendo que no hay una sola interpretación verdadera. De modo que no se puede enfatizar una sola interpretación si ésta excluye a todas las demás. El camarlengo ficticio de Dan Brown propone una lectura que excluye a todas las demás en aras de la trama de *Ángeles y Demonios*, y de las resonancias del colocar la antimateria en el supuesto cimiento literal y figurativo de la iglesia. Sin embargo, dada la riqueza de interpretación que ofrece este pasaje clave de Mateo, los lectores de *Ángeles y Demonios* no deben creer que las palabras que Jesús le dirigió a San Pedro pueden ser limitadas al significado único que les da el camarlengo. ¡Robert Langdon también puede tener razón! Y también pueden tenerla muchas otras interpretaciones.

El Vaticano en la era de Galileo y Bernini

ENTREVISTA CON JOHN O'MALLEY, SJ

John W. O'Malley, sacerdote jesuita, enseña historia de la Iglesia en Weston Jesuit College of Theology en Cambridge, Massachusetts. Entre sus libros premiados se cuentan *The First Jesuits* [*Los primeros jesuitas*] y *Trent and All That* [*Trento y demás*]

La era que subyace a Ángeles y Demonios *—la época de Bernini, Galileo y conspiraciones antipapistas— fue un período de la historia en que Roma fue cuestionada de nuevas formas y que cambió para siempre su relación con la sociedad. Como vimos en el ensayo de Greg Tobin en otra parte de este capítulo, durante el siglo XVI el Vaticano estuvo comprometido en una lucha por la primacía política, además de la religiosa; para fines del siglo XVII, los papas, aunque aún estaban profundamente comprometidos en la política europea, hicieron un renovado esfuerzo para proveer orientación espiritual.*

Lo que forzó esta transición no sólo fue el surgimiento del debate ciencia versus religión. En 1510, el sacerdote Martín Lutero había ido a Roma, donde sólo había encontrado una institución hondamente corrompida. Siete años después, su proclama de protesta fue fijada en las puertas de la catedral de Wittenberg. Había comenzado la histórica batalla del Vaticano contra el protestantismo. Reformadores como Martín Lutero y Juan Calvino exigían que la Iglesia se reevaluase, pues consideraban que estaba en bancarrota moral y espiritual. El protestantismo se difundió no sólo por Alemania y por buena parte de Europa septentrional, sino incluso en las tierras esencialmente católicas de Italia y Europa meridional. Como respuesta, los católicos lanzaron lo que la historia llamó la Contrarreforma, de la cual Galileo fue tanto beneficiario (la Iglesia quería hacer ver que comprendía el surgimiento de esta nueva ciencia de los cielos) como víctima (la Iglesia no toleraba ningún cuestionamiento fundamental a su visión de la creación).

Una de las instituciones más notables de la Contrarreforma fue el Concilio de Trento. Convocado por primera vez en diciembre de 1545 por el papa Pablo III, continuó reuniéndose, con interrupciones, durante los siguientes cinco pontificados. El Concilio de Trento demostró ser altamente influyente en el transcurso de los dos siglos de historia eclesiástica, aunque, como ejercicio de democracia interna fue relativamente poco representativo. Sólo 31 obispos asistieron a su apertura y, aun en sus sesiones más concurridas, nunca hubo más de doscientos obispos presentes. La asistencia de los obispos de Alemania, donde la Reforma tenía sus raíces y más se afianzó, fue particularmente esporádica. Nunca hubo más de trece alemanes que participaran en las deliberaciones del concilio.

El Concilio de Trento tenía dos misiones principales: terminar con la corrupción, por ejemplo, la venta de indulgencias y reinterpretar la doctrina teológica de la Iglesia. En su libro Trent and All That: Renaming Catholicism in the Early Modern Era *[Trento y Demás: Rebautizar al catolicismo en los comienzos de la era moderna], el padre John O'Malley, profesor de Historia de la Iglesia en la Weston Jesuit School of Theology, concluye que sus resultados fueron significativos, y un poco confusos. Los abusos más flagrantes fueron eliminados con éxito, pero la reformulación del mensaje religioso —que sólo la gracia de Dios salva a la humanidad, aunque los individuos participan del proceso— resultó un poco oscuro para quien no se contara entre los seguidores más sofisticados de la Iglesia. Así y todo, arguye O'Malley, la Contrarreforma cumplió con su cometido y sentó las bases de una Iglesia católica más fuerte, aunque más represiva. La iglesia que emergió de la Contrarreforma se sentía victoriosa. Los papas celebraron esta victoria glorificando su fe: encargaron nuevas iglesias y cientos de obras de arte en torno del Vaticano. Bernini trabajaría en muchas de estas nuevas iglesias y monumentos, muchos de los cuales se volverían el escenario de los brutales asesinatos del mundo ficticio de* Ángeles y Demonios.

Es este Vaticano —el Vaticano de los siglos XVI y XVII— el que provee el telón de fondo a buena parte de la novela de Dan Brown. En esta entrevista, O'Malley, uno de los principales expertos en este período de la historia de la Iglesia discute los problemas

que enfrentó la Iglesia, centrándose en sus actitudes hacia la ciencia y el arte. También
expresa su autorizada opinión de que los archivos secretos del Vaticano, a los que tanto
recurre Dan Brown, no contienen, al fin y al cabo, secreto alguno.

¿Puede describir el clima político general en que se encontró la Iglesia católica en
el transcurso de los siglos XVI y XVII? ¿Qué llevó a la Contrarreforma?

En el siglo XVI, la Iglesia se enfrentó a uno de los grandes desafíos de su
historia con la reforma protestante lanzada por Martín Lutero, que no tardó en extenderse a partes de Alemania, toda Escandinavia, Inglaterra, Escocia, y, durante un tiempo, Polonia. La era protestante surgió porque Martín Lutero y Juan Calvino sentían que el mensaje cristiano básico había sido
deformado por la Iglesia, que la "vieja Iglesia" había suprimido el verdadero mensaje de las escrituras, y que los verdaderos culpables de esto eran
los papas. Los grupos protestantes diferían entre sí en muchos puntos, pero todos estaban de acuerdo en que el papado debía terminar y que era obra
del diablo. La Reforma no habría tenido el éxito que tuvo si ciertos líderes
políticos no hubieran decidido emplearla para obtener rédito político. Por
ejemplo, el rey Francisco I de Francia reprimió severamente los movimientos protestantes en Francia, pero ayudó y socorrió a los protestantes alemanes para causarle problemas a su rival político, el emperador Carlos V.
La Contrarreforma son los esfuerzos de dirigentes católicos —papas, reyes,
príncipes, duques, obispos, etcétera, para contrarrestar la reforma protestante de una u otra manera. Lo hacía dando ejemplo de vida cristiana (frecuentemente predicada y poco practicada) pero también organizando ejércitos y armadas, por ejemplo la española, para derrotar al enemigo. En esta
misma tesitura, los monarcas católicos (incluyendo al papa) promovieron
Inquisiciones para terminar con las disidencias. Sin embargo, debe recordarse que los jefes protestantes recurrieron a tácticas similares. En Ginebra, por ejemplo, Juan Calvino estableció una institución conocida como
el Consistorio cuyo propósito era identificar, y una vez hecho esto, casti-
gar, a los descreídos. En la Inglaterra de Isabel I, la Corte de la Cámara de
la Estrella hacía lo mismo, aunque prefería acusarlos de traidores que de
herejes. En el siglo XVI, la forma correcta de creer era una preocupación
tanto para católicos como para protestantes, y los gobiernos creían que era
su deber garantizarla y proteger a sus súbditos del error.

¿Por qué el Concilio de Trento fue un punto de inflexión tan importante en la
historia religiosa?

El Concilio de Trento fue parte de un intento católico de responder a las
cuestiones y disputas teológicas planteadas por Lutero y Calvino. El tér-

mino que considero más apropiado para ese período, que es el que empleo en mis libros es *catolicismo moderno temprano*.

Desde el comienzo mismo de la Reforma en 1517, se consideró que un concilio era la forma más tradicional y equitativa de enfrentar la emergente crisis religiosa. Si el concilio se hubiese podido reunir a, digamos, comienzos de la década de 1520 podría haber cortado la Reforma antes de que ésta tomara tanto impulso. Pero fuerzas políticas (incluido el papado, que temía que un concilio pudiera intentar limitar sus poderes) se unieron para evitar que se reuniese enseguida. La primera sesión del Concilio de Trento se celebró en 1545, ¡cuando ya había transcurrido al menos una generación!

Aun así, el concilio, con muchas dificultades y a lo largo de un período de diecisiete años, respondió a las cuestiones doctrinales que planteaban los protestantes. Los obispos escribieron un documento justificatorio que decía: es la gracia de Dios la que nos salva, no nos salvamos nosotros mismos, pero participamos del proceso, no somos sólo marionetas manejadas con hilos, predestinadas al cielo o al infierno, como parecían decir Lutero y Calvino. El problema con el documento de justificación consistía en tan complicado que la gente no lo entendía —tuvo efecto sobre los teólogos, pero esto no se transmitió al púlpito y a la prédica. Y se concluía con esta caracterización de sí mismo: haz obras de bien y Dios se ocupará de ti. Pero no era eso lo que decretaba.

Tal vez más importante que los asuntos doctrinales, fue que el Concilio de Trento tomó medidas efectivas para reformar a los obispos, principalmente al forzarlos a residir en sus diócesis y hacer su trabajo tradicional. También insistía en que nadie podía ser obispo de más de una diócesis al mismo tiempo, abuso que había generado obispos que ni pisaban sus diócesis. Estos obispos "plurales" recogían el dinero que se les pagaba por su trabajo, contrataban un vicario y llevaban una agradable vida en un lugar escogido por ellos. Por supuesto que muchos obispos eran sinceros y conscientes, pero una cantidad perturbadoramente grande de ellos se lo tomaban como una carrera.

Ningún papa participó jamás del Concilio de Trento. Uno de los motivos era que se celebraba muy lejos de Roma, al pie de los Alpes. Otra razón es que el emperador alemán, Carlos V, no quería que el papa fuera porque los que tomaban las decisiones eran los obispos. Sin embargo, finalmente emitían documentos que el papa debía firmar. Sí había embajadores papales, con lo cual el papa tenía cierto grado de control sobre las deliberaciones. En el concilio, un cínico obispo francés dijo, "en concilios anteriores, los obispos eran inspirados por el Espíritu Santo. En este concilio, la inspiración llega con las cartas de Roma".

Para el siglo XVII, la calidad de los obispos había mejorado, y también la calidad de la prédica. En un grado considerable, se habían resuelto los problemas. Sin embargo, una de las ironías del Concilio de Trento es que en realidad quería enfatizar la autoridad de los obispos y limitar la forma en que operaba el papado. Pero como resultaron la cosas, el concilio en realidad apoyó la autoridad papal porque se reunía bajo el auspicio del papa, llegó a su conclusión exitosa bajo el papa y luego el papa reclamó su derecho a interpretar e implementar las conclusiones del concilio. En última instancia, ello sirvió para incrementar la autoridad papal.

¿Cuál era el estado de la investigación científica en esa época?

Para mediados del siglo XVII, la fe en los textos de Aristóteles estaba siendo remplazada por la fe en la experimentación controlada. ¡La revolución científica estaba en marcha! Sin embargo, no había una verdadera oposición entre ciencia y religión. Hasta Galileo, la mayor parte de los estudiosos coincidía en que, dado que Dios creó el mundo y dado que podemos entenderlo, no podía haber conflicto entre lo que Dios decía en la Biblia y lo que decía en la creación. Pero con la crisis de Galileo, comenzó el conflicto, tal como se puede ver más claramente desde el presente.

Galileo es un emblema del conflicto. Pero hay que darse cuenta de que esto comenzó como una disputa entre académicos. La intervención de la Iglesia sólo era periférica. Había científicos convencidos de que Aristóteles y Ptolomeo tenían razón, que éste es un sistema que tiene por centro a la Tierra. Luego, aparecieron los excéntricos, para empezar, Copérnico, que comenzaron a cuestionar esta visión. Que Galileo haya resultado finalmente condenado en una forma que trajo tantas consecuencias se debió a una serie de accidentes. Hasta el día de hoy, hay quienes dicen que fue su culpa, que hacía cosas que irritaban a la gente. Era buen amigo del papa Urbano VII, con quien había conversado muchas veces. Urbano se había interesado en sus ideas de un modo informal y amistoso, pero a Galileo se le había dicho que no debía presentar sus ideas como si fuesen ciertas, aunque sí podía presentarlas como teoría. Ignoró esa sugerencia y publicó su libro. Se le dijo al Papa que eso era burlarse de él. Aun así, el papa se abstuvo de participar en la controversia. Pero los burócratas de Roma eran más agresivos. El problema con la teoría de Galileo era que parecía contradecir a las escrituras así que, ¿cómo podía ser cierta? El Papa continuó sin intervenir, pero en lo práctico hubo muchos resultados malos para la Iglesia: de a poco, la gente se empezaba a convencer de que Galileo tenía razón.

¿Cómo es que los papas llegaron a interesarse tanto en las artes y a vincularse tanto con ellas?

El "Vaticano" —el barrio vaticano de lo que entonces era simplemente Roma— sólo ha sido la residencia habitual de los papas desde el siglo XV (y su residencia exclusiva desde 1870). El Vaticano que conocemos hoy es básicamente un producto del Renacimiento —la Capilla Sixtina, el "nuevo" San Pedro", etcétera. Ciertamente, la base de su importancia es que ese punto fue venerado como tumba de San Pedro desde el siglo II (y hay sólida evidencia arqueológica que indica que realmente fue enterrado allí tras su ejecución y en el siglo I).

En la era barroca, los papas se sentían seguros, y existía cierta sensación de serenidad, y un deseo de glorificar a Roma. Los papas estaban interesados en hacer de Roma la más bella y avanzada ciudad de Europa. Roma era el centro artístico del mundo. En los siglos XVI y XVII, era el lugar donde ocurría todo. Uno de los grandes proyectos de la Roma de la época era completar la "nueva" basílica de San Pedro, que había sido comenzado hacía un siglo, y en la que habían trabajado Rafael y Miguel Ángel. Luego, en el siglo XVII, Bernini, junto a otros artistas y arquitectos importantes trabajó allí.

Los papas se volvieron grandes patrocinadores de las artes por diversas razones. Tal vez la más importante era la larga tradición que hacía que los obispos fueran responsables de proveer lugares de culto bellos. Los obispos, en tanto principales ciudadanos de sus ciudades, eran responsables de realzar mediante el arte incluso los aspectos más seculares de la vida urbana, como el trazado de buenas calles, la construcción de fuentes para el suministro de agua, etcétera. En particular desde el comienzo del siglo XV, los papas también patrocinaron artistas para aumentar su propio prestigio y el prestigio de su ciudad, Roma.

De todos los logros artísticos de Bernini ¿cuáles son los más grandes?
Bernini diseñó la plaza de San Pedro. Es una increíble hazaña de ingeniería, que se finalizó en el siglo XVII. Aún hoy, cuando llueve, no se forman charcos. Es una entrada espectacular a la iglesia —realizada bajo distintos papados. Dentro de la iglesia misma, Bernini hizo muchas cosas, pero las dos más espectaculares son el baldaquín, el dosel de bronce que se alza sobre el altar papal en la nave de la iglesia y la llamada Cátedra de San Pedro en el ábside. El baldaquín está sobre el altar, que es el lugar donde tradicionalmente se ha creído que está sepultado San Pedro. Fue hecho para Urbano VIII, y el símbolo de la familia de éste, los Barberini, es la abeja. Si lo miramos de cerca, veremos que el baldaquín está cubierto de abejas. La Cátedra de San Pedro es una silla de madera que tradicionalmente se creyó que era aquella desde la cual Pedro enseñaba en Roma —esto no es cierto, pero es una reliquia muy, muy antigua. Así que Bernini la revistió

de bronce y láminas de oro, la rodeó de cuatro ángeles y la puso debajo de una ventana de alabastro adornada con una paloma que representa al Espíritu Santo.

En Ángeles y Demonios, *Dan Brown escribe acerca de los archivos vaticanos secretos. ¿Realmente hay archivos secretos? Y ¿qué contienen?*

El Vaticano tiene muchos archivos. El más conocido y extenso es el que se conoce como "archivo secreto del Vaticano". En este caso, la palabra *secreto* es completamente engañosa. Simplemente significa "privado", y consiste en la correspondencia oficial y diplomática del papa (habitualmente manejada a través de alguna oficina de la Curia). En otras palabras, no es ni más ni menos secreta que los archivos del Departamento de Estado de los Estados Unidos. Esos archivos "secretos" fueron abiertos oficialmente al público a fines del siglo XIX, y los estudiosos calificados de cualquier religión pueden consultarlos libremente. La biblioteca, tal vez la mayor del mundo, se remonta a la antigüedad. Contiene el archivo de la Inquisición, donde hay registros de juicios por herejía, denuncias y así sucesivamente. Pero, claro, la mayor parte de los documentos pertenecen a la era moderna. Como en todo archivo, los documentos "recientes" (registros que puedan afectar a personas vivas) aún están cerrados, y se van abriendo con el correr del tiempo.

Así que, ¿cuál es su evaluación general del período de la historia del papado que va del Concilio de Trento hasta el presente? ¿Ha crecido con los siglos el poder del papa?

El papa, en tanto obispo de Roma, se ha arrogado prerrogativas especiales desde los primeros siglos. Ahora, el papa se ocupa de la Iglesia en su conjunto, a diferencia de la antigua práctica de unidades realmente independientes con una unión mutua laxa. El papa pretende ser infalible en sus pronunciamientos sin tener que recurrir al consentimiento de la Iglesia. A medida que el poder del papa se incrementó, también lo hizo el de la Curia, designación colectiva de la burocracia vaticana. Muy particularmente desde la mejora en las comunicaciones, primero con el telégrafo, después con el teléfono, y ahora con el correo electrónico, más y más temas se consultan al Vaticano para decisiones, lo cual significa que el poder de toma de decisiones —en particular en el transcurso de los últimos cien años— se ha desplazado cada vez más al centro y cada vez más lejos de las autoridades locales, en particular los obispos locales. Ahora, la Iglesia católica es una institución altamente centralizada. Las ventajas son evidentes, pero la desventaja es que ello sofoca las iniciativas de nivel local.

La Iglesia desde Galileo: los problemas de entonces son los problemas de hoy

Entrevista con John Dominic Crossan

John Dominic Crossan, ex monje y sacerdote, es autor de más de veinte libros y habitual comentarista y conferenciante sobre temas eclesiásticos

La interacción entre ciencia, religión y la busca de la verdad ha sido frecuentemente conflictiva —ya desde los días de las primeras "herejías", con un punto focal en el juicio a Galileo. John Dominic Crossan, autor de más de veinte libros sobre el cristianismo y habitual comentarista sobre temas eclesiásticos, cree que el juicio de la Inquisición a Galileo tuvo más que ver con la intención de la Iglesia de afirmarse para mantener su autoridad que acerca de teoría científica o teología. También cree que los dos principales problemas que enfrenta la Iglesia de hoy —fundamentalismo y abuso de autoridad— son los mismos que existían en tiempos de Galileo. Los fundamentalistas, entonces y ahora, opina Crossan, leen la Biblia en forma demasiado literal y por ello a menudo se pierden sus significados más profundos. Sus críticas más duras son para la ausencia de un sistema de rendición de cuentas en la Iglesia. Al no ser responsable ante nadie, arguye Crossan, el papa está cada vez más lejos de la Iglesia y de sus fieles. Ello es similar al ambiente de la fe en tiempos de Galileo, cuando los herejes eran castigados tanto por cuestionar la autoridad papal como por sus creencias específicas. Los temas de hoy son otros —control de la natalidad, sacerdotes pedófilos, etcétera— pero el argumento esencial acerca de la autoridad papal aún resuena. Crossan no es optimista respecto de la posibilidad de que las cosas vayan a cambiar ahora más que en el siglo XVI. El próximo papa, señala, será elegido por cardenales que son ferozmente leales al actual papa, y al statu quo.

Como Robert Langdon, el héroe estudioso de Ángeles y Demonios *que trata de resolver su enigma en que tanto está en juego en la intersección de documentos históricos y monumentos barrocos, Crossan trata de encontrar verdades religiosas entre los "textos y piedras", combinando a menudo sofisticadas interpretaciones de la Biblia con información histórica proveniente de hallazgos arqueológicos. Destacado experto en el Jesús histórico y autor del aún inédito* In Search of Paul: How Jesus' Apostle Opposed Rome's Empire with God's Kingdom *[En Busca de Pablo: de cómo el apóstol de Jesús opuso el reino de Dios al imperio romano], ha sido monje —integrando la orden del siglo XIII conocida como los servitas— y sacerdote. Aquí analiza en general el papel de la Iglesia desde los tiempos de Galileo, y en particular su relación con la ciencia.*

A lo largo de la historia ¿cómo se ha relacionado la Iglesia con la ciencia, los descubrimientos científicos y los científicos? ¿Actuó injustamente con Galileo?

No hay un real conflicto entre la Iglesia y la ciencia. Pero sí hay un serio conflicto entre la autoridad de la Iglesia y cualquiera, que pertenezca a cualquier disciplina, que disienta con esa autoridad. En efecto, Galileo dijo que el libro de Josué se equivocaba al imaginar que el Sol daba vueltas en torno de la Tierra. La respuesta adecuada debió haber sido o que la Biblia se equivocaba, o que la descripción es metafórica. Pero la discusión no tenía que ver con la investigación científica. Era acerca de la autoridad bíblica y papal. En 1968, yo era sacerdote. Dije que el papa se equivocaba al ponerse contra el control de la natalidad, pero que aún era mi papa aunque se equivocara, del mismo modo que pensaba que mi país se equivocaba al intervenir en Vietnam, pero que igual seguía siendo mi país. Por decir eso, se me forzó a abandonar el sacerdocio. Con la teología pasa el mismo tipo de cosa, pero con aún más énfasis. No se puede cuestionar la autoridad papal.

Hay quienes creen que la Iglesia finalmente dejó atrás la controversia sobre Galileo con su revisión del caso en la década de 1990, aunque otros dicen que la "disculpa" se hizo de mala gana.

Me pareció una gran humorada admitir que uno se equivocó al cabo de trescientos años. Realmente, tomarse trescientos años es demorarse un poco demasiado. No es como si se tratara de algo oculto sobre lo cual nadie sabía nada. Decir que lo de Galileo contra la Iglesia tuvo que ver con la ciencia, es un cuento chino. Preferiría ver un comunicado papal que admitiera que hubo, y hay, un gran abuso de poder en el interior de la Iglesia.

Discutamos otros asuntos históricos. ¿Fue efectivo el Concilio de Trento en la forma en que lidió con los problemas que enfrentaba la Iglesia hace cuatrocientos años?

La Contrarreforma contra Lutero disparó el Concilio de Trento. El Concilio de Trento curó los síntomas —corrupción— pero no el problema, el abuso de autoridad. Fue esto, no la corrupción lo que en última instancia separó al cristianismo entre catolicismo y protestantismo. La Reforma y la Contrarreforma fueron un desastre combinado. No es que la Iglesia no necesitara ser reformada —lo necesitaba, y lo sigue necesitando. Pero a partir de ese período, la Iglesia católica romana no tuvo una oposición interna válida. Y el protestantismo, al no tener un catolicismo romano al que oponerse, se fragmentó internamente una y otra vez en una miríada de sec-

tas. El Concilio de Trento eliminó los síntomas inmediatos, pero dejó que
el cáncer continuara su marcha.

¿Cómo ha encarado la Iglesia temas científicos tan significativos como la evolución
y la cosmología?

Quien lea y acepte literalmente el Génesis, no puede creer en la evolución.
Yo jamás lo interpretaría literalmente, no sólo por lo de la evolución, sino
porque está claro que su intención es ser un magnífico himno al Sabbath.
El Sabbath es aún más importante que Dios —ni siquiera Dios puede crear
el mundo si no lo tiene listo para el viernes por la tarde. No es que el mundo haya sido creado en seis días porque sí. Fue creado en seis días para que
Dios pudiera descansar el sábado o Sabbath. Génesis I es un mensaje divino sobre la santidad del Sabbath. Ésa fue la intención de la persona que lo
escribió. La evolución ayuda a comprender que siempre debería haber sido tomado de forma metafórica. Una vez que se acepta la evolución, el conjunto de la cosmología del universo ya no representa una amenaza. La antigua cosmología estaba basada en el sentido común —como cuando
decimos que el sol "sale" y "se pone". Desde al menos el comienzo del siglo pasado, la Iglesia ha interpretado Génesis I más metafóricamente —y
más precisamente. ¿Por qué? Porque el argumento evolucionista contaba
con demasiadas evidencias y hubo que encontrar otra forma de interpretar
la Biblia. Cuando esto se hace así, ya no hace falta enzarzarse en un combate entre la interpretación metafórica y la literal. Los escritores bíblicos
narraron magníficos relatos. Antes del iluminismo las personas ya conocían la diferencia entre los hechos literales y la ficción metafórica, pero también tenían mucha más capacidad para tomarse una historia en serio y para aceptarla por razones programáticas. Después del iluminismo, nos
tomamos esas historias en forma demasiado literal, y así nos creamos problemas.

En sus escritos, usted se ha ocupado de lo que considera algunos de los "engaños"
perpetuados por la Iglesia: por ejemplo, que Jesús nunca fue sepultado, o que el
Sudario de Turín es falso. ¿Son estos síntomas de problemas de más envergadura
que enfrenta la Iglesia?

Hay un problema básico que es endémico de los católicos romanos y de la
mayor parte de las otras religiones, que es decidir qué es metafórico y qué
literal en sus textos sagrados o leyes constitucionales. Ése es el problema
central de la religión, y es lo que hace que el fundamentalismo sea tan peligroso: los fundamentalistas toman literalmente lo se hizo con intención
de ser comprendido como metáfora o toman como permanentemente relevante lo que fue válido temporalmente. La ironía es que Dan Brown escri-

be un libro que refleja y magnifica exactamente ese problema. La mayor parte de las personas que lo leen no tienen ni la menor idea de dónde terminan los hechos literales y dónde comienza la ficción metafórica.

A comienzos del siglo XX, muchos teólogos y filósofos trataron de adaptar el pensamiento católico a los nuevos tiempos, se denominó "modernismo" a esta tendencia. Pero estos esfuerzos fueron aplastados por el papado de Pío X (1903-1914). ¿Cuándo y cómo ocurrió esto?

En un sentido, el modernismo fue el primer intento de celebrar el Segundo Concilio Vaticano, que recién tendría lugar cincuenta años más tarde. El modernismo consistía en la aceptación del espíritu de la época. En toda época, los hombres de fe deben decidir qué cambia y qué no. Pero Pío X se empecinó en no cambiar. Condenó todo aquello que creía que amenazaba los hábitos de la Iglesia. Perdió algunas de las mejores mentes de la Iglesia y la Iglesia sacrificó su influencia sobre el cambio. Perdió su capacidad de criticar al decir que todo era un error.

¿Cómo se vinculó el Vaticano a los grandes dictadores del siglo XX, Hitler y Stalin?

La Iglesia estaba especialmente mal preparada para lidiar con dictadores. Si, como ocurre con la Iglesia, uno no tiene que rendirle cuentas a nadie, uno está en una posición muy débil para enfrentar a un dictador. El Papa no reconoció el salto cuántico en la malignidad humana. Hitler y Stalin estaban decididos a controlar las mentes y los corazones de las personas. La Iglesia tuvo un absoluto error de cálculo con Hitler. Pío XII no tenía ni idea de la peligrosidad de Hitler. Firmó un pacto con Hitler, emasculando así a la Iglesia católica alemana, que era la única oposición fuerte que enfrentaba a Hitler. La Iglesia debe reconocer que fue una acción estúpida y desastrosa.

¿Cuánto ha transformado Juan Pablo II la dirección de la Iglesia?

No ha transformado la dirección de la Iglesia en ningún aspecto significativo. El papa Juan XXIII convocó al Segundo Concilio Vaticano (1962-1965), que tenía la intención de poner a la Iglesia al día. Fue el equivalente moderno del Concilio de Trento; pero no combatía la amenaza de la reforma. Era una situación ideal para re-crear la Iglesia, para modernizarla. Pero no hubo una transformación estructural. Hubo cambios cosméticos. El Segundo Concilio Vaticano juntó a todos los obispos del mundo. Pero ellos no manejan la Iglesia, el papa lo hace. Desgraciadamente, Juan Pablo II desmanteló los progresos del Segundo Concilio Vaticano y revirtió todo avance que éste hubiera obtenido. Incrementó mucho la cantidad de cardenales, pero el Colegio de Cardenales es una institución que no se fundamenta en la escrituras, y en tanto institución, yo la pondría en la misma categoría que Disney World y la monarquía británica: un bonito espectáculo.

En cuanto a la actitud del papa Juan Pablo hacia la ciencia, él no tiene problema en entender al Génesis, capítulo I, pero no da el siguiente paso. Si la Biblia, la palabra inspirada de Dios, puede estar retrasada respecto de la actualidad (aunque nunca equivocada) ¿no puede ser que algunas de las actitudes del Papa también estén atrasadas? Él no está abierto al mensaje de que algo debe cambiar. ¿Cuántos curas pedófilos más deben ser expulsados, y cuántos más seguirán ejerciendo hasta que el Papa diga que algo anda mal de verdad? El papa Juan Pablo II ha dividido la Iglesia en dos. Sin duda que grandes cantidades de personas se acercarán a verlo si visita los Estados Unidos, pero cuando se vaya, lo ignorarán. Eso no es dirigencia, es espectáculo.

¿Cuáles cree usted que son los principales temas que el Vaticano debe enfrentar hoy? ¿Son distintos de los vigentes hace algunas décadas, cuando usted aún era sacerdote?

Los temas más importantes son los que el Vaticano sigue intentando evitar. En primer lugar, el fundamentalismo. En el segundo, el de qué tipo de autoridad debe tener el papa, o, para ponerlo en un contexto más amplio, qué estilo de autoridad es el apropiado para la Iglesia en cuanto Pueblo de Dios. Lo que falta en el actual sistema es cualquier tipo de obligación de rendir cuentas. ¿Cómo sabe el papa que se equivoca?

El Papa no le rinde cuentas a nadie. Hace lo que le parece, y si la gente no lo sigue, simplemente dice que es mala gente. Considere, por ejemplo, el hecho de que hay tantos católicos romanos en los Estados Unidos que no siguen las reglas de la Iglesia en temas sexuales. Ello no necesariamente significa que sean malas personas. En cambio, puede tomarse como un mensaje del Espíritu Santo de que el Papa mismo no está en contacto con Dios. Pero ¿cómo se conecta Dios con el Papa? ¿Cómo debe ejercerse el poder en la Iglesia católica moderna? Los dirigentes de la Iglesia dicen que sólo escuchan a Dios, sólo escuchan al Espíritu Santo. Pero lo que están diciendo es que sólo se escuchan a sí mismos.

Estos problemas de la autoridad de los dirigentes no son nuevos —han estado allí durante al menos mil años. Es el problema que dividió a las Iglesias de Oriente y Occidente. El Este no tenía problemas con que el papa fuera el primero entre pares, pero dijo que no debía y no podía actuar solo. Debía actuar con los obispos y con la Iglesia toda. A su vez, Occidente se volvió a dividir sobre ese mismo tema de la autoridad papal, entre protestantismo y catolicismo. Y ahora hay un cisma encubierto en la iglesia entre quienes quieren continuar y profundizar el Vaticano II y aquellos que se le resisten y quieren revertir su trayectoria.

En mis memorias, *A Long Way to Tipperary: What a Former Irish Monk Discovered in His search for Truth* [*Lejos de Tipperary: lo que un ex monje irlandés descubrió en su busca de la verdad*], escribí: "Hago esta sugerencia por el futuro de la Iglesia que amo. Es una propuesta que no resolverá todo, pero sin la cual tal vez no logremos resolver nada. Imagino algo así. Hay un Tercer Concilio Vaticano. El papa convoca a todos los obispos de todo el mundo. Luego, en una solemne ceremonia pública en la basílica de San Pedro, todos le imploran a Dios que les quite el don de la infabilidad y que les dé en cambio el de la precisión".

Dan Brown dedica buena parte de Ángeles y Demonios *a describir el funcionamiento interno de un proceso de selección papal ficticio. ¿Cómo cree usted que será el próximo proceso de selección papal verdadero?*

El actual Papa ha estado al mando durante veinticinco años, de modo que él ha designado a la mayor parte de los cardenales. Considere que son su gabinete. Es como si el presidente Bush fuera presidente toda su vida y también designara a un gabinete encargado de seleccionar a su sucesor. ¿Cómo puede haber cambios bajo esas circunstancias? Los cardenales ni siquiera representan a los obispos, pues son designados personalmente por el papa. Cuando quien ejerce la autoridad designa a quienes elegirán a su sucesor, no hay a quien rendirle cuentas. En el caso del Vaticano, es una buena manera de controlar el futuro, que demuestra una desastrosa falta de confianza en el Espíritu Santo. Alguna vez, en la Biblia, las personas confiaron en el Espíritu Santo. Judas fue reemplazado por medio de un sorteo entre los posibles candidatos. De esa forma fue elegido el duodécimo apóstol. No sugiero que ése sea el procedimiento a seguir en el próximo cónclave, pero admiro ese espíritu y aprecio la forma gráfica en que demuestra confianza en el Espíritu Santo. Si uno dispone el cónclave que elegirá a su sucesor, uno está haciéndose cargo de una prerrogativa de Dios. ¿Por qué hacerle las cosas tan difíciles a Dios.

¿Qué otros temas estarán en juego en el cónclave que elija al próximo papa?

Hay una brecha entre la justicia social y la justicia eclesiástica. El actual papa llama a la justicia y la dignidad para todos, pero ni siquiera permite discutir si las mujeres pueden acceder al sacerdocio. Prefiero una justicia que se aplique socialmente hacia el exterior de la Iglesia y eclesiásticamente hacia dentro de ésta.

El próximo papa será alguien que probablemente haya sido designado cardenal por el actual papa. No me sorprendería que fuera un papa negro de África. Eso enviaría un poderoso mensaje de apertura social al tercer mundo. Un papa así probablemente fuera más radical en lo social, pero más conservador en lo religioso que el actual papa. Hablará de justicia social, pero las cuestiones religiosas críticas que enfrenta la Iglesia de hoy —el control de la natalidad, control de la población, etcétera, y, sobre todo, las cuestiones vinculadas a la autoridad papal— no serán formuladas ni, por lo tanto, respondidas.

2

Galileo:
el hereje piadoso

Combativo aunque obediente: la naturaleza contradictoria de un pionero de la ciencia • Copérnico, originador de la teoría heliocéntrica, que le sirvió de base a Galileo • El creciente conflicto entre el Libro de la Naturaleza y el Libro de Dios • La batalla por el control de la "verdad" y por cómo el hombre llega a conocerla • Cómo Dan Brown —y muchos otros— han convertido a Dios en un mito.

Galileo abrió los cielos a la mente humana

Por John Castro

John Castro es un escritor, editor, investigador y director de teatro particularmente amante de Shakespeare, con base en Nueva York. También ha colaborado en el anterior libro de esta serie, *Los secretos del Código*.

La vida de Galileo es un estudio en la contradicción. El futuro mártir de la ciencia se educó en un monasterio hasta los quince años y quiso apasionadamente ser monje. Pero su padre, Vincenzo, quería que estudiara medicina, una profesión mundana y bien remunerada. Arrancó a su hijo de la Iglesia antes de que éste tomara los votos. Tras dos años, Galileo abandonó la medicina para seguir una nueva pasión: las matemáticas. Ingresó en la no tan enclaustrada vida de Pisa y su universidad, donde desarrolló una personalidad mundana y gregaria. Stillman Drake, traductor y afamado estudioso de Galileo, resumió así su personalidad mundana:

> *Le complacía estar entre otras personas, y tuvo tres hijos con su amante... le deleitaba el vino... le complacía conversar con los artesanos y aplicar su ciencia a los problemas prácticos de éstos... Galileo era hábil pintor, músico talentoso y amaba la literatura.*

La primera gran influencia intelectual de Galileo, su padre, Vincenzo, fue un iconoclasta músico y teórico musical de la corte, que atacaba a quienes seguían ciegamente la teoría. "Me parece" dijo Vincenzo en una ocasión, "que aquellos que sólo confían en el peso de la autoridad para comprobar cualquier afirmación, sin buscar argumentos que la sustenten, actúan de manera absurda". Galileo no sólo heredó la tendencia empírica de su padre sino también su estilo belicoso. Vociferando, ofendía a sus oponentes, y no evitaba aplastarlos en debates públicos. "Galileo era muy combativo", dice Drake. Esa característica le ganó muchos enemigos. Sin embargo, el lado mundano de Galileo lo ayudó a convertirse en un hábil cortesano adulador. Buscó astutamente el respaldo de los grandes dirigentes eclesiásticos y seculares de Italia, ofreciéndoles inventos científicos a cambio de favores y cargos.

Al ingresar en la vida académica, el joven Galileo parece haber transferido parte de su celo religioso a la disciplina intelectual. Llegó a creer que las matemáticas revelan los secretos del mundo. "Este gran libro del universo", dijo en una ocasión, "está escrito en el idioma de las matemáticas". Si las matemáticas estaban "escritas" en el mundo, Dios era su autor, y se revelaba en la naturaleza. Esto les dio a las investigaciones físicas de Galileo un sentimiento religioso: "Las sagradas escrituras y la naturaleza proceden ambas del mundo divino…"

La tensión entre estas tendencias mundanas e intelectuales se refleja en los logros científicos y técnicos de Galileo. Era un consumado inventor y artesano. Constantemente inventaba y mejoraba distintos dispositivos prácticos, entre ellos bombas de agua, balanzas de alta precisión, brújulas militares, termómetros e ingenios de navegación. Desarrolló una singular habilidad para crear dispositivos que beneficiaran a quienes lo patrocinaban.

Sin embargo, Galileo dejó su marca más destacada en la ciencia teórica. Aunque lo que le dio fama fueron sus observaciones celestes, su contribución más significativa a la ciencia fue su disposición a hacer observaciones detalladas para poner a prueba sus teorías. Al leer detenidamente y sin prejuicios ni preconceptos el "gran libro del universo" escrito por Dios, introdujo la experimentación en el mundo. Es por eso que Einstein lo consideró fundador de la ciencia moderna: "Todo conocimiento de la realidad empieza y termina en la experiencia. Como Galileo percibió esto y, además, insistió en que el mundo científico lo aceptara, es el padre de la física moderna, y, de hecho, de toda la ciencia moderna".

¿Cuál de sus actividades lo llevó a enfrentar la Inquisición? ¿Qué había en juego para la Iglesia? Galileo creía que la Biblia no era una fuente de conocimiento sobre el mundo natural, sino una guía moral escrita a veces en lenguaje figurado. Si la ciencia contradice a las escrituras, entonces la escritura en cuestión debe ser tomada como una lección moral simbólica, no como una descripción del mundo natural.

Según explica en su ensayo "The Scientific Revolution" Richard J. Blackwell, el filósofo y especialista en Galileo, los acusadores de Galileo no habrían estado en desacuerdo con esto, pero habrían "insistido en una modificación fundamental. Dado que Dios es su autor, todas las afirmaciones contenidas en la Biblia deben ser ciertas… como asunto de fe religiosa, al leal creyente cristiano se le exige que acepte que esto es así". Por lo tanto, los pronunciamientos respecto de si la escritura es literal o simbólica recaen en última instancia sobre la autoridad de la Iglesia.

Según Charles Seife, autor de *Alfa y Omega*, al insistir en la verdad de la teoría copernicana, Galileo "pretendía que la ciencia podía forzar a los teólogos a cambiar sus puntos de vista más bien que lo opuesto". Implícitamente, Galileo estaba declarando ser un teólogo superior a los dirigentes de la Iglesia. Desgraciadamente, la Iglesia debía enfrentar cuestionamientos más serios que la revolución astronómica de Galileo. La reforma protestante y la amenaza de una guerra abierta entre fuerzas protestantes y católicas en toda Europa habían puesto a la Iglesia en alerta máxima ante el peligro de cualquier desvío doctrinal. La fuerza y la influencia fundamentales de la Iglesia estaban siendo cuestionadas literal y simbólicamente en todos los campos. Había ejércitos en marcha, y no se tolerarían rebeliones políticas ni intelectuales.

Sorprendentemente, Galileo conservó una actitud devota hacia la Iglesia católica. Antes de abjurar ante quienes lo atormentaban, Galileo insistió en que se quitara de la declaración formal de culpabilidad una aberrante cláusula que "sugería que se había desviado de su conducta de buen católico", según escribe Dava Sobel, autor de *Galileo's Daughter* [*La hija de Galileo*]. Galileo podía abjurar de sus más caras verdades científicas, pero no podía tolerar que su catolicismo fuera puesto en duda. Se retiraron las cláusulas en cuestión, y liberado de esa definitiva indignidad, Galileo abjuró "con corazón sincero y fe auténtica... de tales errores y herejías, y generalmente de todo error y secta contrarios a la Santa Iglesia Católica".

"Era un católico que había llegado a creer algo en lo que los católicos no debían creer", escribe Sobel. "Antes que romper con la Iglesia, había preferido mantener —y al mismo tiempo, no mantener— esta problemática hipótesis, esta imagen de la Tierra móvil".

En 1992, la Iglesia católica, bajo la égida del papa Juan Pablo II, emitió una "declaración formal de error" en el caso Galileo. Irónicamente, la comisión declaró que Galileo había sido "más perceptivo" en su interpretación de las escrituras que los teólogos que lo juzgaron. Los acusadores de Galileo se habían equivocado respecto de cuáles escrituras deben ser creídas literalmente y cuales debían ser interpretadas de forma figurada. En síntesis, Galileo tenía razón —no porque la Iglesia lo hubiera perseguido injustamente por su ciencia, sino por que su percepción de cómo debía ser interpretada la Biblia a la luz de la ciencia era más aguda que la de sus perseguidores. A su manera, el reconocimiento del Vaticano difirió poco o nada de las actitudes teológicas de la época de Galileo. Los pronunciamientos sobre el mundo natural aún le competían a la autoridad eclesiástica. La única diferencia era que ahora se consideraba que la interpretación de Galileo era superior.

Destacados pensadores han planteado que a Galileo le toca buena parte de la responsabilidad por la tragedia que protagonizó. Indudablemente, se equivocaba respecto de la naturaleza humana. No entendió que era imposible revertir la dirección de la cultura académica y eclesiástica de su época, y no pudo evitar intentarlo. Pero tenía razón. Sin importar cuán provocativa fuera su desobediencia para con la Iglesia, su impulso fue el correcto: a pesar de lo incompleto de las pruebas con que contaba o de su personalidad caprichosa, creó el concepto moderno de investigación científica.

Puede argumentarse que en el mundo occidental de hoy se da más valor a la mentalidad científica que a la autoridad religiosa; pero la tragedia de Galileo fue que no pudo investigar a fondo la libertad intelectual. A pesar de esto, y a pesar de los ocho años que le hizo perder la Inquisición —años que hubiera podido pasar estudiando y refinando su astronomía— Galileo ganó. Galileo tenía razón. Haciendo caso omiso del prejuicio, abrió los cielos a la mente humana, y, al hacerlo, inauguró la era moderna.

Tras las huellas de Copérnico

UNA ENTREVISTA CON OWEN GINGERICH

Owen Gingerich es profesor de investigación astronómica y de historia de la ciencia en la Universidad de Harvard y autor de *The Book Nobody Read: Chasing the Revolutions of Nicolaus Copernicus* [*El libro que nadie leyó: tras las revoluciones de Nicolás Copérnico*]

En Ángeles y Demonios, Dan Brown traza un rápido esbozo del astrónomo polaco Copérnico, a quien caracteriza como un valiente científico condenado por la Iglesia católica por proponer abiertamente la noción de un universo centrado en el Sol. ¿Cuán correcta es la caracterización que hace Brown? ¿Fue Copérnico atacado por la Iglesia? ¿Fue un osado promotor del heliocentrismo? ¿Fue su libro un exitoso bestseller de la época?

Para aclarar esos puntos, hablamos con el astrofísico Owen Gingerich, profesor de investigación en Harvard y una de las máximas autoridades mundiales sobre Copérnico. Gingerich ha pasado buena parte de su carrera siguiendo las huellas de Copérnico. Se pasó treinta años recorriendo el mundo en busca de ediciones del siglo XVI de De las Revoluciones de las Esferas Celestes, *el libro que provocó los problemas entre Galileo y la Iglesia.*

Gingerich comenzó su busca en 1970 en Escocia, cuando vio un ejemplar original de las Revoluciones *que perteneció a Erasmus Reinhold, un prominente profesor de astronomía de la década de 1540. El ejemplar, muy anotado, le recordó el comentario que hizo en una ocasión el novelista Arthur Koestler —que las* Revoluciones *es un libro que nunca nadie leyó. Si Reinhold había anotado tan profusamente su ejemplar, pensó Gingerich ¿cuántas otras mentes fueron estimuladas por Copérnico?*

Tras rastrear y estudiar seiscientas copias de ediciones tempranas, investigación que relata en The Book Nobody Read: Chasing the Revolutions of Nicolaus Copernicus, *Gingerich concluye sin dudar que la obra de Copérnico no sólo fue muy leída, sino también revolucionaria. La investigación de Gingerich lo hizo encontrar ejemplares originales pertenecientes a y anotados por otras figuras históricas significativas, como el astrónomo alemán Joahnnes Kepler, y el mismo Galileo, quienes escribieron sus notas con gran esmero. Irónicamente, un ejemplar perteneciente a Giordano Bruno, el matemático acusado de herejía y quemado en la hoguera por la Iglesia católica, no daba prueba alguna de que hubiera leído alguna vez el libro.*

Le preguntamos a Gingerich acerca del verdadero Copérnico, su relación con la jerarquía religiosa, y el papel que desempeñó Las Revoluciones *en el conflicto entre Galileo y la Iglesia.*

Un tema central en Ángeles y Demonios *de Dan Brown es el conflicto entre ciencia y religión. Brown y otros creen que la batalla comenzó con Copérnico y su visión de que los planetas, incluida la Tierra, giraban en torno del Sol. ¿Cómo describiría la evolución de ese debate?*

A comienzos del siglo XV, una geografía sacra había llegado a entrelazarse estrechamente con la comprensión de la Biblia: la Tierra, hogar de la corrupción y la decadencia, alojaba el fuego infernal en sus entrañas (¿no evidenciaban que era así los volcanes?) mientras que, allá arriba, las puras y cristalinas esferas celestiales eran la eterna e incorruptible casa de Dios, morada de los elegidos. Proponer una nueva y radical cosmología era cuestionar los cimientos mismos de la comprensión cristiana del mundo.

Es probable que la Iglesia católica hubiera podido asimilar una cosmología revisionista, centrada en el Sol y con una Tierra móvil, de no haber sido porque poco antes de que Copérnico la propusiera, otro cuestionamiento había incendiado el mundo. Martín Lutero, un monje alemán, visitó Roma durante el jubileo del año 1500 y quedó horrorizado por la corrupta opulencia obtenida mediante la venta, contraria a las sagradas escrituras, de indulgencias papales. Sus tesis, opuestas a este estado de cosas, fijadas en la puerta de la iglesia de Wittenberg en 1517, dispararon la reforma protestante. La reciente introducción del arte de imprimir avivó las llamas. Roma lanzó un contraataque, y exigió que sus fieles mostraran un frente unido en la interpretación de la Biblia. Sus teólogos escogieron una interpretación literal y anticopernicana del Salmo 104:5, "Sobre su base asentaste la Tierra, inconmovible para siempre jamás". Se negaron a admitir que un teólogo "aficionado" y no autorizado como Galileo pudiera hacer una sugerencia alternativa respecto de cómo entender ese versículo.

¿Por qué cree usted que el público actual está tan fascinado por el tema de ciencia versus religión?

Hoy, la idea de un lugar físico donde los condenados lloran, ubicado en el interior de la Tierra, nos parece tan ridícula como la idea de que la Tierra gira sobre un eje y se desplaza alrededor del Sol a una velocidad de una milla por segundo le parecía a casi toda persona educada del siglo XVI. Pero la historia de la transformación intelectual que aportó la revolución científica es una de las grandes historias del último medio milenio, que se vuelve mucho más palpable cuando el choque de ideas puede ser dramatizado en blanco y negro, como ocurre en el caso de Galileo. La representación de una guerra entre ciencia y cristianismo, que habría tenido como resultado "mártires de la ciencia" fue muy embellecida en el transcurso del siglo XIX. En el presente, los mejores historiadores rechazan tales metáforas y optan por una representación más matizada de los hechos ocurridos; pero percibir ese enfrentamiento en términos de buenos y malos o de ángeles y demonios ya hace parte de la mitología popular. El público, al asistir a la reformulación de las vidas de Galileo, Copérnico o Johannes Kepler, tiene la impresión de asistir a la formación de nuestro mundo moderno. La mayor parte de la gente no se da cuenta de que no es más que historia hecha ficción.

Creo que lo que fascina es el patetismo del llamado caso Galileo. Es una historia que prácticamente se cuenta sola. Pero sé por experiencia personal que es una historia que muchas personas ven en términos de blanco y negro, y que se incomodan mucho cuando se la representa con matices del gris.

¿Puede usted describir el contenido general de las Revoluciones *de Copérnico y el tono de su descripción de un cosmos centrado en el Sol?*

Las cuatrocientas páginas de las *Revoluciones* de Copérnico están divididas en seis libros. El primer libro contiene la principal presentación y defensa de sus cosmología, que hacía de la Tierra un planeta y literalmente creaba el concepto de sistema solar. Esencialmente, lo que hacía era reformular el esquema del sistema planetario, dando el paso más importante hacia el concepto astronómico moderno. No dice qué pasos lo llevaron a un concepto tan radical. Está claro que para él era "una teoría agradable para la mente", y, si bien tenía buenos argumentos filosóficos a su favor, no tenía pruebas basadas en la observación, de modo que debía recurrir a la retórica y a la persuasión.

Los otros cinco libros están esencialmente colmados de especificaciones técnicas, son densos en lo matemático y no adecuados para leer en la cama, a no ser, tal vez, como cura para el insomnio. En esas secciones, Copérnico muestra en detalle cómo computar las posiciones del Sol, la Luna y los planetas basándose en un esquema que emplea combinaciones de círculos que se mueven de manera uniforme. A Copérnico le agradaba mucho este ideal estético que, sin embargo, resultó ser un callejón sin salida.

¿Por qué dudó Copérnico sobre si publicar o no Revoluciones *y en qué circunstancias fue finalmente publicado?*

Copérnico dice con toda franqueza que temía ser abucheado por presentar una idea que a primera vista parece tan contraria al sentido común. Pero además, sabía que, aunque había trabajado por muchos años en su manuscrito, mientras oficiaba como funcionario administrativo y legal en el capítulo de la catedral católica de Frauenburg, éste aún estaba colmado de pequeñas inconsistencias.

Tal vez nunca hubiese publicado *Revoluciones* de no haber sido porque en 1539 un joven matemático alemán, Georg Joachim Rheticus, un conferencista luterano de la Universidad de Wittenberg llegó para aprender sus ideas astronómicas. Rheticus trajo consigo algunos libros y datos útiles, y probablemente ayudó a Copérnico a darle los toques finales a su tratado. Persuadió a Copérnico de que le permitiera llevarse una copia del manuscrito a Nuremberg, donde había una imprenta cuya clientela internacional podía hacer que una publicación técnica como ésa tuviera sentido en el aspecto financiero.

El manuscrito llegó a Nuremberg justo a tiempo, pues mientras Copérnico terminaba de leer las pruebas, sufrió un síncope, y cuando le llevaron las últimas páginas (la del título y otros encabezados) probablemente estuviera demasiado enfermo para entenderlas por completo. Murió en mayo de 1543, justo después de que su libro se terminara de imprimir.

Una vez que el libro fue publicado ¿cuál fue la reacción inmediata de las comunidades científica y religiosa?

La reacción científica inicial, que se haría casi universal en el transcurso del siglo XVI, sostenía que el libro era un buen manual de cálculo, pero que la cosmología heliocéntrica no era más que un recurso para organizar los conceptos. Esta interpretación se vio reforzada por una introducción anónima, agregada en la imprenta, en la que se afirmaba que tal cosmología sólo era una hipótesis que no necesariamente era verdadera o siquiera probable. Muy pocos lectores del libro se dieron cuenta de que Copérnico no había leído la introducción y que probablemente no la aprobara.

En realidad, la introducción fue escrita por Andreas Osiander, el sabio sacerdote que trabajaba como corrector en la imprenta, repasando las pruebas antes de la impresión. Aunque hoy día muchas personas consideran que su acción fue reprensible, el hecho es que ésta impidió las críticas eclesiásticas y permitió que el libro circulara durante muchas décadas sin objeciones de las comunidades religiosas.

¿Cuán difundidas estaban las ideas de Copérnico en tiempos de Galileo? ¿Cuán preparados estaban los académicos, y quienes no lo eran, para aceptar el punto de vista de Copérnico, que después fue el de Galileo?

Aunque se consideraba que *Revoluciones* era demasiado avanzado para que se lo enseñara en cursos de astronomía introductorios, hasta los escolares deben de haberlo oído mencionar. En 1576, un almanaque popular que tenía una circulación que debe de haber llegado a los miles de copias, dio a conocer una traducción inglesa de los capítulos cosmológicos centrales del libro de Copérnico, de modo que sus ideas eran conocidas a nivel popular, aunque pocas personas aceptaban realmente el sistema heliocéntrico como descripción verdadera del mundo.

En 1970, comencé una investigación para ver cuántos ejemplares de *Revoluciones* pudiera examinar, de modo de descubrir qué evidencia de haber sido leídas había en sus márgenes. No tardé en descubrir que el libro había circulado ampliamente y que había tenido una considerable cantidad de lectores, pero la gran mayoría de aquellos que lo examinaron con verdadera atención parecen haber opinado que se trataba de un excelente manual para calcular las órbitas planetarias, pero no una descripción física del universo. Hasta ahora he examinado casi seiscientas copias de la primera y la segunda edición, en bibliotecas de Australia y China hasta Rusia y Suecia y de Nueva York hasta San Diego (y Guadalajara, México). *The Book Nobody Read* es mi memoria personal de la busca de los libros, más las historias de lo que encontré.

Usted cuenta en su libro que durante su estudio de ejemplares del siglo XVI de Revoluciones, *encontró comentarios al margen de algunos lectores ilustres.* *¿Cuáles fueron las que más le interesaron de esas anotaciones?*

Les adjudiqué estrellas a los ejemplares, como las estrellas de las guías de viaje Michelin. Les concedí tres estrellas a unos doce ejemplares, y de éstos debo decir, que, debido en parte a la profundidad e importancia de las notas, los cuatro más fascinantes son los que pertenecieron a Johannes Kepler, quien descubrió que las órbitas planetarias tienen forma elíptica; el ejemplar concienzudamente anotado por su maestro, Michael Maestlin; el ejemplar con extensas anotaciones al margen de Erasmus Reinhold (que fue el libro que inició mi búsqueda); y un ejemplar copiosamente anotado por Paul Wittich, un prácticamente desconocido tutor itinerante de astronomía.

Tanto Kepler como Maestlin pertenecían a la pequeña minoría que aceptaba la cosmología copernicana. Reinhold y Wittich se contaban entre esa mayoría que quedó fascinada por la forma en que Copérnico manejó círculos pequeños para producir los movimientos planetarios empleando sólo combinaciones del movimiento circular uniforme pero que ignoraron su cosmología heliocéntrica.

Usted ha visto y estudiado el ejemplar personal del libro de Copérnico que pertenecío a Galileo. ¿Qué anotaciones hizo Galileo en el libro?

Inicialmente, me decepcionó que los márgenes del ejemplar de Galileo no tuvieran muchos análisis técnicos o siquiera evidencia de que lo hubiera leído, al punto de que me negué a creer que ese ejemplar le hubiera pertenecido. Más adelante, cuando me hube familiarizado más con su letra, me di cuenta de que sí había sido suyo, y debí aceptar el hecho de que era un físico que no se interesaba demasiado en los detalles más finos del cálculo de posiciones planetarias.

Lo que Galileo marcó en su copia de *Revoluciones* fueron las diez "correcciones" que requería el Santo Oficio del Índice de la Iglesia católica. Ello implicaba tachar algunas frases u oraciones, que en general eran reemplazadas por afirmaciones que hacían que el texto pareciera puramente hipotético más que una descripción de la realidad física. Pero es hermoso ver cómo Galileo tachó muy ligeramente el texto original. Podía demostrarle a la Inquisición que era bueno y corregía su copia, pero así y todo, se aseguró de poder seguir leyendo la formulación original.

En su investigación, usted procuró establecer cuántos ejemplares de Revoluciones se imprimieron. ¿A qué cifra llegó? ¿Hizo también una estimación de cuántos ejemplares del Diálogo de los dos principales sistemas del mundo *se imprimieron, y de cuántos de éstos sobrevivieron?*

Mi cálculo más aproximado de la cantidad de ejemplares de la primera edición de *Revoluciones* es de cuatrocientos y quinientos ejemplares. Sabemos que se imprimieron mil copias del *Diálogo*, y al parecer la Inquisición no pudo eliminar muchas de éstas. Sospecho que cuando el *Diálogo* fue puesto en el índice de libros prohibidos por la Iglesia, la gente los conservó y cuidó muy especialmente de esos libros. De modo que hoy día el tratado de Galileo es de lejos el más común de los grandes tratados de la revolución científica.

Existe la creencia generalizada de que Copérnico fue perseguido por la Iglesia católica. En Ángeles y Demonios *dos personajes hablan de "científicos dispuestos a decir la verdad, como Copérnico…" y "fueron asesinados, asesinados por la Iglesia por revelar verdades científicas". ¿Cuál fue la verdadera relación entre Copérnico y la Iglesia católica?*

Desgraciadamente, lo que hace Brown es reforzar un estereotipo falso. Copérnico estaba al servicio de la Iglesia católica. Le dedicó su libro al Papa y en lo personal nunca sufrió reproche ni persecución algunos.

Las producciones populares en los medios gustan de incluir a Giordano Bruno muriendo entre las llamas de la hoguera porque ello agrega espectáculo y tensión a la historia. Es cierto que Bruno estaba interesado en algunas de las ideas de Copérnico —de hecho encontré su ejemplar de las *Revoluciones* en el transcurso de mi investigación— pero no hay evidencia de que lo haya estudiado en detalle ni comprendido sus argumentos astronómicos. Como sea, Bruno fue condenado porque se lo supuso espía y por una serie de ideas teológicas radicales, de las cuales el copernicanismo y la pluralidad de los mundos habitados eran, en el mejor de los casos, las de menos importancia.

De hecho, es extremadamente difícil comprobar documentalmente que nadie haya sido jamás condenado a muerte por hereje por introducir nuevas ideas científicas.

¿Por qué el heliocentrismo? De todos los temas en que la Iglesia podía cuestionar la teoría de la Iglesia, ¿por qué se hizo de ésta el punto focal en el caso de Galileo y otros?

Es que, ¿qué otros temas posibles había para que la ciencia cuestionara la doctrina de la Iglesia? ¿La edad de la Tierra? ¿Evidencia de la existencia de animales que hoy están extinguidos? Estos temas surgirían más adelante, pero la ciencia no comenzó a plantear esos problemas hasta fines del siglo XVIII. ¿Atomismo? Eso hubiera podido cuestionar la interpretación católica de la Eucaristía, pero la alquimia era demasiado rudimentaria como para proveer un marco ético que planteara decididamente la existencia de los átomos. Para el momento en que la química llegó a ese punto, el atomismo no era un tema capaz de suscitar conflicto ente ciencia y religión.

¿La dicotomía entre los cielos incorruptibles y la física terrestre, totalmente diferente? Aristóteles enseñaba que los movimientos celestes naturales eran circulares, mientras que el movimiento natural de la Tierra sólo era hacia arriba y hacia abajo; en otras palabras, cada caso tenía su propia física de la dinámica. Además, en contraste con los cielos, la Tierra era un lugar de corrupción, muerte y Renacimiento. La evidencia, conocida en 1572 y 1604, de que las estrellas estaban muy por encima de la atmósfera terrestre, en los supuestamente inmutables dominios celestiales, planteaba un cuestionamiento a la doctrina aristotélica tradicional, y fue uno de los elementos en que se basó Galileo, pero ello no amenazaba las enseñanzas de la Iglesia. De modo que lo que esto nos deja es, más o menos, el heliocentrismo que discute la confortable idea de una tierra central, relativamente cercana al cielo, además del conflicto específico con un puñado de pasajes de la escritura, cuya interpretación más inmediata parece ir contra la idea de que la Tierra se mueve.

Hay que recordar que lo ocurrido fue ante todo una batalla por territorio. La teología era "la reina de las ciencias" y los teólogos universitarios tenían más jerarquía que los médicos, quienes, a su vez, eran superiores a los astrónomos. ¿Quién tenía las llaves de la verdad? Los teólogos nunca hubieran podido permitir de buena gana que uno que no perteneciera a sus filas pretendiera que el Libro de la Naturaleza valía más que el Libro de las Escrituras a la hora de interpretar pasajes bíblicos potencialmente ambiguos. Parece casi obvio que tenía que haber algún tipo de enfrentamiento entre quienes pertenecían al círculo papal y quienes estaban fuera de éste, y esta situación se complicaba por el hecho de que algunos de los que estaban fuera no sólo eran teólogos, sino teólogos luteranos y calvinistas. No es de extrañar que las autoridades romanas sintieran que estaban bajo asedio, y, en cierto modo, Galileo quedó atrapado en medio del tiroteo.

Copérnico, Kepler y Galileo fueron todos hombres religiosos cuyos descubrimientos astronómicos chocaron con las enseñanzas de la Iglesia. En lo personal ¿cómo compatibilizaron sus descubrimientos con sus creencias religiosas?

En dos de esos tres casos hay una gran riqueza de materiales referidos a sus creencias religiosas. Ello es especialmente cierto en lo que hace a Kepler, quien se formó como teólogo luterano en el seminario de la Universidad de Tubinga. Él consideraba que el sistema copernicano era la encarnación de la Santísima Trinidad (el sol era Dios Padre, el cinturón de estrellas, Jesucristo y el espacio que separaba a ambos, el Espíritu Santo). En la introducción del más grande de sus libros, la *Astronomía Nova*, escribió:

Si alguien es tan estúpido que no puede comprender la ciencia de la astronomía, o tan débil que no puede creer a Copérnico sin menoscabo de sus creencias, le aconsejo que se ocupe de sus propios asuntos, que abandone esas investigaciones mundanas, que se quede en su casa y cultive su jardín, y que, cuando vuelva sus ojos al cielo visible (que es la única forma que tiene de verlo) ponga todo su corazón en alabanza y gratitud al Dios Creador. Que tenga la certeza de que sirve a Dios en grado no menor al que lo hace el astrónomo a quien Dios ha dado el privilegio de ver más claramente con los ojos de la mente.

Galileo mostró mucho más desapego a la hora de mencionar sus creencias religiosas personales, pero era un leal católico y se ocupó de sus dos hijas ilegítimas, a quienes envió a un convento. En su carta a la gran duquesa Cristina de Toscana, esbozó una forma de reconciliar el Libro de las Escrituras con el libro de la Naturaleza que, creía, eran dos sendas a la verdad que no tenían por qué estar en mutuo conflicto. Se opuso a cierta forma de literalismo en la interpretación de las Escrituras que excluía la consideración de ciertas posibilidades físicas, y mantuvo la opinión de que "la Biblia enseña cómo ir al cielo, no cómo va el cielo".

En el caso de Copérnico, tenemos pocos registros del camino que lo llevó a la cosmología heliocéntrica, y tampoco contamos con ninguna mención explícita de su piedad personal. Al parecer, no experimentó ningún conflicto personal entre su cosmología y sus creencias cristianas, aunque es indudable que debe de haber sido consciente de que muchas personas tenían problemas al respecto. Su libro estaba dedicado al Papa, y sabemos que desempeñó un papel muy activo en el capítulo catedralicio de Frauenburg, la diócesis más septentrional de Polonia. En un momento, sus colegas lo instaron a que se hiciera obispo, lo cual habría requerido que se ordenara como sacerdote, pero para entones, Copérnico prefirió dedicar sus esfuerzos a finalizar su *Revoluciones*.

Como usted acaba de decir, es famoso que Galileo dijo cierta vez "la Biblia enseña cómo ir al cielo, no cómo va el cielo", es decir, la Biblia habla en forma idiomática, no como libro de texto científico. A la luz de ese comentario ¿cree usted que la Iglesia católica censuró a Galileo por aceptar el heliocentrismo o que él fue víctima de la política eclesial?

Todo esto ocurrió en la época de la guerra de los Treinta Años, y de la Contrarreforma, durante la cual la Iglesia procuró presentar un frente unido contra lo que consideraba que era la herejía protestante. Como parte de esa estrategia, la jerarquía romana le había ordenado a Galileo no defender ni enseñar el sistema copernicano, que los conservadores consideraban que ponía en cuestión su interpretación de las escrituras, como en Josué, cuando Gedeón le ordena al Sol, no a la Tierra, que se quede quieto. En lo esencial, Galileo se metió en problemas por no acatar órdenes, aunque a nosotros nos parezca que su castigo, arresto domiciliario por el resto de sus días, fue desproporcionadamente duro. Por supuesto que el mismo tipo de cosas ocurre hoy por razones políticas. El caso Galileo fue esencialmente una maniobra política del papa Urbano VIII, quien hacía equilibrios sobre una cuerda floja tendida entre las aspiraciones políticas de los cardenales franceses y las de los cardenales españoles; necesitaba hacer una jugada que dejara claro que estaba dispuesto a hacer respetar su autoridad.

¿Cuán difundido fue el ataque contra Galileo entre otros científicos y gente pensante? ¿Existe alguna evidencia de que éste haya retrasado el progreso general de la ciencia?

El poeta inglés John Milton escribió acerca de los problemas de Galileo en *Aeropagítica*, su defensa de la libertad de palabra. Milton, al describir su visita a Florencia, dice, "allí estaba, y allí visité, al famoso Galileo, que envejeció como prisionero de la Inquisición por tener distinta opinión de la astronomía que la que tenían los censores franciscanos y dominicos". Probablemente, el efecto más notable sobre un científico, por emplear una palabra anacrónica, que no se empleó hasta el siglo XIX, fue la acción de Descartes, quien suprimió durante algún tiempo su *Philosophia Principia* y luego reescribió partes de éste para que su copernicanismo no fuese tan evidente.

En las décadas que siguieron al caso Galileo, la Iglesia católica continuó siendo el principal apoyo financiero de la astronomía, en buena parte a través de los jesuitas, pero los astrónomos católicos estaban severamente limitados en la forma que podían enseñar o pensar temas cosmológicos. En parte como consecuencia de esto, la ciencia creativa parece haberse desplazado a climas más septentrionales, protestantes, aunque puede que el genio de hombres como Isaac Newton o Christiaan Huygen distorsione considerablemente nuestra evaluación.

¿Tiene usted alguna razón para creer que Galileo, una vez más al decir de Dan Brown, fuera integrante de alguna sociedad secreta opuesta a la Iglesia, como los illuminati o los francmasones?

Muy ocasionalmente, uno se encuentra con insinuaciones de que Galileo pueda haber tenido algún vínculo de este tipo, pero sospecho que simplemente se trata de una expresión de deseos de parte de los simpatizantes de la francmasonería. No sé de ningún dato sólido que vincule a Galileo con esas sociedades secretas.

Brown sugiere que Galileo escribió un último libro secreto llamado los Diagramma, *tan susceptible de provocar controversias que habría sido publicado discretamente en Holanda. ¿Tiene esto algo de cierto o es pura ficción?*

Eso ni siquiera es especulación —¡es pura fantasía!

Galileo: mensaje correcto en el momento equivocado

ENTREVISTA CON STEVEN J. HARRIS

El conocido historiador de la ciencia Steven J. Harris ha enseñado en la Universidad de Harvard y el Wellesley College. Ha escrito extensamente sobre la historia de los jesuitas y su relación con la ciencia y es coeditor de la obra en dos volúmenes *The Jesuits: Cultures, Sciencies, and the Arts, 1540-1773* [*Los Jesuitas: Culturas, Ciencias y Artes, 1540-1773*]

En Ángeles y Demonios, *el camarlengo Ventresca se atormenta al pensar en la "derrota" de la Iglesia católica ante los progresos de la ciencia en la comprensión de los mundos natural y cosmológico. Al hacerlo, articula una tesis de cien años de antigüedad que predominó en la percepción de las relaciones entre ciencia y religión en los comienzos del siglo XX, cuando América y Europa se secularizaron en forma más marcada. En síntesis, esta tesis afirma que la ciencia y la religión se oponen en forma inevitable. ¿Por qué si no habría de haber perseguido a Galileo la Iglesia católica?*

Ha sido difícil desalojar esta idea de la mente popular. El historiador de la ciencia Steve Harris representa una reciente nueva tendencia en el estudio de cómo la ciencia y la religión se vinculan mutuamente. Rechaza la noción de que sean enemigas naturales y exige una visión más compleja y matizada de cómo interactúan, una visión que enfatiza la inicial indiferencia de la Iglesia a los descubrimientos científicos y su posterior patrocinio de éstos, con la gran excepción del caso de Galileo. Éste fue, dice, el mayor error de la Iglesia en su relación con los nuevos métodos de investigar el mundo natural.

Harris cree que, en Ángeles y Demonios, *Brown representa erradamente a Galileo como integrante de los illuminati —y también cuestiona la forma en que Brown describe a los científicos Johannes Kepler y Georges Lemaître.*

Ángeles y Demonios *de Dan Brown es sorprendentemente intelectual en su empleo de las ideas como resortes de la trama. También menciona a muchos científicos. ¿Cuán preciso es en este último aspecto?*

Parte del problema que enfrentamos aquí es que obviamente Dan Brown y yo representamos dos géneros diferentes, ficción y no ficción y dos formas muy diferentes de enfocar el pasado. Un novelista tiene mucha más libertad que un historiador a la hora de armar su relato. Como historiador de la ciencia, lo que a mí me interesa es qué hicieron realmente los científicos.

Sin embargo, aun dando margen a la libertad creativa del novelista, me incomoda la forma en que Brown usa figuras históricas como motores del núcleo de su trama. Menciona a, entre otros Copérnico, Galileo, Lemaître. Debo decir que en casi todos los casos hay problemas fácticos con todos ellos, así como algunas exageraciones. Sin embargo, lo más grave es que Brown parece conformarse con emplear la autoridad histórica que prestan estos nombres sin una comprensión plena del contexto histórico de sus vidas.

Comencemos por la tesis central del libro, que es que la ciencia y la religión son archienemigas. El libro dice que ciencia y religión siempre han estado en guerra. Pero, ¿lo estaban antes de los siglos XVI y XVII, la época de Copérnico y Galileo?

Bueno, mi posición sería que no estuvieron "en guerra" antes, durante ni después de esa época. En términos generales, diría que hubo largos períodos de indiferencia, compromiso y cooperación puntuados por episodios de tensión y, ocasionalmente, de conflicto. Para decirlo en forma simple, la tesis del "conflicto" es tosca y buena parte de mi trabajo académico es un intento de desarrollar los matices y contextos de las interacciones entre ciencia y religión.

El problema principal con la tesis del conflicto es que da por sentado que había una "religión" monolítica y una "ciencia" monolítica. Y da por sentado, o implica, una continuidad institucional y temporal de la religión y de la ciencia. Sin embargo, la Iglesia católica posreforma del siglo XVII era una entidad diferente de su predecesora medieval, al igual que la ciencia moderna es un asunto muy distinto de la ciencia antigua y medieval. Dentro del cristianismo, hoy hay muchas Iglesias y sectas; dentro de la ciencia hay muchos campos, disciplinas y trasfondos institucionales.

En la forma en que Brown representa la ciencia y la religión, hay una pronunciada tendencia a estereotipar, refundir y exagerar. Por ejemplo, Brown hace que Maximilian Kohler, director del CERN declare que "la Iglesia ya no quema científicos, pero si usted cree que han renunciado a su imperio sobre la ciencia, pregúntese por qué a la mitad de las escuelas de su país no se les permite enseñar la teoría de la evolución".

Por lo que sé, el movimiento creacionista de los Estados Unidos es abrumadoramente protestante, no católico. Recientes normas aprobadas en unos pocos distritos escolares de unos pocos estados, requieren que además del evolucionismo se enseñe el creacionismo, lo que no es lo mismo que prohibir la enseñanza de la teoría de la evolución en la mitad del país. Tampoco está claro que la Iglesia católica haya hecho quemar ni un solo científico en la hoguera. Quien más se aproximaría a esta categoría sería Giordano Bruno, pero él no era científico —aunque defendió la astronomía copernicana y arguyó, por razones teológicas, que el universo era infinito— y fue quemado por, entre otras cosas, negar la Santísima Trinidad. El único científico de quien se sepa que fue quemado en la hoguera por autoridades religiosas fue el médico y anatomista Michael Servetus (1509-1533), si bien fue ejecutado por sus herejías teológicas. Fue quemado en Ginebra en 1533 por los calvinistas siguiendo órdenes del propio Juan Calvino, y en presencia de éste.

¿De modo que Ángeles y Demonios *exagera el conflicto entre ciencia y religión, dándole un alcance que nunca tuvo?*

Cuando contemplo la historia de las interacciones entre las distintas ramas de la cristiandad y las varias ramas de la ciencia, los puntos de tensión fueron pocos y muy espaciados. Pero cuando explotan, las consecuencias culturales son muchas. Si uno se retrotrae a los siglos XII y XIII, la tensión fue

entre la razón y la fe, con la razón representada por las recientemente re-
cuperadas obras de Aristóteles y otros griegos antiguos y la fe representada por la teología medieval temprana de la Iglesia latina. Pero, y esto es
interesante, para fines del siglo XIII ya se tiene una síntesis bien profunda
entre la antigua filosofía natural del paganismo griego y la teología cristiana medieval. Es más, la filosofía natural árabe llegó al latín en buena
parte a través de traducciones árabes e intermediarios judíos; lo menos cristiano que imaginarse pueda.

Ése era el mundo de Tomás de Aquino (1225?-1274) y los otros integrantes de su generación. Analizó los detalles de Aristóteles y dijo qué sería y
qué no. Por ejemplo, Aristóteles afirmó que el universo era increado e infinito. Bueno, eso simplemente no coincide con la historia cristiana de la
creación. Así que Tomás dijo, bueno, Aristóteles era pagano, vivió hace
mucho tiempo, en eso se equivocó. La Biblia nos dice cómo fue creado el
mundo. Así que en ese aspecto, Aristóteles se equivoca. Pero cuando Aristóteles dice que el mundo está compuesto de tierra, aire, agua y fuego —los
cuatro componentes de la antigua teoría griega de los elementos—, Tomás
puede aceptarlo.

*¿De modo que ya había alguna tensión intelectual antes del 1500 entre la ciencia
del momento y la Iglesia católica?*

Sí, los textos griegos, en particular los aristotélicos cuestionaban, estimu-
laban e incluso amenazaban la forma de pensar de la cristiandad latina. Pero después de varias décadas de verdadera lucha, se llega a una profunda
síntesis en que algunas de las doctrinas más básicas de la Iglesia católica se
articulan en el lenguaje de Aristóteles. Lo que me parece notable es que la
Iglesia católica haya logrado integrar a su teología un sistema filosófico totalmente foráneo.

*¿Y eso explica hasta cierto punto por qué eran tan explosivas las ideas de
Copérnico?*

Sí, porque la visión del mundo de Aristóteles era geocéntrica —o, más precisamente, geocéntrica, geostática, esférica y finita. Es más, la visión del
mundo que tenía Aristóteles era avalada por casi todas las demás autoridades griegas que habían sobrevivido, incluidos Platón, Galeno y especialmente Ptolomeo, principal arquitecto de la astronomía geocéntrica. De
modo que la visión predominante entre los antiguos griegos coincidía en
que la Tierra era el centro del cosmos, y que todos lo demás —el Sol, la Luna, los planetas y las estrellas— giraban alrededor de la Tierra en gigantescas esferas cristalinas dispuestas en forma concéntrica, y que todas estaban incluidas en una esfera estelar, final y finita.

En la Biblia no hay nada que describa el mundo en términos tan detallados. De modo que ésa es otra parte importante de la síntesis. Además, en torno del siglo XIV, todos los intelectuales católicos entendían que el mundo era geocéntrico según lo describía Aristóteles. Aceptaron e incluyeron conocimientos "foráneos" sobre la estructura y funcionamiento del mundo natural. Si la Iglesia católica medieval realmente hubiera estado "en guerra" con la ciencia griega, nunca habría habido una astronomía geocéntrica que Copérnico y Galileo analizaran y criticaran.

De hecho, creo que la expresión más elocuente de esta síntesis no es tanto Tomás de Aquino como Dante. Cuando uno peregrina por el mundo imaginario de Dante, lo que uno recorre es esencialmente una arquitectura aristotélica. La Tierra está en el centro, los planetas se desplazan en órbitas concéntricas, y la esfera de las estrellas marca el límite exterior del cosmos físico. No hay precedente bíblico para esto. Hasta los círculos del infierno son concéntricos.

Por supuesto que lo que hacen Tomás de Aquino y Dante es cristianizar esa cosmovisión. Desde el punto de vista físico la Tierra está situada en el centro de la creación de Dios, pero está en el punto más distante de los cielos estrellados. Desde el punto de vista moral, los humanos están suspendidos en la Tierra, con el infierno por debajo de ellos y el cielo arriba —más precisamente, con el cielo cristiano (el Epíreo) ubicado en el espacio no físico ubicado más allá de la última esfera de las estrellas. De modo que cuando Copérnico propuso, y Galileo defendió vigorosamente, un cosmos heliocéntrico, no hacía falta ser profeta para entender que ello traería problemas.

De modo que Ángeles y Demonios *no se equivoca al representar a Galileo, que fue el primer verdadero divulgador de Copérnico como una enorme amenaza para la Iglesia.*

Sí, pero así y todo, la cosa es mucho más complicada que lo que nos quiere hacer creer Dan Brown.

¿Cuáles fueron los puntos centrales de esa controversia entre Galileo y la Iglesia?

Hay que comenzar antes, con Copérnico. Copérnico era sacerdote y canónigo. Fue educado por la Iglesia. Recibió una excelente educación humanista en tres universidades italianas durante el punto más alto del Renacimiento. Regresó a Polonia y se convirtió en un importante administrador de la Iglesia católica. Inicialmente desarrolló su idea de un sistema heliocéntrico en torno de 1512, y la escribió en un manuscrito que hizo circular entre sus amigos. Pero no publicó su gran obra, *De la Revolución de las Esferas Celestes*, hasta 1543.

En su lecho de muerte.

Sí, literalmente en su lecho de muerte. Ahora bien, si uno quisiera interpretar su historia con mala fe, diría que el motivo por el cual dudó fue porque temía lo que la Iglesia pudiera hacerle por presentar una cosmología diferente. De hecho, dos obispos, un cardenal y un papa lo instaron a publicar. El libro que publicó al fin estaba dedicado al papa en funciones, Pablo II. Lo que sí temía —y lo dice explícitamente en la introducción que escribió— era a las personas que no entienden matemáticas. Para que su teoría tuviera sentido, los lectores debían entender los complejos argumentos geométricos que él presentaba.

Al comienzo de Ángeles y Demonios, *Maximilian Kohler, jefe del* CERN, *dice que la Iglesia católica asesinó a Copérnico. ¿Eso es verdad?*

No. Tenía setenta años cuando murió —ciertamente, una edad avanzada para el siglo XVI. La Iglesia no asesinó a Copérnico. Pero indudablemente, a él le preocupaba cómo sería recibido su libro. Sabía que estaba presentando una idea importante que tendría consecuencias importantes. Y era una idea novedosa —aunque él buscó minimizar ese factor citando precedentes griegos de la teoría heliocéntrica. Claro que estaba preocupado.

Ahora, si uno da el siguiente paso y se pregunta ¿cuál fue la reacción a Copérnico en la segunda mitad del siglo XVI? uno se encuentra con una de las deliciosas inconsistencias de la historia. A pesar de haber sido una de las ideas más controvertidas del siglo XVII, en el siglo XVI apenas si produjo un murmullo. A fin de cuentas, se trataba de un tratado de matemática astronómica esotérico, técnico. Tal como sospechaba Copérnico, los que podían seguir su argumentación eran pocos. De hecho, sólo un puñado de teólogos y astrónomos siquiera comentaron la teoría heliocéntrica de Copérnico.

Hizo falta que apareciera Galileo para llevarla al primer plano de la historia.

Sí, y lo que hace que Galileo sea interesante es que hizo que las observaciones telescópicas se volvieran accesibles. Las personas —incluso aquellas que no tuvieran formación matemática— podía mirar por el telescopio y ver por sí mismas de qué estaba hablando. En cambio, para seguir la argumentación de Copérnico, había que estudiar matemáticas durante años. Ahora bien, lo notable de esto es que ninguna de las observaciones telescópicas de Galileo proveyeron una prueba incontestable de la teoría copernicana. No hay nada en sus observaciones que no pueda ser explicado de otras maneras.

Pero, aun así, la Iglesia católica romana quiso sofocar toda discusión de ellas, ¿verdad?

No exactamente. Hay un importante matiz aquí. Galileo llevó al primer plano la "cuestión copernicana". Pero hay que recordar que la Iglesia católica estaba en una durísima guerra —literal además de teológica— contra los protestantes, y que la jerarquía católica era muy susceptible a los asuntos que cuestionaran, o parecieran cuestionar, las doctrinas católicas. Hay que ubicar lo ocurrido en el contexto de su propia época.

¿Cuál es el papel de Galileo en esta guerra?

Galileo es una figura muy distinta de Copérnico. Medra en la controversia; le encanta estar en el centro de la escena. Comienza a hablar de la teoría copernicana y a escribir sobre ésta en Roma y cerca de Roma. Y hay algunos católicos conservadores, dominicos en su mayor parte, que tratan de que él y su teoría tengan problemas con la Inquisición. Y tienen algún éxito. Ello lleva a que durante el pontificado de Pablo V, se promulgue un decreto de la Inquisición que condena la teoría heliocéntrica como "absurda y falsa en lo filosófico y herética en lo formal".

Ese mismo año —setenta y tres años después de su aparición— el tratado de Copérnico fue colocado en el índice de libros prohibidos. No fue totalmente prohibido, sino sólo prohibido hasta su corrección, y las correcciones sólo se aplicaban a un puñado de párrafos. Menos del diez por ciento de los ejemplares sobrevivientes muestran indicios de haber sido corregidos. Galileo no está implicado directamente en el decreto de la Inquisición, pero el cardenal Bellarmine le dice que no enseñe la teoría copernicana como si ésta fuese *verdadera*. Puede, sin embargo, enseñarla como *hipótesis*. Evidentemente, Galileo acató esa instrucción.

Antes de que tratemos del momento en que Galileo forzó el enfrentamiento de 1633, establezcamos en qué aspectos podía haber incomodado a las autoridades eclesiásticas la teoría de Copérnico. ¿Qué estaba en juego?

Una vez más, creo que la mejor forma de entender esto no es en términos de Aristóteles sino de Dante. Populariza, por así decirlo, una visión del mundo profundamente cristiana y geocéntrica. ¿Dónde está el infierno? Debajo de nuestros pies. Hay muchas representaciones del juicio final realizadas en esa época que muestran cómo la tierra se abre y los demonios arrastran a las personas al infierno tomándolas de los tobillos. Siempre en ese orden de cosas, hay muchas pinturas que representan la ascensión de María y la ascensión de Cristo. *Arriba* y *abajo* tienen un profundo significado teológico además de un significado físico absoluto en el cosmos aristotélico cristianizado del siglo XVI. Si se ubica —o disloca— a la Tierra del centro del universo y se la pone en órbita alrededor del Sol, uno no sólo desordena la física y la cosmología aristotélica, sino que arruina el escenario sobre el cual se representa el drama del cristianismo. Ahora bien, hay que decir que las tensiones entre la representación que hizo Dante del cosmos cristiano y del cosmos matemático de Copérnico ya existían en 1543, pero nadie se tomó el trabajo de explorarlas.

¿El juicio a Galileo también tuvo que ver con el derecho de la Iglesia a decidir quién podía interpretar las escrituras?

Sí. Ése es el otro elemento importante, especialmente para Galileo. Galileo invoca el lugar común medieval de que hay dos libros: el de Dios, que es la Biblia y el Libro de la Naturaleza, que es la creación hecha por Dios. Y como, claro, ambos tienen el mismo autor, no es posible que se contradigan.

Lo que decía Galileo era que las únicas personas que están calificadas para interpretar el Libro de la Naturaleza son los matemáticos. En un pasaje célebre, dice que el Libro de la Naturaleza está escrito en el idioma de la geometría. De esa forma les está diciendo indirectamente a los teólogos que carecen del conocimiento técnico —las matemáticas— necesario para comprender el mundo natural. A los teólogos católicos que, como consecuencia de la reforma protestante, luchaban por mantener su autoridad cultural, probablemente esto les sonara como un ataque a su credibilidad. En otras palabras, Galileo se puso a hacer olas en mal momento.

De modo que, hasta cierto punto, ¿la reacción de la Iglesia católica fue comprensible dado el contexto de la época?

En última instancia, el tema es que la Iglesia condenó la defensa que Galileo hizo de Copérnico, de modo que no queda absuelta de culpa y cargo. Condenaron una teoría astronómica que esencialmente era cierta. Y, como todos saben, eso fue un gran error —yo diría que el error más grande de los cometidos por la Iglesia católica en lo que hace a la historia de la ciencia.

Dicho esto, es importante notar que algunos integrantes de la jerarquía católica entendieron en su momento que se trataba de un error. Rivka Feldhay, un historiador de la ciencia (*Galileo and the Church; Political Inquisition or Critical Dialogue?* [*Galileo y la Iglesia: ¿persecución política o diálogo crítico?*]) ha estudiado detenidamente el ambiente intelectual de la época del juicio, en particular entre los dominicos y jesuitas, y ha encontrado toda una gama de interpretaciones. En términos generales, a los dominicos les parecía que los argumentos de Galileo eran erróneos porque estaban basados en las matemáticas, y las matemáticas no pueden decir la verdad sobre el mundo físico. Por su parte, los jesuitas creían que la matemática sí puede decir la verdad sobre el mundo físico, pero decidieron que Galileo no presentaba la necesaria demostración matemática. Había otros que estaban de acuerdo con los jesuitas con respecto al poder de la física matemática, pero que aceptaban los argumentos de Galileo. Este grupo, aunque fue una "minoría silenciada", se dio cuenta de que la condena de la cosmovisión heliocéntrica tendría repercusiones serias. Sólo mucho más tarde quedaría demostrado que tenían razón.

Según Robert Langdon, el héroe ficticio de Ángeles y Demonios, *los illuminati, entre los que se contaba Galileo, eran científicos que se reunían en secreto durante el siglo XVI para oponerse a las "enseñanzas inexactas" de la Iglesia sobre el mundo físico y al "monopolio de la verdad" que ésta detentaba. ¿Esto es así?*

No soy experto en los illuminati. Por lo que sé, los primeros illuminati o iluminados fueron figuras religiosas —en particular místicos y entusiastas— que vivieron en España e Italia en la primera parte del siglo XVI. *Illuminati* fue inicialmente un término peyorativo. No estaban organizados y, al menos en España, no tenían un interés perceptible por la ciencia.

¿No había —como se afirma en Ángeles y Demonios— *una secta secreta enconadamente opuesta a la Iglesia?*

No, que yo sepa. Ahora bien, Galileo sí pertenecía a una sociedad científica, la Academia de los Linces. (El lince, según el mito griego, tenía una vista particularmente aguda, presumiblemente al igual que los miembros de su sociedad homónima). Fue organizada por Federico Cesi, un joven aristócrata romano, y hasta cierto punto se organizó según el modelo de la Sociedad de Jesús. Su intención era constituir un grupo de hombres educados, de moral recta y espiritualmente puros dedicados a una vida de estudios. Galileo fue elegido miembro en torno de 1611. Estaba muy orgulloso de pertenecer a ese grupo, y lo declaraba abiertamente al incluir el emblema de la academia en la página del título de sus publicaciones. La Academia de los Linces no era secreta de ninguna manera. Y no se estableció para oponerse a la Iglesia católica. Es más, se disolvió en 1630 cuando murió su fundador, tres años antes del juicio a Galileo.

¿Hay evidencia de que, como afirma Dan Brown en su novela, Galileo supiera inglés y haya empleado ese idioma para evitar el escrutinio del Vaticano?

No. Ciertamente sería sorprendente que hubiera sido así, pues Inglaterra estaba muy atrasada en la ciencia y virtualmente nada escrito en inglés puede haber interesado a Galileo desde el punto de vista científico.

Usted ha escrito que, después del juicio de Galileo, la Iglesia patrocinó algunas ramas de la ciencia. ¿Qué nos puede decir sobre esto?

A eso me refiero cuando afirmo que la tesis del conflicto no es una buena guía para los historiadores. No estimula una perspectiva suficientemente amplia.

Si se piensa acerca de la ciencia en toda su gloria, se ve que dista de ser un bloque monolítico en sus métodos, teorías o campos de estudio. Existen la física teórica, la observación astronómica, la meteorología computacional, la psicología experimental —todas categorías de la ciencia que la Iglesia católica alentó, toleró, o ignoró. Las dos áreas principales en que han chocado la ciencia y la religión son la astronomía heliocéntrica, de la cual ya hemos hablado y la evolución, en un sentido amplio (es decir, la evolución biológica, la evolución humana, etcétera).

La Iglesia católica romana ¿les prohibió a los católicos que aceptaran la evolución?

No, al menos no en términos tan elementales. Cuando Darwin publicó *Del Origen de las Especies* en 1859, la respuesta oficial católica fue decididamente fría. En 1909, una comisión bíblica pontificia reafirmó "el significado literal e histórico del Génesis" y prohibió un relato puramente científico (materialista) de los orígenes humanos. Sin embargo, para 1950 el papa Pío XII había promulgado una encíclica (*Humani Generis*) que, si bien era cauta en lo que respecta a la cuestión de la evolución humana, decía "la autoridad magistral de la Iglesia no prohíbe que, en conformidad con el estado actual de las ciencias humanas y la teología sacra, hombres expertos en ambos campos investiguen y discutan respecto de la doctrina de la evolución". No era lo que se dice un resonante aval a la evolución darwiniana, pero de ninguna manera prohibía la teoría de la evolución orgánica.

Como creyente en una relación llena de matices entre la ciencia y la religión ¿cree usted que, como dice el camarlengo en Ángeles y Demonios, *la ciencia ha destruido a la Iglesia católica romana?*

"Destruido" no, de ninguna manera. Que la ciencia ha avanzado sobre el territorio de la Iglesia, sí, pero sólo en cierto modo. La mayor parte de las funciones culturales que cumple la religión —cualquier religión— tienen poco que ver con las que cumple la ciencia. Pero cuando se trata de entender e interpretar el funcionamiento de la naturaleza, en la cultura occidental de hoy el científico tiene más autoridad que el sacerdote, el teólogo o el santo. En este sentido, en el transcurso de aproximadamente los últimos tres siglos, los científicos han avanzado sobre la autoridad religiosa de los dirigentes religiosos.

*En lo que hace a la física moderna, ¿*Ángeles y Demonios *describe correctamente la teoría del big bang de Georges Lemaître? Y ¿fue percibido el big bang como prueba de la existencia de un ser supremo creador del mundo?*

Bueno, sí y no. Más o menos en torno de mediados del siglo XX, hubo personas pertenecientes a los niveles más altos de la jerarquía católica —incluyendo un par de papas— a quienes realmente les gustaba la cosmología del big bang, aunque de formas que a Lemaître mismo no le gustaban. En primer lugar, hagamos un par de correcciones fácticas. En 1923, Lemaître interrumpió su tesis doctoral sobre la teoría general de la relatividad de Einstein para ingresar en el seminario. Ese mismo año, se ordenó como sacerdote católico. (Cuando posteriormente se le preguntó por qué había dado ese paso poco habitual, replicó "sabe, me interesaba la verdad desde el punto de vista de la salvación además del de la certeza científica".) Continuó sus estudios, en Cambridge, Inglaterra (1924) y Cambridge, Massachusetts (1925). Luego, se enteró de la investigación empírica de Edwin Hubble sobre las velocidades galácticas por medio del astrónomo de Harvard Harlow Shapley.

Como sea, Lemaître publicó su teoría del átomo primigenio (sólo más adelante se le dio el nombre burlón de big bang) en 1927 como un breve documento en un diario belga poco conocido. De modo que, al igual que en el caso de la teoría de Copérnico, su impacto inicial fue casi nulo. Sólo cuando le envió una copia a Arthur Eddington en 1930 se divulgaron sus ideas. En 1932, el propio Einstein asistió a una conferencia de Lemaître y declaró que "ésta es la más bella y satisfactoria explicación de la creación que nunca haya escuchado".

¿En qué aspecto Brown emplea mal la teoría de Lemaître?

En el libro, Leonardo Vettra sirve de vínculo ficticio entre el átomo primigenio-big bang de Lemaître y el Génesis. Vettra es quien produce el milagro de crear algo a partir de la nada, y de ese modo promete —o amenaza, para sus antagonistas en el libro— vincular los mundos de la física de alta energía y la hermenéutica bíblica. En primer lugar, no creo que Lemaître tuviera nada que decir respecto de lo que ocurría antes de que su átomo primigenio comenzara su degradación radioactiva espontánea. En un sentido estricto, no hay Génesis, no hay una creación de materia a partir de la nada en Lemaître.

¿Qué papel tiene la antimateria en todo esto?

La antimateria existe, como teoría y como hecho. Pero no figura en absoluto en la teoría de Lemaître. Su átomo primigenio no es más que un núcleo atómico único compuesto pura y simplemente de materia —neutrones, protones, electrones, etcétera.

El propio Lemaître rechazó expresamente la clase de mescolanza de cosmología y Génesis que está detrás de la trama de Brown, lo cual en cierto modo es otra deliciosa vuelta de tuerca a la verdadera historia. Advirtió precisamente contra aquello que anhelaban algunos teólogos católicos, verbigracia, una teoría científica que vindicara al Génesis. Esto es lo que dijo Lemaître: "Por lo que puedo ver [la hipótesis del átomo primigenio] se mantiene completamente fuera de cualquier cuestión metafísica o religiosa. Deja al materialista en libertad de negar cualquier ser trascendental... Para el creyente, elimina todo intento de ponerse confianzudo con Dios... Coincide con lo que dice Isaías acerca del 'Dios Oculto', escondido desde el principio de la creación".

De modo que, en su opinión, ya que la Iglesia no se siente amenazada por la ciencia, no tendría ningún motivo para actuar como el camarlengo de Ángeles y Demonios.

No. Lamento decir que la premisa implícita del libro simplemente no funciona para mí. Mi imaginación está demasiado cargada de hechos del pasado.

De modo que ¿no hay nada que sea históricamente correcto en las ideas intelectuales de Ángeles y Demonios *respecto de la relación entre ciencia y religión?*

Bueno, como dije, la idea de un conflicto entre ciencia y religión ha devenido en una suerte de lugar común, para el cual se cita, como símbolo, al juicio de Galileo. Lo que he tratado de decir es que ese símbolo no representa la realidad histórica en forma precisa. Las interacciones entre los distintos sectores del cristianismo y los muchos campos de la ciencia son mucho más matizados y mucho más sutiles en lo intelectual que lo que abarca la tesis del conflicto.

Cuéntenos acerca del archivo secreto del Vaticano donde están los escritos prohibidos de Galileo y donde Robert Langdon está a punto de morir.

Existen la Biblioteca Vaticana, los archivos vaticanos y los archivos secretos. Los documentos del juicio a Galileo se conservaban en los archivos secretos. Como su nombre indica, los archivos secretos eran secretos, y prácticamente nadie pudo examinar los documentos del juicio hasta más de un siglo y medio después de la muerte de Galileo en 1642.

Por lo tanto, no hubo ninguna investigación académica sobre el juicio antes de 1800. Pero en el siglo XIX, distintos acontecimientos se combinaron para darles ocasión a los historiadores de examinar los documentos. En síntesis, ocurrió así: los ejércitos de Napoleón invadieron los Estados Pontificios en 1809 y confiscaron, entre otras cosas, los documentos del juicio. Finalmente, éstos fueron devueltos a Roma en 1846, con la condición, dicen algunos, de que el Vaticano los publicase y/o los pusiera a disposición de los estudiosos. En los años siguientes, el Vaticano publicó algunas partes. Pero las omisiones y un cuidadoso trabajo de edición hicieron surgir sospechas.

A lo largo de los treinta años que siguieron, un pequeño pero persistente flujo de estudiosos, no siempre fieles creyentes católicos, peregrinaron a Roma para examinar personalmente los documentos. Los mejores estudiosos de Galileo de esa generación eran alemanes. En ese entonces, uno de los grandes temas de Alemania era la *Kulturkampf* —la "guerra cultural"— que enfrentaba a la educación laica, progresista y moderna a la cultura clerical, tradicional y medieval de la Iglesia católica. Los pioneros en los estudios de Galileo eran todos positivistas progresistas.

En mi opinión, la "industria de Galileo" y la tesis del conflicto surgieron en forma simultánea. Ambas explotaron la reciente disponibilidad de los documentos del juicio (los cuales, creo, volvieron a ser sellados en algún momento después de 1880) y el crecimiento de ambas coincidió con el surgimiento de Estados-nación industrializados y seculares empeñados en limitar la autoridad política de la Iglesia católica. La tesis del conflicto tiene tanto que ver con el positivismo decimonónico y con políticas nacionales como con la Iglesia católica. Es importante —pero no como guía de lo que ocurría en los siglos XVI o XVII.

¿Por qué alude Dan Brown a Giordano Bruno en *Ángeles y Demonios*? He aquí lo que dice Steven J. Harris respecto de lo que significa ese filósofo.

Ciertamente, Giordano Bruno es una figura interesante en la historia de la ciencia y del conflicto entre ciencia y religión. Nació en Nápoles en 1548 (aproximadamente una generación antes de Galileo) y en su adolescencia ingresó en la orden dominicana. Súbitamente, y por razones que no están del todo claras, rompió sus votos, dejó la orden y huyó de Italia. Rechazaba abiertamente la cosmología geocéntrica de Aristóteles y promovió vigorosamente la teoría heliocéntrica de Copérnico, aunque se declaraba "enemigo de las matemáticas" en lo que respecta a la aplicación de éstas al mundo físico. Esta actitud, claro, chocaba frontalmente con la tendencia a la física matemática que surgía por entonces.

Lo que es aún más sorprendente, planteó un universo infinito e imaginó una cantidad de mundos heliocéntricos como el nuestro, y consideró que las estrellas distantes eran los soles de aquéllos. Su razonamiento le debía más a la teología que a la astronomía, ya que creía que sólo un cosmos infinito podía expresar los infinitos poder y creatividad de Dios. También preconizó una cantidad de ideas abiertamente políticas que lo hicieron objeto de considerables controversias. Tal vez lo que lo hizo más conocido entre sus contemporáneos fueron su método de enseñar la mnemotecnia, o arte de la memoria (que tenía una larga tradición en la orden dominica) y su defensa de la filosofía hermética, una suerte de magia de base filosófica que supuestamente se originaba en el cuerpo de escritos que se atribuye a Hermes Trismegisto. Tras muchos años de deambular, regresó a Italia, tal vez con la esperanza de ocupar la cátedra de matemáticas de la Universidad de Padua. (De hecho, quien fue convocado a ocupar ese cargo en 1592 fue nada menos que Galileo). Bruno fue arrestado en Venecia, extraditado a Roma y, tras siete años en prisión, se negó a abjurar de sus creencias heréticas —así como de su heliocentrismo y su creencia en un universo infinito— y fue condenado a muerte. Fue quemado en la hoguera en el año 1600.

Lo interesante de Bruno, además de sus ricas y originales especulaciones filosóficas, es la forma en que ha sido empleado por distintos bandos a lo largo de los años. En el siglo XVIII, sus ideas aún eran consideradas (en ciertos círculos) excéntricas, extravagantes e impertinentes. Llegado el siglo XIX y particularmente después de la unificación de Italia, devino en héroe de los liberales, un caso emblemático por su advocación del libre pensamiento y —un poco incongruentemente dadas sus opiniones sobre las matemáticas y sus prácticas mágicas— un precursor de la ciencia moderna. Como dijo en una ocasión Voltaire, la historia es una broma que les hacemos a los muertos. Supongo que lo relevante con relación a *Ángeles y Demonios* es que Galileo ciertamente conocía la fama y el final de Bruno, y aprendió del error de Bruno: no es buen negocio ser obstinado ante la Inquisición.

El mito de Galileo

ENTREVISTA CON WADE ROWLAND

Wade Rowland es autor de *Galileo's Mistake: A New Look at the Epic Confrontation Between Galileo and the Church* [*El error de Galileo: una nueva visión del épico enfrentamiento entre Galileo y la Iglesia*] y más de una docena de otros libros.

La historia popular no sólo ha hecho de Galileo un maestro astrónomo, sino un adalid de la conciencia que se enfrenta a clérigos intolerantes empeñados en detener la marcha del progreso. Ésta es la perspectiva que Dan Brown adopta en Ángeles y Demonios, *basando su libro en la premisa de que la Iglesia católica condenó a Galileo por promover la teoría de Copérnico de que el Sol, no la Tierra, era el centro del universo. Pero el canadiense Wade Roland, periodista, productor televisivo, conferenciante en universidades sobre ciencia, religión y ética y autor de más de una docena de libros cuestiona esa visión considerando que se trata, en buena parte, de un mito histórico.*

En su libro Galileo's Mistake: A New Look at the Epic Confrontation Between Galileo and the Church, *Rowland arguye que ni Galileo era "un paladín de la verdad y la libertad" ni la Iglesia era tan "venal y estrecha". Además, sostiene Rowland, el conflicto de fondo entre el científico y la Iglesia no tenía que ver con el copernicanismo. Más bien era una batalla sobre la naturaleza de la verdad y cómo llega el hombre a conocerla. Galileo insistía en que los secretos del universo están en la naturaleza y que sólo la ciencia y las matemáticas pueden desentrañarlos. La Iglesia respondía que la ciencia puede ser útil, pero no tiene todas las respuestas: Dios, la moral y la ética también tienen algunas lecciones que enseñar. "Galileo es digno de nuestra admiración", escribe, pero al mismo tiempo "deberíamos reconocer las importantes verdades que sostenían sus oponentes eclesiásticos, quienes recurrían a un reservorio de experiencia filosófica mucho más hondo que el de él".*

Esta impactante reevaluación de la controversia arroja una luz que es más comprensiva sobre la Iglesia del siglo XVII y menos halagüeña para Galileo. En la entrevista que se incluye a continuación, Rowland defiende con elocuencia su punto de vista.

El punto de vista más generalizado acerca de Galileo es que fue condenado por la Iglesia católica por confirmar el descubrimiento que hizo Copérnico de la "verdad", es decir, que la Tierra giraba en torno del Sol.

Para empezar, la palabra *descubrimiento* aquí es engañosa. Los sistema centrados en la Tierra y en el Sol habían competido desde al menos la época de la Grecia clásica, de modo que hasta Copérnico se estaba remitiendo a una especulación que ya era antigua.

En tiempos de Galileo, en la Iglesia, más particularmente entre los astrónomos jesuitas, existía la fuerte sospecha de que Copérnico tenía razón. Los descubrimientos telescópicos de Galileo proveyeron confirmación *indirecta* de esta sospecha de muchas maneras. Demostraron, por ejemplo, que los cuerpos celestes no eran perfectos e inmaculados, sino que parecían hechos de la misma materia que la Tierra. La Luna era escarpada y montañosa, y el propio Sol exhibía imperfecciones, conocidas como manchas solares. Al ser mirado por un telescopio, Marte variaba de tamaño según el punto de la órbita en que se encontrara. Y también hubo lo del descubrimiento de las lunas de Júpiter. El sistema copernicano disponía a los planetas prolijamente en torno del Sol según la velocidad de sus revoluciones —Mercurio más rápido y más cerca, Saturno más lejos y más lento— y aquí estaba Júpiter, un sistema solar en miniatura con satélites organizados secuencialmente por período de exactamente la misma manera. Los seguidores del antiguo sistema de Ptolomeo también habían propuesto que si la Tierra orbitara a gran velocidad, no tardaría en dejar atrás a la Luna. Galileo pudo demostrar que ello no había ocurrido con Júpiter y sus lunas, lo cual socavó aún más la creencia de los ptolomaicos en una Tierra (necesariamente) inmóvil en torno de la cual orbitaba el Sol.

Es importante recordar que la Iglesia no persiguió ni juzgó a Copérnico por sus especulaciones —de hecho, el Papa le agradeció por haber ayudado a simplificar la confección de calendarios, que se basaban en observaciones astronómicas confiables. La Iglesia tampoco objetó las "confirmaciones" telescópicas de Galileo. De hecho, fue bien recibido por la jerarquía eclesiástica en Roma, donde se le solicitó que presentara sus descubrimientos a los astrónomos jesuitas, quienes de inmediato se dedicaron a confirmarlos desde sus propios observatorios romanos.

Está claro que fue algo más que el copernicanismo lo que estaba en la raíz de la disputa entre Galileo y la Iglesia.

Si el punto de vista tradicional es un mito, entonces ¿cuál fue el núcleo del conflicto entre Galileo y la Iglesia católica?

El corazón de la disputa fue algo más complicado y, al mismo tiempo, mucho más interesante, que la mecánica orbital. El desacuerdo fue entre dos opiniones incompatibles acerca de la naturaleza de la verdad y la realidad, acerca de dónde recurrir para obtener una verdad autorizada acerca de qué es el mundo. Una forma de resumir este sutil y complejo debate es analizarla en el contexto de la famosa descripción que Galileo hace de las escrituras y la naturaleza como dos textos que revelaban a Dios y sus obras, revelando por lo tanto la verdad acerca del universo. Galileo insiste en que la ciencia siempre debe tener prioridad sobre las escrituras (o, en un sentido más amplio, sobre el punto de vista metafísico) en todos los temas susceptibles de ser investigados científicamente. Su argumento era que el significado de las escrituras está abierto a distintas interpretaciones por parte de los humanos y que era, por lo tanto, vulnerable al error. Por otra parte la ciencia lidiaba en forma directa con la naturaleza que, decía él, *es su propia intérprete*. El Libro de la Naturaleza, dijo Galileo, está escrito en forma de matemática, para la cual siempre hay una interpretación indiscutiblemente correcta. En otras palabras, creía que, en un sentido muy real, la naturaleza estaba compuesta de números y, por lo tanto era susceptible de ser comprendida en forma final y definitiva a través de una ciencia que se basara en las matemáticas.

Ahora, consideremos esto en términos de la autoridad de la Iglesia. Según

Galileo, la autoridad intelectual de la Iglesia debía limitarse a las áreas de conocimiento en que la ciencia no podía dar respuesta. También escribió que la ciencia, si se le diera tiempo, estaría en condiciones de desentrañar gradualmente *todos* los secretos del universo. Ello dejaba a la religión y a la filosofía moral —dominio intelectual de la Iglesia— en condiciones de llenar en forma temporaria los huecos que quedaran en el conocimiento científico, hasta que el progreso científico hiciera que estas disciplinas, pasibles de error, fueran innecesarias. Por razones políticas y filosóficas la Iglesia no podía aceptar un cuestionamiento tan radical a su autoridad.

A la Iglesia también le preocupaba el problema adicional de que no había lugar para los valores morales en el mundo matemático que percibía Galileo. Para la Iglesia, la moralidad debe estar en el centro mismo de la investigación y la comprensión, no agregada de algún modo a la periferia de éstos, a manera de posdata. Según la óptica de la Iglesia, el universo operaba mediante procesos morales, no sólo matemáticos.

De modo que ¿la Iglesia estaba dispuesta a creer que la Tierra no era el centro del universo?

Está claramente documentado que la posición de la Iglesia era que si se demostrara que el copernicanismo era correcto, entonces aquellos pasajes de las escrituras que parecían indicar que el sol giraba alrededor de la Tierra, y que ésta no se movía, tendrían que ser reinterpretados. El cardenal Bellarmino, jefe del Collegio Romano y decano de los teólogos vaticanos lo afirmó con toda claridad en 1615 al escribir que si hubiera una prueba real de que el Sol es el centro de universo y la Tierra gira alrededor del Sol, "entonces deberemos proceder con gran circunspección a explicar pasajes de las escrituras que parecen decir lo contrario y más bien admitir que no los entendemos que declarar falsa una opinión que haya demostrado ser verdadera".

Pero si esto había de hacerse sin cuestionar la autoridad intelectual de la Iglesia, debía ser hecho en forma circunspecta y consultándolo con las debidas autoridades eclesiásticas. Y ello llevaría tiempo. En efecto, a Galileo se le había solicitado que respetara el tiempo que necesitaba la Iglesia para ajustarse a la nueva realidad que proponía la ciencia. También es importante recordar que Galileo no había podido demostrar la validez del copernicanismo. La confirmación definitiva, por medio del paralaje estelar, recién se alcanzó en el siglo XIX.

¿Por qué temía tanto la Iglesia que el heliocentrismo arraigara?

Había muchas razones, tanto políticas como teológicas. Una de las más interesantes era que el copernicanismo, si tuviera razón, parecería implicar que el universo era más grande que lo que se suponía hasta entonces. Si la Tierra orbitara alrededor del Sol, entonces sería posible detectar un desplazamiento en las llamadas estrellas fijas cuando la Tierra se moviese entre uno y otro punto de su órbita. Si esas estrellas hubieran estado cerca, entonces el desplazamiento habría sido notorio y obvio. Pero con la tecnología disponible en ese momento, nadie había podido detectar desplazamiento alguno. Ello podía significar una de dos cosas: la hipótesis copernicana estaba errada o las estrellas estaban tan increíblemente lejos que el ángulo de desplazamiento era indetectable —el universo, que durante miles de años había parecido un lugar acogedor ahora parecía, al menos potencialmente, inimaginablemente vasto —tal vez hasta infinito.

¿Qué problemas le causaba a la Iglesia un universo infinito?

Un universo infinito planteaba serios problemas teológicos. Si el universo no era finito, ¿dónde quedaban el infierno y el purgatorio? ¿cómo podía Dios ser independiente y distinto de su creación, como afirmaba el dogma cristiano? Si el universo era infinito, Dios, por definición debía ser parte de éste, dado que incluía todo. ¿Qué lugar quedaban para el orden, la armonía y el propósito en un universo infinito y, por lo tanto, informe? Toda la cosmología aristotélico-tomista-ptolomaica que tan útil le había sido al cristianismo desde su nacimiento se derrumbaría, y junto a ella, la milenaria jerarquía de la existencia interdepeniente que enlazaba, en una cadena ininterrumpida, lo inanimado a la vida vegetal y animal, al hombre, a los ángeles y a Dios. Y si ello ocurría ¿qué pasaría con los sistemas de moral cuidadosamente construidos sobre esas certezas?

De todas maneras, la idea de un universo infinito se fue imponiendo, y fue aceptada durante los siguientes trescientos años. Los astrónomos, físicos y cosmólogos del siglo XX debieron enfrentar preguntas fundamentales similares a ésa cuando la ciencia llegó la conclusión de que, de hecho, el universo es finito, pues tuvo un comienzo definible, que fue el big bang.

En Ángeles y Demonios, *un personaje califica a los "Diálogos" de Galileo como "la mayor de las traiciones a la ciencia", pues su autor ha tratado de adoptar tanto el punto de vista científico como el religioso para evitarse problemas.*

Diálogos acerca de los dos principales sistemas del mundo presenta, bajo la forma de una discusión entre tres amigos, argumentos a favor y en contra de los sistemas copernicano y ptolomeico. La cosmología ptolomeica o geocéntrica está representada por un personaje llamado Simplicio, lo cual da una idea de cuáles son las simpatías del autor. En conjunto, el libro es una defensa clara y tajante del copernicanismo, y ello es lo que enfadó a las autoridades eclesiásticas, que le habían ordenado al autor no pronunciarse al respecto. Hay que recordar que Galileo no tenía pruebas de que la hipótesis copernicana fuera la correcta, sólo fuerte sospechas y algunas confirmaciones indirectas. En este contexto, su defensa de Copérnico parece especialmente valiente.

En su opinión ¿cuál fue el error de Galileo?

El error intelectual de Galileo fue su materialismo ingenuo, para emplear el término filosófico. Como científico prototípico, había formulado el punto de vista de que cuando una hipótesis (como el copernicanismo) había sido puesta a prueba y demostrado coincidir con la realidad de la observación científica, debía ser adoptada como una descripción definitiva de la realidad. Creía que la ciencia descubre verdades acerca del mundo *que excluyen toda otra explicación*. Además, creía que la ciencia podía con el tiempo llegar a saber todo lo que hay para saber, saber, en sus palabras "lo que sabe Dios".

La posición de la Iglesia era que existen límites al entendimiento humano, y que lo que la ciencia hace es construir modelos de la naturaleza (habitualmente, como en el caso de Galileo, modelos matemáticos) y examinarlos. Confundir los modelos con la realidad de la naturaleza tal como Dios la hizo era como confundir un mapa con el territorio que éste representa. El papa Urbano VIII resumió esto adecuadamente cuando le advirtió a Galileo que "no obligara a Dios a aceptar la necesidad", en otras palabras, que no creyera que las explicaciones de la ciencia eran la *única* explicación válida acerca de la forma en que funciona el mundo.

La Iglesia, y en particular el cardenal Bellarmino, trataron de convencerlo de que la ciencia no revela la naturaleza, sino que construye modelos que "salvan las apariencias" en distintos grados o proveen explicaciones prácticas útiles de una realidad auténtica más compleja e indescifrable. Esta arraigada posición de la Iglesia había sido elocuentemente expresada por Nicolás de Cusa, quien podría haber sido el modelo del hombre del Renacimiento. Cardenal, matemático, filósofo, médico y científico experimental, Cusa escribió en 1440 en su influyente obra, *De docta ignorantia*:

Así están las cosas con respecto a la verdad y con respecto a nuestro entendimiento, que no es la verdad misma. Nuestro entendimiento nunca aprehenderá la verdad de modo tal de que no lo pueda aprehender en modo más exacto, y este proceso continuará en forma indefinida. ¿Qué conclusión podemos sacar de esto? Que la esencia misma de las cosas, aquello que es la verdadera naturaleza del ser, nunca puede ser alcanzada en toda su pureza, al menos por nosotros. Todos los filósofos la han buscado, ninguno la ha encontrado. Cuánto más doctos nos volvemos en esta ignorancia, más nos aproximamos a la verdad misma.

En lo intelectual, Galileo simplemente se equivocaba: la naturaleza, según la entendemos hoy *no* "se interpreta a sí misma". La descripción de la naturaleza por parte de la ciencia —es decir, de científicos humanos que emplean instrumentos y técnicas desarrollados por humanos, que responden a preguntas definidas por las necesidades y aspiraciones humanas— no es simplemente una forma de estenografía o transcripción. Por su naturaleza misma, el conocimiento científico depende en un grado significativo del medio cultural en que se desarrolla. Por lo tanto, no puede pretender legítimamente ser fuente de verdad.

¿Qué motivo tenía Galileo para intentar demostrar que la Iglesia se equivocaba? ¿Fue un factor su famoso ego?

No cabe duda de que el ego de Galileo era proporcional a su desmesurada inteligencia. Imagínese el poder que habrá sentido al hacer sus descubrimientos telescópicos al ver cosas que, según se jactó, ningún hombre había visto antes que él. Imagínese su sensación de superioridad intelectual cuando llevó a cabo experimentos que demostraban lo errado de aspectos clave de la ciencia aristotélica, que habían sido el canon áureo durante más de mil años. Hubiera hecho falta una persona de extraordinaria humildad para mantener la paciencia ante las opiniones contrarias, especialmente si eran tan sutiles como las que presentaba la Iglesia —y Galileo no era así. En mi opinión, y sé que está abierta a controversia, Galileo terminó por aprender un poco de humildad. Comenzó exigiendo total libertad intelectual para la ciencia y los científicos y terminó aceptando el punto de vista de que se necesita el tipo de disciplina intelectual de inspiración moral que provee la Iglesia. Al menos, eso es lo que se deduce de su profesión de abjuración en el juicio, la mayor parte de la cual fue escrita por él mismo. Creo que estaba genuinamente arrepentido, y en *Galileo's Mistake* dedico considerable tiempo a sustentar este punto de vista con evidencias históricas.

¿Cree usted que la Iglesia de la época merece la reputación de ser irracional y antiintelectual?

Hay que recordar que durante los primeros mil quinientos años de su existencia, la Iglesia pretendía ser la autoridad definitiva en todos los campos de investigación intelectual y espiritual, incluyendo el que ahora llamamos ciencia. Hay muchos pesados tomos que describen los logros científicos de la era medieval y, hasta donde sé, poca o ninguna evidencia de que la Iglesia reprimiera deliberadamente la investigación científica. La opinión corrientemente aceptada en la actualidad es que la revolución científica del siglo XVII ocurrió porque, gracias a los pensadores medievales, se había acumulado una masa crítica de conocimientos.

Al mismo tiempo, no es completamente preciso decir que la Iglesia medieval *alentaba* a la ciencia. La posición de la Iglesia sobre la ciencia era que ésta era valiosa, e interesante, y útil como complemento a los conocimientos bíblicos, pero que había que cuidarse de verse demasiado envuelto en su fascinación, pues ello podía llevar a distraerse de lo verdaderamente importante, es decir, los asuntos del espíritu. Por ejemplo, es un hecho innegable que había astrónomos jesuitas que eran tan competentes como Galileo y que hicieron observaciones similares a las suyas, pero que no pretendieron reconocimiento.

Al comienzo, el papa Urbano VIII protegió a Galileo. Pero una vez que Galileo publicó los Diálogos en 1632, el Papa se volvió en su contra. ¿Por qué cambió de idea?

Ya me he referido al problema de fondo, que era la desobediencia por parte de Galileo de una orden directa de no predicar el copernicanismo, pero también hay quienes piensan que el Papa se tomó al bufonesco personaje del Simplicio de los *Diálogos* como un ataque personal. Sin embargo, no hay evidencia documental que sustente esta opinión, y a mí no me parece que Galileo se hubiera tomado tanto trabajo para indisponerse con un amigo y aliado tan poderoso como ése.

Galileo insistía en que el alguna vez único campo de la *ciencia* o conocimiento se dividiera en dos, en un sentido muy literal. Lo que ahora llamamos *ciencia*, que entonces se llamaba *filosofía natural* debía ser dominio exclusivo del científico (y Galileo es el precursor del científico moderno), mientras que la *filosofía moral*, incluyendo a la teología, debía ser el dominio de la Iglesia y de sus filósofos y teólogos. La clara implicación de esto —la Iglesia la entendía, pero al parecer, Galileo no— era que a medida que la ciencia expandiera su conocimiento (potencialmente total) del funcionamiento del mundo, el dominio de la filosofía moral necesariamente disminuiría hasta llegar a ser irrelevante. Ello representaba una amenaza a la autoridad de la iglesia —y a la importancia de la Verdad— que los dirigentes eclesiásticos simplemente no estaban dispuestos a aceptar.

Se consideraba que Bellarmino era uno de los cardenales más intelectuales y de mentalidad más científica de la época de Galileo. Sin embargo, participó en el juicio y la ejecución en la hoguera de Giordano Bruno. Inicialmente, intentó proteger a Galileo, pero luego fue designado por el Papa para ser su principal censor. ¿Cómo explica la conducta de Bellarmino?

Bellarmino murió en 1621, doce años antes del juicio a Galileo. Sin embargo, durante el juicio, se presentó una carta que Bellarmino le envió a

Galileo en 1616. Ésta dejaba claro que Galileo había sido advertido oportunamente de que se reservara sus opiniones sobre el copernicanismo. Esa misma carta afirmaba que un rumor que circulaba, según el cual a Galileo se le había exigido que abjurara de sus puntos de vista sobre el copernicanismo, era falso. Para el momento en que murió, Bellarmino estaba en buenos términos con Galileo y simplemente no es exacto caracterizar al cardenal como participante en la condena a Galileo. El único problema de Bellarmino con su amigo Galileo era la insistencia del científico en tratar al copernicanismo como un hecho, no una hipótesis. A fin de cuenta, no estaba demostrado.

¿Qué efecto tuvo la Inquisición sobre Galileo, y, posiblemente, sobre otros científicos de la época? ¿La amenaza de ser torturados y asesinados pendía constantemente sobre sus cabezas?

Creo que se ha exagerado el papel de la Inquisición, Ciertamente era una institución inicua, particularmente desde el punto de vista moderno de los derechos humanos universales (concepto nacido en el siglo XVIII). Pero, con posibles excepciones, como la de España en el siglo XV, donde los monarcas de la época la corrompieron y abusaron de ella (produciendo la protesta del Papa) no era una fuerza omnipresente y omnisciente al modo de una agencia de policía secreta de hoy. Se ocupaba casi exclusivamente de suprimir la herejía doctrinal, y era raro que el pensamiento científico entrara en tal categoría.

Una excepción fue la especulación acerca de si el universo era infinito o finito. Giordano Bruno se puso en la mira de la Inquisición por predicar la existencia de un universo infinito, además de otras muchas herejías y fue quemado en la hoguera en el Campo dei Fiori de Roma en 1600. (Después de abandonar a los dominicos, Bruno también había sido excomulgado por las Iglesias luterana y calvinista).

Se suele citar el caso de Bruno como evidencia de la que la Inquisición procuraba reprimir la ciencia, pero el registro histórico deja claro, en mi opinión, que en este caso no se trataba de eso, que su "ciencia" habría sido tolerada de no haber sido porque cruzó tantas fronteras doctrinales. Todos los científicos verdaderamente grandes de esa era —Copérnico, Kepler, Galileo— lograron llevar adelante sus investigaciones y publicar sus descubrimientos a pesar de, como le ocurrió a Galileo, las eventuales objeciones de la Inquisición.

En síntesis, mientras que la Inquisición ciertamente no ayudó al progreso de la ciencia, tampoco lo obstaculizó en forma seria.

También vale la pena recordar que las acusaciones de herejía eran un riesgo que no sólo corrían los católicos romanos, sino que también existía en toda la Europa protestante. (Con la única, honrosa, excepción de Holanda). Aun en la liberal Inglaterra, Thomas Hobbes, debido a sus opiniones filosóficas, se enfrentó a la amenaza de que sus libros, y su persona, fuesen quemados.

¿Y el empleo de la tortura por parte de la Inquisición?

Era raro que la Inquisición recurriese a la tortura (una vez más, la excepción es la Inquisición española, en particular bajo el tristemente célebre dominico Tomás de Torquemada). El enfoque preferido era una suerte de prolongado psicoanálisis forzado, orientado a convencer a la víctima de lo errado de su conducta. Ciertamente, ningún estudioso serio considera que se haya tratado de una amenaza real en el caso de Galileo. Durante su enjuiciamiento, Galileo no estuvo enjaulado en una mazmorra en Roma, sino confortablemente alojado en el lujo de la Villa Médici lo cual, claro, no significa que haya sido una experiencia agradable. Está claro que estaba sometido a una gran tensión mental y emocional.

¿De modo que usted consideraría que el castigo de la Iglesia a Galileo fue una muy firme palmada en la muñeca?

Dadas las circunstancias del caso, y las circunstancias históricas que lo rodearon, el castigo a Galileo —arresto domiciliario a disposición del Papa— me parece más que razonablemente moderado. Ciertamente era más que una palmada en la muñeca, pero tampoco era lo que le ocurrió a Bruno. Mientras estaba confinado a su *villa* en las afueras de Florencia, Galileo escribió su mayor contribución a la ciencia, *Discursos sobre las dos nuevas ciencias*. Conoció al filósofo inglés Thomas Hobbes y al poeta John Milton, así como a otras lumbreras intelectuales de la época. Murió por causas naturales a los setenta y cinco años en compañía de su hijo, amigos y estudiantes y recibió los últimos sacramentos de la Iglesia. Sus restos fueron enterrados en la magnífica iglesia franciscana de Santa Maria della Santa Croce en Florencia (no sin ciertas complicaciones burocráticas respecto de los detalles), donde también están sepultados Dante y Miguel Ángel.

Dan Brown se refiere a un supuesto manuscrito perdido llamado Diagramma della Veritá, *escrito por Galileo durante su arresto domiciliario. Brown también dice que Milton escribió en los márgenes de ese libro. ¿Creen los estudiosos que Galileo escribió tal libro o se trata de pura ficción?*

No he visto ninguna referencia a tal documento en la literatura académica, ni por cierto, en ningún otro lado. En cuanto a las anotaciones de Milton, es un buen recurso narrativo y nada más. Milton conoció a Galileo en Florencia poco antes de la muerte de éste, pero no existe registro de su conversación. Milton se refiere brevemente al encuentro en su *Areopagitica*, su famoso escrito polémico sobre la libertad de prensa ante la censura puritana. Emplea a Galileo como ejemplo de cómo la censura ha "menoscabado la gloria de la inteligencia italiana", llevando a la educación en ese país a "un estado servil".

¿Existe alguna evidencia de que Galileo pueda haber tenido algo que ver con los illuminati, francmasones o cualquier otra sociedad secreta antivaticana?

Por lo que sé, no existe tal evidencia y dados el bien documentado respeto de Galileo por la Iglesia y su amistad con papas y cardenales, parece poco probable, aunque no imposible. Ciertamente, no hay registro anterior a 1735 de la existencia de la francmasonería en Toscana, la región de Italia donde Galileo vivía y trabajaba, momento en que es investigada por primera vez por la Inquisición local. Por supuesto que esto ocurrió mucho después de la muerte del científico. Pero los masones parecen haber jugado un papel en la construcción del segundo, más impresionante, sepulcro en honor a Galileo en Santa Croce. Sus restos fueron transferidos allí desde su más discreto sepulcro original en 1737 (ocasión en que se encontró un segundo esqueleto, posiblemente el de su hija mayor, junto al suyo).

¿Qué función cumplió el mito de Galileo a lo largo de los años y qué deberíamos pensar de Galileo?

El mito de Galileo es una de las narrativas definitorias de la cultura occidental moderna (o, para decirlo en forma técnica, del modernismo). Las lecciones morales que enseña son una piedra basal de nuestra creencia en los supremos poder y validez de la razón, y en el acceso exclusivo de la ciencia a un conocimiento fiable del mundo. En síntesis, enseña que la religión y la espiritualidad no son más que superstición. También ilustra vívidamente los peligros y la arbitrariedad de la autoridad religiosa, y lo inútil de oponerse al progreso de la ciencia.

Debemos admirar a Galileo por lo que fue: el progenitor inspirado pero falible de la investigación científica, comprensiblemente deslumbrado por el poder de ésta. Al mismo tiempo, debemos reconocer las importantes verdades que defendían sus adversarios de la Iglesia, quienes recurrían a un registro de experiencia filosófica mucho más hondo que el de Galileo. De esas verdades, es de particular importancia entender que las filosofías moral y natural no pueden sobrevivir como campos de conocimiento independientes y exclusivos sin arriesgar convertirse en una grotesca parodia de sí mismos.

Ambición ciega y piedad sincera

UNA ENTREVISTA CON MARCELO GLEISER

Marcelo Gleiser es titular de la cátedra Appleton de Filosofía Natural en Dartmouth College. Es autor de *The Dancing Universe: From Creation Myths to Big Bang* [*El universo danzante: de los mitos de la creación al Big Bang*] que se reeditará a comienzos de 2005. También es el creador de la frase "hereje piadoso" que se emplea como título de este capítulo.

En Ángeles y Demonios, *Dan Brown se refiere a Galileo como a un "infortunado astrónomo". Marcelo Gleiser, físico, profesor y autor de* The Dancing Universe: From Creation Myths to Big Bang, *traza un retrato más matizado, calificando al gran científico de "hereje piadoso", de hombre dotado de una rara combinación de ambición ciega y piedad sincera. Gleiser sostiene que fue la ambición de Galileo —y su creencia de que su misión era salvar a la Iglesia de la ignorancia— lo que en última instancia lo enemistó con la jerarquía eclesiástica.*

Gleiser considera que esta temprana fisura fue "un cisma entre la ciencia y la religión que continúa muy vivo en la actualidad". No ve que ese cisma vaya a soldarse en nuestro tiempo: "El veneno es el dogmatismo", dice. Sólo un enfoque más conciliador por parte de las fuerzas espirituales y seculares implicadas en éste ayudará a resolver el conflicto.

Aquí, Gleiser arroja luz histórica sobre Galileo, su choque con la Iglesia y la forma en que Brown representa el contexto del debate. En una ulterior entrevista (véase el capítulo 6) se adentra en temas científicos, discutiendo cómo ha evolucionado el estudio de la física desde Galileo al big bang.

Un tema central en el Ángeles y Demonios *de Dan Brown es la incompatibilidad entre ciencia y religión, comenzando con el choque entre Galileo y la Iglesia católica y continuando con la guerra entre el Vaticano y los físicos del* CERN, *un laboratorio de investigaciones suizo. ¿Qué es lo que hace que este tema de ciencia versus religión sea tan atractivo?*

La mayor parte de las personas del mundo son religiosas. La Biblia es, de lejos, el libro más vendido de todos los tiempos. La necesidad de creer en una realidad sobrenatural que trascienda nuestra existencia terrenal es tan antigua como la historia. La muerte, y nuestra percepción de ésta, nos dejan indefensos ante el tiempo. No es fácil aceptar que nuestros días están contados, que ocurren accidentes aleatorios, que no hay otro sentido superior para nuestra existencia que el que le damos con nuestras propias elecciones. De modo que buscamos respuestas buscando deidades de todas clases para que nos guíen y consuelen, y nos permitan trascender de alguna manera el limitado tiempo que tenemos asignado.

Llegó la ciencia, y, en cuatrocientos años, procedió a explicar "misterios" que antes se atribuían a dioses o a milagros, haciendo así que a las personas les cueste más ser creyentes. Es indudable que la secularización de la sociedad le aportó mucha libertad al género humano. Pero para muchos, también trajo como consecuencia un vacío espiritual. Para el creyente, la ciencia es una fuerza amenazante que arrebatará las consoladoras promesas de paraíso, la vida eterna, la reencarnación, etcétera. Un mundo sin Dios es demasiado duro para soportarlo. Para el no creyente, la religión es una estructura arcaica desprovista de todo sentido: la idea de que nuestras vidas y el cosmos están regidos por fuerzas sobrenaturales se considera absolutamente absurda y fantástica.

Dan Brown tuvo la inteligente idea de llevar el conflicto al CERN, la "iglesia sagrada" de la ciencia. En la novela, uno de los principales científicos del CERN, Leonardo Vetra, quiere emplear la ciencia para demostrar la existencia de Dios. Si tiene éxito, la religión triunfará. Muy irónicamente, lo que la hará triunfar será la ciencia, mediante un creación en pequeña escala reproducida en el laboratorio; el big bang como evento reproducible. Ese experimento no es algo que la ciencia pueda esperar llevar a cabo en un futuro cercano ni, tal vez, nunca, ya que hay problemas en su propia concepción. Pero es una buena historia: un científico religioso que trata de reconciliar el inmemorial cisma entre ciencia y religión —incluso dentro de su propia alma, como debería hacerlo todo buen trabajo creativo— mediante su investigación científica.

Usted ha escrito que es "sorprendente" que en la época moderna se considere que la ciencia y la religión sean cosas tan distintas.

No hay un momento histórico claramente definido en que la ciencia y la religión se hayan separado definitivamente. Hay, sin embargo, una tendencia que comenzó en el siglo XVII con la obra de Galileo, Johannes Kepler, Isaac Newton y otros. En ese entonces, la ciencia o, mejor dicho la filosofía natural, era considerada inferior a la teología. Kepler y Newton, ambos muy religiosos, consideraban a su ciencia como una forma de acercarse a Dios y entender la forma en que actúa. Creían que la naturaleza era un mapa de la mente de Dios, y que nuestra razón era el puente: develar los misterios de la naturaleza era un camino a Dios. Para Galileo, su tarea era independiente de sus creencias religiosas, pero las complementaba. En sus escritos, las mantuvo separadas, aunque sus intenciones eran muy claras: la Iglesia *debía* adoptar la nueva ciencia (¡su ciencia!) si no quería inevitablemente pasar vergüenza. En su libro, *El Evaluador*, escribió, "Se me concedió sólo a mí, y a nadie más, descubrir todos los nuevos fenómenos celestes". Estaba claro que se consideraba el elegido por Dios para revelar la verdad acerca de la naturaleza a un mundo atascado en el dogma aristotélico. Esto no difiere mucho de la actitud de un profeta que considera que él, o ella, está elegido por Dios para revelar su palabra y su sabiduría al mundo.

El modelo copernicano de un universo heliocéntrico difería radicalmente del pensamiento de la época. ¿Qué llevó a Copérnico a proponer tal teoría? Y por qué la Iglesia no se opuso inicialmente a su descubrimiento?

Copérnico fue lo que alguna vez denominé "un revolucionario renuente". Era, en muchos aspectos, un producto del Renacimiento, pues había estudiado en Italia a comienzos del siglo XVI. Su modelo heliocéntrico es un claro reflejo de ello. Escribió acerca de la hermosa armonía que producía esta disposición, en que el orden de los planetas está dictado por el tiempo que tardan en completar un círculo alrededor del Sol: Mercurio, con tres meses, el más cercano y Saturno, con veintinueve años, el más lejano. (En ese entonces, sólo se conocían seis planetas, pues Urano, Neptuno y Plutón no se distinguen a simple vista). Pero había otra razón revolucionaria detrás de la idea de Copérnico: en torno del año 150 dC, Ptolomeo desarrolló un sistema geocéntrico, en el cual la Tierra estaba ligeramente desplazada del centro y los planetas se movían a velocidades regulares en torno de un punto ficticio llamado el *ecuante*. En tiempos de Copérnico, el modelo de Ptolomeo era *el* modelo aceptado. El problema era que chocaba con una de las reglas fijadas por Platón dieciocho siglos antes que él, que era que cualquier modelo que describiera el movimiento de los planetas debía usar círculos *y* velocidades regulares. Copérnico quería que la astronomía se volviese a ceñir a las reglas platónicas. Su modelo heliocéntrico las seguía exactamente (o casi exactamente). De modo que puede decirse que hizo avanzar la astronomía al querer hacerla retroceder. Su intención no era producir una "revolución".

El gran libro de Copérnico, *De las revoluciones de las esferas celestes*, incluía un prefacio en que se advertía al lector que no tomase en serio la hipótesis heliocéntrica, pues ésta iba en contra de las sagradas escrituras; sólo debía ser considerada una construcción matemática para ayudar a calcular los movimientos de los planetas. Resulta que este prefacio *no* lo escribió Copérnico, sino un tal Andreas Osiander, un teólogo luterano quien supervisó la publicación del libro mientras Copérnico, casi en coma, yacía en su lecho de muerte. El prefacio de Osiander, aunque fue agregado en forma ligeramente ladina, suavizó el golpe: la Iglesia no se ofendería con el copernicanismo hasta mucho después y, entonces, sólo gracias a Galileo.

*¿Por qué, entonces, que Galileo aceptara el modelo de Copérnico indignó a la
Iglesia católica?*

Cuando Galileo entró en escena defendiendo a Copérnico, lo hizo en forma de confrontación, desafiando a la Iglesia a revisar su interpretación teológica de la Biblia, ya que ésta chocaba con lo que se podía observar en los
cielos. La diplomacia y el sentido de la oportunidad demostrados por Galileo no podían haber sido peores; la reforma protestante representaba un
serio cuestionamiento a la autoridad de la Iglesia. Ciertamente no necesi-
taban uno más, particularmente en Italia.

*Brown escribe que Galileo creía que "la ciencia y la religión no son enemigos sino
más bien aliados —dos idiomas distintos que cuentan la misma historia, una
historia de simetría y equilibrio". ¿Es ésa una descripción precisa del pensamiento
de Galileo, y, si lo es, sugiere que la Iglesia no quería ver unificadas a ciencia y
religión?*

Está claro que Galileo no quería estar en guerra con la Iglesia. No, al menos, en forma abierta. Trató, aunque con cierta torpeza de llegar a un compromiso con la dirigencia eclesiástica. Ello ocurrió por primera vez en
1615, cuando el cardenal Barberini (quien llegaría a papa como Urbano
VIII y condenaría a Galileo) le dijo que no fuera "más allá de los argumentos empleados por Ptolomeo y Copérnico", es decir, que considerara al sistema heliocéntrico sólo como una construcción matemática, no como una
realidad. Más o menos en esa misma época, el encargado de cuestiones controvertidas del Colegio Romano, el todopoderoso cardenal Bellarmino, de-
safió a Galileo a que produjera una prueba indiscutible de que el Sol realmente era el centro. La respuesta de Galileo fue el célebre *Diálogo de los dos
principales sistemas del mundo*, el libro que originó sus problemas con la Inquisición. Representaba la posición de la Iglesia (en particular la del papa Urbano VIII) en la voz de Simplicio, un aristotélico simplón y pasado de moda. Urbano le había dado permiso a Galileo para publicar su
libro siempre que incluyera en éste la posición de la Iglesia, que era que
aun si la evidencia señalaba que el cosmos era heliocéntrico, Dios podía,
mediante un milagro, mover diariamente los cielos y todo lo demás en
torno de una Tierra fija, en vez de que la Tierra diera vueltas sobre su
propio eje como un trompo. Galileo creyó que, al igual que había hecho
con otros a lo largo de su vida, podía derrotar con la astucia a los dirigentes de la Iglesia. Ése fue su gran error. La Iglesia no tenía interés en
alinearse con una nueva ciencia que cuestionaba su autoridad. Las intenciones de Galileo tal vez apuntaran a la reconciliación, pero la forma en
que las implementó fueron desastrosas.

De modo que ¿usted cree que la Iglesia no podía tolerar la arrogancia de Galileo,
que se presentaba como proveedor de la única verdad?

Exactamente. En 1615, el cardenal Ciampoli, expresando la opinión del
cardenal Barberini, le escribió a Galileo instándolo a que dejara la teología a los teólogos: "Explicar la escritura es lo que hacen los teólogos, y si
se aportan nuevos elementos, aun cuando provengan de una mente admirable, no todos son lo suficientemente desapasionados como para aceptarlos sin más". En otras palabras, no pises nuestro territorio. Pero Galileo lo pisó.

¿Galileo tenía algún deseo, secreto o no, de vengarse de la Iglesia y, de ser así, lo
hizo?

No de forma obvia. La idea de que haya fundado una sociedad secreta, aunque muy interesante, probablemente sea una ficción. Sin embargo, cuando estaba bajo arresto domiciliario, escribió otro libro, el *Discurso acerca de*
dos nuevas ciencias, que fue sacado de Italia en forma subrepticia y publicado en Leyden en 1638. El hecho de que haya escrito el libro y lo haya hecho imprimir en Europa demuestra que aún albergaba un interés rebelde
en seguir impulsando su "nueva ciencia". El libro es, tal vez, la más importante contribución de Galileo a la ciencia. En él, regresa a sus indagaciones
juveniles y obtiene, mediante una notable combinación de experimentación
y deducción geométrica, las leyes que describen los movimientos de los objetos que caen y los proyectiles. Tuvo una importancia definitoria para los
estudios de Newton acerca de la gravedad y el movimiento, y fue un golpe mortal a la ciencia aristotélica.

¿Cómo se manifestó el conflicto entre ciencia y religión después de Galileo?

El éxito de la ciencia newtoniana agravó el cisma entre ciencia y religión:
cada vez quedó más claro que cuanto más se entendiera la naturaleza, menos se debía invocar a Dios para explicar una cosa u otra. Dios devino en
una solución a las preguntas que la nueva ciencia aún no podía explicar, el
así llamado Dios de los huecos. A medida que la ciencia progresaba, cada
vez había menos huecos. Durante el siglo XVIII, los deístas, por ejemplo
Benjamin Franklin, relegaron a Dios al papel de creador del mundo y de
las leyes que rigen su funcionamiento: ya no era una presencia constante
en el universo. Éste es el Dios "relojero", una imagen que gozó de creciente popularidad en el transcurso del siglo XIX. La renuencia de la Iglesia a
seguir y aceptar la emergente visión científica del mundo no ayudó; la ciencia era percibida como la búsqueda definitiva y racional, desprovista de toda espiritualidad, del conocimiento. Por su parte, un número cada vez mayor de científicos miraba a la religión con suspicacia, ya que la mayor parte

de ellos no podía aceptar un conocimiento basado en la fe. Para ellos, estaba claro que los misterios de la naturaleza eran accesibles para la mente humana y que era absurdo dar por sentado que fuerzas sobrenaturales rigen el cosmos. Ambos bandos se atrincheraron en sus posiciones. Las obras científicas ya no tenían lugar para referirse a la religión por la sencilla razón de que la fe no contribuía a que uno comprendiera los fenómenos naturales ni podía detener una epidemia.

¿Puede una persona intentar la comprensión del mundo mediante la ciencia y seguir siendo religiosa?

Ciertamente. Conozco muchos científicos que también son muy religiosos: musulmanes, judíos y cristianos, por citar sólo las religiones monoteístas. Para ellos, la ciencia ilumina el camino a Dios, los ayuda a apreciar su obra maestra, la naturaleza. También hay formas menos convencionales de encontrar religiosidad en la ciencia. Por ejemplo, Einstein. Sentía un gran desdén por la estructura autoritaria de la religión organizada, pues afirmaba que el estudio de la ciencia era la única experiencia verdaderamente religiosa que se puede tener. Para él, como para muchos otros, la ciencia expresa un profundo sentido de comunión espiritual con la naturaleza, sin necesidad de invocar ningún ser ni seres sobrenaturales.

¿Puede darnos algunos ejemplos más de científicos destacados que hayan logrado reconciliar ciencia y religión en su búsqueda de respuestas acerca del universo?

Dan Brown nos da un excelente ejemplo, el del sacerdote cosmólogo belga Georges Lemaître. En 1931, Lemaître propuso un sistema que fue conocido como "del átomo primigenio". Su idea era que el universo surgió a partir de la descomposición radioactiva de un núcleo gigante. Aunque no propuso el modelo mismo del big bang, como sugiere Brown, las ideas de Lemaître claramente influyeron a George Gatow, verdadero arquitecto del modelo del big bang. Tal vez sorprendentemente, Lemaître nunca mezcló su ciencia y su fe. Aun la pregunta del origen del átomo primigenio era, creía, una pregunta científica. Quedó desconcertado cuando, en 1951, el papa Pío XII comparó al big bang con Génesis. Para él, la ciencia era totalmente determinista y no requería de causas sobrenaturales. Mezclar las dos cosas sólo podía llevar a confusión y conflicto. Su fe trascendía la descripción material de la naturaleza que hacía la ciencia.

Hay muchos otros ejemplos. Abdus Salam, un físico ganador del Premio Nobel, era musulmán. Mantenía su religión y su ciencia en distintos compartimientos de su vida pública. Arthur Eddington, principal astrofísico de comienzos del siglo XX, era cuáquero. El juego dinámico de ciencia y religión se puede ver en acción en la intimidad de la vida privada de los científicos. Para muchos, la fe es lo que impulsa su trabajo creativo en la ciencia.

¿Cree usted que el cisma entre ciencia y religión puede resolverse, y, si es así, si se resolverá en nuestros días?

Creo que puede resolverse, no que se va a resolver. La única forma de resolver este cisma sería mejorando mucho la calidad de la educación científica. Existe una confusión generalizada respecto de cuáles son los objetivos de la ciencia. Desgraciadamente, las personas religiosas ven a la ciencia con una amenaza a sus creencias: cuanto más explique la ciencia el universo, menos lugar queda para la fe en lo sobrenatural. Esto es en parte culpa de algunos científicos, en particular los que adoptan una actitud de "no diálogo" hacia las personas religiosas. Un colega me dijo una vez que el solo hecho de sentarse en torno de una mesa redonda con creacionistas les da una credibilidad que no merecen. Aunque entiendo la posición de mi colega, no creo que ésta ayude a mejorar las cosas. Tal vez no convenzas a las personas que están en esa mesa, especialmente aquellas que creen que la Biblia puede ser empleada como texto científico, pero podrás abrir las mentes de algunos integrantes del público. Me gustaría creer que podemos aprender unos de otros.

¿Así que ningún bando tiene todas las respuestas?

El problema se origina en la creencia de que algún día la ciencia tendrá *todas* las respuestas y que, cuando llegue ese día, la religión quedará obsoleta. Para mí, esto es un total disparate. En primer lugar, la ciencia *nunca* tendrá todas las respuestas; la naturaleza sabe mucho más que nosotros. A medida que profundizamos más y más en lo muy pequeño y lo muy grande, siempre estaremos bregando para mantenernos informados de los últimos descubrimientos. Sería muy arrogante de parte de los científicos presumir que tenemos y tendremos todas las respuestas, aunque algunos así lo creen. En segundo lugar, la ciencia no está diseñada para satisfacer las necesidades espirituales que cubre la religión. Los humanos son criaturas espirituales, que buscan dioses para lograr ser mejores de lo que son. Para el ateo, este "dios" puede ser la naturaleza y sus misterios o la creencia de que todo tiene una explicación racional.

La ciencia es un lenguaje, una narrativa que describe el mundo en que vivimos. Está limitada por su propia estructura, que se basa en la validación empírica. Hay ciertas preguntas y temas que simplemente no le pertenecen a la ciencia, al menos no a la ciencia según la entendemos hoy: cuestiones de elecciones morales, de pérdida emocional, aun de eventos que no pueden ser puestos a prueba cuantitativamente u observados metódicamente. Como Dan Brown le hace decir a Sylvie, la secretaria del director general del CERN: "¿Realmente creían [los científicos] que los mesones y quarks inspiran al promedio de los seres humanos? ¿O que las *ecuaciones* pueden sustituir la necesidad de fe en la divinidad?" Ésa es precisamente la percepción generalizada, que la ciencia es un sustituto de la religión. La ciencia *no* lo es.

Los creyentes deberían aceptar el hecho de que uno no necesita de la religión para ser una persona moral. Por otro lado, uno siempre debe tener la posibilidad de creer, en tanto su creencia no interfiera con el derecho de otras personas a no creer. Desgraciadamente, el extremismo religioso suele tener un efecto cegador, haciendo que los creyentes sean incapaces de comprender y respetar al otro, a escuchar a los científicos y aprender de ellos. Hasta que caigan las vendas de los ojos y la diferencia ya no sea percibida como amenaza, el cisma seguirá vigente.

Vengar a Galileo

POR STEPHAN HERRERA

Stephan Herrera es editor de Ciencias de la Vida de la *Technology Review* del MIT en Cambridge, Massachusetts. Su libro, *Closer to God: the Fantastic Voyage of Nanotechnology* aparecerá en el otoño de 2005.

Quienes creen que el sacrosanto lugar de Galileo en la historia no puede ser exagerado, no han leído *Ángeles y Demonios*. Muchos de los científicos e historiadores que han reseñado la representación que hace Dan Brown de Galileo como un vengativo fanático de la ciencia que ayuda y avala una sociedad secreta conspirativa llamada los illuminati, encuentran que ésta se diferencia poco de la ciencia-ficción.

No se trata sólo de que Brown recurra a la ciencia y a la historia y las distorsione en servicio de su trama. Al igual que muchos escritores de ciencia ficción, lo hace con aplomo. Se trata de que Brown, en sucesivas vueltas de tuerca y revelaciones de secretos, termina por convertir a Galileo en un personaje que sólo un amante de las teorías conspirativas podría amar. Y al poner a Galileo en el papel de mártir intencional que arriesga todo por la ciencia, esta vasta y compleja figura deviene en personaje unidimensional, algo que ciertamente no era.

Los críticos académicos tienden a protestar demasiado por las libertades que se toman los escritores de ficción a la hora de narrar sus relatos. Sin embargo, los que critican a Dan Brown tienen razón en algo: aunque Galileo realmente fue "una espina clavada en el costado del Vaticano", el trasfondo de los auténticos vida y legado de Galileo son mucho más interesantes que la biografía ficticia que se le adscribe en *Ángeles y Demonios*. Involuntariamente, Brown relega más que nunca a Galileo al dominio de la mitología y el martirio. Cuanto más crece esta imagen, en especial en la cultura popular, más eclipsa las verdaderas contribuciones de Galileo a la ciencia y más perpetúa la estúpida y cínica idea de que la ciencia y la religión son enemigas naturales. Lo que debería quedar muy claro es que quien más sufre debido a esta falsa premisa es la propia ciencia.

Impacto profundo

Para los científicos, Galileo le dio al mundo nuevas percepciones de las leyes de la física. Hasta el día de hoy, los científicos en lugares como el CERN y la NASA aún hablan de "transformaciones galileanas". Brown contribuye a la transformación de Galileo de científico en mártir. Hay un motivo por el cual Galileo es más famoso y reverenciado que físicos como Fermi, Bohr, Newton y hasta Einstein: la historia ama a los mártires.

La visión romántica del hombre no da indicios de desaparecer. ¡Ay! Galileo era sólo un hombre. Claro que era un gran hombre de ciencia —ciertamente, de los mejores— pero era humano, imperfecto. Tuvo tres hijos ilegítimos. No siempre era tan astuto como los personajes de Brown parecen creer. De hecho, en cierto sentido, jugaba un juego peligroso con el Vaticano y los Médicis empleando su patrocinio para imponer la aceptación de la teoría copernicana. Pero debe decirse que, ademas de científico, era emprendedor, bastante especulador, y un hombre que lo quería todo.

La forma en que fue tratado por la Inquisición, aunque fue draconiana y frustrante, fue mejor que el tratamiento que la Inquisición reservó en esa misma época para sus enemigos y para quienes percibía como herejes. Aunque Galileo pasó sus últimos años bajo arresto domiciliario, no sufrió el destino de muchos otros a quienes la Inquisición condenó como herejes. No fue muerto, arrojado a una mazmorra ni torturado. No se le negaron comodidades ni el contacto con colegas, admiradores y familia, ni asistencia médica. De hecho, pasó sus últimos años en una *villa* en Arcetri, bajo el sol de Toscana —y, como lo ha relatado en hermoso detalle David Sobel en su *Galileo's Daughter* [*La hija de Galileo*], muy cerca del centro del universo de sor María Celeste, la hija que lo adoraba.

Galileo tardó en florecer y comenzó su carrera como educador antes de hacerse escritor, historiador, matemático, cosmólogo e inventor. No inventó, como muchos creen, el telescopio. Pero en 1609, en la mitad de su quinta década de vida, y pocos años después de que el telescopio fuese inventado en

Holanda, refinó significativamente su diseño. Después de eso, pasó muchos años más desarrollando ulteriores refinamientos que contribuyeron mucho a la observación de los cielos. Si no fue el primero en emplear un telescopio para ver una supernova, las lunas de Júpiter, los anillos de Saturno, las montañas de la Luna —y muchos historiadores creen que lo fue— ciertamente fue el primero en crear pruebas matemáticas, basadas en sus observaciones, de la existencia de todos ellos, motivo por el cual las sondas espaciales de hoy llevan su nombre.

"G", como gustan de llamarlo los físicos actuales, parecía volverse más inteligente, curioso y observador con los años. Dio conferencias sobre el tamaño, ubicación y dimensiones del infierno descripto por Dante en su *Divina Comedia*. Dio clases privadas de geometría euclidiana, aritmética, fortificación, geodesia, cosmografía y óptica. Pasaba los cuarenta años cuando publicó y formuló por primera vez explicaciones matemáticas del isocronismo del péndulo y de la velocidad de caída de los objetos, la cual dependía, dedujo, de su densidad, no de su peso como teorizó Aristóteles. Inventó un termómetro rudimentario para medir la temperatura del aire y del agua y una balanza hidrostática para medir la gravedad de los objetos.

Sus observaciones y cálculos de la gravedad, las mareas oceánicas y la relación entre la órbita de la Luna alrededor de la Tierra y la trayectoria elíptica de ésta alrededor del Sol validaron la teoría copernicana de que el Sol, no la Tierra, es el centro de nuestro sistema solar. Dan Brown nota correctamente que "el actual modelo de órbitas planetarias de la NASA, tal como se observan a través de telescopios de alta potencia" realmente es asombrosamente cercano al que Galileo predijo hace cuatrocientos años.

El personaje Robert Langdon de *Ángeles y Demonios* tiene razón en creer que Galileo era un hombre capaz de convertir las matemáticas en poesía. Brown afirma que Galileo escribía en "italiano antiguo". En realidad, era toscano, un dialecto o enfoque lingüístico que, aunque no puede ser correctamente calificado de "antiguo" (Dan Brown parece describir todo lo viejo como "antiguo") se presta particularmente bien a la poesía, como se ve en el empleo que hizo Dante del dialecto toscano y en la forma preferida por Galileo: el diálogo. El dialecto toscano también es adecuado para el sarcasmo, lo cual Galileo aprovechó al máximo en casi todos los escritos que dedicó a desmitificar el razonamiento aristotélico y platónico.

Perdido en la traducción

Al contrario de lo que se insinúa en la novela, Galileo no trató de hacer pasar cosas inadvertidas bajo las narices de sus benefactores del Vaticano. Galileo creía que la ciencia debe ser transparente. A diferencia de Aristóteles y Platón, Galileo sabía que sólo la razón, sin el apoyo de la observación, sistematización y reproducción experimental no basta para llegar a la evidencia científica. Aunque ciertamente es verdad que Galileo era, como lo describe Brown, "una espina clavada en el costado del Vaticano", no adoptó ese papel en forma voluntaria y menos aún el de mártir por la causa de la ciencia y el método científico.

Estudiosos como el fallecido Stillman Drake de la Universidad de Toronto especulan con que Galileo no suponía que recibiría una respuesta negativa del Vaticano a su carta de 1614 a la gran duquesa Cristina de Toscana y la posterior publicación (1632) de su *Diálogo de los dos grandes sistemas del mundo, ptolomeico y copernicano*. Al fin y al cabo, *Diálogo* había sido estudiado y aprobado por nada menos que cuatro de los censores del Vaticano antes de su publicación. Algunos especulan con que los censores no entendieron completamente la argumentación de Galileo o que simplemente no la leyeron. Algunos creen que el tratado explícito de cosmología heliocéntrica estaba "enterrado" al final del libro cuando éste fue enviado para su reseña, y que luego, al publicarlo, fue desplazado a una sección más destacada, en el principio.

Richard Landon, director de la biblioteca de libros raros Thomas Fisher de la Universidad de Toronto, que alberga la colección *galileana* que fue de Stillman Drake, dice que la carta a Cristina, y luego el *Diálogo*, fueron un intento de Galileo de reconciliar religión y ciencia. "Al citar a Copérnico de un modo excesivamente simplificado, Galileo afirmaba que hay muchas cosas que no entendemos perfectamente y el hecho de que busquemos una mejor comprensión de lo desconocido refleja la benevolencia de Dios".

Lejos de pretender derribar siglos de doctrina cristiana y ponerse en malos términos con el papa Urbano VIII y la Inquisición, Galileo supuso que para ese momento estaría completamente claro que su disenso era con Aristóteles y Ptolomeo —no con la Iglesia. Al igual todos los científicos de su época, como notan Robert Langdon y Vittoria Vetra, a Galileo no le agradaba que la Iglesia adjudicara implicaciones teológicas a sus descubrimientos. Lo que Brown no dice es que ello no llevó a Galileo a la clandestinidad ni hizo surgir su lado oscuro. Galileo creía que sabía cómo manejar la política del Vaticano de modo que, ¿para qué recurrir a artificios propios del mundo del espionaje? Como notan los estudiosos del proyecto Galileo de la Universidad de Rice, Galileo tuvo estrechas relaciones con distintos papas y cardenales. Por ejemplo, antes de llegar al papado como Urbano VIII, el cardenal Maffeo Barberini fue un entusiasta benefactor de Galileo y hasta se puso de su parte en temas controvertidos, como su teoría del movimiento de las mareas.

Urbano VIII supuso que Galileo y él tenían un acuerdo de que, debido al clima político que por entonces reinaba en el Vaticano (en otras palabras, de la falta se seguridad que representaban la Inquisición y el surgimiento del protestantismo), el científico expresaría su apoyo a la teoría heliocéntrica de Copérnico contra la doctrina geocéntrica de Aristóteles afirmando que aquélla no era más que una hipótesis. Galileo calculó muy erróneamente el alcance de su amistad con Urbano con relación a la importancia que tenían para éste los imperativos políticos del momento. Según lo explica un estudioso de Galileo de la Universidad de Rice, "al parecer el Papa nunca le perdonó a Galileo que pusiera el argumento de la omnipotencia de Dios (argumento que el mismo había defendido ante Galileo en 1623) en boca de Simplicio [el personaje del *Diálogo* de Galileo, cuyo nombre significa 'simplón' o retrasado mental], el aristoteliano convencido cuyos argumentos han sido sistemáticamente destruidos en las cuatrocientas primeras páginas".

Desmitificar el *Galileo* de Dan Brown

Stillman Drake apenas si les dedicó algún pensamiento a las teorías conspirativas que hacen de Galileo un integrante de los illuminati. Ningún estudioso serio le presta demasiado atención a esta teoría conspirativa —su papel en crearlo o apoyarlo fue enormemente exagerado. Aun así, como parece sugerir Brown, ciertamente se puede perdonar a Galileo si apoyó el espíritu, ya que no los procedimientos sectarios de grupos como los illuminati. Y los devotos de Galileo, entonces y ahora, podrían ser perdonados por albergar algún resentimiento por la forma en que el Vaticano y el papa Bonifacio VIII manejaron sus desacuerdos con Galileo. De esto no cabe duda: el Vaticano se portó mal al amenazarlo con la cárcel, la tortura y la muerte en la hoguera si no aceptaba ponerse de rodillas y "abjurar, maldecir y detestar" su creencia en la teoría heliocéntrica de Copérnico.

Hal Hellman, el historiador especializado en Galileo y exitoso autor del *Great Feuds in Science* [*Grandes rencillas científicas*] se cuenta entre los escépticos que dicen que aunque Galileo ciertamente tenía derecho a hacerlo, jamás formó parte de una *vendetta* secreta contra el Vaticano y probablemente nunca renunció a su religión. Al contrario, escribe Hellman, "Galileo, a pesar de la forma en que lo trató la Iglesia, siguió siendo creyente". En forma parecida al personaje Robert Langdon, Hellman especula con que de existir los illuminati de Galileo, habrían sido, sí, una sociedad secreta, pero cuerda y pacífica, dedicada únicamente a la discusión y la investigación científica y no a la violencia, la venganza y la humillación.

Pero supongamos que Galileo hubiera sido tan ingenuo respecto de las consecuencias indeseadas de crear y alentar una sociedad secreta de pensadores "iluminados" que mantuviera y llevara adelante sus descubrimientos científicos como lo fue respecto de lo que creyó que sería la respuesta vaticana a sus diálogos sobre la teoría copernicana. Ciertamente, puede imaginarse que las cosas también podían haber salido mal en ese caso. Uno puede imaginar que Galileo haya creído contribuir a la causa de la ciencia al organizar una sociedad secreta de científicos y racionalistas y producir para la posteridad un manual escrito en un lenguaje que no podía ser fácilmente descifrado por los censores vaticanos, colmado de acertijos escritos en un lenguaje secreto cuyo desciframiento requiriera de un lector que entienda ese lenguaje que inspiró Arquímides, las matemáticas.

"Aquí se ve que Brown estudió a fondo su tema", dijo Hellamn. "El empleo que hace Brown de Galileo como autor de un oscuro opúsculo, *Diagramma della Verita* (*Diagrama de la verdad*) es muy sagaz. Este opúsculo es la clase de cosa que Galileo podía haber escrito —si es que los illuminati fueron 'los illuminati de Galileo', cosa que no es cierta— pues Galileo apreciaba la poesía burlesca y la comedia bufa". Sin embargo, como todos los historiadores que han estudiado ese período, Hellman es de los que sospechan que los illuminati sólo tomaron forma palpable en 1776, casi ciento cincuenta años después del juicio a Galileo en la sede de la Inquisición en Roma.

Lo que el Robert Langdon de Dan Brown no dice es que el Vaticano finalmente se ha hecho cargo de su culpa en el caso Galileo. En 1992, el papa Juan Pablo II pidió disculpas por la forma en que la Iglesia trató a Galileo y reconoció lo que algunos allegados al Vaticano sentían ya en tiempos de Galileo: que la ciencia y la religión no necesariamente son enemigas.

3

De conspiraciones y conspiradores: los illuminati iluminados

Un hombre en busca de la conspiración que, supuestamente, gobierna el mundo • Separar mito y verdad de los illuminati • Origen y actividades del Hassassin de Dan Brown • ¿Los hassassin funcionaron como "aspirantes místicos" a los templarios y francmasones? • ¿Están activos los illuminati bajo alguna forma? • Skull and Bones [Cráneo y Huesos]: la persistente tendencia de los Estados Unidos hacia el poder y el secreto • Los illuminati como fuente definitiva de ciencia ficción... tal vez.

Tras las huellas de los illuminati: un periodista en busca de la "Conspiración que rige el mundo"

POR GEORGE JOHNSON

George Johnson escribe sobre ciencia para el *New York Times* desde Santa Fe, Nueva México, y ha ganado el premio AAAS al periodismo científico. Su séptimo libro, *Miss Leavitt's Stars*, será publicado por Norton en la primavera de 2005.

Muchos lectores han encontrado por primera vez la historia y la mitología de los illuminati al leer Ángeles y Demonios. *Lo típico es que se pregunten si los illuminati son una organización con realidad histórica y, si es así, cuánto de lo que dice Dan Brown es exacto. Para ayudar a responder a esa pregunta, recurrimos a George Johnson, el conocido redactor de temas científicos del* New York Times. *Johnson comparte diversos intereses con Dan Brown y con los fans de* Ángeles y Demonios: *ha escrito extensamente sobre los conflictos y coincidencias de ciencia y religión, incluido un ensayo que se da a conocer en otra sección del presente libro. Ha escrito sobre antimateria y física cuántica. Y resulta que además ha escrito un libro que trata a fondo de la orden de los illuminati, su historia y el empleo de mitos y leyendas referidos a esta extraña organización por parte de aficionados modernos (generalmente de derecha) a la teoría de la conspiración. Ese libro,* Architects of Fear: Conspiracy Theories and Paranoia in American Politics [Arquitectos del miedo: teorías conspirativas y paranoia en la política estadounidense], *publicado en 1983 es una auténtica mina de oro de hechos concretos y análisis acerca de la verdadera historia de los illuminati. Aún más importante que la historia fáctica que da a conocer Johnson, es su descripción de la vasta red de mitos que ha crecido en torno de los illuminati y organizaciones similares, pasadas y presentes, y de los empleos políticos negativos que se hacen de ese mito.*

Para Los secretos de Ángeles y Demonios, *Johnson ha escrito unas minimemorias de la experiencia que, hace más de dos décadas, lo llevó a los illuminati, las teorías conspirativas, y la paranoia política y el impacto de ésta en la política estadounidense.*

Han pasado veinte años, y las cajas siguen apiladas en mi cobertizo, colmadas de panfletos, periódicos, revistas, casetes, hasta algunos comics educativos que describen en abrumador detalle las conexiones de una conspiración tan invisible y densa como el circuito de un chip de computadora. Los autores de estos panfletos incluyen anticomunistas, antisemitas, anticatólicos, antiprotestantes, antihumanistas seculares —¡hay tanto contra lo que estar en contra! Hay fundamentalistas cristianos que creen que ellos, no los judíos, son el pueblo elegido por Dios, que los Estados Unidos, no Palestina, es la tierra prometida; hay israelitas británicos, que insisten en que la población de Inglaterra son las tribus perdidas de Israel; hay católicos de derecha empeñados en revertir las reformas del Vaticano II; hay un rabino ortodoxo que condena al judaísmo reformado como fuente de todos los males modernos.

Lo que une a todos estos panfletos es que todos creen que el estado calamitoso del mundo se debe a una conspiración. No importa qué digan los medios. Los episodios que vemos desarrollarse en los noticiarios televisivos y en las páginas de diarios y revistas son distracciones deliberadas, un espectáculo de sombras chinescas para niños, diversiones calculadas para ocultarnos la verdadera fuerza impulsora de la historia: una centenaria lucha por el control del mundo por parte de una sociedad secreta llamada los illuminati.

Los adoradores del sol egipcio y los cultos griegos de los misterios; los gnósticos, cátaros, templarios, y otros herejes medievales; sociedades místicas como los alumbrados de España y los rosacruces de Alemania; los francmasones europeos, el Partido Comunista, la reserva federal, el Banco Mundial, el Consejo para las Relaciones Internacionales y, por supuesto, la comisión trilateral, suerte de Rotary Club de los muy ricos y poderosos —todos han servido como "fachada de los illuminati" en una u otra teoría conspirativa. Una imagen vale mil palabras, y el símbolo de este grupo —un ojo suspendido sobre una pirámide— lo dice todo: una pequeña elite de seres esclarecidos está arriba de todo, controlando lo que pasa abajo. También controlan el dinero del mundo, y es por eso que su emblema aparece en el reverso de los billetes de un dólar, junto al lema de los illuminati: *Novus Ordo Seclorum*. Pues ése es el objetivo final de la conspiración: un nuevo orden secular.

Me crucé por primera vez con esa leyenda, reciclada una vez más en el *Ángeles y Demonios* del novelista Dan Brown (quien también la hace aparecer, fragmentariamente, en *El Código Da Vinci*), a comienzos de la década de 1980, cuando yo trabajaba como reportero para un periódico de Minneapolis. Un lector llamado Frank había quedado impresionado (por razones equivocadas) por un artículo que yo había escrito, algo acerca de política. Llamó y me prometió hacerme conocer la primicia más importante de mi vida.

De modo que un día de poco trabajo (en que hubiera hecho cualquier cosa con tal de salir de la oficina), fui en mi auto hasta el suburbio occidental donde Frank vivía solo entre las hectáreas de asfalto y moqueta que han remplazado a los campos de maíz. Me invitó a su sala de estar modestamente amueblada, me ofreció café y se lanzó a una perorata crecientemente iracunda acerca de los horrores de la vida moderna: guerras, hambrunas, surgimiento del totalitarismo, drogas, delito, enfermedad venérea, fluctuaciones de la Bolsa, inflación, tasas de interés, ateísmo —todas estas cosas crecían incontrolablemente. Luego, planteó la pregunta: *"¿Crees que todo esto puede estar ocurriendo accidentalmente?"*. La respuesta estaba en el duro fulgor de sus ojos. Imposible. Tenía que haber un plan maestro. Alguien se beneficiaba: los que estaban en la punta de la pirámide. Los illuminati. Me pidió que sacara un billete de un dólar de mi billetera y mirara el reverso. Tal vez tuviera razón. ¿Qué hacía ahí ese extraño ojo brillante?

Frank resultó tener razón de una forma inesperada: ésa era la primicia de mi vida. La historia no era que todo fuera controlado por algo llamado los illuminati sino que, en todo el mundo, gente como Frank creía fervientemente que esto era así. ¿De dónde venía esa extraña historia, y por qué nunca había dado antes con ella?

Dejé mi trabajo, me metí en la biblioteca, y comencé a investigar.

Es probable que a usted nunca le hayan enseñado esto en la escuela, no porque haya habido un nefario ocultamiento (al menos así lo creo), sino debido a la relativa oscuridad del episodio: el 9 de mayo de 1798, un prominente dirigente de los poderosos congregacionalistas de Nueva Inglaterra, el reverendo Jedidiah Morse (padre de Samuel F. B. Morse, inventor del telégrafo), desde el púlpito de la New North Church de Boston, advirtió de un complot secreto destinado a destruir el cristianismo y derrocar al recién formado gobierno de los Estados Unidos. La religión sería remplazada por el ateísmo, la fe en Dios por fe en la razón humana. El nombre de esta fuerza sediciosa era, dijo, los illuminati. Ocultos en las logias masónicas —una sociedad secreta enroscada dentro de otra sociedad secreta— los conspiradores estaban a la espera del momento perfecto para dar su golpe.

Las sospechas del reverendo habían sido despertadas por un libro recién publicado y que fue, en su momento, tan popular como lo es hoy el de Dan Brown. Se llamaba, en el incómodo estilo de la época, *Proofs of a Conspiracy Against All the Religions and Governments of Europe, Carried on in the Secret Meetings of Freemasons, Illuminati and Reading Societies* [*Pruebas de una conspiración contra todas las religiones y gobiernos de Europa, desarrollada en los encuentros secretos de los francmasones, illuminati y sociedades de lectura*], de John Robison, matemático y profesor de filosofía natural de la Universidad de Edimburgo. Como dejaba claro su título, el libro no era ficción, sino que pretendía ser una denuncia. El profesor, acostumbrado hasta entonces a escribir sobre temas científicos (telescopios, magnetismo) para publicaciones como la *Encyclopaedia Britannica* había quedado conmocionado al enterarse de que una sociedad secreta llamada illuminati bávaros había infiltrado las logias masónicas de Francia y era responsable de la sangrienta Revolución Francesa. La conclusión de Robison fue que la revolución, más que una rebelión popular de campesinos oprimidos, había sido puesta en escena por este grupo de titiriteros, conspiradores juramentados para derrocar a la monarquía francesa y a su aliada, la Iglesia católica. Una vez derrocada esta santa alianza, conocida como *ancien régime*, los illuminati se estaban extendiendo por Europa, y posiblemente más allá. Su objetivo final era dominar el mundo.

El reverendo Morse había adquirido su ejemplar de *Proofs of a Conspiracy* en una librería de Filadelfia. Volviendo las páginas ensimismado leyó acerca de cómo el complot había sido concebido hacía dos décadas en Baviera, un principado de Alemania sudoriental, por un joven profesor ateo llamado Adam Weishaupt. Enfervorizada por las ideas de la filosofía iluminista —la superioridad de la razón sobre la religión; la igualdad de todos los hombres— su orden de los illuminati intentó derrocar al gobierno bávaro. La revolución fracasó y el grupo fue disuelto, o al menos así lo creyeron las autoridades. En realidad, sobrevivió en la clandestinidad, y se propagó como una gripe por las logias masónicas de Europa. Al menos, ésa era la historia. El propio Robinson era francmasón —consideraba a la masonería como una diversión inofensiva, una organización social destinada a propagar las virtudes de la confraternidad y la caridad. Quedó conmocionado al leer lo que ocurría en el continente. Advirtió de que recientemente los tentáculos de los illuminati habían alcanzado las logias de Inglaterra, Escocia e incluso los Estados Unidos.

Esto le bastó al reverendo Morse, quien de inmediato subió al púlpito para advertir acerca de las "oscuras conspiraciones de los illuminati contra el gobierno civil y el cristianismo", emanadas de "un club-madre de los illuminati en Francia". Todos, dijo, debían leer la obra de Robison. "Hay motivos para que temblemos por la seguridad de nuestra arca política, además de la religiosa".

La Nueva Inglaterra de fines del siglo XVIII era terreno fértil para la paranoia. Desde la caída de la Bastilla en 1789, los estadounidenses habían contemplado asombrados primero y horrorizados después cómo la Revolución Francesa, que había llamado a un "reino de la razón" —hecho de libertad, igualdad y fraternidad— había dejado paso al reino del terror. Las estatuas de los santos eran quitadas de las iglesias y sustituidas por representaciones de filósofos ateos como Voltaire. Sacerdotes, nobles y otros disidentes eran enviados a la guillotina.

A Morse lo aterraba que lo mismo pudiera estar por ocurrir en América. La Nueva Inglaterra de entonces tenía una benigna forma propia de *establishment* eclesiástico: el "Standing Order", compuesto por los congregacionalistas de Morse, los aristocráticos descendientes de los peregrinos, y sus aliados políticos, los federalistas. Los ejércitos de Napoleón avanzaban por Europa y el presidente Adams, jefe de los federalistas, temía que los Estados Unidos no tardarían en ser el objetivo de una insurrección inspirada por los franceses, un ataque desde adentro. Ante la amenaza, el congreso aprobó las Actas de Extranjeros Sediciosos, que limitaban los derechos civiles. Los demócratas de Jefferson eran mirados con suspicacia, pues se los consideraba simpatizantes de Francia. ¿Quién sabe? Tal vez los illuminati estaban detrás del plan.

Hasta las historias más descabelladas son más fáciles de creer cuando llegan desde distintas fuentes. En torno de la época en que apareció el libro de Robison, algunos periódicos locales habían comenzado a traducir extractos traducidos ("los delirios de un orate", los llamó Thomas Jefferson) de los escritos de un jesuita francés, el abate Barruel, quien rastreaba el complot de los illuminati hasta los cátaros y templarios del medioevo. Su obra, en cuatro volúmenes, sobre la conspiración de los illuminati no tardó en ser traducida al inglés. (Abigail, esposa del presidente Adams, lo consideraba una obra de lectura obligatoria y se la recomendó a sus amistades).

En realidad, resultó que tanto Robinson como Barruel recurrían a las mismas fuetes, una masa de panfletos y artículos que circulaban en Alemania y Francia y que describían las muchas conmociones —políticas e ideológicas— del siglo XVIII como resultado de complots secretos de una sociedad de hombres "iluminados". Si esta luz oculta había sido encendida por filósofos impíos, o, como argüían algunos opúsculos, por misteriosos poderes ocultos, no parecía tener importancia. En cualquier caso, se trataba de una luz negra de puro mal.

Quienes creían estas cosas no eran sólo los chiflados. El presidente de la Universidad de Yale, Timothy Dwight, advirtió de la amenaza al pueblo de New Haven: "Hermanos míos ¿seremos partícipes de estos pecados? ¿Los introduciremos en nuestro gobierno, nuestras escuelas, nuestras familias? ¿Nuestros hijos se volverán discípulos de Voltaire y de los dragones de Marat; nuestras hijas serán las concubinas de los illuminati?" Su hermano, Theodoro Dwight, sugirió en un discurso público que el propio Jefferson podía ser un illuminatus. El reverendo Morse incluyó a Thomas Paine entre los conspiradores.

Cuando predicó desde el púlpito al año siguiente, ya tenía nombres para dar: "Ahora tengo en mi poder pruebas completas e indudables… una lista oficial y autenticada de los nombres, edades, lugares de nacimiento, propiedades de los oficiales y miembros de una sociedad de *illuminati*…"

Es imposible leer estas palabras sin recordar a un demagogo de fecha más reciente, el senador perseguidor de rojos Joe McCarthy, cuando habló en 1950 de otra conjura nefaria: "Tengo aquí en mis manos una lista de 205 integrantes del Partido Comunista…"

La evidencia con que contaba Morse era tan insustancial como la de Mc-Carty: los nombres de unos cien virginianos —casi todos emigrantes franceses— pertenecientes a una logia masónica con vínculos con otra, con sede en Francia. ¿Quién sabía qué ideas radicales estarían fermentando tras esos muros? Para Morse y otro dirigentes de la Standing Order, los ideales seculares de la filosofía del iluminismo parecían tan amenazadores como pareció el comunismo ciento cincuenta años más tarde. Y Francia, dominada por una ideología, y cuyos ejércitos avanzaban sobre Europa, tenía todas las características de un imperio del mal.

Pasa el tiempo, y la raza humana se sigue equivocando de la misma manera debido a que nuestros cerebros han evolucionado hasta ser instrumentos de precisión destinados a percibir orden, aun cuando no lo haya, en el mundo. Mientras leía acerca del pánico sobre los illuminati en Nueva Inglaterra —la fuente primaria es la historia escrita por Vernon Stauffer en 1918, *New England and the Bavarian Illuminati* [*Nueva Inglaterra y los illuminati bávaros*]— y sobre el confuso papel de la francmasonería en la Revolución Francesa, sentía el zumbido neuronal de mis ideas combinándose para formar una estructura. Es una sensación seductora —que todo está conectado, que este loco, loco mundo puede ser comprendido por una teoría única, una apretada red de causa y efecto, controlada por un único poder... que hay una historia secreta que demuestra que todo lo que uno sabe no es así en realidad.

Individualmente, los hechos coinciden. En el siglo XVIII realmente hubo una lucha entre la Iglesia católica y la francmasonería, cuyas logias secretas sirvieron como lugares de reunión para caballeros interesados en las ideas nuevas —ciencia, filosofía, política, gobierno cosmopolita, sociedad secular, hermandad de los hombres más allá de las fronteras nacionales. Entre la bambolla de los rituales y ceremonias secretos, se cultivaban ideas peligrosas.

Algunos de estos "librepensadores", según se los llamaba, naturalmente se comprometieron con la Revolución Francesa. Otros se dedicaron a intereses más dudosos; espiritualismo, mesmerismo, cábala, alquimia. La línea divisoria entre la ciencia dura y lo que hoy descartamos bajo el nombre de ocultismo era tenue. Si todo esto parece difícil de asociar con la masonería actual —maduros y conservadores hombres de negocios que recaudan fondos para beneficencia y participan de desfiles patrióticos— hay que recordar que se trataba de tiempos tumultuosos. El mundo estaba revolucionado, y todo valía.

Si estas inverosímiles asociaciones descendían o no de antiguos gremios de canteros itinerantes, como dice la leyenda, es un misterio. Como sea, la cantería [en ingles, "masonry"] *operativa* —la de verdad, en que se empleaban mazas, cinceles y volaban esquirlas de piedra— fue la inspiración de la cantería o masonería *especulativa*: del mismo modo en que a una piedra se le puede dar forma para que encaje con solidez en un muro, se le puede dar forma al hombre para que sea mejor ciudadano, no sólo del país, sino del mundo.

Quienes se sentían amenazados por este fenómeno no tenían herramientas para entenderlo, más allá de suponer que se trataba de una conspiración. Agréguense a esto los mitos espurios sobre sí mismos que inventaban los masones —que habían heredado sus tradiciones de los constructores de pirámides y los canteros bíblicos, que sus rituales habían sido preservados durante siglos por sociedades secretas (aquí intervienen los cátaros, templarios, rosacruces, etcétera) y se obtendrá una historia intrigante. En su momento, cada uno de estos grupos había sido tildado por la Iglesia de herejes y practicantes de las artes ocultas; algunos habían sido investigados por la Inquisición. Bastaba sazonar el cuento con un poco de la propaganda vaticana que llevaba años circulando y se obtenía una teoría conspirativa: la historia del iluminismo europeo, despojada de sutilezas y contradicciones, planchada y enderezada hasta dejarla con una forma rectilínea.

Arrastrado por el "vale todo" intelectual, un profesor idealista (y un poco megalómano) —el verdadero Adam Weishaupt— fundó su Orden de los Illuminati el 1º de mayo de 1776. (Los aficionados a las teorías de la conspiración aman esta fecha: el 1º de mayo, día en que se celebra la Internacional Comunista, injertada sobre el año del nacimiento de los Estados Unidos). Weishaupt no fue el primero que empleo el nombre "illuminati". Mucho antes, una sociedad mística conocida como los Alumbrados ("illuminati" en castellano) había sido perseguida por la Inquisición. No existe evidencia de que la orden bávara compartiera nada más allá de su nombre con los alumbrados españoles. Pero para los paranoicos, debía haber una conexión.

Desde la perspectiva del siglo XXI, los ideales de Weishaupt parecen bastante nobles: introducir libros de filosofía —de Voltaire, Diderot, D'Alembert, Montesquieu— en el sistema educativo bávaro eludiendo a los jesuitas que lo manejaban, armando intelectualmente de ese modo a una generación de estudiosos contra la represión de un país paralizado por el dogma. Debido a su astucia, los jesuitas, los soldados del Vaticano, eran conocidos (en parte debido a sus actividades, en parte a la propaganda protestante) como la CIA del papa. Tan arraigada está esta imagen que la segunda definición de *jesuita* en el diccionario *Merriam-Webster* es "quien se da a la intriga o al engaño". Tal vez Weishaupt sintiera que se enfrentaba a un oponente tan formidable que debía combatirlo con sus mismas armas. Como sea, su primera medida fue inventar una batería de códigos y rituales secretos que daban a sus nuevos illuminati la apariencia de un culto a la razón. A los miembros de los grados inferiores no se les permitía conocer siquiera las identidades de los demás iniciados, y menos aún las de sus superiores. Se les exigía que se espiaran unos a otros y escribieran informes de inteligencia. (A veces Weishaupt da la impresión de ser un Lyndon LaRuche bávaro del siglo XVIII).

Esta extraña combinación de erudición y secreto parece haber sido atractiva. Entre los integrantes más ilustres se encuentra Goethe, el poeta y filósofo natural alemán autor de *Fausto*. El movimiento se propagó por las universidades y logias masónicas de Alemania y Austria, llegando a ser lo suficientemente influyente como para generar un alto grado de paranoia entre los guardianes del orden establecido. Weishaupt y sus acólitos no pretendían fomentar una revolución violenta, sino intelectual. Probablemente Thomas Jefferson no se equivocara cuando escribió:

> *Como Weishaupt vivía bajo la tiranía de déspotas y sacerdotes, sabía que la cautela era necesaria aun cuando se trataba de difundir información y los principios de una moral pura… esto dio una apariencia de misterio a sus opiniones… la cual tiñe las denuncias en su contra que hacen Robison, Barruel y Morse.*

Finalmente, la Iglesia y la monarquía triunfaron fácilmente. Alegando todo tipo de acusaciones fantásticas, el gobierno aplastó la orden de Weishaupt a menos de una década de su fundación. La conspiración de los illuminati había terminado. La teoría de la conspiración de los illuminati había nacido.

Aún recuerdo esa tarde de 1982 en que fui en mi auto alquilado al Van Nuys, un suburbio de Los Angeles, a escuchar una conferencia llamada "Adam Weishaupt, un diablo humano". Acababa de terminar la investigación bibliográfica para mi libro y ahora estaba en una misión de obtención de datos en la tierra de la paranoia, el sur de California. Fuera del local de reuniones, había personas con mesas plegables que vendían opúsculos acerca de la gran conspiración: *Sociedades Secretas y Movimientos Subversivos*, de 1924; *Nadie se atreve a llamarlo conspiración*, un clásico de la paranoia derechista de la década de 1960; un folleto titulado "El culto del ojo que todo lo ve". Había hasta una edición del *Proofs of a Conspiracy* de Robison, reeditado por la John Birch Society, con una nueva introducción que señalaba los paralelos entre los illuminati y el Partido Comunista.

Durante la siguiente hora, el conferenciante, un ingeniero electrónico de una empresa aeroespacial expuso la versión siglo XX de la leyenda de los illuminati. Ahora, la historia había tomado un sabor a fundamentalismo cristiano. El illuminatus originario era el mismísimo Lucifer —¡claro! el ángel de la luz— y los problemas comenzaron en el jardín del Edén cuando Eva fue tentada por la serpiente y la humanidad cayó del estado de gracia. A partir de entonces, la satánica conjura fue llevada adelante por la habitual cadena de cultos, sociedades secretas y filósofos europeos, culminando con los illuminati bávaros que nos miran con insolencia desde el reverso de nuestro propio billete de un dólar. Luz, Lucifer, iluminismo, illuminati —las sonoras palabras retumbaban. Tal vez el más profundo de los misterios es cómo las ideas e imágenes, *memes*, como las llaman los científicos toman vida propia. Sólo somos los vectores, recipientes descartables, cerebros equipados de brazos y piernas que propagan la infección.

De van Nuys, fui al Rancho Cucamonga —¡que nombre perfecto para esa ciudad— donde me reuní con Alberto Rivera, un hombrecillo perturbado que decía haber sido sacerdote jesuita. Había dejado la Iglesia horrorizado al descubrir que ésta estaba controlada por los illuminati. Aquí había una curiosa vuelta de tuerca: una leyenda comenzada por curas paranoicos se había trasmutado en propaganda anticatólica. La teoría conspirativa había trazado un círculo completo. Los detalles estaban todos en un lúgubre libro de historietas llamado *Alberto*, parte de una serie en la cual la Iglesia católica, inventada por Lucifer y originada en los cultos del paganismo, usa poderes ocultos para controlar al mundo en secreto. El Vaticano había fomentado la revolución bolchevique y reclutado a Hitler para que exterminara a los judíos.

Para ese momento, todo esto había adquirido una sórdida familiaridad, como también me ocurría con la versión de la historia en que los judíos son los illuminati, y su plan de dominio del mundo, queda expuesto en *Los Protocolos Secretos de los Sabios de Sión*. ¿Era el movimiento ecuménico cristiano un complot católico-illuminati para dominar al protestantismo (otra vez Alberto Rivera) o un complot protestante-illuminati para destruir al catolicismo (como en *Conspiracy against God and Man* [*Conspiración contra Dios y el Hombre*] del padre Clarence Kelly)? Es cuestión de elegir. Yo había leído en *El ocultismo y el Tercer Reich*, escrito por alguien que usaba el seudónimo de Jean-Michel Angebert, que los nazis eran una fachada de los illuminati, y en *To Eliminate the Opiate* [*Para eliminar el opio*] del rabino Marvin S. Antelman, que los illuminati eran judíos reformados.

Todos eran parte de la conspiración.

Resulta que hay un motivo totalmente inofensivo para la pirámide con el ojo del billete de un dólar. Ese mismo símbolo aparece en el reverso del Gran Sello de los Estados Unidos adoptado por el Congreso Continental de 1782. (El frente exhibe la conocida águila con el *E Pluribus Unum* que le cuelga del pico). Por ese entonces, la egiptología hacía furor —ya había una pirámide en el billete continental de cincuenta dólares. Cuando diseñó el Gran Sello, Charles Thomson adoptó una imagen similar para representar fuerza y perdurabilidad. El ojo, explicó, era el de la Providencia, que contemplaba con benevolencia a la nueva nación. *Novus ordo seclorum* significa "un nuevo orden de las edades" en latín, lo que se refiere, dijo Thomson, a "la nueva era americana".

Un siglo y medio más tarde, Henry Wallace, integrante del gabinete de Franklin Delano Roosevelt sugirió (estirando un poco las cosas) que se podía considerar que ese lema también podía significar "el New Deal" ["nuevo trato", denominación del programa social de Roosevelt]. A Roosevelt le gustó la idea e hizo que el sello completo, frente y reverso, fuera incluido en el dólar.

De hecho, tanto F. D. Roosevelt como Wallace eran masones, como también lo eran George Washington, Benjamin Franklin, James Monroe, James Buchanan, Andrew Johnson, Theodore Roosevelt, William Taft, Warren G. Harding, Lyndon Johnson y Gerald Ford —y, ya que estamos, también Davy Crockett, Buffalo Bill, Douglas Fairbanks y John Wayne.

Este tipo de coincidencia es la que sirve de elemento de unión a las teorías de la conspiración —y a los libros de Dan Brown. Otros novelistas también han aprovechado el mito, Anthony Wilson en su disparatada trilogía *Iluminati!* y Umberto Eco en su bestseller intelectual *El Péndulo de Foucault*. Ambas obras fueron escritas con un callado humorismo y un alto grado de ironía. Con su enfoque, más popular, Dan Brown ha vuelto a poner a los illuminati en el centro de la escena. Como el buen reverendo Morse, vivimos en tiempos de paranoia.

Para elaborar su versión, Brown llega aún más lejos que John Robison y el abate Barruel. El más ilustre de los illuminatus de *Ángeles y Demonios*, Galileo, ya llevaba muerto ciento treinta y cuatro años cuando se fundó la orden bávara. Hay otras conexiones posibles. En vida de Galileo, estaban en circulación los alumbrados. Al igual que los ficticios illuminati de la novela, realmente eran enemigos del Vaticano. Pero su línea iluminista mística difícilmente habría atraído a un científico.

Si yo hubiera querido incluir a Galileo en una teoría conspirativa, habría dicho que era rosacruz. En *The Rosicrucian Enlightenment* [*El Iluminismo Rosacruz*], el experto en el Renacimiento Francis Yates especula que esta sociedad secreta, similar a los masones en lo heterogéneo de sus creencias, fue precursora de la Royal Society, que terminaría por ser una de las sociedades científicas más prestigiosas del mundo.

Luego, conectaría los rosacruces a los alumbrados, y los alumbrados a los illuminati. Toda la estructura puede retorcerse, como un *pretzel*, en las formas más fantásticas.

Cuando mi libro, *Architects of Fear: Conspiracy Theories and Paranoia in American Politics*, apareció en 1984 apenas si produjo reacción alguna en la infosfera, pues vendió unas tres mil copias antes de desaparecer de la faz de la Tierra. Durante un programa de radio en Los Angeles en el que dialogué con los oyentes, un integrante de la John Birch Society (Gary Allen, autor de *None Dare Call it Conspiracy*) me dijo que yo era un proveedor de "teoría de la casualidad" —la ingenua creencia de que a veces las cosas simplemente ocurren, de que hay una considerable aleatoriedad en la vida. Tras ganar un premio literario menor, prácticamente olvidé el libro hasta que, años después, fue traducido al japonés.

Sospeché que algo andaba mal desde el momento mismo en que vi la portada: el legendario ojo de la pirámide miraba severa, ominosa, nada providencialmente desde el horizonte de Wall Street, entre una nube de billetes de dólar. En la contraportada aparecía una fotografía de un japonés de aspecto de ratón de biblioteca, con boina y anteojos de pesada armazón. ¿Quién era esa persona, y qué había hecho con mi libro?

Para ese entonces, yo vivía en Nueva York y trabajaba para el *New York Times*. Siguiendo el consejo de un colega, contraté a un japonés que estudiaba música en la academia Julliard para que tradujera la traducción. El título se había convertido en *El mundo de los illuminati ha sobrepasado al de los judíos*. El subtítulo era *La poderosa organización que gobierna el mundo*. Al pie de la portada decía: "La principal organización conspirativa revelada por primera vez. ¿Qué son los illuminati? ¿Qué ocurre con Japón?".

En un nuevo prólogo, el hombre de la boina exponía su propia teoría de la conspiración. Una compleja historia en la cual los illuminati habían planificado la Segunda Guerra Mundial como parte de un plan para subvertir la economía de su país. "A pesar de las decididas protestas del autor", escribió, "me inclino a creer que los illuminati tienen la capacidad de controlar la sociedad occidental, pues son una gran potencia intelectual, económica y política". Un agregado del traductor sugería que el libro podía ser en realidad una obra de desinformación de los illuminati —parte de una conspiración para negar la conspiración.

Con ayuda legal, finalmente logré sacar el libro de circulación. Me enteré de que esta versión alterada había vendido muchas más copias que la edición original estadounidense. Difundir teorías conspirativas es mucho más rentable que desmitificarlas, y ésa es otra razón por la cual esa manía nunca dejará de existir.

La inversión hechos-ficción: los illuminati, el nuevo orden mundial y otras conspiraciones

Entrevista con Michael Barkun

Michael Barkun, autor de *A Culture of Conspiracy: Apocalyptic Visions in Contemporary America* [*Una cultura de la conspiración: visiones apocalípticas en la América contemporánea*], es experto en teorías de la conspiración, terrorismo y movimientos apocalípticos. Ha sido consultor del FBI.

En una de esas fascinantes inversiones de la historia que sólo conocen los fanáticos de las conspiraciones, los illuminati —que, según los historiadores convencionales fue una sociedad auténtica disuelta por el gobierno bávaro en la década de 1780, tras apenas una década de existencia— han sido desplazados por los mucho más poderosos illuminati de la imaginación. Las teorías conspirativas referidas a los illuminati comenzaron a aparecer a pocas décadas de la disolución de esa orden. A partir de entonces, los teóricos de la conspiración han vinculado a los illuminati a todo episodio histórico importante, incluidos muchos que ocurrieron antes de la fundación de esa sociedad. Grupos ocultistas y esotéricos afirman descender de ésta. Líderes religiosos deploran su influencia mundial. Y han sido relacionados a todo, desde el ocultamiento de los OVNI hasta las razas extraterrestres que habitarían el interior de nuestro planeta.

¿Qué es lo que tanto nos fascina de los illuminati y de las demás conspiraciones que han florecido en tiempos modernos? Un importante motivo, especula Michael Barkun, profesor de ciencia política en la Maxwell School de la Universidad de Syracuse y experto en pensamiento terrorista y conspirativo es que vivimos en una época de gran incertidumbre —y que las conspiraciones nos ofrecen una manera de darle un sentido, por distorsionado que sea, a la realidad. Barkun es un respetado estudioso y consultor del FBI y ha escrito extensamente acerca de grupos marginalizados y sus raíces históricas y culturales. Lo que emerge de su libro A Culture of Conspiracy: Apocalyptic Visions in Contemporary America *es un retrato de una cultura estadounidense pletórica de especulaciones conspirativas, una tendencia que puede acarrear perturbadoras consecuencias para el futuro.*

¿Puede darnos un breve esbozo de lo que sabemos desde el punto de vista histórico sobre el origen y destino de los illuminati?

Los illuminati fueron organizados en 1776 en el reino independiente de Baviera por un profesor de ley canónica, Adam Weishaupt. Era una organización que se basaba en el modelo de las logias masónicas, en una época en que las confraternidades y sociedades secretas eran extremadamente comunes en Europa. La tendencia general de la orden de los illuminati era respaldar un estilo de discurso intelectual más abierto y racionalista. Y, en términos generales, apoyar sistemas políticos menos autoritarios y más abiertos. Pero nunca he visto nada que se parezca a una estimación confiable de su importancia numérica. En su mejor momento, nunca tuvo más de unos pocos miles de integrantes.

¿Los illuminati infiltraron y dominaron la francmasonería?

Ciertamente, durante la segunda mitad del siglo XVIII se encuentra una muy compleja y aún no completamente estudiada, relación entre los gobiernos autoritarios, por un lado, y el movimiento masónico por otro. No parece haber habido ningún empleo sistemático del movimiento masónico para impulsar una agenda política en particular. Pero existe evidencia de que, en algunos países, algunas logias masónicas suministraron amparo político a quienes se oponían a las monarquías absolutas.

La masonería, que tuvo un rápido crecimiento en el siglo XVIII, suministraba un cuerpo de símbolos y una forma de organización adecuados para quienes buscaban la liberalización política. En algunos casos, las logias masónicas fueron "tomadas" por sus integrantes políticamente radicalizados. En otros, se establecieron organizaciones cuasimasónicas. Éste fue un fenómeno continental que se expresó en Francia, Gran Bretaña, Suiza, Italia y partes de Alemania.

En la época de Galileo no había un vínculo entre francmasones e illuminati porque los illuminati aún no existían.

En lo que hace a los sobrevivientes de los illuminati históricos, ¿persistieron sus ideas —el secreto, las formas de estructura organizativa— en el movimiento masónico posterior?

En cierto modo, sí. Pero se debe enfatizar que había docenas y docenas de organizaciones de esa índole más o menos en la misma época. Y para todas el secreto era central. Todas buscaban evitar ser infiltradas por los gobiernos. Otra organización similar fueron los carbonari, activos en Italia meridional a comienzos del siglo XIX. También ellos combinaban formas masónicas con un programa antimonárquico. El apogeo de esos grupos se extiende de aproximadamente 1775 a 1850. A pesar de su tendencia al secreto, todos fueron derrotados.

¿Estos grupos secretos tenían un programa político en especial?

Ciertamente, eran hostiles a la monarquía absoluta. Enfatizaban la necesidad de abolir la autoridad política y religiosa —más específicamente, la de la Iglesia católica y la monarquía. Y la combinación de sus programas intelectual y político los enemistó con muchos integrantes de la jerarquía eclesiástica y con las monarquías absolutas. El resultado fue que, en torno de mediados de la década de 1780, los gobiernos de las regiones donde operaban los illuminati comenzaron a operar para suprimir la orden. Para fines de la década de 1780 —más o menos 1787— los illuminati habían sido disueltos. De modo que estamos hablando de una organización que existió entre 1776 y algún punto de la siguiente década, tal vez durante un total de trece años. No se puede describir con precisión la distribución geográfica de los illuminati, pero ciertamente era en el área de las actuales Alemania y Austria. Sus enseñanzas también se publicaron en otros idiomas, como el francés y el italiano.

¿Cómo fueron suprimidos o disueltos los illuminati?
Fueron suprimidos a través de prohibiciones gubernamentales, expulsión de sus miembros de cargos oficiales y arrestos. Para fines de la década de 1780, la organización había dejado de existir, aunque indudablemente algunos de sus ex integrantes se desplazaron a las muchas otras sociedades que se mantuvieron activas. Hay muchas personas en los Estados Unidos, particularmente en la extrema derecha política que creen que aún siguen activos. Pero no es así. Los illuminati dejaron de existir en la década de 1780.

¿Cree usted que diversas instituciones esotéricas, o sociedades secretas, se ven a sí mismas como continuadoras de los illuminati?
Muchas instituciones esotéricas se crean sus propios linajes. Hay organizaciones neotemplarias, otras que dicen que su linaje se remonta al antiguo Egipto, y así sucesivamente. Tales afirmaciones se hacen sin ninguna evidencia histórica específica.

¿Qué puede decirme de Hassassin o Asesino, el villano de Ángeles y Demonios?
Supongo que con "Hassassin" Dan Brown quiere expresar lo que habitualmente se denomina "Assassins". Creo que puede haberse confundido con el árabe, pues la he visto trasliterada al inglés como "Hashasheen" [en este caso, la doble "e" representa una "i" larga, en castellano "Hashashiin"]. La orden de los hassassins era una rama del islam chiíta que se desarrolló en el norte de Irán durante el siglo XI. Se trata de la rama del islam que hoy se conoce como ismaelita, el grupo que conduce el Aga Kan. Son completamente pacíficos.
Pero durante sus comienzos, controlaban un considerable sector de lo que hoy es Irán septentrional. Y desarrollaron, con fines proselitistas, una for-

ma de terrorismo que consistía en infiltrar individuos en áreas controladas por sus enemigos religiosos. Luego, estos individuos se hacían sirvientes de importantes dirigentes políticos o religiosos que ellos consideraran obstáculos a su prédica, y los servían con gran devoción.

En algún momento —a veces después de años de cumplir sus funciones y sin motivo aparente— asesinaban a sus amos, siempre con una daga y siempre en un lugar público. El nombre Hashishiin surgió porque había gente que creía que sólo alguien que se encontrara bajo la influencia del hachís podía comportarse de esta manera, volverse así contra alguien a quien habían servido con tanta fidelidad.

Hay toda una serie de leyendas respecto de los hassassins. La más común es que, cuando dejaban su tierra natal para llevar a cabo una misión, se les daba hachís y se los llevaba a un bello jardín lleno de hermosas doncellas. Cuando más tarde despertaban, se les decía que habían visitado el paraíso y que una vez que hubieran cumplido con su misión —la cual por supuesto era una misión suicida a los fines prácticos— vivirían por siempre en ese paraíso. No parece haber sustento alguno para la historia del hachís ni tampoco para la del paraíso simulado. Esas historias llegaron a Tierra Santa y allí las recogieron los cruzados.

El grupo que dio origen a los hassassins fue derrotado en lo militar. Si bien el supuesto propósito de los asesinatos era eliminar a los opositores a su prédica, tuvo el resultado de incrementar la oposición política y militar, que los aplastó. De modo que desde hace siglos que no hay una orden de los hassassins.

¿Hubo alguna conexión entre los hassassins y los illuminati, como sugiere Dan Brown?

Ninguna. Existieron en distintas épocas, en distintos lugares del mundo y distintas culturas. Los ismaelíes violentos probablemente fueron derrotados alrededor de los siglos XII o XII.

Al margen de que vincula falsamente a los illuminati con Galileo ¿cuán precisa es en otros respectos la forma en que Brown representa al grupo?

En primer lugar, hay que distinguir entre los auténticos illuminati y lo que podríamos llamar el mito de los illuminati.

El mito de los illuminati no comenzó hasta después de que los verdaderos illuminati dejaron de existir; fue un producto de la Revolución Francesa. Lo que se afirma es que los illuminati manipularon a la población francesa para destruir la monarquía. Y esa literatura creó una historia alternativa de la Revolución Francesa y también creó la noción de una sociedad secreta de enorme poder y astucia, cuyos tentáculos podían atravesar el

Atlántico. De modo que hay un período de pánico de los illuminati en Estados Unidos a fines del siglo XVIII.

El mito de los illuminati se extiende en dos direcciones. Tenemos versiones que afirman que los illuminati no fueron disueltos, que mantuvieron su existencia y su poder y que siguen activos hasta el día de hoy. Ésa es una versión. La otra, que se parece más a la de Dan Brown afirma que surgieron mucho antes de 1776. También hay literatura que pretende encontrar evidencia de la existencia de los illuminati en períodos muy anteriores.

Pero debo decir que nunca vi la conexión con Galileo. Debe recordarse que no había illuminati en tiempos de Galileo. Las otras personas famosas que menciona Brown —por ejemplo, Bernini o Milton— tampoco pueden haber integrado los illuminati pues los illuminati verdaderos, históricos, no surgieron hasta el siglo siguiente.

Como dije, hay una abundante literatura que pretende vincular a los illuminati con sociedades secretas mucho más antiguas. Esa literatura comenzó a aparecer en inglés en las décadas de 1920 y 1930, el período de entreguerras. Hay dos autores ingleses, Nesta Webster [*Secret Societies and Subversive Movements*] y Edith Starr [*Occult Theocracy*] que escribieron libros que pretendían demostrar que hay una suerte de historia ininterrumpida de malignas sociedades secretas desde la antigüedad hasta el presente. Ésa es una versión de los illuminati que se ha popularizado mucho en el mundo anglófono. Ejemplos más recientes de esta literatura son *The World Order* [*El orden mundial*] de Eustace Mullins, que era un protegido de Ezra Pound y *The New World Order* [*El nuevo orden mundial*] del evangelista Pat Robertson.

Cuéntenos un poco acerca de las versiones más recientes de la teoría de la conspiración.

La literatura conspirativa que circula en la actualidad se centra en la temática del *nuevo orden mundial*. Ha devenido en una suerte de conspiración aceptada por ciertos círculos religiosos —principalmente fundamentalistas protestantes y católicos ultratradicionales— así como en círculos seculares, en particular los de extrema derecha. La derechista John Birch Society aún vende por correo el libro anti-illuminati que John Robison escribió hace doscientos años. También hay una versión izquierdista de la teoría del nuevo orden mundial. La teoría conspirativa de un-nuevo-orden-mundial ha unificado a muchas teorías conspirativas menos inclusivas. Por ejemplo, las teorías acerca de una conspiración judía mundial. Las teorías conspirativas acerca de una conspiración jesuita. Las teorías conspirativas acerca de plutócratas y banqueros internacionales.

Un ejemplo de esto es el libro de Pat Robertson *The New World Order*, publicado a comienzos de la década de 1990. Vendió, y mucho. En ese libro figuran la Comisión Trilateral, la Reserva Federal, los Rothschild y, por supuesto, los illuminati. De modo que, en efecto, las clases de teorías de la conspiración que están en circulación actualmente incluyen muchos participantes. Otra cosa interesante es lo que en mi libro *A Culture of Conspiracy* denomino *la inversión hechos-ficción*. Se trata de las personas que leen obras de ficción y dicen, bueno, sí, esto emplea las convenciones de la ficción, pero su verdadera intención es comunicar un mensaje fáctico. Y en tanto las personas lean obras de ficción con esa disposición mental, la tradicional distinción entre hecho y ficción se comienza a derrumbar.

¿Las nuevas teorías conspirativas siguen el patrón de sus predecesoras?

Sin duda. Por ejemplo, las teorías respecto de los illuminati que comenzaron pretendiendo explicar la Revolución Francesa reaparecen en el siglo XX pretendiendo explicar la Revolución Rusa. De modo que se reciclan una y otra vez.

¿Dan Brown le agrega algo nuevo al anterior patrón conspirativo? Se dice que está escribiendo un nuevo libro ambientado en Washington DC que trata de los francmasones y su historia. ¿Tiene algo que decir al respecto?

La idea de Dan Brown de insidiosas sociedades secretas que desarrollan sus actividades a lo largo de los siglos es muy fiel a la tradición de la literatura conspirativa del siglo XX. Pero me parece que el ángulo Galileo-Roma es novedoso, así como su idea del significado esotérico de determinados lugares de Roma. Ahora ha surgido una suerte de literatura marginal que hace este tipo de afirmación sobre la disposición de las calles de Washington. Si Brown, como usted me dice, está escribiendo un nuevo libro ambientado en Washington, no me sorprendería que incluyese algunos de estos argumentos.

Este tipo de pensamiento pone mucho énfasis en la ubicación de los monumentos y los recorridos de las calles. Hay un teórico de la conspiración en Gran Bretaña, David Icke, quien ha hecho afirmaciones de esta naturaleza respecto de las calles de ciudades europeas, en particular Londres y París. Diversos pensadores conspirativos han asociado cosas como éstas a los masones e illuminati. Es una suerte de idea cuasimágica.

Examinemos algunas de las afirmaciones específicas que hace Dan Brown en Ángeles y Demonios. *¿Hubo integrantes de los illuminati que fueron realmente arrestados, torturados y asesinados por la Iglesia como dice Brown? ¿Algún sector de los illuminati desarrolló deliberadamente algún tipo de respuesta terrorista?*

Según mi óptica, antes de la creación por Weishaupt de la orden de los illuminati, no había illuminati. Ciertamente, hubo illuminati que fueron arrestados en la década de 1780 —pero no fueron arrestados por autoridades eclesiásticas sino por gobiernos. En cuanto a la respuesta terrorista a la opresión no, los illuminati no desarrollaron nada así. Se los consideraba una organización peligrosa debido a sus ideas, no por ninguna acción violenta específica.

¿Qué le parece la información de Dan Brown respecto de que los masones han estado infiltrando el gobierno de los Estados Unidos desde sus primeros días?

Hasta donde sé, está razonablemente bien documentado que una cantidad de los Padres Fundadores eran masones. Soy un poco más escéptico respecto de las afirmaciones similares hechas sobre George [H. W.] Bush, porque se está hablando de un movimiento que a fines del siglo XX ya estaba en decadencia en los Estados Unidos. Aun si una cantidad significativa de figuras políticas fueron o son masones, ello no sugiere que haya una conspiración. Creo que sugiere un origen social común, y una red social relevante.

Lo que hacen los teóricos de la conspiración es producir evidencia circunstancial indicando, por ejemplo, la posición de determinados individuos en distintas organizaciones y jerarquías gubernamentales. Se afirma, por ejemplo, que si un individuo en particular integra el Consejo para las Relaciones Internacionales y la Comisión Trilateral, y demás, debe necesariamente hacer parte de una conspiración. Por política o por autoselección, tanto el consejo como la comisión tienen integrantes entre los que hay muchos destacados individuos de los mundos gubernamental, empresario y académico. Tienen intereses personales e institucionales que defender. Sin embargo, ni lo destacado de esos miembros ni el hecho de que esos miembros defiendan ciertos intereses respalda la conclusión conspirativa de que las organizaciones mismas son instrumentos de control.

Hay una amplia literatura conspirativa respecto del simbolismo del billete de un dólar y al Gran Sello de los Estados Unidos. Hay referencias a eso en *Ángeles y Demonios*. Pero hay un sitio web gubernamental que da una explicación oficial de ese simbolismo [www.state.gov/documents/organization/27807.pdf]. Yo aventuraría que sí hay una relación con la simbología masónica, pero de ser así, no veo qué tiene de siniestro. Por ejemplo, la traducción del lema *Novus Ordem Seclorum* que aparece en el billete de un dólar como "Nuevo Orden Mundial" ha sido tema de mucho debate. Creo que el hecho de que George Bush padre haya comenzado a hablar de la necesidad de un "nuevo orden mundial" al terminar el período de la guerra fría no es más que una casualidad fascinante. No se dio cuenta de que las frase ya estaba en circulación, y que los teóricos de las conspiraciones la asociaban a los masones e illuminati. Por mi parte, no creo que haya sido más que una muy desafortunada elección de palabras.

¿Cómo se debería traducir Novus Ordem Seclorum*?*

No soy latinista, pero no veo por qué disputar la versión oficial que es "nuevo orden de las edades". También lo he visto traducido como lo traduce Brown: "nuevo orden secular".

¿Qué opina de las acusaciones de una conspiración masónica vinculada a la muerte de Juan Pablo I?

Ciertamente sé que se ha hecho esa afirmación. Mi impresión es que es algo que más bien se dice en círculos católicos ultratradicionalistas que entre otros aficionados a las teorías de la conspiración. Se trata de católicos cismáticos que rechazan la autoridad vaticana, como el movimiento al que se asocia al padre de Mel Gibson. Para ellos, la noción de un complot interno en el Vaticano coincide con su rechazo de las reformas del Vaticano II y el pos-Vaticano II.

En Ángeles y Demonios *figura una conspiración dentro de otra conspiración. ¿Ésa permutación es común en las teorías conspirativas?*

Esas dobles conspiraciones son cada vez más comunes. Una verdadera explosión de lo que yo llamo superconspiraciones ocurrió durante la década de 1980. Hay dos subculturas particularmente aficionadas a tales creencias. Una es el fundamentalismo protestante, que se activó políticamente en la década de 1980. El otro es la derecha antigubernamental militante, bajo la forma de grupos de milicia, organizaciones racistas y otros integrantes de la marginalidad política. Desde el punto de vista religioso, los milenaristas encuentran que las conspiraciones elaboradas son una forma útil de analizar las maquinaciones del Anticristo. Entre los extremistas políticos, las teorías de la conspiración dan estructura a su suspicacia hacia el gobierno federal, las Naciones Unidas, la banca judía, los masones y el resto de aquellos de quienes desconfían.

Dar por verdadera una conspiración maligna define la naturaleza del mal de una forma lo suficientemente específica y crea una imagen de orden moral. Les permite a los aficionados a las teorías conspirativas definirse a sí mismos y al enemigo en un mundo complejo y confuso.

¿Puede explayarse sobre algo que menciona en A Culture of Conspiracy *acerca de cómo estas conspiraciones incorporan elementos antisemitas, anticatólicos y antimasónicos?*

Realmente hay una inmensa literatura antimasónica en circulación. Una de las cosas que me sorprendieron al leer la literatura conspirativa contemporánea es cuánta de ella es o anticatólica o antimasónica o ambas cosas. Es que, como dije antes, cualquier cosa que parece secreta o no se entiende bien es candidata a ser incluida en la conspiración. Y cuanto más amplia es la teoría conspirativa, más abarca. La ventaja de un concepto abierto como "los illuminati" es que se puede incluir dentro de éste lo que a uno le parezca, de modo de hacerlos parecer anticatólicos o católicos. Se pueden también incluir documentos como *Los protocolos de los sabios de Sión* y decir, bueno, esto también hace parte de los illuminati. La conexión masónica es la más fácil de hacer porque hay algunos vínculos superficiales. Pero los illuminati son algo tan vago, y sabemos tan poco sobre ellos, que los podemos vincular a prácticamente cualquier grupo sin temor de que nadie nos contradiga ni desapruebe.

Usted ha escrito que las teorías conspirativas que se han desarrollado en nuestra historia reciente son inéditas por lo improvisado de su naturaleza, ¿qué quiso decir?

Lo que digo es que en lugar de desarrollar ideas que se originan en una tradición ideológica o religiosa única, tienden a recurrir a diversas fuentes en forma totalmente indiscriminada. Por lo tanto, uno se encuentra con sistemas de creencias que tienen elementos de religión, seudociencia, ocultismo y esoterismo —todos juntos.

Aquí operan dos factores. El primero es la declinación de la autoridad de las tradiciones religiosas y políticas específicas que se ha deteriorado en el transcurso del último medio siglo y su decreciente capacidad para disciplinar a quienes recurren a sus conceptos. La otra es la enorme disponibilidad de materiales que anteriormente no podían ser conocidos. En otras palabras, una herramienta como internet hace posible que los seguidores de las teorías conspirativas recurran a ideas a las que no hubieran tenido acceso en otra época. El punto clave es que explicar cómo semejante organización conspirativa puede haberse sustentado manteniéndose mientras tanto en secreto es más difícil que explicar eventos sin recurrir a la teoría de la conspiración. Quienes creen en estas teorías parecen pensar que las conspiraciones son inmunes a factores como los accidentes, la coincidencia, la ineptitud, la deslealtad o la estupidez humana —todos los cuales, como sabemos, han hecho que hasta los mejores planes fracasaran.

¿Qué es lo que hace que la naturaleza apocalíptica de estas conspiraciones sea tan popular?

Hace tiempo que vengo lidiando con ese tema, pues estamos en un período de inusual fermento apocalíptico —desde hace bastante tiempo. Creo que parte de éste se origina en el deseo de entender de alguna forma el mundo, de darle sentido a la realidad. Y pr supuesto que eso es lo que hacen las teorías de la conspiración, en forma muy económica, cuando afirman que todo el mal del mundo se puede adjudicar a una causa única.

Otros de los motivos es, creo, una creciente sensación de ansiedad. En la medida en que tememos algún tipo de catástrofe que destruya el mundo, tratamos de darle alguna expresión y comprensión a ese temor por medio de sistemas de creencias apocalípticos.

¿Qué impulsa la popularidad de libros como los bestsellers de Dan Brown Ángeles y Demonios y El Código Da Vinci?

Aparecen en un momento de intenso interés en las religiones, de modo que las ambientaciones religiosas están en sintonía con los gustos del mercado de masas. Otros factores en juego son la creciente desconfianza hacia las instituciones, tanto seculares como religiosas y la reciente moda de integrar elementos conspirativos en las tramas de productos de cultura popular —por ejemplo series de TV y películas como *The X-Files*. Un factor adicional es el "allanamiento" de los medios, que hace que las ideas que alguna vez fueron "marginales" ahora migren más rápidamente hacia lo generalmente aceptado. Internet ha hecho que la frontera entre lo marginal y lo generalmente aceptado sea más permeable.

¿Ve usted algún peligro en el pensamiento conspirativo?

Potencialmente sí —aunque hay que ser cuidadoso con esto. La gran mayoría de quienes están expuestos a las teorías conspirativas parecen considerarlas ficticias. Por otro lado, hay algunos peligros potenciales significativos, por ejemplo, que se desgaste más la confianza en las instituciones políticas, religiosas y académicas, y que se crea que el mundo está lleno de enemigos invisibles. Éstas son dos cosas que pueden hacer peligrar lo que queda del sentido de la cohesión social y el civismo democrático en nuestra cultura.

Guía ocultista a los hassassin y los illuminati

ENTREVISTA CON JAMES WASSERMAN

James Wasserman ha estudiado el esoterismo durante toda su vida. Es autor de *The Templars and the Assassins: The Militia of Heaven* [*Los templarios y los hassassin: la milicia del cielo*] y de *The Slaves Shall Serve: Meditations on Liberty* [*Los esclavos servirán: meditaciones sobre la libertad*]. Él y su colaborador John Graham están trabajando en una traducción, edición y producción en inglés de *Los illuminati bávaros y la francmasonería alemana* de René Le Forestier.

Es comprensible que los lectores del Ángeles y Demonios *de Dan Brown se obsesionen con el Hassassin, un asesino serial por contrato, que mata un cardenal tras otro de forma grotesca y ritual. Dan Brown explica que los predecesores del Hassassin fueron un pequeño pero letal ejército de hábiles verdugos que aterrorizaron Oriente Medio entre aproximadamente 1090 a 1256 dC, matando a otros musulmanes a quienes percibían como enemigos.*

Aunque Ángeles y Demonios *se publicó un año antes de que terroristas musulmanes atacaran Nueva York y Washington DC el 11 de septiembre de 2001, se pueden trazar algunos inquietantes paralelos entre realidad y ficción. Al igual que el villano de Brown los hassassins siempre actuaban bajo identidades fingidas, infiltrándose en el bando enemigo, y esperaban el momento perfecto para golpear. Entrenados en remotas fortalezas de montaña de la Persia medieval, y operando bajo el hechizo de sus carismáticos jefes, los hassassins se dieron cuenta de que un grupo pequeño dispuesto a morir por su causa podía dañar a un enemigo muy superior. Sin embargo, a diferencia de los terroristas modernos, los hassassins medievales escogían a sus víctimas entre los regentes y gobernantes del orden establecido.*

James Wasserman es un destacado experto en los hassassins. Es autor de The Templars and the Assassins: The Militia of Heaven, *y uno de los fundadores de la sociedad secreta moderna Ordo Templi Orientis. Wasserman tiene otra visión del grupo musulmán que la que propone Brown. Según Wassermann, aunque al grupo se le atribuían implacables asesinatos, mantenía altas normas éticas. Wasserman considera que Hasan-i Sabbah, padre fundador de los hassassins, fue un "genio inspirado", "altamente espiritual" y "organizador brillante". Wasserman también atribuye a los hassassins haber inspirado las "aspiraciones místicas" de otras sociedades secretas —incluidos los templarios y los masones, que también figuran prominentemente en la ficción de Brown. En* Ángeles y Demonios, *Brown insinúa un nexo, a través del Hassassin, entre los hassassins y los illuminati, la orden secreta que encarga los asesinatos en la novela y que es tema de una corriente investigación de Wasserman. (Posteriormente en* El Código Da Vinci, *Brown juega con una variante de este tema, conectando a los templarios con el misterioso Priorato de Sion). En la entrevista que se da a conocer a continuación, Wasserman nos lleva a un viaje por el extraño y esotérico mundo de las sociedades secretas que tanto cautivan a Brown y a sus millones de lectores.*

Un personaje principal de Ángeles y Demonios *es un asesino a sueldo llamado el "Hassassin", a quien se describe como descendiente de los hassassins. ¿A qué atribuye usted la actual fascinación con los hassassins y otras sociedades secretas?*

A la gente siempre le fascinaron las sociedades secretas. Pero hay dos factores coadyuvantes que son exclusivos de nuestra época. El primero es el derrumbe de la creencia religiosa tradicional en la cultura moderna. El lazo social provisto por la religión para buena parte de la historia occidental se ha desintegrado y estamos al borde de una nueva comprensión religiosa. Aleister Crowley, el ocultista más influyente del siglo XX, describe este período como el alba del "nuevo eón". La cultura popular lo llama la era de acuario. Algo ha cambiado y la gente lo sabe. Estamos buscando algo que nos dé una idea de sentido. Se busca a los grupos que afirman haber encontrado o preservado ese sentido.

El segundo factor, que tiene que ver exclusivamente con los hassassins, son los ataques del 11 de septiembre de 2001. Éstos fueron un ejemplo explosivo tanto de la existencia de sociedades secretas islámicas como del despertar de la guerra de culturas que hace mil años se conoció bajo el nombre de las cruzadas. Al-Qaeda parece derivar buena parte de su patrón organizativo de los hassassins. El concepto mismo de agentes "durmientes" fue una innovación introducida por los hassassins. Se trata de agentes de operaciones que se funden con el trasfondo donde actúan durante períodos que a veces pueden extenderse durante muchos años antes de ser activados por una orden emitida por jefes distantes. Otra práctica derivada de los hassassins es la red descentralizada de centros revolucionarios semiautónomos que funcionan según directivas generales, que los autoriza a concebir y ejecutar planes sin supervisión directa.

En su libro, usted describe a los hassassins como "la sociedad secreta definitiva". ¿Qué es lo que hace que lo sean?

En primer lugar, la Orden de los hassassins (cuya denominación correcta es la secta musulmana ismaelita nazarí) tenía una doctrina —su creencia en que eran la verdadera cabeza espiritual del islam. Además, fueron mucho más allá de las rigideces de la creencia ortodoxa, pues adoptaron ideas y prácticas consideradas heréticas por la corriente principal del islam sunnita y chiíta. Por lo tanto, estaban obligados a ser extremadamente circunspectos. Los esfuerzos por reclutar conversos se realizaban sobre una base individual y a lo largo de períodos prolongados. Una creciente sensación de confianza entre estudiante y maestro acompañaba la revelación gradual de los secretos internos del grupo. A medida que el iniciado progresaba, la interacción era constante.

Los hassassins consiguieron adueñarse de un territorio propio en el cual podían practicar y enseñar sus creencias, en un ambiente político exterior que les era extremadamente hostil. Eran una verdadera sociedad secreta, cuyas decisiones, formuladas en voz baja, afectaban el destino de dinastías y regentes políticos.

Dan Brown describe a los hassassins como a brutales matadores que celebraban sus crímenes drogándose con hachís. "Estos hombres letales llegaron a ser conocidos por una sola palabra —Hassassins— literalmente, 'seguidores del hachís'" escribe. ¿Existe alguna base histórica para la idea de que su nombre derive del hachís o que los hassassins festejaran consumiendo esa droga?

Esa cuestión es uno de los misterios de la historia. La denominación asesino se ha remontado etimológicamente a la palabra *hachís*. Sin embargo, lo que afirma la leyenda es que el hachís se empleaba como herramienta de reclutamiento, no como recompensa. A los jóvenes que se consideraban apropiados, se les daba una poción que contenía esa droga (tal vez mezclada con opio). Cuando se dormían, se los llevaba a un jardín dispuesto según las descripciones que Mahoma hace del paraíso. Cuando despertaban, jóvenes mujeres expertas en música y en las artes del amor satisfacían todas sus necesidades. Había surtidores de leche y de vino. Pabellones dorados decorados con tapices de seda de hermosos colores. En el jardín había toda clase de frutas, flora y fauna exóticas. Tras pasar un tiempo en ese lugar, a los jóvenes se les volvía a suministrar la droga, y se los sacaba de allí. Cuando despertaban, estaban en presencia de su maestro, el Viejo de la Montaña. Primero se les pedía que describieran sus experiencias, y a continuación se les entregaba una daga de oro con la cual debían eliminar a alguien en especial. Se les decía que el maestro podía llevarlos otra vez al jardín una vez que hubieran completado con éxito su misión. Si murieran en el transcurso de la ésta, él enviaría ángeles para que llevaran sus almas al jardín.

No hay datos históricos objetivos que confirmen esta leyenda. Marco Polo popularizó la historia en el siglo XIV en la muy leída narración de sus viajes. Su libro clásico tuvo una circulación tan amplia que se usó como base de una novela árabe, publicada en 1430, que repetía la historia. Modernos estudiosos de los ismaelíes sugieren que lo más probable es que el termino *hashishim* fuese peyorativo —como cuando nosotros decimos de alguien que se comporta de manera extraña que "parece borracho" o "debe de estar drogada". En el islam medieval, el uso de drogas y la embriaguez eran despreciados, pues se los consideraba propios de personas de baja condición social.

El Hassassin de Brown celebra sus crímenes yendo a burdeles donde lleva a cabo actos sexuales sádicos. ¿Existe alguna evidencia histórica de que los hassassins se recompensaran con este tipo de sadismo sexual?

No. Sin embargo, como en cualquier grupo, había quienes practicaban conductas aberrantes. Por ejemplo, el penúltimo jefe de la comunidad de los hassassins fue Muhammad III, también conocido como Aladdin (ca. 1221-1255), un borracho degenerado, posiblemente también dañado cerebralmente, de quien se afirma que mutiló sádicamente a su amante homosexual. No se lo estima, ni tampoco su comportamiento sigue el ejemplo ascético de la mayor parte de los jefes nizaríes. Tampoco hay nada que sugiera que consideraran que tal comportamiento consituyese una recompensa.

¿Quiénes eran las víctimas de los hassassins y cuál era el método de ejecución favorito de éstos?

Las víctimas de los hassassins eran aquellos que amenazaban la supervivencia de la comunidad. Ello incluía a dirigentes políticos importantes que atacaban directamente a los nizaríes, o consejeros nobles que los instaban a hacerlo o los generales que ejecutaban tales acciones. Otras víctimas fueron líderes y maestros religiosos que predicaban contra ellos. El método favorito de ejecución era la daga. No se sabe que hayan recurrido al veneno o a otras formas "seguras" de asesinar. Los *fidai* (fieles) hassassins a menudo morían a manos de los guardias que custodiaban a sus poderosas víctimas.

¿Qué nos puede contar de Hasan-i Sabbah, padre fundador de los hassassins?

Hasan-i Sabbah (ca. 1055-1124) fue iniciado en la doctrina ismaelita referida a la legítima línea sucesoria del profeta Mahoma tras una grave enfermedad que sufrió en su juventud. Avanzó rápidamente en el sistema, y se le ordenó viajar a Egipto para que estudiase en la célebre universidad donde se educaba a los misioneros itinerantes de la fe ismaelita. Estaba imbuido de una profunda idea de su misión, una ferviente creencia mística y una personalidad carismática y ascética. Tras completar sus estudios, viajó por Persia (el actual Irán) como predicador, procurando al mismo tiempo establecer una base política para la secta. Tras una serie de escisiones en sectas por disputas sobre la sucesión ismaelita, Hasan estableció una fortaleza, conocida como Alamut, en el Irán septentrional, cerca del mar Caspio. Llegó a principal *dai* (jefe/maestro) de la secta ismaelita nazaría que reinó en Alamut durante 166 años.

¿Cuáles eran sus intenciones al formar los hassassins?

Sus intenciones eran formular una doctrina coherente que explicara la sucesión al profeta Mahoma tras la muerte de éste, construir una comunidad unida por prácticas espirituales tendientes a fortalecerlos en tanto mensajeros del *imanato* (su cargo de verdadero sucesor espiritual del Profeta) nizarí y promover tales enseñanzas enviando misioneros a distintas regiones cuyos residentes pudieran llegar a simpatizar con su fe revolucionaria.

Hablando de su personaje, el Hassassin, Brown escribe; "ya en el siglo XI…
cuando los ejércitos enemigos, los cruzados, habían entrado por primera vez en su

*tierra, saqueando y asesinando a su pueblo… sus ancestros habían formado un
ejército pequeño y letal para defenderse". ¿Qué papel tuvieron los hassassins
durante la época de las cruzadas?*

La caracterización de los hassassins como un pequeño pero letal ejército de
verdugos es más o menos acertada. Sin embargo, fueron fundados antes de
la llegada de los cruzados, y vivieron a miles de millas de cualquier presencia europea. El contacto de los cruzados con los hassassins se limitó a la
rama siria de la secta, y, según los registros, ocurrió en 1106, ocho años
después de que los cruzados llegaran a Tierra Santa y dieciséis después de
la fundación de la orden en Persia.

Los hassassins eran un interesante nexo de poder independiente en el caos político de Tierra Santa. Los enemigos más evidentes de los cruzados eran musulmanes sunnitas. Estos sunnitas despreciaban a los hassassins (nizaríes),
pues los consideraban herejes. Los hassassins a veces establecían alianzas de
conveniencia con los cruzados contra sus perseguidores sunnitas. En otros
momentos, se alineaban con los sunnitas contra el enemigo común cristiano. También se aliaban con uno o con otro en las rivalidades intramusulma-
nas entre el califa sunnita de Bagdad y el califa chiíta de El Cairo.

*El profesor de Princeton Bernard Lewis ha escrito que para los hassassins "el
asesinato era un genuinio sacramento religioso". ¿Se pueden trazar comparaciones
entre los hassassins y quienes se suicidan con bombas en el presente?*

Durante la fase militar de la historia del ismaelismo nizarí, Hasan-i Sabbah
y sus sucesores elegían de a una sus víctimas entre los más peligrosos y en-
conados enemigos de su comunidad. En mi libro (escrito antes del 11 de
septiembre), también llego a la conclusión de que Hasan era un líder religioso legítimo, que demostraba el característico respeto por la vida de quienes siguen la senda espiritual. En mi último libro, *The Slaves Shall Serve*,
contrasto esto con la conducta de los terroristas islámicos modernos, y opi-
no que el asesinato indiscriminado y general no representa las elevadas normas éticas que siguieron los hassassins durante su fase militar.

Observe que muchos de los terroristas que murieron el 11 de septiembre pasaron su última noche en la Tierra bebiendo alcohol en clubes de strip-tease.
Y compare esto con el hecho de que Hasan haya ejecutado a uno de sus propios hijos porque éste bebió vino. Mi análisis es que el terrorismo islámico
moderno ha adoptado buena parte de la brillante metodología organizativa
de Hasan, sin alcanzar la estatura espiritual de los hassassins del medioevo.

¿Viven aún los descendientes de los hassassins?

Los hassassins fueron aplastados por el jefe mongol Mangu Kan en 1256,
todos ellos, hombres, mujeres y niños. Despojados de su territorio y per-

seguidos, los nizaríes sobrevivientes escaparon hacia el norte o se integraron a los sufis persas. Algunos se asimilaron a la población chiíta. Como ya no había poder político que proteger ni proyectar, los nizaríes persas simplemente abandonaron la práctica del asesinato. En el presente existen muchos millones de ismaelitas nizaríes en veinticinco países, que responden al cuarto Aga Kan, que tiene su sede en la India.

Aga Kan IV es tal vez uno de los mayores aliados de Occidente, así como uno de los líderes más exitosos del islam moderno. Bajo su égida y la de sus predecesores, los nizaríes establecieron mezquitas, hospitales, negocios, bibliotecas, estadios deportivos, escuelas y universidades (entre ellas, un centro internacional dedicado a la investigación académica de la tradición ismaelita). Los nizaríes de hoy se cuentan entre los grupos musulmanes más educados y prósperos, practican su fe, mantienen fuertes vínculos comunitarios, cuidan mutuamente sus intereses y asumen su excepcional y vibrante legado histórico.

De modo que el empleo por parte de los nizaríes del asesinato como recurso militar terminó hace casi siete siglos y medio. Los ismaelitas nizaríes de hoy son una reconocida religión moderna que poco tiene que ver con el terrorismo, el asesinato o la guerra.

¿Le parece a usted que Brown comete una injusticia contra los descendientes de los hassassins con su personaje del brutal criminal, el Hassassin?

Para mí, Dan Brown es un escritor brillante e imaginativo que teje una seductora mezcla de realidad y fantasía en sus libros. Nuestra sociedad no debería ser tan susceptible. El Hassassin de Brown tiene elementos en común con los hassassins medievales y no tiene nada que ver con los nizaríes ismaelitas del presente. Pero yo detestaría que la creatividad de Brown se viera obstaculizada por los requerimientos de la corrección política.

Brown también plantea un paralelo entre los hassassins y la sociedad secreta de los illuminati. ¿Hay evidencia de tal vínculo en la historia o en la literatira ocultista?

A riesgo de permitir que la realidad histórica interfiera con una buena ficción, hay que decir que el período de Alamut (que coincidió con la fase militar/asesina) de la historia de los ismaelitas nizaríes finalizó en 1256. Los illuminati fueron fundados en 1776.

Usted ha escrito que existe un nexo histórico entre los hassassins y los templarios, que figuran tan prominentemente en el libro más reciente de Dan Brown, El Código Da Vinci. *¿Puede explicarnos ese vínculo?*

Hay un indudable vínculo histórico entre los hassassins y los templarios. Creo que la secta de Hasan tuvo una influencia esotérica sobre algunos integrantes de los templarios y tal vez sobre otros cruzados, quienes regresaron a Europa y le dieron el golpe final al período histórico conocido como la edad oscura. También afirmo que órdenes derivadas de los templarios, como los rosacruces del siglo XVII, los masones del siglo XVIII y la actual Ordo Templi Orientis continúan enseñando y practicando elementos de la sabiduría secreta que llegó a Occidente a través de los ismaelíes nizaríes.

Tenemos evidencia histórica de que los hassassins y los templarios ocuparon castillos que distaban pocas millas uno de otro, que negociaron tratados juntos, que se pagaron rescates y tributos unos a otros, que hay crónicas históricas de que existieron visitas mutuas para discutir sobre religión y que se aliaron más de una vez contra enemigos comunes. Sabemos que ambos estaba estructurados sobre el mismo modelo, único tanto en el islam como en la cristiandad: el del guerrero monástico. Sabemos que compartían una estricta disciplina jerárquica. Sabemos que ambos reverenciaban el coraje y el honor como senda a la iluminación espiritual. Expreso mi opinión de que los hassassins compartieron sus conocimientos secretos con templarios escogidos.

Podemos imginar fácilmente que estos caballeros iluminados continuaron practicando y enseñando doctrinas místicas que diferían mucho del catolicismo ortodoxo. Tampoco creo que haya que esforzarse mucho para creer que aquellos que sobrevivieron de entre los caballeros iniciados hayan continuado enseñando estas doctrinas. Y que, con el transcurso del tiempo, estos individuos y sus estudiantes hayan evolucionado hasta constituir grupos más formales, como los movimientos rosacrucianos y masónicos de épocas posteriores.

Usted escibe acerca de una "unión mítica" entre hassassins y templarios.

Lo que quiero decir con unión mítica no es que yo puedo llevarlo a usted a un archivo secreto subterráneo que está en algún lugar y mostrarle un certificado, firmado por Hasan-i Sabbah, en que se reconoce a Hughes de Payens, fundador de los templarios como un digno hermano —pues tal documento no existe. No puedo, o no quiero, dar detalles acerca de cada matiz del parecido que encuentro entre las creencias o estructuras de los hassassins y los templarios, y de la supervivencia de éstas en el ocultismo moderno. Mientras escribía mi libro, literalmente sentía cómo las secas brisas del desierto acariciaban mi piel. Me pregunté en qué aspectos me era necesario dar detalles para sustentar mi hipótesis y en cuáles podía contar con la intuición del lector para que éste alcanzara conclusiones similares a las mías. En términos simples, "ahí está el cartel indicador", usted ha ingresado en el reino donde se mezclan realidad e imaginación. ¿Se entrelazan? En mi vida, sí. A medida que maduro, encuentro mi mayor deleite en aquellas zonas donde los datos históricos legítimos se convierten en trampolín de mi creatividad imaginativa. En otras palabras, ya no disfruto de los "hechos especulativos", que son el reino, tal vez, de los muy jóvenes o muy alucinados.

Volviendo a los illuminati, Dan Brown afirma que estuvieron activos en la Roma de comienzos del siglo XVII, y que Galileo y Bernini pueden haberse contado entre sus integrantes secretos.

Dan Brown recurre al mito de los illuminati, que será explicado en cierto detalle en mi próximo libro. La conexión entre pensamiento espiritual y ambición política es muy antigua. Es un argumento que puede tener un gran atractivo superficial. ¿No deberían los verdaderamente sabios tener mayor poder en la sociedad que las fuerzas brutas del militarismo y la riqueza o que el potencial para el caos de la soberanía individual?

Los illuminati bávaros eran la conspiración política ideal. En el momento actual de mi investigación, he llegado a creer que su doctrina era más secular que espiritual. Si es así, ello ayuda a explicar su éxito. Buscaban candidatos a la iniciación que fuesen ricos y poderosos. A diferencia de, por ejemplo, los hassassins, que exigían una adhesión rigurosa a los dictados de su fe, los illuminati podían ser más oportunistas en su reclutamiento.

¿Cree usted que la interrelación de ambos grupos llega más lejos? Por ejemplo, que exista una relación entre los illuminati históricos, los templarios y los hassassins?

No. Hubo una relación histórica entre los templarios y los hassassins medievales. No hubo relación entre ninguno de estos grupos y los illuminati. Están separados en lo temporal por casi medio milenio. Al igual que con muchas cosas en estos temas, existen ambigüedad y oportunidad para la especulación. Se ha supuesto, lógicamente, que los sucesores de los templarios, traicionados por los reyes de Europa y por el Papa, odiaban a la monarquía y al papado. Como esta posición era la de los illuminati históricos, muchos escritores han notado ese parecido. Algunos han sugerido que la Revolución Francesa de 1789, que exhibe mucha influencia de los illuminati fue inspirada en parte por un deseo de venganza por la destrucción de los templarios unos cuatro siglos antes de ésta. Sin embargo, nada de esto es histórico. Dan Brown entreteje todos estos hilos en un maravilloso tapiz de ficción que es divertido para leer, y ofrece al mismo tiempo una imaginativa sugestión de autenticidad.

¿Qué le parece a usted la forma en que Brown entrelaza a los illuminati con la historia masónica, una sociedad secreta dentro de otra sociedad secreta?

Eso es absolutamente histórico. Weishaupt empleó la red masónica existente para difundir las enseñanzas de los illuminati y llevar adelante sus esfuerzos de reclutamiento. Sus procedimientos eran secretos. Atraían a hombres de convicciones filosóficas que estaban en condiciones de pensar fuera del marco del cristianismo ortodoxo, fuese éste católico o protestante. La masonería tenía un concepto de una jerarquía que develaba gradualmente secretos a los que se accedía con tiempo y esfuerzo. Personas ricas y aristocráticas acudían a la masonería, pues hacía ya tiempo que ésta se consideraba respetable. Se difundieron logias "illuminatizadas" en todo el movimiento masónico en Alemania, Austria y Francia.

¿Cuál es la tesis del libro sobre los illuminati que usted está traduciendo? ¿Puede decirnos algo acerca de la investigación sobre los illuminati que está llevando a cabo para su próximo libro?

El conocido traductor Jon Graham y yo estamos colaborando en la traducción, edición y producción de una edición en inglés (que saldrá en la primavera de 2006) de la obra sobre los illuminati más precisa, académica y respetada que existe, *Los illuminati bávaros y la francmasonería alemana*, de René Le Forestier. El objetivo del autor era explorar la orden de los illuminati y la relación de ésta con la masonería a través de fuentes documentales originales. Mi libro, *The Illuminati as History and Myth*, presentará un retrato preciso de los illuminati históricos, además de explorar la corriente de pensamiento que les dio origen y de rastrear su influencia sobre la ideología y las organizaciones revolucionarias y conspirativas hasta el presente.

¿Cree usted que los illuminati siguen activos? ¿Existe alguna historia sobre el papel que desempeñaron en los siglos XIX y XX?

Ésa es una pregunta compleja cuya respuesta ha metido a escritores, cuerdos en otros aspectos, en una conejera como la de *Alicia en el País de las Maravillas*, mientras que a otros los ha conducido a disparates tan absurdos que incluyen a la vida extraterrestre en la conspiración. Sin embargo, creo que hay mucha evidencia de que las conspiraciones políticas sí existen. Tengo intención de discutir esto a fondo en mi libro. Mi objetivo es saltar por encima de la conejera, o, al menos, llevar conmigo un paracaídas, de modo de poder informar con precisión acerca de la geografía, flora y fauna de ésta. Como aún me faltan unos años para publicar, prefiero limitarme a decir que la historia de la sociedad occidental desde la época de los illuminati (excluyendo a la Revolución Americana) ha demostrado la existencia de una creciente ética revolucionaria en lo social y lo político, el objetivo de la cual parece ser un tiranía (por lo general) benévola del planificador social "experto" —el gobierno universal de una clase dominante estadista que surge directamente de las fantasías conspirativas planteadas por Adam Weishaupt en el siglo XVIII.

Secretos de la tumba: dentro de la sociedad secreta más poderosa —y conectada— de América

ENTREVISTA CON ALEXANDRA ROBBINS

Alexandra Robbins es una escritora y conferenciante cuyos libros incluyen *Pledged: The Secret Life of Sororities* [*Juramentada: la vida secreta de las confraternidades estudiantiles femeninas*] y *Secrets of the Tomb: Skull and Bones, the Ivy League, and the Hidden Paths of Power* [*Secretos de la Tumba: Cráneo y Huesos, la Ivy League y las sendas ocultas del poder*].

Ángeles y Demonios trata de oscuras sociedade cuya influencia sólo es comparable a su secreto. ¿Es posible que organizaciones como las que imagina Dan Brown sigan existiendo a lo largo de los siglos? Y, si es así, ¿cómo conservaron su estructura y objetivos? ¿Cómo hicieron para evitar que sus integrantes revelaran lo que sabían?

Por más de ciento cincuenta años, los Estados Unidos han tenido una genuina sociedad secreta, con un cuartel general impenetrable, vínculos con ciudadanos prominentes y objetivos no declarados que han alimentado las más paranoicas teorías de la conspiración. Una poderosa red, unida por iniciaciones, rituales y una afinidad con el poder: esto es Skull and Bones *[Cráneo y Huesos], la más destacada sociedad secreta de Yale, que tiene alcances muy públicos. Sus objetivos son más triviales que los de los ficticios* illuminati *de Brown —por ejemplo, hasta donde se sabe, no impulsan un complot para destruir la Iglesia católica. Pero se habla en voz baja de un vínculo: supuestamente, la sociedad de Yale fue fundada en 1832 como capítulo estadounidense de una sociedad secreta alemana no identificada, que algunos creen que se trata de los* illuminati *bávaros. Este nexo es puramente especulativo, pero* Skull and Bones *es un ejempo viviente de cómo el secreto y el poder nos fascinan a todos.*

En su libro Secrets of the Tomb: Skull and Bones, the Ivy League, and the Hidden Paths of Power, *Alexandra Robbins,* periodista, ex alumna de Yale y, durante su último año de estudios, integrante de una sociedad vinculada a *Skull and Bo-*

*nes indaga en los misterios detrás de la principal conspiración de los Estados Unidos.
Usando su privilegiada condición de iniciada, Robbins entrevistó a más de cien de los
normalmente discretos* bonesmen [*literalmente "hueseros", como se llama a los integrantes de Skull and Bones*]. *Describe el origen, desarrollo e influencia de lo que ha terminado por ser la sociedad secreta favorita, y más temida, de los Estados Unidos, y llega a una irónica conclusión: el poder de ésta se alimenta de nuestra participación activa
en el mito.*

*¿Puede darnos un rápido vistazo de qué es Skull and Bones y de qué influencia
puede tener?*

Skull and Bones es una organización basada en la Universidad de Yale y
fundada hace casi doscientos años, que mucha gente cree que maneja una
gobierno secreto mundial. Los integrantes de Skull and Bones han incluido tres presidentes, funcionarios de la CIA y destacados hombres de negocios. Skull and Bones siempre se las ha arreglado para que sus secretos no
sean conocidos por los no iniciados, lo que ha hecho que ésta fuese una historia particularmente difícil de investigar. Incorporada bajo el nombre de
Russell Trust Association, Bones tiene un fondo fiduciario de cuatro millones de dólares (lo cual no es tanto como la gente imagina), es propieta-
ria de una isla privada en el río San Lorenzo), hace que sus miembros rea-
licen ciertas actividades extrañas, y centra su pograma en torno de ideas de
muerte, poder y devoción a una diosa.

La influencia de Skull and Bones es particularmente notable en el área de
la función pública, aunque no realiza servicios comunitarios. En la elección
presidencial de 2004 se enfrentaron dos hombres de Bones, pues tanto John
Kerry como George W. Bush, así como el padre de este último, son hombres de Skull and Bones.

*Skull and Bones tiene una interesante estructura organizativa. Cuéntenos cómo y
por qué se reclutan nuevos integrantes, cómo se estructura la organización en Yale
y cómo se perpetúa y mantiene esa organización.*

Durante décadas, los estudiantes del primer año de Yale, conocidos como
juniors, se reunían en un patio un jueves de abril a esperar que los estudiantes de último año o *seniors* salieran de la tumba [como se conoce a la sede
de Skull and Bones, un imponente edificio también conocido como el Templo, que es exclusivamente empleado por integrantes de Skull and Bones
y los sirvientes de éstos] y les dan un toque en el hombro a los nuevos candidatos. Aunque en Yale había otras sociedades secretas además de Skull
and Bones, recibir el toque de los Bones se consideraba el más alto honor,
pues significaba que un estudiante realmente se había destacado en Yale.

El Día del Toque era la más importante de las festividades de Yale, un espectáculo público que dejaba a tantos hombres conmocionados —a muchos llorando, y a otros horizontales, pues se desmayaban por la ansiedad— que muchos padres se negaban a enviar a sus hijos a Yale para salvarlos de la posible humillación de ser rechazados por una sociedad secreta.

El actual Día del Toque, que aún tiene lugar un viernes de la segunda o tercera semana de abril, es más bien una Noche del Toque privada. Las principales sociedades dan su toque en un día que se da a conocer por adelantado por medio de un anuncio en el *Yale Daily News*. El proceso generalmente se lleva a cabo en la habitación de un estudiante de los cursos inferiores o en una habitación especialmente preparada en un edificio del campus, y los resultados ya no se anuncian, como antes, en la prensa. Dentro de lo posible, la iniciación se mantiene en secreto durante el resto del año y si es posible, durante más tiempo.

El "toque" de Skull and Bones históricamente se ha precedido con una lúgubre presentación "pretoque". Más o menos una semana antes de la Noche del Toque, un integrante de la sociedad le dice a cada uno de los quince *juniors* seleccionados que la sociedad tiene intención de darle el toque a él o a ella. Un memo de los Bones referido a esta presentación le dice al reclutador que: "La privacidad de la sociedad, que es nuestra mayor fuerza, no debe ser comprometida de modo alguno. Debemos evitar a toda costa crear la impresión de que estamos interesados en persuadir a los candidatos de que acepten nuestro ofrecimiento".

Algunas clases o *clubes* —como se llama a los cada camada de integrantes de la Skull and Bones— dan su toque en forma creativa. Se afirma que en 1975, un *junior* fue metido en un avión privado. En pleno vuelo, el avión pareció precipitarse en picada, momento en el cual se le planteó al candidato la pregunta crucial: "Skull and Bones ¿aceptas o rechazas?"

Después del toque, los caballeros (que es como se llama a los quince *seniors*) le dan a cada uno de los neófitos un paquete donde se indica al candidato o candidata que esté en su habitación entre las ocho y las doce de la siguiente noche de lunes. Esa noche, por lo general también entre las ocho y la doce, el protocolo tradicional de los Skull and Bones indica que un equipo de cuatro caballeros —"un orador, dos 'sacudidores' [*shakers*] y un guardián"— visitan al aspirante. Los dos *shakers* se paran frente al orador y los tres se dirigen a la puerta del candidato. Cuando se abre la puerta, el orador, siempre de pie detrás de los *shakers*, pregunta con voz "firme", "¿Neófito [nombre]?". Una vez que el aspirante se identifica, los *shakers* lo toman por los brazos y lo arrastran hasta un ángulo del baño. El guardián cierra la puerta y el orador anuncia, "Mañana por la noche, a la hora designada, sin llevar metal, azufre, ni vidrio, parte de la base de Harkness Tower y camina hacia el sur por la calle High. No mires hacia la derecha ni hacia la izquierda. Pasa por los sagrados pilares Hércules y apróximate al Templo. Toma el buen Libro en tu mano izquierda y golpea tres veces los sagrados portales. Recuerda lo que hayas oído aquí, pero calla".

La advertencia respecto del metal y el vidrio es para proteger al neófito, quien será hecho pasar a empellones de una habitación de la tumba a otra en el transcurso de la iniciación. A los candidatos se les dice que no lleven azufre debido a una tradición previa a la invención de los encendedores, tiempo en el cual los caballeros llevaban fósforos al templo. Todo esto precede a la iniciación que es aún más complicada e imaginativa que las ceremonias del toque.

Qué se necesita para ser candidato al toque de Skull and Bones es simple: buscan hombres o mujeres que se hayan distinguido en el campus y que, por lo tanto, posiblemente aporten honor y gloria a la sociedad después de su graduación. Es como un Quien es Quien de los años iniciales de Yale. La lista de alumnos que pertenecieron a Skull and Bones es prestigiosa y por lo tanto se espera que los nuevos integrantes sigan esas huellas ilustres. Las únicas excepciones se hacen cuando se trata de quienes tuvieron predecesores ilustres, como es el caso de George W. Bush, cuyo padre y abuelo fueron dos de los hijos favoritos de Skull and Bones. Ha habido unos diez integrantes de la familia Bush-Walker en Skull and Bones.

Cuéntenos por qué Skull and Bones es un tema tan popular entre los aficionados a las teorías de la conspiración. Usted dice que "la gran conspiración que rodea a esta sociedad se origina en verdades a medias y en nuestra voluntaria complicidad". ¿Puede explayarse un poco sobre esto? ¿Cree usted que se aplica a todas las conspiraciones? ¿Qué me dice de las conspiraciones en las que no están implicadas sociedades reales como la Skull and Bones?

Las teorías conspirativas construyen una matriz a partir de una serie de eventos. Crean orden en el caos, lo cual, en cierto modo, es tranquilizador. Tal vez sea más tranquilizador creer que hay una institución que maneja los hilos desde la oscuridad que aceptar que pueden pasar cosas terribles sin motivo.

Los aficionados a las teorías de las conspiraciones prefieren que no haya sociedades secretas reales como Skull and Bones. Pero una organización poderosa, o aparentemente poderosa como Skull and Bones puede servir como explicación prolija y convincente a eventos que no tienen una explicación de esas características. He aquí un ejemplo: oí la teoría conspirativa de que Skull and Bones había arrojado la bomba atómica. Me sonó rebuscada, pero aun así, quise verificarla. Me enteré de que durante la Segunda Guerra Mundial, el Departamento de Guerra estaba dominado por hombres de los Bones. Henry Stimson, un leal *bonesman*, quien estaba convencido de que sólo quienes revistaran en Skull and Bones o tuvieran un linaje por el estilo eran hombres de mérito, fue designado secretario de Guerra por Roosevelt en 1940. Stimson convocó a varios integrantes de Skull and Bones, poniendo a algunos de ellos a cargo de lo que en esencia era supervisar la construcción y empleo de la bomba atómica. Así que ¿puede decirse que los integrantes de Skull and Bones detonaron la bomba? Al parecer, tuvieron mucho que ver con eso. ¿Y Skull and Bones complotó desde la "tumba" de New Haven para arrojar la bomba? Eso es dudoso. Pero es fácil ver dónde empieza la zona de incertidumbre.

Estas verdades a medias quizá sean un indicio de por qué las conspiraciones son tan adaptables para la ficción. Yo creo que los lectores, al llegar al fn de una novela, prefieren entender que hay orden y organización detrás de episodios aparentemente aleatorios. Eso es lo que proveen las teorías de la conspiración.

¿Qué diferencia y qué asemeja a Skull and Bones de conspiraciones de naturaleza más especulativa —como los illuminati, villanos de Ángeles y Demonios, *de Dan Brown, que puede o no existir en una encarnación moderna?*

Lo que destaca a Skull and Bones es ante todo su éxito visible. Tal vez Skull and Bones no gobierne al mundo en secreto, pero sí ha dado una cantidad de integrantes que han tenido gran influencia en el mundo. De allí han salido ambos presidentes Bush y el presidente William Howard Taft; los senadores Prescott Bush, John Kerry y John Chafee; Mc George y William Bundy; Henry Luce y Britton Hadden, cofundadores de Time, Inc., grandes hombres de negocios como W. Averell y Roland Harriman y Percy Rockefeller; e intelectuales y escritores como William Buckley y Archibald Mac Leish. La lista es interminable.

El objetivo de Skull and Bones es difundir la riqueza y el poder por su red. Y parece tener éxito. George W. Bush a propuesto o designado a una cantidad de integrantes de Skull and Bones a cargos prestigiosos en su administración. William H. Donaldson, el titular del ente de regulación finanaciera, la Security and Exchanges Comission, Edward McNally en el consejo general de la Oficina de Seguridad Territorial y el Fiscal Asociado, general Robert D. McCallum Jr. son todos integrantes de Skull and Bones.

Regresemos sobre un punto que usted mencionó antes. ¿Puede decirnos algo sobre la supuesta relación entre Skull and Bones y los illuminati? Las especulaciones sobre tal conexión ¿conciernen sólo a los aficionados a las teorías conspirativas, o hay alguna base histórica para éstas?

No soy experta en los illuminati, de modo que sólo puedo decirle lo que sé sobre la historia de Skull and Bones. Durante el año lectivo 1832-33 en Yale, el secretario del capítulo Phi Beta Kappa de Yale era el valedictoriano Wiliam H. Russell, de la clase de 1833. Russell había estudiado en Alemania, donde al parecer se había vinculado a una sociedad secreta alemana que probablemente tuviera al cráneo y los huesos como insignia. Cuando regresó a Yale, se enfureció al encontrarse con que Phi Beta Kappa había sido despojada de su carácter secreto debido al reinante fervor antimasónico, de modo que supuestamente decidió crear una sociedad más poderosa que mantuviera su carácter secreto. Ese club, el Eulogian Club —que no tardó en cambiar su nombre por el de Skull and Bones— supuestamente era el capítulo estadounidense de la sociedad alemana en la que Russell se inició durante su estada en el exterior. La idea de que era la dependencia estadounidense de una socedad europea queda clara en un discurso titulado "El Eulogian Club: Discurso Histórico Pronunciado ante nuestra Venerable Orden en ocasión del Trigésimo Aniversario de la Fundación de nuestro Capítulo americano en New Haven, 30 de julio, 1863, jueves por la tarde". La tumba está llena de artefactos y frases germánicas. Y una de las canciones tradicionales de la sociedad tiene la melodía de *Deutschland über Alles*. Como sea, no sé de ninguna evidencia que específicamente confirme o no el nexo entre los illuminati y Skull and Bones.

¿Qué nos puede decir acerca de la amplitud y la profundidad de Skull and Bones en la historia y la cultura política de los Estados Unidos?

Lo que hace que la lista de integrantes y la influencia de Skull and Bones sean tan impresionantes es que nunca hay más de ochocientos integrantes vivientes al mismo tiempo. Y algunos de estos integrantes parecen haber recurrido a la ayuda de Skull and Bones tanto como ésta recurre a ellos para su prestigio. George W. Bush es el ejemplo perfecto de cómo una poderosa red de ex alumnos de elite puede propulsar a un modelo de mediocridad a la presidencia. A partir de su primer trabajo, al dejar la universidad, parece haberse basado en Skull and Bones para obtener dinero y contactos a lo largo de toda su carrera. Aun en su negocio con los Rangers, única empresa que la gente cree que él obtuvo por sus propios medios, había involucrado al menos un integrante de Skull and Bones. Como presidente, Bush pareció seguir un programa Skull and Bones al designar a integrantes de la sociedad en cargos prestigiosos.

¿Por qué Skull and Bones —del mismo modo, por lo que parece, que muchas sociedad secretas— tiene un sabor tan característico, incluyendo las obsesiones con la muerte, la inspiración poética, la imaginería macabra y los rituales arcanos?

Probablemente haya más de una razón para eso. Una es que esas sociedades se basan en tradiciones de otras épocas. El programa de Skull and Bones no ha cambiado mucho desde el siglo XIX. Otra podría ser que cuanto más extrañas sean las experiencias que se comparten, al ser parte de algo que los de afuera no pueden siquiera imaginar, más es de esperar que los participantes cimenten su vínculo. Creo que ése es el motivo por el cual en Skull and Bones los candidatos deben recitar su historia sexual en cuanto son iniciados (en septiembre de su último año de estudios). Al forzarlos a compartir sus experiencias más íntimas entre ellos, Skull and Bones une a sus integrantes. El año en la Tumba tiene como objetivo crear amistades sólidas entre los quince miembros, probablemente porque para el momento en que se gradúen, será menos probable que revelen los secretos de Skull and Bones, porque hacerlo significaría traicionar a sus catorce nuevos amigos. También le atribuiría a esto los motivos fúnebres, ritual arcano, e imaginería macabra. Como me dijo un *bonesman*, siempre está dispuestos ayudar a uno de sus coiniciados, aunque más no sea porque pasaron juntos por algo tan extraño.

Usted es integrante de Scroll and Key [Pergamino y Llave] una sociedad secreta de Yale, como Skull and Bones. ¿Que ganó con su inclusión en esa sociedad?

Se recurrió a mí por mis condiciones de escritora. A cada una de las quince integrantes mayores se le asigna un papel específico; el mío incluía la redacción de un informe cada dos semanas. Scroll and Key es similar a Bones en que es una de las sociedades más antiguas de Yale y que tiene una prestigiosa nómina de integrantes, rituales extraños y una tumba. También, al igual que a los *bonesmen*, se nos servía comidas de varios platos como comienzo de nuestras reuniones de las noches de jueves y domingos. No gané nada por integrar esta sociedad durante mi período en Yale. Me gustaba ser miembro porque allí había un par de personas cuya amistad me agradaba. Pero más allá de esto, la sociedad secreta fue una pérdida de tiempo, con una excepción. Uno de los motivos por los cuales pude lograr que tantos *bonesmen* hablaran conmigo es porque hice parte de un grupo afín.

En general, el retrato de Skull and Bones que usted traza es más bien benigno —una poco habitual sociedad de influencia mutua, a pesar de su reputación como una oscura conspiración política o social. ¿Hay algo en su influencia que a usted le parezca motivo de preocupación?

No creo que a las personas que representan a nuestro país, y en particular el Presidente de los Estados Unidos, se les deba permitir que tengan compromisos con ninguna sociedad secreta. El secreto arroja dudas sobre la democracia. Necesitamos cierta transparencia en nuestro gobierno si es que queremos que los funcionarios que elegimos rindan cuentas de sus acciones. No creo que sea una coincidencia que el gobierno de actitudes más secretas que los Estados Unidos hayan tenido desde Nixon esté encabezado por un miembro de una de las más infames de las sociedades secretas del mundo.

"No fui en busca de los illuminati: ellos vinieron a buscarme a mí"

Entrevista con Robert Anton Wilson
Robert Anton Wilson ha trabajado como futurólogo, novelista, dramaturgo, poeta, conferenciante y cómico. Es coautor, con Robert Shea, de la trilogía *Illuminatus! Trilogy*

Según los historiadores convencionales, los illuminati existieron durante poco más de una década a fines del siglo XVIII. Su disolución por parte del gobierno bávaro y el arresto de muchos de sus integrantes más destacados terminó con cualquier influencia signficativa que puedan haber tenido en la historia mundial.

Robert Anton Wilson ha hecho más que ningún otro individuo de nuestros tiempos por resucitar el mito de los illuminati. Junto a Robert Shea, escribió la Illuminatus! Trilogy, *una vasta y ramificada épica de ochocientas páginas que cubre veinte mil años de historia conspirativa, en la que Wilson propone una superconspiración que entrelaza los grupos y episodios más disímiles, desde el hundimiento de la Atlántida al asesinato de Kennedy. El libro, que incorporaba una extensa gama de literatura conspirativa, publicado por primera vez hace tres décadas, se convirtió en un clásico de culto y un punto de encuentro para la naciente contracultura. Dan Brown indudablemente leyó los libros de Wilson en el transcurso de su investigación para* Ángeles y Demonios. *Algunos elementos de los illuminati, según los representa Brown, parecen originarse directamente en las páginas de R.A. Wilson.*

Aunque la desatada fantasía de Wilson llega a veces a lo absurdo, su conocimiento acerca de las teorías conspirativas reales e imaginarias y sus extrañas e inventivas ficciones lo identifican como un experto en los illuminati, y de la persistente presencia de éstos en la ambigua frontera entre el hecho histórico y la ficción paranoica.

Wilson es un moscardón intelectual, cuya obra, además de las teorías de la conspiración y los illuminati, incorpora ciencia ficción, neurología, ocultismo, nueva tecnología, cultura, política, magia negra y física cuántica. Tanto en su obra de ficción como en la de no ficción, Wilson despliega una vívida imaginación que yuxtapone ideas habituales en la historia y la ciencia con inverosímiles teorías alternativas que desconciertan, cuestionan y entretienen —y enloquecen de indignación a sus críticos. Aquí, Wilson comparte su interés por lo conspirativo, sus esfuerzos por subvertir los consensos reinantes sobre realidad a través de la provocación y algunas de las fuentes que inspiraron su épica de los illuminati.

¿Qué despertó su interés inicial por los illuminati?

En cierto sentido, no fui en busca de los illuminati, sino que ellos vinieron a buscarme a mí. En la década de 1960, tuve un amigo llamado Kerry Thornley. El fiscal de distrito de Nueva Orleans, Jim Garrison, lo acusó de complicidad en el asesinato de Kennedy. El caso estaba construido en torno del hecho de que Kerry y Oswald habían servido en el mismo pelotón de infantes de marina en Japón y vivían a pocas cuadras uno de otro en Nueva York. Garrison consideraba que esto era complicidad pero Kerry, antes de experimentar un viaje de LSD particularmente malo, lo tomó como una coincidencia. Considerando las consecuencias que tuvo, yo lo llamo sincronicidad.

Thorney había tenido muy tenues vínculos con un grupo en la Universidad Berkeley de California que se llamaban a sí mismos illuminati bávaros, que tenían cargos con títulos tales como Judío Internacional, Banquero Internacional, Sumo Sacerdote de Satán, etcétera —obviamente, una broma a costas de los paranoicos de derecha. Muchos de los amigos de Kerry, incluyéndome a mí, decidieron darles mucha más fama a los illuminati bávaros y poner a Garrison sobre una pista falsa. Teníamos muchos contactos en el mundo de las publicaciones. Un grupo llamado Misa Negra infiltró el *L.A. Free Press*, afirmando ser afro-illuminati. Hicimos aparecer en *Teenset*, y también en *Spark*, un periódico de izquierda, aseveraciones de que el intendente de Chicago, Richard Daley, era un illuminatus. Hicimos aparecer docenas de historias como ésa en diversas publicaciones. *Playboy* mencionó que uno de los investigadores de Garrison, llamado Chapman, estaba investigando seriamente a los illuminati. Después de eso, Bob Shea y yo escribimos la *Illuminatus! Trilogy* y a partir de entonces ya nadie ni nada pudo separar la realidad de la sátira.

Desgraciadamente, en algún momento entre 1970 y 1972, Kerry tuvo el mal "viaje de conspiración cósmica" que lo mutó. Se convenció de que él realmente había hecho parte del equipo que asesinó a JFK, pero involuntariamente, como en la película *The Manchurian Candidate*. Al principio, sólo creía que tanto a él como a Oswald les habían lavado el cerebro en la infantería de marina. Luego, se volvió más elaborado —mucho más elaborado— e involucró a platos voladores nazis, y todo tipo de cosas feas ocultistas, incluyendo lavados de cerebro de la CIA y "voces" implantadas en sus empastes dentales. A continuación, decidió que todos sus amigos, incluido yo, éramos, como él, robots con el cerebro lavado o "administradores" de la CIA, y se hizo cada vez más difícil comunicarse con él. Como dijo Nietzsche: "Ten cuidado cuando contemples el abismo, porque el abismo te contemplará a ti".

Creo que finalmente Garrison coincidió con todo el mundo en que Kerry había perdido la chaveta. Garrison retiró todas sus acusaciones. En el último encuentro que tuvieron, Kerry le dijo que se fuera al infierno. Si quiere más detalles, lea *The Prankster and the Conspiracy: The Story of Kerry Thornley and How He Met Oswald and Inspired the Counterculture* [*El bromista y la conspiración: la historia de Kerry Thornley y de cómo conoció a Oswald e inspiró la contracultura*], de Adam Gorightly.

¿Cómo hizo para investigar sobre los illuminati? ¿Qué motivó su investigación inicial?

Yo tenía una actitud absolutamente carente de escrúpulos, o, al menos, de dogmas. Mi objetivo no era demostrar una hipótesis, sino obligar a los lectores a abrir sus mentes. Toda fuente con la que daba sólo debía pasar una prueba ¿cuestionaba la realidad consensuada? Si era así, la metía en la novela, tanto si me parecía plausible como si me parecía totalmente delirante. En las treinta y nueve teorías diferentes sobre los illuminati que aparecen en la *Illuminatus! Trilogy*, puede haber alguna que se aproxime más a la realidad que las otras treinta y ocho, pero mi opinión sobre ello no me parece más válida que la de otra persona cualquiera. No quería que los lectores regurgitaran mis suposiciones; quería que pensaran por sí mismos.

Si su objetivo era socavar la realidad consensuada, ¿equivale ello a decir que sus sugerencias deben ser tomadas como afirmaciones históricas, sólo que más nuevas o más radicales? ¿O la ficción misma, como mito o épica alternativa, socava la realidad consensuada?

Considero que todos los mapas y modelos son ficción; Darwin, el Génesis, Einstein, Joyce: todos parecen buena ficción. Claro que algunos modelos son más útiles que otros para una u otra época. Pero no creo que nadie, ni siquiera yo, haya sido lo suficientemente inteligente como para haber creado un modelo que sea útil en toda época y en cualquier circunstancia y que nunca necesite revisión. Creo que las personas que creen tener un modelo de esas características son estúpidas, las llamo *modelteístas*. La realidad consensuada —o lo que se da por generalmente sabido— requiere muy especialmente esta clase de escepticismo porque por lo general nadie se pone en el caso de cuestionarla.

¿A dónde lo condujo su investigación? ¿Cuáles fueron las más profundas de las fuentes que consultó —la clase de libro que Dan Brown pueda haber consultado antes de escribir Ángeles y Demonios?

Los libros de Francis Yates, en especial *Giordano Bruno and the Hermetic Tradition, The World Stage* y *The Rosicrucian Enlightenment* [*Giordano Bruno y la Tradición Hermética, El escenario mundial* y *La Iluminación Rosacruciana*]; Aleister Crowley, en especial *The Book of Lies* [*El libro de las mentiras*]; Baigent, Lincoln y Leigh, *Holy Blood, Holy Grail* [*Santa Sangre, Santo Grial*]; Gérard de Sède, *La Race Fabuleuse* [*La raza fabulosa*]; Michel Lamy, *Jules Verne, Initiate et Initiateur* [*Julio Verne, iniciado e iniciador*]; Robert Temple, *The Sirius Mystery* [El Misterio de Sirio].

Usted les da mucha importancia a las conexiones esotéricas y ocultistas de los illuminati. *¿Los grupos de esas características pretenden que los* illuminati *hacen parte de su linaje?*

El destacado ocultista Aleister Crowley, jefe de la Ordo Templis Orientalis [la Orden Templaria del Este, una organización esotérica que combina la iniciación masónica con rituales mágicos y ocultistas] incluye al fundador histórico de los illuminati, Adam Weishaupt entre los 114 santos del gnosticismo en su Misa Gnóstica Católica. En esa lista tambien figuran otros supuestos allegados a los illuminati: Jacques de Molay, Richard Wagner, Ludwig II de Baviera. Ésos son vínculos indirectos, puesto que afirmar algo no es lo mismo que demostrarlo. La revista de Crowley, *The Equinox*, lleva como subtítulo, *Periódico de Iluminismo Científico*. Eso tiene el significado que usted quiera darle.

A los ocultistas los atraen organizaciones como los illuminati porque la iniciación oculta emplea la experiencia de la misma forma que las Iglesias emplean el dogma. Una orden iniciática idealmente te hace cambiar de opinión al menos con la misma frecuencia con que una persona cuerda cambia de ropa interior.

¿Qué opina acerca de la sugerencia de Dan Brown de que los illuminati *estuvo constituida originariamente por científicos, racionalistas y librepensadores, algunos de los cuales adoptaron la violencia y el terrorismo?*

Parece plausible, pero no comprobado. Variaciones de ese tema aparecen en mis novelas históricas, en particular *The Widow's Son* [*El hijo de la viuda*]. Sin embargo, yo habría hecho que el líder fuera Giordano Bruno [el filósofo, científico y hereje italiano quemado en la hoguera por la Inquisición en el 1600] más bien que Galileo, pues a Bruno la Inquisición lo acusó de formar sociedades secretas (nótese el plural) para oponerse al Vaticano. Se puede leer más al respecto en el libro de Francis Yates sobre Bruno. Bruno, con un pie en la Cábala y otro en la ciencia parece un adecuado líder para un submundo científico-ocultista muy semejante a la actual cultura de las drogas.

Además, creo que Bruno es particularmente interesante porque los dos científicos más controvertidos de mi época —el doctor Wilhelm Reich y el doctor Timothy Leary, ambos encarcelados debido a sus libros— sentían que Bruno había anticipado sus ideas. Tengo una fuerte sospecha de que Bruno practicaba la misma Cábala sexual que Aleister Crowley.

¿Realmente hubo integrantes de los illuminati arrestados, torturados y asesinados por la Iglesia como afirma Dan Brown en Ángeles y Demonios*?*

Brujas, supuestas brujas, científicos, homosexuales, judíos, cualquiera que tuviera opinión propia, sufrieron a manos de la Inquisición. Imagino que también habrán caído algunos illuminati.

¿Cree usted que los illuminati han persistido hasta el presente?

Tal vez. Algunas personas creen que yo soy uno de sus líderes. Mae Brussel [una personalidad radial y teórica de la conspiración de mediados del siglo XX] me acusó de ser un illuminatus en una revista llamada *Conspiracy Digest*. En la siguiente edición, confesé que así era, agregando que David Rockefeller me paga personalmente en barras de oro. Creí que así mejoraría mis posibilidades de obtener un crédito, pero al parecer la única que me creyó fue Mae. Lyndon Larouche también ha dicho que soy un illuminatus, y también lo dice una radio cristiana que oigo a veces. También he oído informes de que hay otras radios cristianas que regularmente predican cotra mí.

Usted rastrea la existencia de los illuminati en y a través de virtualmente toda sociedad secreta conocida para los teóricos de la conspiración, tanto antes como después de los illuminati históricos del siglo XVIII. ¿Hay sucesos históricos en lo que se reconozca su impronta? ¿De qué son verdaderamente responsables los illuminati?

El alto precio del combustible y el hecho de que ya no se consiga plomero en los fines de semana.

Ángeles y Demonios sugiere que los illuminati se ocultaron dentro de los masones como una sociedad secreta dentro de otra sociedad secreta, ¿eso es cierto?

Ciertamente parece haber ocurrido así en la Europa del siglo XVIII. Después de entonces, me parece más dudoso. El *Proofs of a Conspiracy* de John

Robison [el libro que comenzó la histeria anti-illuminati en la Europa de 1798] no muestra indicios de lo que considero el estilo paranoico de pensamiento. Tiene sentido, aun para mí, que no simpatizo con su perspectiva cristiano-monárquica. Además, su afirmación de que los illuminati se habían adueñado de una importante parte de la masonería continental en torno de 1776-1800 parece ser aceptaba por fuentes "respetables" como *Rousseau y la revolución* de Durant, el *Beethoven* de Solomon y hasta la *Encyclopaedia Britannica*. Dudo acerca de las posteriores expansiones del iluminismo en la masonería mundial, pues todas esas afirmaciones provienen de libros excéntricos, que huelen fuerte a paranoia y que no tienen ni el más remoto sustento respetable.

¿Cree usted que los illuminati estaban activos cien años antes de Weishaupt en Baviera? ¿Estuvieron alguna vez asociados a Galileo?

Diría que más bien con Giordano Bruno, Johannes Kepler y John Dee.

¿Qué nos puede decir acerca de la amplitud y profundidad de la participación de los francmasones en la historia, cultura política y simbolismo oficial de los Estados Unidos? ¿Qué le impresiona como particularmente interesante o digno de nota acerca de esta vinculación presuntamente auténtica?

Los whigs de Inglaterra, los demócratas jeffersonianos en los Estados Unidos y los francmasones han tenido cierta influencia mutua, pero llevaría unas quinientas páginas aclarar "cuál le hizo qué a quién cuándo". Pero sí creo que la primera enmienda representa, casi con certeza, la más clara influencia masónica en la historia de los Estados Unidos. La masonería, en todas sus órdenes y logias se compromete a combatir la superstición y la tiranía y promover la tolerancia religiosa. El principal objetivo de la primera enmienda es evitar que una religión avasalle a todas las demás —no porque ése fuese un peligro ni siquiera teórico en la época, pero sí porque fue lo que mantuvo a Europa en guerra durante los trescientos años en que la francmasonería, el libre mercado y el libre pensamiento evolucionaron como parte del nuevo eón [término que habitualmente se emplea en el sentido de punto de inflexión de inmenso significado en la historia humana, en este caso, el cambio del Medioevo al Renacimiento, a la cultura del iluminismo] que destruyó el feudalismo y perpetró esa maldita constitución.

Dan Brown menciona, pero no explica demasiado la relación entre el Hassassin, sus supuestos ancestros los hassassins o Hashishiin y los illuminati. ¿Qué sabe acerca de los hassassins, sus orígenes y destino?

Hassassin es un nombre occidental para lo que más correctamente se denomina secta ismaelita del islam, cuya actual cabeza es el Aga Kan. En

1092 dC, Hassan i Sabbah era su jefe. Inventó el *agente durmiente*, un hombre que se hacía pasar por integrante del bando opuesto y en realidad trabajaba para Hassan. Convirtió a sus contemporáneos en hombres modernos, lo cual no les agradó. Nadie podía confiar en nadie. Habitualmente asesinaban a líderes de grupos que se oponían a los ismaelitas. Según la leyenda, sólo actuaban cuando su víctima estaba a punto de invadir territorio ismaelita. Me agrada creer que esto era así; es romántico y siniestro al mismo tiempo.

¿Hay una presunta relación con los illuminati?

Tanto los illuminati como los ismaelitas, al igual que la francmasonería, usan un sistema iniciático jerárquico. El secreto final del rango superior de los isamelitas era, se dice, "nada es verdad, todo está permitido". A los contemporáneos de Hassan tampoco les agradó eso. Algunos dicen que el secreto final de los illuminati de Weishaupt era similar. Crowley formuló la misma idea en "Haz tu voluntad será toda la Ley". Los necios permanecen en su propio nivel; los escépticos ascienden. Se puede llamar al orden a un imbécil, pero no se lo puede hacer pensar.

¿Esa relación es un hecho histórico? ¿O un eslabón inventado por los teóricos de las conspiraciones?

Encontré ese dato en la *Historia de las sociedades secretas* de Draul, que no es es absoluto un libro conspirativo. No sé si es verdad o no, pero suena verosímil. El vínculo del hachís entre Sabbah y Weishaupt es una broma que inventé yo. Dije que Weishaupt había estudiado la obra de Sabbah y luego se había puesto a cultivar su propia marihuana. Ulteriormente, un tipo llamdo Don Jodd se ganó la vida en el circuito fundamentalista presentando ésa y otras bromas como hechos solemnes. Me deleita que haya personas capaces de creer algo así, pues confirma mi opinión sobre el bajo nivel de inteligencia del pueblo estadounidense. Las más altas órdenes místicas y los tipos más altos de racionalismo no difieren en absoluto. Probablemente, los rangos inferiores de los Hassassin fuesen tan ignorantes como cualquier otra banda de musulmanes o cristianos. Pero la dirigencia coincidiría con Buda y con Bertrand Russell: todo lo que puede ser creído es una sobresimplificación y, por lo tanto, no tiene sentido.

Usted conoce la trama de Ángeles y Demonios. *¿Qué clase de fuentes ficticias o conspirativas detecta usted allí?*

Inmodestamente, veo mucha influencia mía. Y de muchos de los libros (que pretenden ser no ficción) acerca de priorato de Sion.

Dan Brown identifica a sus illuminati con el deseo de esclarecimiento científico. Sin embargo, se refunde está reputación con satanismo y otras formas de ocultismo debido a la estrechez de miras de la Iglesia. ¿Con qué otros temas se ha identificado a los illuminati, en los hechos y la ficción?

Cuando uno se mete en la literatura acerca de los illuminati se encuentra con que se los culpa por el anarquismo, el fascismo, el sufismo, las manipulaciones extraterrestres, las serpientes de mar y hasta los círculos de los campos de cultivo. La conspiración de los illuminati es un coto de caza ideal para aquellas mentes que han perdido su equilibrio.

¿Qué tienen las teorías conspirativas que las hacen tan adecuadas para ser tratadas como ficción?

Vivimos en una era de creciente incertidumbre. Los más grandes escritores, como Joyce, usan esa incertidumbre de modo filosófico, y lo autores populares de novelas de espías también la usan. Ya nadie sabe en quién confiar. Si usted vio la nueva versión de *The Manchurian Candidate*, ¿no se ha preguntado todavía cuántos robots implantadas hay en su oficina, su partido político o —¡gulp!— sus líderes religiosos?

En su obra, así como en buena parte de las teorías conspirativas más recientes, se presentan conspiraciones concéntricas, metidas una dentro de otras como cajas chinas. Todas parecen llevar a otra, o vuelven unas a otras como una serpiente que se muerde la cola. ¿Qué es lo que tiene la teoría conspirativa que hace que las conspiraciones se retroalimenten incesantemente?

Al igual que la confianza, la sospecha crece con la experiencia. Cuanto más sospecha uno, más encuentra cosas de las que sospechar. Originariamente, Kerry Thornley sólo sospechaba que dos de sus amigos eran robots, pero finalmente sospechó de todos. El abate Barruel, que es la fuente original de la paranoia anti-illuminati, originariamente sólo sospechaba de los illuminati, pero después comenzó a sospechar de los judíos, los ingleses, los banqueros, los árabes y de todos los que no fuesen jesuitas y franceses como él. Probablemente, hacia el fin de su vida también sospechara de algunos jesuitas.

Uno de los personajes de su Illuminatus! Trilogy *comienza a ver conexiones conspirativas en todo —en la numerología (la ley de los cincos), en la historia, en la literatura de toda categoría, en la política, el folclore, etcétera. Una vez que se comienza a aceptar la verosimilitud de las conspiraciones ¿Es inevitable este tipo de caída libre? ¿Qué nos puede enseñar la conspiración a cerca de los diferentes modos de conocimiento?*

Yo sospecho de muchas cosas, pero no creo en nada. Tras encontrarme a la ley de los cincos en todas partes, ya no pretendo saber nada con certeza.

Ello me ha llevado a formular lo que denominé la *lógica del tal vez*, en la cual las ideas no se consideran verdaderas o falsas sino dotadas de distintos grados de probabilidad. Si otros teóricos de la conspiración llegasen a aprender esto, no sonarían tan parecidos a los paranoicos y la gente se los tomaría más en serio.

La *lógica del tal vez* es una combinación de semántica general, programación neurolingüística y budismo —los tres como métodos de control de la mentira, no como dogmas. En una ocasión, me afilié por un año a la Flat Earth Society [Sociedad de la Tierra Plana] sólo para cuestionarme a mí mismo. No aprendí mucho con ese experimento, pero fue divertido. Sólo predico que todos pensaríamos y actuaríamos con más cordura si tuviésemos que usar a menudo el "tal vez". ¿Puede usted imaginar un mundo en que Jerry Fallwell vociferara "tal vez Jesús fuese hijo de Dios y tal vez odiase a los gay tan violentamente como los odio yo"? ¿O que en cada torre del islam resonara el grito de "tal vez no hay otro Dios que Alá y tal vez Mahoma es su profeta?"

¿Qué piensa usted de la línea narrativa general que Dan Brown parece dar por sentada y que conecta siete mil años de historia mediante conocimiento secreto transmitido a través de una sucesión de sociedades secretas?

Los felices viven en un universo feliz, los tristes en uno triste. Los materialistas, en uno materialista, los espiritualistas en uno espiritual. Los "hechos" se adaptan al relleno y al sistema de filtrado del cerebro del observador. Con setenta y dos años, le aseguro que hay muchísimas más cosas que no sé que las que creo que sé. Sospecho que Dan Brown tiene tanto sentido del humor como yo, pero elige ocultar ese hecho. Me gustarían más sus libros si su profesor no viniera de Harvard sino de Miskatonic.

4

¿Dos ventanas al mismo universo? La discusión ciencia versus religión

*Comprender el universo: el acto de fe que da origen a la ciencia
• Uso y abuso de las muy citadas afirmaciones de Einstein
sobre religión y ciencia • La hipótesis de la intervención divina
• El argumento para considerar a la ciencia como "equivalente
mental de un virus de computación" • Por qué es necesario un
mutuo reconocimiento, ya que no reconciliación • Por qué es
probable que la fe tenga una causa cerebral orgánica.*

La biblioteca de Leonardo Vetra

POR ARNE DE KEIJZER

Cuando Robert Langdon entra en el estudio de Leonardo Vetra, sus ojos se fijan en tres libros, todos los cuales se encuentran en bibliotecas y librerías reales: *The God particle* [*La partícula Dios*], *The Tao of Physics* [*El Tao de la Física*], y *God: The Evidence* [*Dios: la evidencia*]. Esa elección claramente refleja la fascinación de Vetra (y podemos suponer que también la de Brown) con el intento de reconciliar el conflicto cuyos orígenes se atribuyen a Galileo: religión de un lado, ciencia del otro. ¿Están en conflicto naturalmente o es posible algún tipo de relación mutua? Los libros de ese estante parecen prometer una reconciliación. La cápsula de antimateria de Vetra promete el anti-Grial: fisión en vez de fusión.

Dos de esos libros reflejan adecuadamente la intención del novelista de caracterizar a Vetra como "científico religioso". En su libro *God: The Evidence*, Patrick Glynn, director asociado del instituto para políticas comunitarias de la Universidad George Washington, argumenta que las condiciones milagrosas que han coincidido para hacer posible la existencia del mundo son prueba irrefutable de la obra de Dios. Para Glynn, cuanto más avanza la ciencia, más pruebas descubre de la presencia de un creador.

Del mismo modo, la obra de Fritjof Capra, *El Tao de la Física*, fusiona ciencia y religión. Pero aquí nos metemos en un laberinto. ¿Vetra habría tendido al enfoque de Capra, que se centra en el budismo, el hinduismo y el taoísmo? (Aunque ciertamente, a Vittoria Vetra le habría interesado, dado su conocimiento de la meditación? Tal vez Langdon no vio un libro posterior de Capra, *Belonging to the Universe* [*Pertenecer al universo*], que examina específicamente cristianismo y ciencia —al fin y al cabo, en ese momento a Langdon lo distraía la presencia de un cadáver en el suelo.

El libro menos relevante acerca del tema entre los que están en los estantes de Vetra es *The God Particle* de Leon Lederman. Lederman, físico ganador del Premio Nobel, apenas si se refiere a la coexistencia de ciencia y religión. Cuando compara ambos campos, Lederman llega a la conclusión de que, "la física no es religión. Si lo fuera, nos sería mucho más fácil obtener dinero". Lederman, un físico brillante, le puso ese título a su libro para enfatizar su creencia de que las preguntas acerca de los orígenes cosmológicos se encuentren más probablemente en la física que en la creencia religiosa. Su "partícula Dios" es un juego de palabras.

En el supuesto de que Vetra tuviese otros libros sobre este tema en sus anaqueles, es interesante especular respecto de cuáles serían. Hay un muy amplio espectro de opinión disponible, desde científicos como Steven Weinberg y Richard Dawkins, que niegan absolutamente la existencia de una fuerza divina, hasta Alan Padgett, un profesor de teología sistemática que, en *Science and the Study of God* [*La ciencia y el estudio de Dios*] argumenta que "lo que la ciencia aprende de la religión es que Dios es creador del mundo y que es bueno y racional".

Entre los que creen que la intervención divina desempeña algún papel está John Polkinghorne, físico que se hizo sacerdote, quien dice que "Dios participa de todo lo que ocurre, pero no necesariamente es la causa inmediata de todo lo que ocurre".

Otro matiz de opinión en este debate es el que afirma que ciencia y religión no tienen significado la una sin la otra. Greg Easterbrook, quien contribuye con una columna sobre religión en Beliefnet.com, resume este punto de vista con una cita de Einstein: "La ciencia sin la religión es coja, la religión sin la ciencia es ciega". Otra destacada voz de este debate es la del físico de Princeton Freeman Dyson. Ganador del premio Templeton para el progreso en la Religión del año 2000, Dyson cree que "la ciencia y la religión son dos ventanas por las cuales la gente mira, tratando de entender el gran universo que está ahí afuera y de entender por qué estamos aquí. Las dos ventanas dan a distintas perspectivas del mismo universo".

Yendo un paso más en la dirección de "independientes pero a la par" hay científicos como Stephen Jay Gould, que creía que la ciencia y la religión "son dos magisterios que no se superponen", en un eco de la posición de Galileo de que la ciencia se ocupa de lo empírico mientras que "la red de la religión se extiende sobre cuestiones de valor y significado moral". El astrónomo Neil deGrasse Tyson, un desarrollo de cuya visión se incluye en este capítulo, cree que aunque la ciencia continuará eclipsando el punto de vista creacionista que proponen muchas religiones, creer que la ciencia desplazará a la religión es "una grosera sobreestimación del poder y el alcance de la ciencia".

Finalmente, están aquellos que podrían coincidir con la afirmación de Nietzsche de que "Dios ha muerto" y que creen que la ciencia de mediados del siglo XX ha confinado las creencias religiosas al ámbito de lo ilógico e irracional. Steven Weinberg, físico ganador del Premio Nobel ve a la ciencia como la progresión que gradualmente terminará con el mito de Dios. Afirma que grandes científicos como Galileo, Bruno, Newton, Hubble y Darwin aniquilan una a una las afirmaciones que hace la religión. Dice Weinberg: "sólo existen los átomos y el espacio vacío; todo lo demás son opiniones".

Richard Dawkins, a quien se entrevista en este capítulo es aún más ácido. En uno de sus agudos ataques a la fe, desafía a la religión a ponerse a la altura o callarse la boca: "O admitan que Dios es una hipótesis científica y dejen que sea sometida a los mismos cuestionamientos de cualquier hipótesis científica o admitan que no tiene más status que las hadas y ondinas".

Tal vez estos científicos, aunque no sean tan resentidos como el Maximilian Kohler de Dan Brown, compartan con el ficticio director del CERN un profundo cinismo en lo que respecta a la Iglesia y a las Iglesias de todo tipo. Por lo menos, los científicos de hoy, como Weinberg y Dawkins no corren riesgo de ser perseguidos por la Inquisición.

Finalmente, están aquellos que parecen dirigirse a un lugar más allá del debate. Preguntan: "Para empezar ¿por qué necesitamos creer?". En este capítulo, Dean Hamer explora la posibilidad de que exista un "gen de Dios", un impulso biológico, fuerte en algunos, casi inexistente en otros, que nos lleve a alguna forma de espiritualidad. Hannah de Keijzer explora la intersección de la religión y la ciencia desde la perspectiva de la ciencia cognitiva.

Podemos agradecerle a Dan Brown por haber abierto una ventana a este fascinante reino de las "grandes ideas", permitiéndoles a los lectores pensar acerca de cuál sería su ubicación en este espectro de opinión —y si aún ocupan ese lugar después de leer *Ángeles y Demonios*.

Rezar en la iglesia de Einstein, o cómo descubrí la Regla de Fischbeck

Por George Johnson

George Johnson, autor de *Fire in the Mind: Science, Faith and the Search for Order* [*Fuego en la mente: ciencia, fe y la busca del orden*] escribe sobre ciencia para el *New York Times* desde Santa Fe, Nueva México, y ha ganado el premio AAAS al periodismo científico. Su séptimo libro, *Miss Leavitt's Stars*, será publicado por Norton en la primavera de 2005.

En los últimos años de su vida, Albert Einstein consideraba que se le había dado una mala reputación. Es cierto que había hablado con mucha soltura en el pasado. "No puedo creer que Dios juegue a los dados con el universo" exclamó en cierta ocasión, exasperado por la represible aleatoriedad de la física cuántica. Y cuando quiso expresar su convicción de que las leyes de la naturaleza, por más que a veces sean oscuras, tienen un orden y son comprensibles para la mente humana, dijo: "El Señor es sutil, pero no malicioso".

Nunca sospechó que sería tomado tan literalmente, y en formas tan interesadas —haciéndolo aparecer como un devoto religioso, una suerte de figura emblemática del quijotesco intento de soldar el cisma entre ciencia y religión que comenzó cuando Galileo fue obligado a abjurar de su creencia de que el Sol, no la Tierra, está en el centro del cosmos.

"Por supuesto que lo que se dijo sobre mis convicciones religiosas era una mentira, una mentira que se repite en forma sistemática", se queja Einstein en una carta escrita el año anterior a su muerte: "No creo en un Dios personal, cosa que no sólo no he negado, sino que expresé claramente. Si hay algo en mí que puede ser llamado religioso, es mi ilimitada admiración por la estructura del mundo en tanto ésta puede ser revelada por la ciencia".

"Dios" para él no era más que una metáfora para las reglas que los científicos descubrían desde hacía cientos de años. Y la autoridad suprema eran esas leyes. En vísperas de realizar un monumental experimento para poner a prueba la sorprendente predicción de su teoría general de la relatividad —que la luz tiene masa y que ésta puede ser torcida por la gravedad del Sol— Einstein declaró irreverentemente que "si *no* se demuestra, lo lamento por el buen Dios, porque la teoría es correcta".

En última instancia, lo que decía era esto: que es el hombre, no Dios, quien merece el respeto más profundo. Einstein aseveraba que vivimos en un universo gobernado por un profundo orden matemático, no por los caprichos de un creador personal. Tal vez seamos lo suficientemente inteligentes como para dilucidar parte de éste por nuestra cuenta. "Soy un no creyente profundamente religioso", le escribió a un amigo, agregando, "en cierto modo, ése es un nuevo tipo de religión".

A lo largo de los años, la Iglesia de Einstein ha atraído algunos seguidores ilustres. Al final de su bestseller sorpresa, *Breve Historia del Tiempo*, Stephen Hawking que, hasta ese momento no había demostrado tener ni la menor inclinación religiosa, se explaya poéticamente respecto de que la ciencia está llegando a conocer "la mente de Dios". Se refería al descubrimiento de una serie de ecuaciones que unen a todas las fuerzas de la naturaleza —física pura y no adulterada. Pero él, o tal vez sus editores, sospecharon que las místicas invocaciones al Todopoderoso llamarían la atención y ayudarían a vender libros.

En un intento de equiparar la declaración de bienes de Hawking, otros científicos se han hecho eco de su afirmación, empleando a Dios no sólo metafóricamente sino a veces, cabe sospechar, con cierta ironía. Leon Lederman, Premio Nobel que se desempeña en el Fermilab, tituló a su libro (una popularización de la física de alta energía) *La Partícula Dios*. Éste fue el sobrenombre que él le dio al bosón de Higgs, una partícula hipotética que sirve como eslabón perdido en la muy buscada por la ciencia "teoría unificada". (Los físicos esperan descubrirla con el "colisionador de grandes hadrones" que están construyendo en el CERN). El Higgs, cuya existencia predicen las ecuaciones, eliminaría una de las últimas briznas de misterio que se interponen a la explicación científica del universo.

Algunos de los lectores de Lederman deben de haberse decepcionado al descubrir que el título no era más que una broma. Lo que enfáticamente *no* haría sería demostrar la existencia de un ser supremo. Más bien sería la piedra angular de una ambiciosa teoría que busca eliminar la necesidad de tales explicaciones místicas. De eso se trata la ciencia.

A juzgar por otros títulos del género ciencia popular, Dios también tiene que ver con la teoría del caos (*Does God Play Dice?* [*¿Juega Dios a los dados?*] de Ian Stewart, matemático y escritor de libros de ciencia) y la mecánica cuántica (*Sneaking a Look at God's Cards* [*Echándole un vistazo subrepticio a la baraja de Dios*], del físico italiano Giancarlo Gherardi). Un nuevo libro llamado *The God Gene* [*El gen de Dios*] del genetista Dean Hamer adopta otro enfoque: explicar científicamente por qué las personas buscan instintivamente una primera causa —por qué la fe está incorporada físicamente a nuestra programación genética.

Un rápido vistazo a la base de datos de Amazon.com descubre un amplio suministro de títulos similares: *God's Equation, The God Hypothesis... The Loom of God, The Mind of God, The Fingerprints of God, God and the New Physics, God in the Machine, God in the Equation* [*La ecuación de Dios, La hipótesis Dios... El telar de Dios, La mente de Dios, Las huellas digitales de Dios, Dios y la nueva física, Dios en la máquina, Dios en la ecuación*]... Mientras que algunos de estos escritores (no todos los cuales son científicos) adoptan aires teológicos sólo durante el tiempo necesario como para cocinar un título atrapante, otros realmente parecen creer que el propósito de la ciencia es encontrar evidencia de la existencia de un ser supremo —lo último que hubiera querido Einstein cuando involuntariamente echó a rodar este carro colina abajo.

La idea de que podía haber distintas formas de explicar cómo funciona el mundo me llegó a una edad temprana. Mi mejor amigo, Ron Light, y yo, aspirábamos a ser científicos, y ya habíamos intentado transformar papel de aluminio en oro con un ciclotrón casero y crear vida en el tubo de ensayo mezclando los ingredientes que figuraban en la lista de la *World Book Encyclopaedia* —carbón del que se usa para hacer barbacoas, fósforo de la punta de un fósforo, hidrógeno y oxígeno del agua. El punto culminante de la semana era cuando nuestro profesor de la escuela traía al aula un televisor en blanco y negro en el que veíamos un programa de un canal local de televisión abierta conducido por un cómico hombre de bigotes y bata blanca de laboratorio llamado George Fischbeck. Fischbeck, que era el Mr. Wizard de Albuquerque mezclaba sustancias extrañas, produciendo así espectaculares erupciones químicas. A veces visitaba la escuela, contaba bromas, nos enseñaba formas extrañas de dar la mano y hacía proselitismo en nombre de la ciencia.

Posteriormente, el doctor Fischbeck nos dejó para convertirse en hombre del pronóstico meteorológico televisivo en Los Angeles. Pero siempre recordé algo que dijo. Hablaba, creo, de cosmología —el big bang, cómo comenzó el universo— o tal vez de la teoría de la evolución o de cuantos eones había tardado en formarse el gran cañón del Colorado. Como sea, pensando que algunos de sus jóvenes televidentes podían sentir una punzada de incomodidad, nos advirtió gentilmente que no nos preocupáramos si algo de lo que el decía parecía diferir de lo que nos enseñaba en la escuela dominical.

La ciencia y la religión, nos aseguró el doctor Fischbeck alzando un índice admonitorio, son dos cosas distintas. Nunca hay que ponerlas juntas. "Nooooooo" dijo dramáticamente, meneando rápidamente la cabeza de forma de producir un vibrato y agitando su bigote.

Aun entonces, me pareció que en cierto modo era una cobardía. La Biblia decía que el universo, incluyendo a la Tierra, los animales y las personas, fue creado en siete días. La ciencia decía que había nacido con el big bang y había tomado miles de millones de años ¿Cómo podían ambas tener razón? ¿Y quién o qué estaban realmente a cargo? ¿Dios o las leyes de la física? El doctor Fischbeck no se adentró en los detalles de cómo se elegía ser deísta, lo cual consiste en creer que Dios creó las reglas y luego echó a andar el universo como si fuese un gigantesco reloj. O, como hacen muchos científicos, compartimentalizar, separando lo que uno aprendía en el laboratorio o en el observatorio de lo que uno profesaba en la Iglesia —lo cual, a no ser que uno fuese un fundamentalista convencido que cree en la verdad literal de la Biblia, no produce conflicto alguno.

Yo sabía algo acerca de los fundamentalistas pues un sábado por la noche había visto una repetición de *Inherit the Wind* [*Heredarás el viento*], una versión ficcionalizada del "juicio del mono", en el cual un maestro de Tennessee llamado John T. Scopes era acusado por enseñar evolución. Spencer Tracy hacía el papel del abogado Scope (en la vida real, éste había sido el gran Clarence Darow) y Frederic March era el fiscal. Comiendo mis palomitas de maíz, me puse firmemente del lado de Tracy, sin imaginar que, años más tarde, esos cómicos creacionistas regresarían bajo la guisa de "científicos de la creación" que exigían el mismo lugar en las aulas que sus oponentes. La evolución no es más que una teoría ¿verdad? Entonces lo justo era que se enseñara a la par de otra teoría: que todo comenzó cuando Dios dijo "hágase la luz".

El doctor Fischbeck debe de haber quedado espantado. Supuestamente, la ciencia trata acerca de la forma en que el mundo funciona. La religión trata de la ética y la moral —cómo debería comportarse la gente. Si se los mezcla, será como mezclar polvo de hornear y vinagre, te explotan en la cara.

No siempre fue así. Antes de Galileo, sólo existía la teología, que tenía la última palabra acerca de todo lo que tenía que ver con este mundo y el prójimo. No se percibía la existencia de un conflicto entre ciencia y religión, lo cual hizo que para Copérnico, primer gran defensor del sistema heliocéntrico o centrado en el Sol, fuera perfectamente natural ser doctor en ley canónica —la ley de la Iglesia. Se dedicaba a la astronomía en su tiempo libre. Kepler, quien refinó la teoría de Copérnico, convirtiéndola en la que aceptamos hoy, inicialmente quiso ser teólogo. Creía que su cosmología (en la cual los planetas giraban alrededor del Sol en órbitas elípticas) era un reflejo de lo divino, una celebración de Dios.

Galileo fue quien insistió en llevar más allá los límites. Roma le había dado permiso para escribir acerca de la cosmología heliocéntrica en tanto lo presentara como un mero sistema de cálculo —una herramienta que a los astrólogos les serviría para predecir eclipses y calcular las posiciones de los planetas. Para el Vaticano, lo que era teológicamente más correcto seguía siendo el geocentrismo ptolomeico del siglo II, en que la Tierra era el foco de la atención del Creador. A partir de ese postulado, el antiguo filósofo había construido un universo giratorio en el que los planetas y el Sol orbitaban en torno de una Tierra inmóvil en complejos patrones rizados, un abrumador despliegue de "deferentes" y "epiciclos" —círculos dentro de círculos que podían ser regulados en forma arbitraria para girar a cualquier velocidad. Era cuestión de disponerlos de determinada manera para explicar cualquier observación astronómica. Tal vez pareciera una estructura incómoda pero, ¿qué importaba eso? Dios podía hacer lo que quisiera. Cuando, el cuarto día de la creación, dijo "que haya luces en el cielo", el Gran Decorador de Interiores buscaba un estilo rococó.

La Iglesia, a diferencia del tosco acusador de *Heredarás el viento*, estaba adoptando lo que en realidad era una muy sofisticada posición filosófica —afirmaba que, a fin de cuentas, tanto el geocentrismo como el heliocentrismo no eran más que modelos, inventos de la mente humana. Lo único que podía decirse con certeza era que se veían lucecitas en el cielo nocturno. La mayor parte de esas luces —las estrellas— realmente parecían moverse en círculo en torno de la Tierra (que ciertamente, no parecía moverse). Algunas otras —los planetas— recorrían complejas sendas y a veces incluso parecían invertir su marcha y moverse para el otro lado. Ptolomeo y Galileo simplemente explicaban el fenómeno mediante distintos marcos de referencia. El solo hecho de que fuera posible construir tales modelos era una maravilla digna de ser celebrada. Pero el hombre, con sus sentidos falibles y razón imperfecta, mal podía pretender discernir por sí mismo cómo se movían *realmente* estrellas y planetas. Para hacerlo, uno tendría que mirar desde afuera del universo, desde el privilegiado punto de vista de Dios.

Galileo fingió acatar la doctrina de validez equivalente que proponía la Iglesia, aceptando presentar al heliocentrismo como una mera teoría. Luego, hizo lo que mejor le pareció, y escribió su magnífico *Diálogo acerca de los dos principales sistemas del mundo*, en el cual tres nobles italianos discuten animadamente de astronomía, favoreciendo claramente el punto de vista copernicano. Aún es entretenido de leer —Galileo fue el primer gran escritor popular de ciencia. Pero es imposible leer el libro y considerar que está presentando su sistema heliocéntrico como sólo una herramienta de cálculo astronómico, que fuera, en el mejor de los casos, un rival en igualdad de condiciones del geocentrismo. Presentarlo de esa manera habría sido la forma de escapar fácilmente por la tangente. Pero presentando un argumento tras otro —desde piedras que caen desde torres hasta caballos al galope, hasta las fases de Venus, similares a las de la Luna y los satélites de Júpiter— construyó una persuasiva hipótesis de que la Tierra realmente se mueve, y que es sólo uno de los muchos objetos que orbitan en torno del Sol.

Por supuesto que no se salió con la suya. A fin de cuentas, sus poco entusiastas argumentos en defensa del statu quo los puso en boca de Simplicio, a quien Galileo adjudica el papel de idiota. A ojos de la Iglesia, el que el geocentrismo, con suficientes ajustes, sirviera igualmente bien para predecir los movimientos planetarios, no contribuyó a la causa de Galileo. Tampoco ayudó el hecho de que la versión específica de Galileo fuese tan rebuscada como la que pretendía remplazar. Obcecado en la idea de que las órbitas debían ser perfectamente circulares —consideraba que las elipses correctamente postuladas por Kepler eran un disparate— se vio obligado a emplear tantos epiciclos como Ptolomeo para que sus cálculos coincidieran con la realidad.

La versión de Galileo del heliocentrismo no tenía mucho sustento. El argumento definitorio —que un cosmos basado en la tierra no tiene sentido desde el punto de vista físico— sería formulado una generación más tarde por Isaac Newton. Los astrónomos de la época de Galileo no tenían más que la más remota de las ideas acerca de qué era lo que mantenía la cohesión del sistema solar. (Kepler jugó con la posibilidad de que se tratara de la fuerza de atracción de la luz solar). Si Galileo hubiera contado con una teoría de la gravedad tal vez hubiera podido defender su caso con más fuerza ante sus inquisidores. ¿Cómo —podría haber preguntado— algo tan grande como el Sol y las estrellas podía girar alrededor de algo tan pequeño como la Tierra? Pero en lugar de eso, se retractó y pidió disculpas.

En algún lugar de mi colección de literatura científica absurda hay un documento, escrito por un creacionista llamado James Hanson llamado "Nuevo Interés en el Geocentrismo". El principal apoyo de su teoría es el famoso experimento Michelson-Morley de 1887. Empleando una ingeniosa disposición de espejos, los científicos proyectaron dos haces de luz: uno se movía en la misma dirección que la Tierra, otro en ángulo recto a su trayectoria. Partían de la base de que el primer haz, impulsado por el movimiento de la Tierra, iría un poco más rápido. Con gran sorpresa, descubrieron que la velocidad de ambos haces era exactamente la misma, fenómeno que después explicaría la teoría especial de la relatividad de Einstein. Sin embargo, Hanson era partidario de otra explicación: el experimento Michelson-Morley demostraba que, como dice la Biblia, la Tierra está inmóvil. Agréguense unos epiciclos y se logrará que el Sol, las estrellas y los planetas giren en torno de nosotros. Es una ingeniosa pieza de ingeniería religiosa, pero un fundamentalista religioso extraterrestre podría calcular de esa misma manera un universo en cuyo centro estuvieran Marte, el cometa Halley o la Luna. Dados una serie de datos, se los puede disponer de muchas maneras distintas. Hay infinidad de piedras sobre las cuales construir.

Otros creacionistas han reelaborado las ecuaciones de la física nuclear de modo que la datación radioactiva "pruebe" que la Tierra, como dice en la Biblia de los fundamentalistas, sólo tiene ocho mil años de antigüedad —cifra que se obtiene sumando todas las generaciones (todo eso de tal engendró a tal, que engendró a tal otro) del Antiguo Testamento. Si se juega un poco con la teoría de los campos electromagnéticos se podrá cambiar la velocidad de la luz, demostrando así que el universo pudo haber sido creado en siete días. Una teoría es tan buena como otra cualquiera. Que florezcan cien cosmologías y que cien geologías disputen.

Pero eso sería hacer trampa. Una teoría, en el sentido que los científicos le dan a la palabra no es meramente una opinión, sino una tesis con consistencia lógica que ha sido puesta a prueba y refinada y vuelta a poner a prueba —la mejor explicación que se encuentra para un fenómeno en particular. Si puede decirse que la iglesia de Einstein tiene un dogma, éste sería más o menos así: que el universo es comprensible, que puede ser explicado mediante leyes matemáticas precisas (cuanto más simples mejor), y que las leyes que prevalecen en las cercanías de la Tierra son las mismas que rigen en el resto del cosmos, o, si varían, ello se debe a alguna otra ley.

Nada de esto puede ser demostrado. Es posible que todo lo que nos digan nuestros sentidos acerca del mundo sea una ilusión, que la razón y la lógica de las que nos enorgullecemos sean tan carentes de sentido y arbitrarias como las reglas de un videojuego, que la verdadera gran teoría unificada ya haya sido expresada por los autores de la Biblia... o los del Corán, el Rig Veda o el libro egipcio de los muertos.

Pero ésa es una posibilidad lúgubre. No da una razón ni una recompensa a nuestra curiosidad, haría del universo un lugar aburrido y deprimente en que vivir. Pero bueno, siempre contamos con la vida después de la muerte.

En 1999 se me invitó a participar en un simposio del Parlamento de las Religiones Mundiales en Ciudad del Cabo, Sudáfrica. Supe que me estaba dirigiendo al lugar correcto cuando me dirigí al mostrador de *check-in* para el vuelo que partía desde Miami. Allí había indios hopi con vinchas y largas trenzas, baptistas sureños negros con su ropa de los domingos, afroamericanos vestidos con dashikis, sikhs con turbantes —todos metiéndose en ese vuelo de dieciocho horas, una suerte de arca de Noé de creencias surtidas. Escenas parecidas se desarrollaban en aeropuertos de todo el mundo a medida que miles de personas se congregaban en Ciudad de Cabo para esa parranda espiritual.

Cuando llegué, las calles estaban atestadas de zulúes, hindúes, budistas, zoroastrianos, episcopalistas, musulmanes, sufis, católicos... con excepción de un grupo de manifestantes fundamentalistas musulmanes (que insistían en que el encuentro ecuménico era una celada del "Gran Satán") todos parecían decididos a entenderse.

Este "diálogo" de ciencia y religión —al formar parte en él yo estaba desobedeciendo la regla de Fischbeck— era sólo un espectáculo introductorio al evento principal, pero le dimos lo mejor de nosotros. Había presentaciones sobre "El jainismo y la ecología", "Ética confuciana y la ecocrisis", "Cosmoquímica y el origen de la vida". Y había una serie de conversaciones sobre cosmología (la mía era una fantasía acerca de arqueólogos extraterrestres que excavaban las ruinas de la Tierra y deducían que allí había existido un curioso mito de la creación, algo acerca de un big bang).

Inevitablemente, alguien sacó un tema que es ineludible en las conferencias religión-ciencia —aquello de las "increíbles coincidencias". Al parecer, si la velocidad de la luz o un número de la teoría cuántica llamado constante de Planck... o cualquiera de éstos fuese muy ligeramente distinto de como es, entonces las leyes de la física no habrían permitido que las estrellas, incluido nuestro Sol, se formaran. Las estrellas funcionan cocinando una mezcla de hidrógeno y helio —los elementos simples, livianos— hasta convertirlos en otros más complejos, el carbón, el fósforo y todos los otros que Ron Light y yo habíamos mezclado para crear la vida. Si no hubieran existido las estrellas, no habríamos existido nosotros.

De modo que, al fin de cuentas, tal vez sí somos especiales. Ése era el argumento del orador. Si se comienza con el postulado de un Dios que creó el universo para beneficio de sus criaturas y se construye un sistema científico en torno de esa idea, entonces es evidente que los parámetros universales fueron sintonizados cuidadosamente para que emergiera la vida. El ser supremo ajustó cuidadosamente los diales de su máquina creadora, pulsó un botón y así apareció el hormiguero cosmológico que tanto hemos llegado a conocer y amar.

Pero hay otra interpretación, menos cálida: que se trata de mero, ciego azar. Algunos científicos amortiguan el golpe invocando el principio antrópico: si el universo no hubiera resultado ser como es, entonces no estaríamos aquí para teorizar sobre él. Bendita sea la Santa Tautología. (Como corolario, tal vez una inteligencia totalmente diferente, seres de pura energía o de números puros —¿quién sabe qué?— podía haber surgido en vez de nosotros). Algunos cosmólogos incluso especulan con que el big bang en realidad produjo una multitud de universos diferentes, cada uno de ellos inaccesible para todos los demás debido a las diferentes reglas bajo las que funcionan. Naturalmente, nos encontramos en una de las minúsculas fracciones del universo donde existe la vida. Los otros son interminables terrenos baldíos.

No existe un privilegio ni observación que favorezca a uno antes que a otro de estos escenarios. Eso sería pedirle demasiado a la ciencia Se trata de las inverificables especulaciones de la metafísica —es decir, lo que está más allá de la física— que ni siquiera califican como teorías. Siempre quedará algún residuo de misterio.

Una vez que han rastreado todo hasta el big bang, a los científicos no les queda más que dar un paso atrás y contemplar, maravillados. Nadie puede decir qué lo precedió ni por qué ocurrió. Aun si hubiera una hipótesis matemática plausible, a la ciencia aún le quedaría explicar de dónde salió la matemática misma. En el principio, Dios dijo, "que exista el cálculo". En este punto, la ciencia deja de tener respuesta y cada uno queda libre de creer lo que mejor le parezca. Siempre quedará algún residuo de misterio.

Realmente es un poco raro, cuando uno se pone a pensarlo, que el cerebro, forjado por la evolución con el propósito de sobrevivir en la tercera roca a partir del Sol— sea capaz de aparecerse con cosas como quarks, electrones, cuásares y agujeros negros, de entender un poquito acerca de lo que es el universo. Ése es el acto de fe donde comienza la ciencia.

"Somos como un niño pequeño entrando en una biblioteca inmensa", escribió Einstein. "Las paredes están cubiertas hasta el techo de libros en muchos idiomas diferentes. El niño sabe que alguien debe haber escrito esos libros. No sabe quién, ni para qué. No entiende los idiomas en que están escritos. Pero el niño nota que claramente hay un plan en la disposición de los libros —un orden misterioso que no comprende, pero sí intuye vagamente".

Como dijo Einstein en una ocasión, lo más incomprensible del universo es que sea comprensible en algún grado.

¿Hace falta un diseñador divino?

Por Paul Davies

Reproducido con permiso de Simon & Schuster Adult Publishing Group de *The Mind of God: The Scientific Basis for a Rational World* por Paul Davies. Copyright 1992 por Orion Productions. Todos los derechos reservados. Paul Davies es profesor de física matemática en la Universidad de Adelaide en Australia.

Una de las áreas más disputadas en la batalla entre ciencia y religión es la discusión acerca de si el universo fue diseñado o si se trata de un accidental capricho cosmológico. Para muchos científicos, el big bang y el darwinismo son suficiente evidencia como para descartar la teoría de un universo con un diseñador. Pero para otros, el principio antrópico, que afirma que las condiciones del universo fueron puestas en marcha específicamente para la creación del hombre siguen siendo convincentes. Paul Davies, profesor de física matemática en la Universidad de Adelaida, Australia, y autor de varios libros sobre el tema, está en un punto intermedio entre ambos bandos, aunque se inclina hacia el lado que considera que el universo es algo más que un capricho del destino.

En este extracto de su libro The Mind of God, *el profesor Davies arguye que las leyes de la física que permitieron la aparición de la humanidad deben de haber sido diseñadas. Pero, en un acertijo intelectual que hubiera fascinado a Leonardo de Vetra tanto como, por cierto, al camarlengo, ¿por quién y para qué? ¿Debe ese diseñador ser considerado "Dios", o al menos lo que las religiones generalmente entienden por el término Dios? No parece inclinarse hacia esa conclusión.*

El mundo natural no es una mezcla cualquiera de entidades y fuerzas, sino un esquema matemático maravillosamente ingenioso y unificado. Sin duda que el ingenio y la inteligencia son cualidades innegablemente humanas, pero así y todo, es imposible no atribuírselas también a la naturaleza. ¿Es éste un ejemplo más de la forma en que proyectamos sobre la naturaleza nuestras propias categorías mentales, o se trata de una genuina cualidad intrínseca del mundo?

Hemos llegado muy lejos desde los tiempos del reloj de Paley. [Paley fue un teólogo del siglo XVIII que desarrolló la analogía de que el relojero es al reloj como Dios es al universo. Así como un reloj, con su complejidad y su diseño inteligente tiene que haber sido diseñado por un artesano inteligente, el universo, con su intrincada complejidad debe de haber sido hecho por un creador inteligente y poderoso]. El mundo de la física de partículas es [sabemos ahora] más parecido a un crucigrama que a un mecanismo de relojería. Cada nuevo descubrimiento es un indicio, que se resuelve con algún nuevo eslabón matemático. A medida que se acumulan los descubrimientos, se van "llenando" más y más cuadros del crucigrama, hasta que se ve emerger un patrón. En este momento, aún hay varios espacios sin resolver en el crucigrama, pero ya hay atisbos de su sutileza y coherencia. A diferencia de los mecanismos, que con el tiempo pueden evolucionar lentamente hacia formas más elaboradas u organizadas, el "crucigrama" de la física de partículas ya está hecho. Sus interrelaciones no evolucionan, simplemente están allí, en las leyes implícitas. Simplemente, no nos queda más que aceptarlos como asombrosos hechos primarios o buscarles una explicación más profunda.

Según la tradición cristiana, esta explicación más profunda es que Dios ha diseñado la naturaleza con considerables ingenio y habilidad y que lo que hace la física de partículas es revelar parte de ese diseño. Si se acepta esto, la pregunta siguiente es ¿para qué ha creado Dios ese diseño? Al buscar la respuesta a esta pregunta, debemos tomar en cuenta las muchas "coincidencias" [centrales al] principio antrópico y a los requerimientos de los organismos biológicos. La aparente "sintonía fina" de las leyes de la naturaleza necesaria para el surgimiento de la vida consciente en el universo conlleva entonces la clara implicación de que Dios ha diseñado el universo de modo de permitir que emerjan esa vida y esa conciencia. Significaría que nuestra existencia en el universo es un elemento central del plan de Dios.

Pero, ¿el diseño necesariamente implica un diseñador? John Leslie dice que no... En su teoría de la creación, el universo existe como "imperativo ético". Escribe: "Un mundo que existiera como resultado de una necesidad ética, sería exactamente igual a éste, con la misma riqueza de evidencia aparente del toque de un diseñador, tanto si esa necesidad requiriera, como si no, de actos creativos dirigidos por una inteligencia benévola para manifestar su influencia". En síntesis, un buen universo parecería diseñado para nosotros aun si no lo fuera.

En *The Cosmic Blueprint* [*Los planos del cosmos*] escribí que el universo luce *como si* se desarrollara según un plan... [y] que algo de *valor* surge como resultado del procesamiento que tiene lugar según un ingenioso sistema de reglas previas. Esas reglas lucen *como si* fuesen producto de un diseño inteligente. No sé cómo puede negarse esto.

Si uno prefiere creer que realmente *han* sido diseñadas, y de ser así, por qué clase de ser, seguirá siendo una asunto de gustos personales. Mi posición personal es suponer que calidades tales como el ingenio, la economía, la belleza, y todas las demás tienen una genuina realidad trascendente —no son mero producto de la experiencia humana— y que estas cualidades se reflejan en la estructura del mundo natural. Ignoro si estas mismas cualidades son las que hicieron surgir el universo. De ser así, uno podría considerar que Dios es meramente una personificación mítica de tales cualidades creativas más bien que un agente independiente. Claro que esto no sería satisfactorio para aquellos o aquellas que sienten que tienen una relación personal con Dios…

A través de la ciencia, los humanos podemos aprehender al menos algunos de los secretos de la naturaleza. Hemos descifrado parte del código cósmico. Por qué esto es así, por qué *Homo sapiens* lleva la chispa de racionalidad que suministra la clave del universo, es un profundo enigma. Nosotros, aunque somos hijos del universo —polvo estelar animado— podemos reflexionar sobre la naturaleza de ese mismo universo, hasta el punto, incluso, de tener un atisbo de las leyes que lo rigen. Cómo hemos llegado a estar vinculados a esta dimensión cósmica es un misterio. Pero el vínculo es innegable.

¿Qué significa esto? ¿Qué es el Hombre para merecer tal privilegio? No puedo creer que la existencia de este universo sea un mero capricho del azar, un accidente de la historia, un chispazo casual en el gran espectáculo cósmico. Nuestro compromiso es demasiado íntimo. Tal vez la especie física *Homo* no cuente para nada, pero la existencia de la mente en cualquier organismo de cualquier planeta del universo no puede sino ser un hecho de fundamental significación. Por medio de los seres conscientes, el universo ha generado autoconciencia. Éste no puede ser un detalle trivial, un subproducto menor de fuerzas sin inteligencia ni propósito. Verdaderamente, hay un motivo para que estemos aquí.

Guerras santas

POR NEIL DEGRASSE TYSON

"Guerras Santas", copyright Neil deGrasse Tyson. Empleado con permiso del autor. El astrofísico Neil deGrasse Tyson es director de la cátedra Frederick P. Rose del planetario Hayden de la ciudad de Nueva York. Recientemente, ha sido presentador de la miniserie *Origins* de nova.

Galileo creía que la autoridad de la Iglesia debía limitarse a la filosofía moral. La filosofía natural —como se conocía a la ciencia en ese entonces— debía ser la provincia del científico. Yendo aún más lejos, creía que la ciencia haría descubrimientos sobre la naturaleza que descartarían todas las demás interpretaciones, incluida la de la intervención divina. La ciencia sabría lo que sabe Dios, disminuyendo así la necesidad de verlo como Creador. Como Wade Rowland, estudioso de los puntos de inflexión en la historia de la ciencia y del pensamiento, dice en su entrevista del capítulo 2, "La clara implicación de esto… era que a medida que la ciencia expandiera su conocimiento (potencialmente total) del funcionamiento del mundo, el dominio de la filosofía moral necesariamente disminuiría hasta llegar a ser irrelevante".

Puede decirse que el astrofísico Neil deGrasse Tyson, director de la cátedra Frederick P. Rose del planetario Hayden de la ciudad de Nueva York es, en lo intelectual, un descendiente directo de Galileo. Como dice Tyson al comienzo de este atrapante ensayo, las sesiones de preguntas y respuestas con que terminan sus conferencias sobre el big bang y otros avances de la cosmología inevitablemente derivan hacia preguntas acerca de Dios como creador y de si la creencia que un científico tenga en Dios apoya sus investigaciones —o si inevitablemente las limita. Para Tyson, el motivo de estas preguntas está claro: nuestra comprensión de las leyes de la física dista de ser completa, mientras que las respuestas que provee la religión sí lo son. Tyson parece sugerir que, por ahora, la ciencia y la religión siguen siendo "magisterios que no se superponen", según lo expresó Stephen Jay Gould. Tyson también se refiere a la avidez del público por libros de astrónomos y físicos que encuentran manera de relacionar a Dios con la cosmología científica y las generosas becas disponibles para aquellos que se inclinan por la participación de Dios en el big bang. Pero también declara muy directamente que "no hay terreno común entre la religión y la ciencia según se practican hoy". El pragmático Tyson cree que la religión rellena los huecos en los cuales nuestro conocimiento del universo es incierto, como, por ejemplo, las áreas vinculadas al amor, el odio, la moral, el matrimonio y la cultura. Desde esa óptica, Galileo ciertamente es su predecesor intelectual. Pero mientras Galileo creía que el avance científico finalmente eliminaría la necesidad de religión, Tyson adopta una posición más humilde. Según nos dijo, creer que la ciencia hará a un lado la religión es "una grosera sobreestimación del poder o el alcance de la ciencia". Encuentra que sería mucho más interesante explorar aquellos aspectos de la religión o de las escrituras reveladas que quedarán siempre fuera del alcance de la ciencia. Tal vez, sugiere, a alguien se le ocurra publicar una Biblia anotada que indicará "todo lo que queda a salvo del avance de la frontera científica".

En prácticamente todas las conferencias públicas que doy sobre el universo, trato de reservar suficiente tiempo para las preguntas que vienen al final. La sucesión de temas es predecible. Primero vienen las preguntas directamente vinculadas a la conferencia. Luego, las que tienen que ver con temas astrofísicos populares, como los agujeros negros y quásares y el big bang. Me queda tiempo para responder todas las preguntas, y, si la charla tiene lugar en los Estados Unidos, eventualmente el tema termina por ser Dios. Las cuestiones habituales incluyen: "¿los científicos creen en Dios?", "¿usted cree en Dios?", "lo que usted estudia en la astrofísica ¿lo hace más o menos religioso?".

Los editores han aprendido que hay mucho dinero en Dios, en particular cuando el autor del libro es un científico, y cuando el título del libro incluye una yuxtaposición directa de temas científicos y religiosos. Entre otros libros de éxito, se cuentan *God and the Astronomers* [*Dios y los astrónomos*] de Robert Jastrow, *The God Particle*, de Leon M. Lederman, *The Physics of Inmortality*

[*Física de la inmortalidad*] de Frank J. Tipler y las dos obras de Paul Davies, *God and the New Physics* y *The Mind of God*. En cada uno de los casos, el autor es un reconocido físico o astrónomo y, aunque los libros no son estrictamente religiosos, alientan al lector a sacar el tema de Dios en las conversaciones sobre astrofísica. Hasta Stephen Jay Gould, que es un perro de pelea darwinista y un devoto agnóstico, se unió a este desfile de títulos con su obra *Rock of Ages: Science and Religion in the Fullness of Life* [*Roca de las edades: ciencia y religión en la plenitud de la vida*]. El éxito financiero de estas publicaciones indica que una forma de obtener dólares suplementarios del público estadounidense es siendo un científico que habla abiertamente de Dios. Tras la publicación de *The Physics of Inmortality*, donde se sugiere que las leyes de la física pueden permitir que uno y su alma sigan existiendo mucho después de que uno haya abandonado el mundo, la gira de promoción del libro de Tipler incluyó varias conferencias bien pagas pronunciadas ante grupos religiosos protestantes. Esta lucrativa subindustria ha recibido un estímulo adicional en años recientes con los esfuerzos del adinerado fundador del fondo de inversiones Templeton, sir John Templeton, por encontrar armonía y reconciliación. Además de patrocinar talleres y conferencias referidos a estas temáticas, Templeton busca científicos reconocidos que se inclinen hacia la religión para hacerlos destinatarios de un reconocimiento anual cuyo monto económico supera al del Premio Nobel.

Hay que dejar claro que, en la forma en que se practican actualmente ambas, no hay un terreno común entre ciencia y religión. Como quedó concienzudamente documentado en el tomo del siglo XIX *A History of the Warfare of Science with Theology in Christendom* [*Una historia de la guerra entre ciencia y religión en la cristiandad*], del historiador y alguna vez presidente de la Universidad Cornell, Andrew D. White, la historia muestra una larga y combativa relación entre religión y ciencia, cuyo resultado dependió de quien tuviera el control de la sociedad en uno u otro momento. Las afirmaciones de la ciencia se basan en la verificación experimental; las de la religión, en la fe. Estos enfoques son irreconciliables en tanto maneras de enfocar el conocimiento, lo cual asegura que los debates se prolonguen eternamente cuando ambos bandos chocan. Como en las negociaciones para el rescate de rehenes, es probable que lo mejor sea hacer que ambos bandos no dejen de dialogar. El cisma no ocurrió debido a la falta de esfuerzos tempranos por conciliar ambos bandos. Grandes mentes científicas, desde Claudio Ptolomeo en el siglo II a Isaac Newton en el XVII, dedicaron sus formidables intelectos a intentar deducir la naturaleza del universo a partir de las afirmaciones y filosofías contenidas en escritos religiosos. De hecho, para el momento en que murió, Newton había escrito más acerca de Dios y la religión que de las leyes de la física, en un fútil intento de emplear la cronología bíblica para entender y predecir eventos del mundo natural.

Si alguno de tales esfuerzos hubiera tenido éxito, la ciencia y la religión de hoy serían prácticamente idénticas.

El argumento es simple. Aún no he visto una predicción exitosa acerca del mundo físico que haya sido deducida o extrapolada del contenido de cualquier documento religioso. De hecho, puedo presentar un alegato aún más sólido. Siempre que la gente ha empleado documentos religiosos para hacer predicciones precisas acerca del mundo físico, sus errores han sido célebres. Lo que quiero decir cuando me refiero a "predicción" es: la formulación de una afirmación precisa acerca del comportamiento no verificado de objetos y fenómenos del mundo real realizada *antes* de que el evento en cuestión ocurra. Cuando el modelo que uno emplea predice algo sólo después de que ello haya ocurrido, lo que estamos haciendo es una *posdicción*. Las posdicciones son la espina dorsal de la mayor parte de los mitos de creación y, por supuesto, de los *Just So Stories* (*Precisamente así*) de Rudyard Kipling, cuentos en los cuales las explicaciones de fenómenos cotidianos explican lo que ya se sabía. Pero en la práctica de la ciencia, ni cien posdicciones valen tanto como una sola predicción acertada.

Encabezando la lista de predicciones, están las perennes afirmaciones acerca de cuándo terminará el mundo, ninguna de las cuales ha resultado cierta. Pero otras afirmaciones y predicciones realmente han frenado o invertido la marcha de la ciencia. Un ejemplo destacado es el juicio a Galileo (por el cual voto como juicio del milenio) en el que éste demostró que el universo difiere fundamentalmente de las interpretaciones que predominaban en la Iglesia católica. Sin embargo, para ser justos con la Inquisición, debe decirse que un universo geocéntrico era muy sensato desde el punto de vista de la observación. Con su amplio complemento de epiciclos para explicar el peculiar movimiento de los planetas contra su trasfondo de estrellas, el modelo geocéntrico, de arraigada aceptación, no era incompatible con ninguna observación conocida. Ello siguió siendo así durante mucho tiempo después de que Copérnico introdujera su modelo heliocéntrico del universo un siglo antes del caso Galileo. El modelo geocéntrico coincidía además con las enseñanzas de la Iglesia católica y con las prevalecientes interpretaciones de la Biblia, en las cuales la Tierra claramente es creada antes que el Sol o la Luna, según se describe en los primeros versículos del Génesis. Quien hubiera sido creado antes estaría en el centro de todo movimiento conocido. ¿Dónde, si no? Además, también se suponía que el Sol y la Luna eran esferas lisas. ¿Por qué había de crear algo que no fuese así una deidad perfecta y omnisciente?

Por supuesto que todo esto cambió con la invención del telescopio y las observaciones de los cielos que hizo Galileo. El nuevo dispositivo óptico reveló aspectos del cosmos que chocaban gravemente con la concepción que las personas tenían de un universo divino, geocéntrico e inmaculado: la superficie de la Luna era rocosa e irregular; la superficie del Sol tenía manchas que se desplazaban; Júpiter tenía lunas propias que orbitaban a Júpiter, no a la Tierra; y Venus, como la Luna, tenía fases. Por sus radicales descubrimientos, que conmocionaron a la cristiandad, Galileo fue llevado a juicio, declarado culpable de herejía y sentenciado a arresto domiciliario. Éste fue un castigo suave, si se piensa lo que le había ocurrido al monje Giordano Bruno. Unas décadas antes, Bruno había sido condenado por herejía y quemado en la hoguera por sugerir que tal vez la Tierra no fuese el único lugar del universo que alberga vida.

No quiero decir con esto que científicos competentes, que siguieron intachablemente el método científico, no hayan tenido también errores famosos. Los han tenido. La mayor parte de las afirmaciones científicas sobre lo que aún no está demostrado, en última instancia revelarán ser erróneas, debido, ante todo, a la inexactitud o insuficiencia de datos. Pero este método científico, que puede llevar a vías muertas intelectuales, también promueve ideas, modelos y teorías predictivas y puede tener un grado de acierto espectacular. En la historia del pensamiento humano, ningún otro procedimiento ha tenido tanto éxito en descifrar las claves del universo.

Ocasionalmente se acusa a la ciencia de ser un enfoque estrecho de miras u obcecado. La gente suele hacer tales aseveraciones cuando los científicos rechazan de plano la astrología, lo paranormal, las apariciones del Sasquatch [una suerte de yeti norteamericano] y otras áreas de interés humano que siempre fracasan en la pruebas de doble-ciego o que no cuentan con evidencia confiable. Pero ese mismo nivel de escepticismo se les aplica a las afirmaciones científicas que rutinariamente se hacen en los periódicos de investigación. Los cánones son los mismos. Miren qué ocurrió cuando los químicos de Utah B. Stanley Pons y Martin Fleischmann dieron una conferencia de prensa para comunicar que habían creado una fusión nuclear "fría" sobre la mesa de su laboratorio. A los pocos días, quedó claro que nadie había podido reproducir los resultados de fusión fría que Pons y Fleischmann decían haber obtenido. Su investigación fue descartada sumariamente. Episodios parecidos ocurren a diario (aunque sin conferencias de prensa) con casi cada nuevo anuncio científico. Habitualmente, uno sólo se entera de aquellos que afectan a la economía.

A algunas personas tal vez les parezca sorprendente que, dados los fuertes niveles de escepticismo que exhiben los científicos, éstos elogien y recompensen a quienes descubren fallas en los paradigmas aceptados. Esas mismas recompensas son las que reciben aquellos que crean nuevas formas de entender el universo. Casi todos los científicos famosos (elija el que más le guste) han recibido tales elogios en sus vidas. Este camino al éxito profesional es exactamente el opuesto al que se sigue en casi cualquier otra carrera humana —en particular, la religión.

Nada de esto significa que en el mundo no haya científicos religiosos. En un reciente relevamiento acerca de las creencias religiosas entre profesionales de las matemáticas y de la ciencia, el 65 por ciento de los matemáticos (el porcentaje más alto) se declararon religiosos, así como también lo hicieron el 22 por ciento de los físicos y astrónomos (el porcentaje más bajo). El promedio nacional entre los científicos de distintas disciplinas fue de aproximadamente el 40 por ciento, porcentaje que prácticamente no ha cambiado a lo largo de un siglo. Como referencia, algunos relevamientos muestran que el 90 por ciento de la población de los Estados Unidos dice ser religiosa (uno de los porcentajes más elevados de la sociedad occidental), de modo que, o las personas poco religiosas se sienten atraídas por la ciencia, o estudiar ciencia hace que uno sea menos religioso.

Pero, ¿qué decir de los científicos que son religiosos? Los investigadores exitosos no derivan su ciencia de sus creencias religiosas. Por otra parte, los métodos de la ciencia tienen poco o nada que contribuir a la ética, la inspiración, la moral, la belleza, el amor, el odio o la estética. Ésos son elementos vitales de la vida civilizada y son centrales a las preocupaciones de casi todas las religiones. En definitiva, para muchos científicos, no existe un conflicto de intereses.

Cuando los científicos hablan de Dios, típicamente lo invocan al referirse a las fronteras del conocimiento que nos hacen más humildes y ante las cuales más nos asombramos. Los ejemplos de esto abundan. En la era en que los movimientos de los planetas estaban en la frontera de la filosofía natural, Ptolomeo no podía evitar una sensación de majestad religiosa cuando escribía: "cuando trazo a mi placer las sendas por las que se desplazan los cuerpos celestiales, ya no toco el suelo con mis pies. Estoy en presencia del propio Zeus, y me sacio de ambrosía". Nótese que Ptolomeo no se conmovía ante el hecho de que el mercurio se mantenga líquido a temperatura ambiente, ni de que al soltar una piedra ésta caiga a tierra directamente. Aunque tampoco puede haber tenido una comprensión plena de estos fenómenos, en sus tiempos no se consideraba que estuvieran en las fronteras del conocimiento.

En el siglo XIII, Alfonso el Sabio (Alfonso X), rey de España, quien también era un consumado académico, se sintió frustrado por la complejidad de los epiciclos de Ptolomeo. Como no era tan humilde como Ptolomeo, Alfonso afirmó en cierta ocasión: "De haber estado yo presente en el momento de la creación, habría dado algunas sugerencias útiles para un mejor ordenamiento del universo".

En su obra maestra de 1686, *The Mathematical Principles of Natural Philosophy* [*Los principios matemáticos de la filosofía natural*], Isaac Newton se lamentaba de que sus nuevas ecuaciones de la gravedad, que describían las fuerzas de atracción entre pares de objetos, tal vez no bastaran para mantener un sistema de órbitas estables entre múltiples planetas. Sometidos a tal inestabilidad, los planetas o se estrellarían en el Sol o resultarían directamente expulsados del sistema solar. Preocupado por el destino a largo plazo de la Tierra y los demás planetas, Newton invocó la mano de Dios como posible fuerza restauradora necesaria para la larga vida de un sistema solar. Más de un siglo después, el matemático francés Pierre Simon de Laplace inventó un enfoque matemático de la gravedad, que publicó en su tratado en cuatro volúmenes *Mecánica celeste*, que extendía la aplicabilidad de las ecuaciones de Newton a sistemas planetarios complejos como el nuestro. Laplace demostró que nuestro sistema solar es estable y que no requiere en absoluto de la mano de una deidad. Cuando Napoleón Bonaparte lo interrogó acerca de esa ausencia de toda referencia a un "autor del universo" en su libro, Laplace respondió "no necesito de esa hipótesis".

Coincidiendo totalmente con las frustraciones del rey Alfonso respecto del universo, Albert Einstein le escribió a un colega en una carta, "Si Dios creó el mundo, su primera preocupación ciertamente no fue hacer que fuese fácilmente comprensible para nosotros". Cuando Einstein no podía dilucidar por qué un universo determinista requería de los formalismos probabilísticos de la mecánica cuántica, reflexionó, "es difícil echarle un vistazo subrepticio a la baraja de Dios. Pero que elija jugar a los dados con el mundo… es algo que no puedo creer ni por un momento". Cuando a Einstein se le mostró un resultado experimental que, de ser correcto, refutaría su nueva teoría de la gravedad, Einstein comentó, "El Señor es sutil, pero no malicioso". El físico danés Niels Bohr, contemporáneo de Einstein, se cansó de oír tantas observaciones de éste referidas a Dios y dijo que Einstein debía dejar de decirle a Dios qué tenía que hacer.

Hoy, se oye a algún que otro astrofísico (tal vez uno de cada cien) invocar a Dios cuando se le pregunta de dónde salieron las leyes de la física o qué había antes del big bang. Hemos llegado a percibir que en estas preguntas reside la actual frontera de la investigación cósmica y que, en estos momentos, no pueden ser respondidas con las respuestas que pueden suministrar los datos y teorías de que disponemos. Ya existen algunas ideas que prometen, como la cosmología inflacionaria y la teoría de cuerdas. Eventualmente, podrían dar las respuestas a estas preguntas, llevando más allá la frontera de lo que no tiene respuesta.

Mis puntos de vista personales son totalmente pragmáticos y coinciden hasta cierto punto con lo que se dice que afirmó Galileo en su juicio: "La religión dice cómo se va al cielo, no cómo va el cielo". Galileo también notó, en una carta enviada en 1615 a la gran duquesa de Toscana, "para mí, Dios escribió dos libros. El primero es la Biblia, en que los humanos pueden encontrar respuestas a sus preguntas acerca de valores y moral. El segundo libro de Dios es el libro de la naturaleza, que nos permite a los humanos emplear la observación y el experimento para responder a nuestras preguntas sobre el universo".

Yo sólo recurro a lo que funciona. Y lo que funciona es el saludable escepticismo intrínseco al método científico. Créanme, si la Biblia hubiera demostrado ser una rica fuente de comprensión y descubrimientos científicos, se recurriría diariamente a ella en busca de descubrimientos cosmológicos. Así y todo, mi vocabulario de inspiración científica se superpone ampliamente con el de los entusiastas de la religión. Como Ptolomeo, me siento muy pequeño ante la maquinaria del universo. Cuando estoy en la frontera cósmica y toco las leyes de la física con mi lapicera o cuando miro al cielo infinito desde un observatorio en la cima de una montaña, quedó colmado de maravilla ante su esplendor. Pero lo hago sabiendo y aceptando que si propongo un Dios detrás de ese horizonte para que alumbre este valle de ignorancia colectiva, llegará un día en que nuestra esfera de conocimiento sea tan amplia que ya no necesitaré de esa hipótesis.

Religión: equivalente mental de un virus de computación

ENTREVISTA CON RICHARD DAWKINS

Richard Dawkins, actualmente uno de los más destacados biólogos del mundo, es titular de la cátedra Charles Simonyi de comprensión pública de la ciencia de la Universidad de Oxford, así como un prominente evolucionista, ateo y zoólogo.

La batalla entre ciencia y religión es central en Ángeles y Demonios, *donde el camarlengo intenta desesperadamente preservar la primacía de la Iglesia mediante un milagro moderno. Pero para el profesor Richard Dawkins, profesor de la Universidad de Oxford y uno de los más distinguidos biólogos que existan en el mundo actual, es la ciencia, no la religión, la que nos da un sentido de maravilla y respeto por la vida en el planeta Tierra. "La ciencia provee la más estupenda sensación de maravilla ante el universo y la vida de un modo que eclipsa el magro, enclenque, mezquino sentido de maravilla que haya provisto nunca cualquier religión", dice. Como el humanista Paul Kurtz —o como el director del* CERN *Maximilian Kern en la novela— Dawkins está seguro de que la ciencia finalmente encontrará la razón de nuestra existencia. Llega aún más lejos, denominando a la religión "virus mental", y afirmando que enseñárselo a los niños equivale a corrupción de menores.*

Los espiritualistas televisivos, las supersticiones populares, las historias bíblicas de la creación, la ascensión de Jesús a los cielos son, para Dawkins, trágicos indicios de vulnerabilidad. "Creo que un universo ordenado, indiferente a las preocupaciones humanas, en el cual todo tiene explicación, aunque tardemos mucho en encontrarla, es un lugar mucho más maravilloso que un universo creado por una magia caprichosa y arbitraria", dice Dawkins sobre las buscas espirituales en su Unweaving the Rainbow: Science, Delusion and the Appetite for Wonder [Destejer el arco iris: ciencia, engaño y el deseo de lo maravilloso]

En Ángeles y Demonios, *el principal cardenal vaticano, el camarlengo Carlo Ventresca, dice que la ciencia, aunque su dominio crece, carece de alma, no considera que nada sea sagrado, no provee un sistema ético y nos carga con nuevos poderes de destrucción. Nos despoja de la maravilla. ¿Qué le parece todo esto?*

Sugerir que la ciencia nos despoja de la maravilla es un disparate absoluto, y espero que algún personaje de la novela así lo diga.

No, nadie lo dice.

Es exactamente lo contrario de la verdad. La ciencia provee la más estupenda sensación de maravilla ante el universo y la vida de un modo que eclipsa el magro, enclenque, mezquino sentido de maravilla que haya provisto nunca cualquier religión.

Denos un ejemplo de la maravillada estupefacción que genera la ciencia.

Mire el universo, mire cualquier libro de Carl Sagan sobre el universo, el cosmos. Mire, si se me permite decirlo, cualquiera de mis libros sobre la evolución de la vida. Allí encontrará una sensación de grandeza, una sensación de maravilla, que más se realza que se disminuye por el hecho de que la comprendamos. La comprensión es parte de la belleza.

En un ensayo para la revista The Humanist *publicado en 1997 y titulado "¿La ciencia es una religión?" usted escribió, "el conjunto del universo no puede sino ser indiferente a Cristo, su nacimiento, su pasión y su muerte. Incluso noticias tan importantes como el surgimiento de la vida en la Tierra sólo pueden haberse difundido por nuestro pequeño núcleo de galaxias locales. Sin embargo para nuestra escala temporal terrena, ese evento fue tan antiguo que, si se lo mide extendiendo los brazos, la totalidad de la historia humana, la totalidad de la cultura humana, caerían en el polvo que produciría una lima al rozar una uña".*

Lo de la uña es una hermosa imagen, que ojalá se me hubiera ocurrido a mí, pero no fue así. Sin embargo, estoy totalmente de acuerdo con esa idea.

En el marco de la evolución de la vida. ¿qué ejemplos hay del estupendo sentido de maravilla que le da a usted la ciencia?

Algo que me maravilla es el hecho de que toda criatura viviente de la Tierra, incluidos nosotros, los robles, las libélulas, ha llegado a la existencia en forma gradual, por evolución gradual a partir de un algo ancestral semejante a una bacteria. El hecho de que se puedan obtener criaturas enormemente complicadas como elefantes, leones, humanos y secoyas mediante procesos naturales que entendemos cabalmente a partir de una forma original tan pequeña como una bacteria, es de veras una *maravilla*... y el hecho de que lo podamos entender es lo más maravilloso de todo.

Usted dice que nuestra capacidad de entender la evolución nos maravilla y es maravillosa.

No sólo el fenómeno en sí es digno de admiración, sino el hecho de que podamos entenderlo, así como el hecho de que el órgano que nos permite entenderlo, el cerebro, ha evolucionado a partir de esos mismos principios. Eso sí que es maravilloso.

¿Cuál es su reacción ante la acusación del camarlengo en Ángeles y Demonios *de que la ciencia no tiene ética?*

¿Ética? Eso sí que es otro asunto. Es cierto que la ciencia no puede ofrecer ética alguna. Tampoco la religión. Porque si basáramos nuestra ética en la religión, seguiríamos matando por lapidación a las adúlteras. Lo que ha ocurrido es que hemos avanzado desde esos malos viejos días que nos hizo pasar la religión, el Antiguo Testamento, los libros del Levítico, el Deuteronomio y todas esas cosas. Hemos avanzado desde entonces, y nos hemos alejado por medio de una suerte de crítica liberal, una especie de consenso acerca de qué clase de mundo deseamos habitar. Este proceso ocurre constantemente bajo la forma de discusiones democráticas, bajo la forma de jurisprudencia, bajo la forma de filósofos morales que escriben libros y dan conferencias.

De modo que ahora vivimos en un mundo donde no se lapida a las adúlteras, no hay pena de muerte (con excepción de su país), no tenemos canibalismo, no tenemos esclavitud. Todo tipo de cosas que han desaparecido debido a esta especie de consenso liberal. Ello no ocurrió gracias a la religión, sino gracias a que hubo un consenso de los hombres de buena voluntad para discutirlo.

Nos hemos alejado de la ética de la religión, no hacia una ética de la ciencia sino, diría, hacia un consenso liberal. Y los métodos de pensar, los métodos de razonar que nos han conducido a eso se parecen un poco a los métodos de razonamiento de la ciencia. Si usted observa la forma en que razonan los filósofos morales, verá que, aunque no se trata de ciencia, aplican una suerte de razonamiento científico.

Suena como si usted considerara a la ética de la religión como punitiva y un poco peligrosa.

No necesariamente me refiero a la gente religiosa contemporánea. Claro que no. Pero la gente religiosa contemporánea no deriva su ética de la religión, sino del mismo consenso liberal del cual yo derivo mi ética. Cuando las personas contemporáneas basan su ética en la religión, esa ética es mala, porque incluye cosas como la resistencia a la investigación con células madre.

¿Usted está a favor de la investigación con células madre?

Claro que sí. No veo en absoluto cuál pueda ser el reparo ético.

Supongo que, como ateo, no lo preocupa el feto, ni el alma del feto,

Claro que me preocupa el feto. Pero no siento más pena por un feto humano que por un feto de vaca, y ciertamente, menos que la que siento por una vaca adulta. Y ciertamente no me preocupan las almas. Decir que un feto humano vale más que, digamos, una vaca adulta, es simplemente estúpido. De modo que quien no sea vegetariano y se oponga a la investigación con células madre adopta una actitud ilógica.

En términos generales ¿cuál es, entonces, su opinión respecto de la religión? Usted ha escrito, "la fe, por ser una creencia que no se basa en la evidencia, es el principal vicio de las religiones". Parecería que su opinión es que, aun si la religión no fuera tan peligrosa, seguiría siendo falsa y trágica.

Creo que es trágico porque es desperdiciar una buena mente. Eso es lo que realmente siento. El mundo es un lugar tan maravilloso. Y poder entenderlo es un don tan maravilloso. Pero llenar las mentes de unos pobres niños con estupideces medievales que obstaculizan la comprensión verdadera es realmente triste. Y realmente sufro por los niños que son criados con esa educación religiosa.

¿Por qué dice que "obstaculizan"?

Porque llenan la mente de los niños con alternativas falsas a lo que sabemos que es cierto. Se afirma que el 50 por ciento de los votantes estadounidenses creen literalmente en Adán y Eva. Y que el mundo fue creado en seis días hace menos de diez mil años. Ahora bien, eso no sólo es falso, es trágicamente falso porque llena la cabeza de los niños no sólo con falsedades, sino con falsedades ridículas que obstaculizan la maravilla de la comprensión verdadera.

¿Y la Iglesia católica? ¿Merece un enfado especial?

Bueno, la Iglesia católica no está contra la evolución. El Papa se ha pronunciado a favor de la evolución. De modo que nada de lo que acabo de decir se aplica a la Iglesia católica. Presumiblemente, ese 50 por ciento de votantes estadounidenses que creen que el mundo fue creado hace menos de diez mil años no son católicos. No sé qué son. Supongo que protestantes. Pero la Iglesia católica es comparativamente cuerda en materia de evolución.

¿Siente usted que la Iglesia católica ha patrocinado la ciencia o la ha beneficiado de algún modo?

A veces celebran encuentros sobre ciencia. Pero no, no diría que la Iglesia haya hecho ninguna gran contribución positiva a la ciencia.

Por otro lado, ¿ha hecho lo que dice el camarlengo en Ángeles y Demonios*?: "Desde la época de Galileo, la Iglesia ha tratado de demorar el inexorable progreso de la ciencia, a veces mediante procedimientos erróneos, pero siempre con intenciones benévolas?"*

No sé si lo de las intenciones benévolas es así, pero sí, creo que es cierto.

Ángeles y Demonios *dice que la física moderna es un camino a Dios más seguro que la religión, en el sentido que la física cuántica tiene revolucionarias implicaciones teológicas y ha vuelto a abrir las viejas preguntas acerca de la actividad de Dios en el universo. El asesinado científico del* CERN *Leonardo Vetra cree que estudiando las fuerzas subatómicas, se pueden encontrar indicios de que el origen de la Tierra coincide con la narración de la creación que hace la Biblia.*

Hay científicos que se dicen religiosos. Pero si uno les pregunta muy cuidadosamente en qué creen, resulta tratarse de creencias que nada tienen de sobrenatural. O hablan de Einstein. Einstein empleó el lenguaje de la religión, pero queda perfectamente claro que no creía en ningún diseñador ni creador inteligente.

Creo que hay algo profundamente misterioso en el centro del universo. Hoy, hay muchísimas cosas que no entendemos. Mientras así sea, será profundamente misterioso y eso, a su modo, también es maravilloso.

¿Cuál es el misterio?

El misterio es ¿de dónde vienen las leyes de la física? ¿Hay otros universos que tengan otras leyes y constantes distintas de las del universo en que vivimos? Ese tipo de preguntas. La física está intentando responderlas... pero hay un largo trecho que andar entre afirmar eso y decir ello significa que el universo debe haber sido creado por un ser superior.

Los físicos que sienten el anhelo de unir ciencia y religión, ¿son como Vetra en Ángeles y Demonios, *que hace explotar energía en un acelerador de partículas y crea materia y antimateria en su intento de vindicar la versión del Génesis del inicio del mundo?*

Creo que si los físicos hicieran algo así, no pensarían en ello en esos términos. Ciertamente hay físicos que procuran entender cómo llegó a existir el universo. Pero apuesto a que eso no tiene nada que ver con la religión. Si saliera algo de tal experimento, sería algo un millón de veces más importante que la religión.

¿La física llegará alguna vez al fondo del asunto?

Espero que sí. En cuanto a si creo que ocurrirá, no lo sé.

¿Encontrará la ciencia un gen de la fe religiosa? Hasta el fallecido Francis Crick dijo que la creencia debe de tener una explicación biológica porque es casi universal entre los humanos.

Todo lo que es universal debe de tener una explicación biológica. Lo que se podría decir es que debe de haber una explicación biológica para la clase de cerebro que bajo ciertas circunstancias tiene religión, pero esa explicación no tiene por qué ser religiosa.

Se podría tratar, por ejemplo, de una tendencia del cerebro infantil a creer lo que le dicen los adultos, pues ello puede ser útil como herramienta para sobrevivir. De modo que la selección natural darwiniana tendería a incorporar al cerebro de los niños lo que sea que los adultos les digan. De modo que los cerebros de los niños son vulnerables al equivalente mental de un virus. Puede que de eso se trate la religión —el equivalente mental de un virus de computadora.

¿Ahora usted emplea la idea de un virus en lugar de memes para creencias culturales replicables que mencionó en The Selfish Gene *[El gen egoísta]?*

Virus de computadora es otra manera de expresar la misma idea.

¿De modo que la fe puede tener un componente genético?

Lo que digo es que puede haber una tendencia genética en el cerebro de los niños que los hace crédulos, pues ello les da más posibilidades de sobrevivir. La religión es la expresión de esa vulnerabilidad de origen genético y se reproduce a través del equivalente mental de un virus de computadora. El cerebro está diseñado de un modo que lo hace vulnerable a la infección de virus mentales.

¿Usted dice virus en el sentido de algo que se replica a sí mismo?

Sí.

En el ensayo publicado en 1997 en The Humanist, *usted presentó persuasivas evidencias de que la religión es un delirio. ¿Está convencido de que la religión no es positiva en sentido alguno?*

Bueno, creo que es perfectamente posible que creer en algo que no es cierto sea consolador desde el punto de vista psicológico. Si alguien teme a la muerte, o si alguien extraña a un ser querido que ha muerto, es fácil imaginar que un psiquiatra puede recetar religión como quien receta una droga para consolar a alguien que está pasando un momento doloroso. No me gustaría privar a las personas de su religión si las consuela en lo psicológico, pero, como científico, me ocupo de lo que es verdadero. La mentira puede tener beneficios psicológicos, pero, como científico, no recurriría a eso.

¿Cree que la ciencia puede consolar?

Produce euforia. Amo estar vivo. Siento que es un privilegio estar en el mundo. Amo abrir los ojos y mirar alrededor. Me consuela. De modo que sí. Y acabo de usar la analogía de la ciencia como droga. No me gustaría privar a una persona con desórdenes mentales de la droga que lo ayuda. En ese sentido, la ciencia puede dar la misma clase de apoyo que la religión.

¿Y es un hecho que la religión implica ciertas actividades dañinas?

Sí, por ejemplo, la oposición a todas las tecnologías reproductivas —la de células madres es una, la fertilización in vitro, el control de la natalidad— la Iglesia católica se opone a prácticamente todos los progresos en tecnología reproductiva en cuanto aparecen.

En síntesis, la religión es un delirio, pero además es peligrosa y puede acarrear consecuencias trágicas.

Sí.

Y también puede acarrear la muerte. Usted habla frecuentemente de los bombarderos suicidas musulmanes.

Para provocar muertes en forma verdaderamente efectiva, hacen falta armas. Una combinación verdaderamente letal sería la de bombarderos suicidas equipados con un arma atómica. No me cabe duda de que la utilizarían si pudieran obtenerla.

¿Puede creerse apasionadamente, como usted, en la evolución, y a la vez ser religioso?

Creo ser muy espiritual en cuanto al sentido de maravilla del que hablamos antes. Eso es más hondo que la clase de espiritualidad que recurre a un "sobrenaturalismo" barato.

¿Cree usted que la ciencia alguna vez descubrirá evidencias que sustenten dogmas cristianos como la transustanciación o la ascensión?

No, claro que no. ¿A dónde iría el cuerpo de Cristo si ascendiera? Nadie cree que el cielo esté ahí arriba, de modo que ¿cómo podría ascender?

¿Ninguno de estos dogmas se podrá demostrar?

Si no me dice a cuáles se refiere, no puedo contestar a su pregunta. Es que hay muchas cosas indiscutibles en la Biblia. La idea de que en algún momento no había nada y que luego surgió el universo está en la Biblia, y también es lo que cree la física moderna. Pero que la Biblia lo diga no es particularmente interesante ni impresionante. Es una especie de hecho aleatorio que la Biblia interpreta correctamente en forma parcial. Ante todo, la Biblia atribuye la creación del mundo a una inteligencia sobrenatural, lo cual es muy distinto de lo que dicen los físicos.

¿Por qué cree usted que hay, según sus palabras, "algo muy misterioso en el centro del universo"?

La selección natural alcanza para explicar la vida, pero no el universo, porque éste surgió mucho antes de la vida. Creo que es algo que los físicos resolverán alguna vez. La entidad misteriosa es aquello que aún no conocemos.

Patrick Glyn en su libro God: The Evidence *dice que usted es tan dogmático en su creencia en la evolución como el cristiano renacido en su creencia en Jesucristo.*

Eso es una gran estupidez. La diferencia es que la creencia dogmática en la evolución se basa en evidencias. Hay una evidencia enorme, grande, atronadora, mientras que la evidencia en la que se basan los cristianos renacidos es cero.

¿Usted sigue creyendo, como afirmó en The Selfish Gene, *que somos "máquinas de sobrevivir"?*

Creo que es una frase conveniente. Sí.

Me desconcierta esta línea de su libro: "En la Tierra, somos los únicos que podemos rebelarnos contra la tiranía de los replicadores [genes] egoístas". ¿Qué significa?

Tenemos cerebros grandes que nos dio la selección natural, pero estos cerebros grandes son tan grandes que tienen la capacidad de rebelarse. Sabemos cómo rebelarnos porque usamos el control de la natalidad, que es algo que el gen egoísta no hubiera inculcado en nuestro cerebro, porque evita que se replique. Es evidente que cuando hacemos algo que no sea trabajar para sobrevivir y reproducirnos nos estamos rebelando. De modo que el tiempo que paso escribiendo un libro no es tiempo bien invertido.

Desde el punto de vista del gen.
Sí. Claro que es tiempo muy bien invertido desde otro punto de vista.

¿Cuál cree que será la relación entre ciencia y religión en el futuro?
No tengo ni idea. No soy un adivino con una bola de cristal.

Por lo que dice, parece que esperara conflictos.
Sospecho que así será. El panorama de lo que ocurre en los Estados Unidos es tan diferente del que hay aquí en Inglaterra. De este lado del Atlántico, lo que se ve es la muerte de la religión. Los Estados Unidos parecen un país de maníacos religiosos conducido por un maníaco religioso. Y cuando contemplo el futuro de los Estados Unidos, soy muy pesimista.

¿Por qué?
No cabe duda de que los Estados Unidos son la principal nación científica del mundo y lo desconcertante es la manía religiosa que se ha apoderado de los Estados Unidos. Si usted observa la elite de los científicos estadounidenses, los elegidos de la Academia Americana de Ciencias, lo que en realidad significa la elite del mundo, más del 90 por ciento de los que la integran son ateos.

Ello contrasta con los senadores, entre los cuales el porcentaje de ateísmo declarado es de cero. No puede ser que estén diciendo la verdad, pues provienen de la misma categoría de gente que los científicos. Es imposible no llegar a la conclusión de que mienten. Lo triste es que tengan que mentir para que los voten. Al parecer, en los Estados Unidos nadie vota a un ateo. Prefieren votar a cualquier otra categoría de persona, mientras no se trate de un ateo.

Usted ya se debe de estar cansando de las preguntas con respecto al choque entre religión y ciencia, pero parece decir que éste no terminará nunca.
No sé si es así. La situación de los Estados Unidos es mala porque, de alguna manera, la religión allí es muy poderosa. Pero en Europa occidental, no. Sí lo es en Oriente Medio. Hay que ir a Irán para encontrar un país donde la religión sea tan poderosa como en los Estados Unidos.

El gen de Dios

ENTREVISTA CON DEAN HAMER

El doctor Dean Hamer, uno de los principales genetistas de América, ha escrito acerca de los llamados gen gay y gen de Dios y ha vuelto del revés el pensamiento tradicional acerca de la personalidad humana al demostrar cómo hay formas de conducta físicamente incorporadas a nuestros genes.

El doctor Dean Hamer está habituado a las controversias. Importante genetista y jefe de la sección de estructura y regulación de genes del instituto nacional del cáncer en Bethesda, Maryland, ha descubierto, en el transcurso de la última década, la existencia de genes de la ansiedad, la busca de emociones fuertes, la homosexualidad y, ahora, la espiritualidad, la existencia de los cuales era científicamente indemostrable, según se decía hasta el momento en que fueron descubiertos. Al hacerlo, Hamer pone en cuestión lo que pensamos acerca de la personalidad y de qué puede cambiarse y qué no en la conducta humana.

Hamer cree que la espiritualidad es innata, y que tiene la función evolutiva de hacernos conservar el optimismo ante los obstáculos. Pero, como deja claro, el reciente descubrimiento del llamado gen de Dios, el VMAT2 *no significa que la religión también sea innata. A diferencia del físico Leonardo Vetra de* Ángeles y Demonios, *Hamer no siente la necesidad de reconciliar religión y ciencia. La religión, argumenta, es enseñada por la cultura y reforzada por las burocracias. En tanto sistemas de conocimiento fundamentalmente opuestos, la ciencia y la religión siempre chocarán y, en opinión de Hamer, la religión saldrá derrotada.*

Sin embargo, en un área la investigación de Hamer ha demostrado que la ciencia respalda a la religión. Mientras algunos físicos, como el ficticio Vetra, anhelan demostrar la historia del Génesis de que la Tierra fue creada a partir de la nada en un momento en el tiempo, los genetistas han estudiado muestras de la sangre de judíos que viven actualmente en distintos lugares del mundo contemporáneo, descubriendo que comparten un determinado indicador genético. Ello demuestra que, como pueblo elegido, obedecieron la orden de Dios de mantenerse separados y no casarse fuera del grupo. Es más, ese indicador puede ser rastreado a hace más de tres mil años, época del éxodo de Egipto, validando así el Antiguo Testamento.

¿Cuál es el trasfondo de su nuevo libro, The God Gene: How Faith is Hardwired into Our Genes *[El Gen Dios: cómo la fe está físicamente integrada en nuestros genes]? ¿Cómo se vincula al resto de su trabajo?*

Estábamos trabajando sobre rasgos de personalidad, como la ansiedad y el fumar para el instituto nacional del cáncer. Usamos un cuestionario psicológico llamado el TCI, *Temperament ad Character Inventory* [*Inventario de per-*

sonalidad y carácter], un cuestionario con 240 preguntas que deben responderse "verdadero" o "falso" que, entre sus componentes, se dirige a la capacidad de autotrascendencia de las personas. Supuestamente, mide la espiritualidad. Inicialmente, di por supuesto que ésta se trataba de una singularidad agregada. Pero cuánto más trabajábamos, a más grupos les dábamos el TCI, más genes estudiábamos, y más poníamos a prueba trabajos sobre genética —como los que estudian a los mellizos— hechos por otros equipos, más me quedaba claro que hay algo en la espiritualidad que puede ser medido y estudiado.

¿Es éste el primer gen que se encuentra que se vincule a algo tan abstracto como la fe?
Ciertamente, es uno de los primeros. En la actualidad, se han identificado genes para la capacidad del habla, que a su modo es abstracta, y, por cierto, específicamente humana. Y claro que hay muchos genes vinculados a lo cognitivo, como los que regulan el retraso mental. También hay varios genes vinculados a aspectos de la personalidad, como la ansiedad y la depresión. Eso es lo más lejos que se ha llegado en la investigación genética de rasgos de carácter.

Como en toda investigación original, una vez que se realiza el descubrimiento, uno dice ¿cómo nadie hizo esto antes? Parece fácil, obvio, examinar grupos de personas altamente espirituales para ver si comparten un único gen.
O nunca se le ocurrió a nadie, o estamos totalmente equivocados.

¿Puede sintetizar la importancia de sus descubrimientos?
Encontramos que hay una diferencia crítica entre espiritualidad y religión. La mayor parte de la gente considera que son lo mismo. Pero la nueva investigación que llevamos a cabo muestra que son fundamentalmente diferentes, y que también sus orígenes difieren. La espiritualidad es una parte intrínseca de los seres humanos, es algo con lo que la gente nace y es intrínseco a la forma en que el cerebro funciona y se desarrolla. Creemos que hemos entendido un poco de cómo es ese funcionamiento. Esperamos llegar a entenderlo por completo con el tiempo.

¿Existen otros genes de Dios además del que usted ha identificado?
Indudablemente aparecerán otros. Porque la espiritualidad, como todo comportamiento humano, es claramente muy compleja.

¿Cómo cree usted que responderán las personas al descubrimiento del gen de Dios?
Lo que ya hemos descubierto es que las personas tienen creencias muy hondamente arraigadas acerca de la religión, probablemente más que sobre

ninguna otra cosa en la vida. Espero que ahora algunos se den cuenta de que se puede ser tratar la religión o la espiritualidad en forma científica sin por eso ser antirreligioso.

¿Qué cree usted que la Iglesia católica en particular, que contempla asuntos como éstos con incomodidad, dirá acerca de su libro?

No estoy seguro. No soy el primero en afirmar que la espiritualidad tiene un componente biológico. Lo han dicho unos cuantos. Nuestra interpretación es que nuestros descubrimientos demuestran que la espiritualidad no es una especie de accidente, sino que realmente forma parte de la programación de nuestros cerebros. Esto fascinará a algunos científicos. He hablado del tema con algunos sacerdotes y no les hace tanta gracia. Tienen una interpretación más tradicional: que Dios nos dio la religión.

¿Qué cree usted que dirán los científicos?

Cuando mencioné la sola intención de estudiar esto, la mayor parte de mis colegas arquearon sus cejas hasta muy arriba. Mi jefe llegó a decirme que es algo sobre lo cual yo debía trabajar después de mi jubilación. La mayor parte de los científicos aceptan que hay algo biológico en la ansiedad —lo aceptan porque lo ven en animales. No lo aceptan tanto respecto de la espiritualidad, pues ése es un concepto más abstracto. Es más difícil de medir, y su propósito evolutivo no queda claro en lo inmediato. Y los científicos tienen sus propios prejuicios: por lo general, consideran que la religión es una parte independiente de la vida.

Ángeles y Demonios postula un profundo abismo entre ciencia y religión. En primer lugar, ¿usted acepta lo de "profundo abismo"? Y en segundo, ¿cuál es su posición en este persistente debate?

Creo que, para mí, el punto clave es que hay un conflicto de vieja data entre ciencia y religión, pero no entre ciencia y espiritualidad. La religión a menudo trata de intervenir en temas que corresponden a las ciencias naturales, trata de explicar de dónde proviene el universo y cómo surgió la vida. Ésas son creencias verdaderamente religiosas. Son puramente culturales; nada tienen de innato. Las enseñan sacerdotes y padres, y las refuerzan las inquisiciones. La ciencia está en conflicto con la religión porque las religiones tienen otra forma de investigar las cosas, y no me sorprende que ambas choquen. Es un conflicto que continúa hasta hoy, en especial en los Estados Unidos, donde hay personas que creen en el creacionismo más bien que en la evolución. La religión y la ciencia simplemente son dos sistemas culturales diferentes. Son dominios diferentes.

Algunos científicos, incluido Einstein, creen que de hecho hay alguna conexión entre ambas.

Para Einstein, la gran conexión era reconocer que la ciencia no era un aspecto puramente racional de la conducta humana. En realidad, es intuitivo. Es saltar a ciertas conclusiones y creerlas, muy parecido a la forma en que actúa la espiritualidad.

¿Quiere usted decir que el proceso de investigación científica es espiritual?

Sí, no se trata de demostrar que las cosas no son lo que parecen ser o que existe una conexión entre todas las cosas. Es cuestión de sentimientos. Einstein era muy consciente del hecho de que el proceso científico es intuitivo, eso fue lo que lo hacía espiritual y científico, no religioso y científico.

¿Usted es religioso? Y si no lo es ¿se siente conectado a alguna forma de espiritualidad?

Soy un típico científico, un racionalista. Soy una de esas personas que son espirituales pero no se interesan en la religión organizada. Creo en el poder de la espiritualidad, no en un Dios en particular. Soy budista zen. Trato de seguir un poco ese camino. Me siento mejor cuando lo hago. No es que el budismo zen no crea en alguna forma de Dios. Lo crucial es aquello en que no creemos.

Uno de sus argumentos en The God Gene *es que ese mecanismo genético y bioquímico en particular que produce la espiritualidad es el mismo para mormones, católicos o budistas zen.*

Sí. Siempre es notable hasta qué punto son iguales las experiencias religiosas de las personas, sea que estén orando en un monasterio budista zen o en una iglesia. Me refiero a la forma en que las describen, cómo ven el mundo, cómo se sienten transformados después de éstas. Si usted lee la descripción de Saulo acerca de cómo vio a Dios en el camino a Damasco, y cambió su nombre a Pablo, verá que se parece notablemente a la descripción que Mahoma hace de sus estados oníricos.

Un ejemplo particularmente bueno es la forma en que Jesús narra la ocasión en que el diablo lo tentó en el desierto rojo. Suena igual a lo que Buda relata acerca de su período de deambular. Eso es porque [en todas las experiencias religiosas] el cerebro reacciona en forma muy parecida cuando usted cree que está escuchando a Dios, Buda o a cualquier otro poder superior.

¿Y cuál es esa reacción del cerebro?

Ese mecanismo es una transformación de la conciencia en la que intervienen sustancias llamadas monoaminas. Son productos químicos cerebrales implicados en la forma en que el cerebro procesa la información y la enlaza nuestra percepción de la realidad y del mundo. Si eso cambia, cambia todo. Y, lo que es más importante, el mundo entero se siente distinto y, para mí, ésa es la marca distintiva de la experiencia religiosa. Las personas ven el mundo bajo otra luz. Si lo piensa, verá que si eso altera la forma en que uno se percibe a uno mismo en el mundo, eso cambia todo.

Sabe, la idea de que la química cerebral produce espiritualidad hará que las personas reduzcan su descubrimiento a "más dopamina equivale a más religión".
Sí, lo dirán, pero no es así de simple. La religión no es una droga. Lo que ocurre es que la forma en que el cerebro experimenta la experiencia religiosa es similar a la forma en que experimenta una droga. Me refiero a que ambas tienen que ver con la química del cerebro. De modo que no es sorprendente que se las pueda imitar parcialmente mediante el empleo de drogas.
El hecho es que la mayor parte de las religiones primitivas empleaban drogas. Si usted mira las sociedades actuales de cazadores-recolectores, casi todas emplean drogas —los indios del Amazonas, los esquimales y otros pueblos indígenas del océano Ártico, personas en toda América central y del Sur, donde el empleo de drogas es muy común, Papua Nueva Guinea. Y son pueblos a los que, debido a su aislamiento, no les llegan noticias de lo que hacen en otras partes del mundo.

Volviendo a Ángeles y Demonios, *¿actualmente hay algunos Leonardos Vetra en acción, intentando destruir la energía en un acelerador de partículas para, en efecto, recrear el big bang, vindicando así al Génesis?*
Ciertamente, hay mucha gente tratando de entender los comienzos mismos del universo. En realidad, no se trata de entender la mecánica del big bang, o cómo empezó el universo, o qué nos dice, o no, acerca de Dios, sino de por qué hubo un big bang. Ésa es la pregunta espiritual. ¿Por qué hay universo? ¿Por qué existe la materia? Si uno cree en el big bang, cree que antes no había nada. Nada de nada. Nadie tiene la respuesta exacta. O si no, si uno cree en Dios, en un creador, ése habría sido el momento en que Dios estuvo en acción.

Volvamos a su descubrimiento. ¿Cree usted que, con el gen de Dios, ha encontrado la forma de reconciliar ciencia y religión?
Creo que sí, pero sólo parcialmente. Las reconcilia en el sentido de que hace que no sea necesario ser no científico para creer en la espiritualidad. Hay muchos científicos que dicen que, si uno quiere creer en la espiritualidad, no puede tener una actitud científica al respecto. Eso es cuestión de gus-

tos. Y hay muchas personas que dicen que, si uno tiene fe, simplemente la tiene, que no tiene nada que ver con la ciencia.

Lo que digo es que se puede considerar el tema desde ambos puntos de vista sin por eso dejar de ser espiritual. Yo creo que, en realidad, ambos están conectados.

Su libro dice que aproximadamente la mitad de las personas del mundo tienen el gen de Dios.

Sí, el 50 por ciento tiene un poco más que el otro 50 por ciento. Pero de lo que se trata es de que, hasta cierto punto, todos lo tenemos. El cinco por ciento de las personas tienen anemia falciforme, pero en realidad todos tenemos hemoglobina y la sangre de todos usa oxígeno. Lo mismo ocurre con la espiritualidad. Todos tenemos el gen VMAT2 y todo el mundo tiene la maquinaria cerebral necesaria para procesar las monoaminas y crear la conciencia; de modo que todos tenemos los componentes necesarios para ser espirituales. Para algunas personas —aproximadamente el 50 por ciento— es más fácil que para otras. En promedio, pueden ser más espirituales.

¿Y cuál sería la función evolutiva del gen de Dios?

Mi argumento es que en la evolución humana es bueno creer en la fe. Ayuda un poco en materia de salud. También puede contribuir a la longevidad. Y nos hace optimistas. Sin embargo, probablemente lo principal sea que nos da una razón para seguir viviendo, en vez de decir, oh, si igual nos vamos a morir, ¿para qué molestarse?

El reputado biólogo E. O. Wilson dice que la religión nos da más posibilidades de sobrevivir.

Bueno... tal vez [con escepticismo]. Postular genes que ayudan al conjunto de la sociedad siempre es engañoso. Los genes ayudan a los individuos. Pero hay una cosa muy cautivante que los científicos como yo podemos hacer, que es estudiar la historia bíblica y los relatos de la Biblia a través de la genética. De hecho, resulta que la historia de la Biblia acerca del éxodo de los judíos de Egipto es correcta, según nos muestra la genética. Porque los judíos empezaron la diáspora en torno de la época de Jesús. Tomando muestras de sangre y buscando doce indicadores de cromosoma-Y descubrimos que los judíos cohanim [una categoría sacerdotal especial] de todo el mundo tienen una identidad genética especial. Incluso negros sudafricanos judíos, allí en el extremo más lejano de África, que estaban muy aislados, han mantenido viva esa orden: la de sólo transmitirle el sacerdocio a sus hijos.

Aquí la ciencia, bajo la forma de análisis de ADN, prueba en forma concluyente que una parte de la Biblia es históricamente exacta. ¿La ciencia refuerza a la religión?

Sí.

En su opinión, ¿la ciencia católica tendrá más o menos choques con la ciencia en el futuro?

No está de acuerdo con el aborto, las células madre, la homosexualidad, las libertades individuales… tienen unos cuantos prejuicios. No han terminado los choques entre ciencia y religión. Mientras la religión siga siendo religión, arraigada en ideas culturales que no necesariamente son buenas y reforzada por su burocracia, seguirá chocando con la ciencia, y seguirá perdiendo.

¿Por que la Iglesia no ha tendido una mano hacia la ciencia y encontrado una forma de reconciliación?

Hacen intentos esporádicos en ese sentido, pero siempre bajo la condición de que la ciencia no contradiga sus creencias culturales. En particular, la Iglesia católica continúa atrasada en todos los aspectos. Ese conflicto no existe en las religiones orientales.

Usted parece dirigir muchas críticas —incluso mucha ira— a la Iglesia católica.

Todas las religiones organizadas me indignan. No veo que tengan nada que ver con la espiritualidad. Sería muy difícil transformar la espiritualidad de las personas.

En este contexto ¿cómo evaluaría el conflicto entre la Iglesia y Galileo?

Discutían, pero no acerca de la espiritualidad. Sospecho que probablemente Galileo fuera más espiritual que el Papa. La persona que desarrolló originalmente el test psicológico TCI que usamos era Abraham Maslow. Su mayor motivo para ser famoso —y, según decía él, el que más lo enorgullecía— era que las personas que obtenían los puntajes más bajos en su cuestionario eran sacerdotes. Decía que en realidad no eran espirituales. Eran otra cosa. Eran autoritarios. Y eso caracteriza la relación entre la Iglesia y Galileo.

Así que, para tener un panorama general: sus descubrimientos demuestran que tanto Urbano VIII como Galileo tenían el gen de Dios, pero uno de ellos defendió a la Iglesia, y el otro, a la ciencia, de modo que estamos otra vez en el punto de partida.

Sí.

La ciencia cognitiva analiza la religión: nuevo enfoque de una cuestión inmemorial

Por Hannah de Keijzer

Hanna de Keijzer estudia ciencia cognitiva, religión y danza en el Swarthmore College.

A lo largo de los siglos, la guerra metafórica entre ciencia y religión se ha librado en dos campos principales. Uno son los cielos, donde se combate por cuestiones de cosmología y de si existe o no un divino diseño detrás de este universo imponente. El otro, es la Tierra, donde los choques se producen respecto de temas de biología evolutiva y creación humana.

Recientemente la ciencia ha comenzado a enviar espías poco comunes al campamento de la religión: científicos cognitivos. Eludiendo casi por completo los debates tradicionales, estos hombres y mujeres están trabajando para saber qué es lo que hace funcionar a su tradicional enemigo. Algunos trabajan con el objetivo de desautorizar a la religión, otros con el de demostrar la existencia de Dios. Sea cual sea su orientación personal, todos plantean la misma pregunta. "¿Por qué elige creer nuestro cerebro?". Recurren no sólo a la historia y a la psicología tradicionales, sino a recientes investigaciones sobre las características y la evolución del cerebro humano. Investigan los sistemas deductivos de la mente y procuran descubrir qué ocurre a nivel inconsciente, más allá de nuestra mecánica consciencia cotidiana.

El trabajo de la ciencia cognitiva es un proceso continuo de teorización, investigación, experimentación y descubrimiento —pero, aun así, es notable lo poco que sabemos acerca del cerebro humano. Además, hay poco o ningún consenso respecto de qué abarca el término "religión". Prácticamente todos los teóricos han procurado responder esa pregunta filosófico-teológico-definicional de distinta manera.

El sociólogo y filósofo francés Émile Durkheim (1858-1917) lo veía así: "La religión es un sistema unificado de creencias y prácticas relativas a *cosas sagradas*... cosas que tienen su propio y prohibido dominio". Consideraba que la religión y las actividades religiosas son una suerte de adhesivo social, que refuerza el sentido de identidad comunitaria y aumenta las posibilidades de supervivencia. Sigmund Freud (1856-1939) tenía la idea opuesta: trazó un paralelo directo entre la neurosis y las actividades de las personas religiosas, diciendo, "así pues, la religión sería la neurosis obsesiva universal del género humano".

Steward Guthrie, un estudioso contemporáneo de la Universidad de Fordham cree que el "denominador común de las religiones consiste en ver más organización que la que realmente existe en cosas y eventos". Peter Berger, un muy citado experto en esa área, quien enseña en la escuela de teología de la Universidad de Boston, cree que la religión es el epítome del "autoexamen humano, de la forma en que le instila a la realidad su propio significado... La religión es el audaz intento de concebir a todo el universo como significativo en términos humanos".

Aunque está claro que no hay consenso respecto del significado de "religión", el deseo de "creer" parece universalmente integrado en el cerebro, más allá de las culturas. Así que ¿cómo y por qué *cree* el cerebro?

Pascal Boyer, que estudia la adquisición, empleo y transmisión del conocimiento cultural, cree que los conceptos sobrenaturales (comunes en todo el planeta y, según él, base de toda creencia espiritual o religiosa) se perpetúan porque tales conceptos violan ciertos aspectos de nuestro sistema de archivo cognitivo. Creamos categorías en nuestras mentes para ayudarnos a clasificar el mundo, pero hay cosas que simplemente no encajan en éstas. Estos conceptos no-muy-categorizables —por ejemplo, los fantasmas— son particularmente recordados por nuestras mentes y, por lo tanto, es más posible que los evoquemos y compartamos con otros, creando así los cimientos de un sistema de creencias más amplio.

Aun si tal "sistema de archivo cognitivo" existe, ¿en qué área del cerebro está localizado? Responder a esta pregunta requiere invitar a la religión a que pase al laboratorio. Como es de esperar, del mismo modo en que no hay mucho consenso respecto de qué constituye la religión, tampoco lo hay respecto de cuáles serían sus substratos neurales. Patrick McNamara, un neurocientífico conductista de la Universidad de Boston, cree que verosímilmente podríamos localizar muchos componentes de las prácticas religiosas en los lóbulos frontales —la hipotética sede neurológica de las emociones, que son parte integral de las experiencias religiosas y de las creencias. Como a menudo se considera que la religión implica el sistema cognitivo humano que detecta (y probablemente, sobreatribuye) intencionalidad a los demás, McNamara cree que los científicos deberían trabajar con niños autistas, quienes no detectan normalmente la intencionalidad. ¿Entienden ideas religiosas? ¿Son sus carencias un total obstáculo a la creencia religiosa o la creencia puede persistir, indicando un circuito cognitivo diferente (o tal vez adicional)?

Otros creen que deberíamos estudiar a los epilépticos en busca de indicios de cuáles serían los substratos neurales, examinando los desórdenes cerebrales que producen experiencias similares a las experiencias religiosas normales. Tentativamente, los investigadores Jeffrey Savre y John Rabin creen que "el sustrato primario de la experiencia religiosa es el sistema límbico", en el cual se centran muchos ataques de epilepsia.

Por supuesto que los estados cerebrales "alterados" no sólo son características propias de los problemas neurológicos: también se aplican a la meditación de monjes budistas y a las oraciones de monjas franciscanas. El doctor Andrew Newber, director de medicina clínica nuclear en la Universidad de Pennsylvania, ha empleado neuroimágenes para estudiar la arquitectura neurofisiológica de la meditación, una sensación, afirma, producida por el bloqueo de la afluencia de sangre a áreas cruciales del cerebro.

También se pueden inducir estados cerebrales alterados mediante el empleo de drogas psicodélicas, que durante siglos se han usado para estimular la experiencia religiosa. Algunos científicos creen que los experimentos con experiencias religiosas inducidas con drogas pueden producir valiosa información acerca de la cognición y de la neurociencia de la religión. Los científicos no dicen que la droga en sí sea responsable del estado alterado. Como insiste Matthew Alpert, autor de *The "God" Part of the Brain* [*La parte "Dios" del cerebro*]: "ninguna droga puede producir una respuesta a la que no tengamos una predisposición fisiológica. Las drogas sólo pueden realzar o suprimir capacidades que ya poseemos".

En cierto modo, estamos de vuelta en el punto de partida: está claro que hay un amplísima gama de teorías respecto de las bases cognitivas y neurológicas de la religión. ¿Hay un hilo o tema conductor?

Una forma en la que verosímilmente se podría ordenar este caos es considerando a la religión como sistema "emergente" o "autoorganizado". (La autoorganización se refiere a tendencias ordenadoras naturales que a veces se observan en ciertos tipos de sistemas complejos artificiales y naturales). ¿Qué hace que éste sea un modelo verosímil? A pesar de buena parte de la tarea de los neurocientíficos, aún hay poca evidencia de que la "religión" misma sea un fenómeno cuyos substratos cerebrales podamos identificar con precisión. Se han identificado áreas del cerebro cuyo funcionamiento parece ser clave para la experiencia religiosa, pero los factores coadyuvantes son demasiados para decidir que una u otra área sea específica y/o completamente responsable. No hay un único "módulo", sino funciones cognitivas muy diferentes que trabajan juntas para crear algo nuevo. Con la música ocurre algo parecido: es altamente improbable que los seres humanos hayan desarrollado un módulo específico y "adecuado" para la música, sino que es mucho más probable que tengamos diferentes módulos que pueden adaptarse y combinarse de modo de permitirnos crear y disfrutar de la música. De modo que tanto en el nivel cognitivo como en el cultural (que se entrelazan), el modelo de sistema emergente sugiere que la religión—que obviamente es un fenómeno complejo y rico— puede surgir a partir de estructuras, capacidades y procesos simples.

La cognición y la experiencia religiosa son de una complejidad casi prohibitiva. No hemos siquiera tocado muchas piezas del rompecabezas: emoción, amor y guerra, la experiencia sexual (en su sentido normal, no freudiano), el lenguaje, los símbolos, los sueños… la lista es interminable. Una cuestión muy importante no parece haber sido formulada (tal vez no pueda serlo): ¿por qué las experiencias religiosas —con lo cualitativamente distintas que son de la vida normal— son percibidas como tan *reales*, aun si son inducidas por la epilepsia o por la drogas? ¿Descubriremos alguna vez qué es lo que hay en el cerebro que hace que la religión sea posible? Y si lo descubrimos ¿qué significado tendrá esto para la religión misma?

Adán versus el átomo

Por Josh Wolfe

Josh Wolfe es inversor de riesgo en nanotecnología y edita el *Forbes/Wolfe Nanotech Report*. También es columnista para *Forbes*.

En Ángeles y Demonios *se arguye (en buena parte por medio de los soliloquios del camarlengo) que el Vaticano se opone o debería oponerse a diversos nuevos avances tecnológicos con los cuales el hombre "juega a ser Dios". La nanotecnología —la ciencia de manipular la materia a escala extremadamente pequeña es una de las más evidentes y atractivas de estas nuevas tecnologías en la que el hombre "usurpa" el papel de Dios de muchas y poderosas maneras. Entre otras muchas aplicaciones, la nanotecnología está íntimamente vinculada a la creación de antimateria que, claro, está en el corazón mismo de la trama de* Ángeles y Demonios.

Josh Wolfe es cofundador y socio fundador de Lux Capital, una empresa de inversiones de riesgo que se centra en las inversiones en nanotecnología. Es también uno de los más articulados y visibles comentaristas de la nanotecnología, como autor del aclamado Forbes/ Wolfe Nanotech Report. *Le pedimos a Wolfe que reflexione acerca de la nanotecnología, la antimateria, y el tema del conflicto entre ciencia y religión que refleja* Ángeles y Demonios. *Entre las muchas ideas fascinantes que contiene el trabajo que damos a conocer a continuación, Wolfe va mucho más allá que el propio Dan Brown en su busca de significados ocultos y mensajes en la obra de artistas del pasado. Sugiere la posibilidad de la existencia de lo que hemos llamado "el código Miguel Ángel" oculto en la famosa (e icónica)* Creación de Adán *pintada por el maestro en el techo de la Capilla Sixtina.*

Tal vez, arguye Wolfe, recurriendo a una variedad de documentos y materiales disponibles en Internet, escritos por distintos científicos, neurólogos y otros, la representación de Dios en la obra maestra de Miguel Ángel es en realidad una representación del cerebro humano según se lo ve desde la perspectiva que la medicina llama corte transversal sagital. En otras palabras, tal vez Miguel Ángel nos estaba tratando de decir, aun desde el sagrado territorio de la más sacra de las cámaras del Vaticano, que el concepto humano de Dios no es una realidad científica externa, sino que se construye dentro del cerebro humano.

Si *Ángeles y Demonios* tuviese un prólogo, éste podría ser más o menos así: "Un hombre devotamente religioso —que siente una honda reverencia por Dios y una fuerte creencia en el poder de la fe— está sentado en una pequeña habitación, encorvado sobre una vieja mesa de madera, aferrando con todas sus fuerzas una lapicera. Con el mero garrapatear de su firma, un hombre de su influencia y poder puede mover miles de millones de dólares e influir en los mercados de acciones. Tal vez ni siquiera se dé cuenta cabal de lo que está a punto de hacer. Detrás de él, rondan un joven físico estrella del MIT y un químico ganador del Premio Nobel. Ambos tratan de controlar la excitación que sienten respecto de lo que esto significará para ellos y para sus colegas científicos. El hombre lleva la lapicera al papel y firma una aporte de casi 4 mil millones de dólares para una nueva rama de la ciencia —un campo que ya ha tomado por asalto a la comunidad científica, y que ha hecho que activistas del mundo entero protesten y pidan una prohibición inmediata. Se trata de la nanotecnología —controlar la materia a escala atómica. *El hombre jugando a Dios*".

Esto no es ficción. El hombre era el presidente George W. Bush, la habitación, la Oficina Oval de la Casa Blanca —y yo tuve la suerte de estar de pie detrás de él cuando firmaba el acta de investigación y desarrollo de la nanotecnología el 3 de diciembre de 2003.

La promesa y los peligros de la nanotecnología

Ángeles y Demonios fue publicado el mismo año en que comenzó la iniciativa nacional de nanotecnología —un área de investigación que se lleva adelante en el CERN y que, según la novela, es condenada por el Vaticano (aunque el hecho es que el Vaticano no se ha pronunciado sobre la nanotecnología).

La nanotecnología se ha beneficiado del respaldo de ambos partidos en Washington DC —en buena parte, debido a lo que se predice respecto de su impacto sobre las tecnologías de la salud (tratar el cáncer sin efectos secundarios y descubrir y administrar nuevas drogas con precisión exacta); la electrónica (computadoras del tamaño de un terrón de azúcar podrían contener toda la biblioteca del Congreso); y la energía (paneles solares baratos y flexibles que podrían reducir nuestra dependencia del petróleo extranjero).

La nanotecnología es tecnología creada a escala de átomos y moléculas. Y a esta escala ultrapequeña, la física newtoniana clásica, que rige nuestras vidas cotidianas, le cede el paso a la física cuántica —en la cual la materia actúa en formas inesperadas. Es interesante que, mientras que la mayor parte de los símbolos y la imaginería religiosa suelen estar basados en el equilibrio y el orden (tal vez se trate de una función de las tendencias del cerebro humano a buscar patrones y al impulso universal a encontrar belleza en objetos simétricos, como los rostros y las flores), la física cuántica se basa en la asimetría, la probabilidad, la incertidumbre, las nubes de electrones y la materia sintonizable.

Por supuesto que nuestro mundo material está compuesto de átomos —que son demasiado pequeños para distinguirlos a simple vista. Ni siquiera el mejor de los microscopios puede ver algo tan pequeño. Pero hace unos veinte años se inventó una herramienta que no sólo nos permite ver los átomos de a uno, sino manipularlos. Los podemos mover, crear patrones, e incluso hacer que se dispongan a sí mismos en figuras complejas. El santo grial de la nanotecnología es literalmente hacer crecer objetos a partir de la escala atómica. Las consecuencias económicas de este control a nivel atómico son muy profundas. Basta recordar que la única diferencia entre el grafito de un lápiz y el diamante de un centelleante anillo de compromiso es la manera en que los átomos de carbono de ambos están dispuestos. Eso es todo.

En la historia del mundo, el crecimiento económico siempre ha provenido de la combinación novedosa de recursos ya disponibles. El óxido de hierro (es decir, herrumbre) que se empleó alguna vez para almacenar datos bajo la forma de pinturas rupestres ha reaparecido como sustrato para discos magnéticos de memoria. El sílice, proveniente de la arena, se empleó originariamente para hacer vidrio y ulteriormente se destinó a la computación. ¿A quién se le puede ocurrir mirar una ventana y pensar que su composición puede ser reformulada para crear un microprocesador Pentium? La tendencia dominante es la de buscar mayor valor agregado por unidad de materia prima. Hay que pensar que cuatro átomos cualesquiera de la tabla periódica de los elementos se pueden combinar de 94 millones de maneras y, siempre en proporciones de menos de diez átomos, 3.500 series distintas podrían dar 330 mil millones de combinaciones. El punto es éste: el hombre recién comienza a experimentar con las enormes cantidades de combinaciones de átomos aún no estudiadas para crear nuevas materias y nuevos e inéditos materiales.

Las propiedades de la materia pueden sintonizarse en forma precisa cambiando el tamaño y la composición de las moléculas de modo de hacerlas adoptar formas que no existen en la naturaleza. Eso no equivale a decir que el mundo natural se volvería irrelevante —todo lo contrario. Algunos de los desarrollos más excitantes de la nanotecnología derivarán de un ingeniero que ya ha invertido miles de millones de años en investigación y desarrollo —la Madre Naturaleza.

Los científicos de una compañía privada de nanotecnología están modificando genéticamente bacterias y virus de modo de programarlos para que manufacturen complejos dispositivos semiconductores en forma barata y eficiente —en otras palabras, sería usar a la biología para fabricar equipos electrónicos, del mismo modo en que hacemos cerveza, queso y vino. Otra empresa de nanotecnología ha hecho una versión simulada de las patas adhesivas de una lagartija gueco, creando una versión sintética más delgada y liviana que le permite a una persona de setenta y cinco kilos de peso trepar una pared como el hombre araña.

Religión y nanotecnología

Durante mis conferencias sobre nanotecnología suelo exhibir una pintura, no por razones religiosas, sino a manera de analogía —es una torre de Babel invertida. Representa a hordas de personas, todas las cuales hablan diferentes idiomas, construyendo una obra que se eleva hacia el cielo. En la nanotecnología, investigadores que previamente hablaban distintos idiomas científicos, ahora se comunican en la frontera de sus respectivas disciplinas: los biólogos colaboran con ingenieros electricistas y los químicos con los científicos de las computadoras. Hay un renacimiento de la ciencia, una coincidencia del saber.

La nanotecnología ha sido ampliamente reconocida como la nueva versión de la carrera espacial de la guerra fría. Y esta competencia feroz ha creado una partida de póquer metafórica en el que cada país eleva por anticipado su apuesta en pos del dominio tecnológico y económico del siglo XX. En este juego de póquer, no está claro en absoluto que los Estados Unidos vayan a ganar.

Es ligeramente incómodo pensar que si la nanotecnología, que Bush ha apoyado decididamente, llegara a ser acusada de "jugar a Dios" (es decir, manipular la materia de formas aún inéditas), sería anatema para el sistema de creencias del Presidente, que habría vetado de inmediato la ley de nanotecnología.

La ciencia es acumulativa, la religión, estática

Claro que los fondos adjudicados van a los científicos. Financian sus descubrimientos que, a su vez, sirven como cimiento para que otros científicos construyan. La ciencia es acumulativa. Y aquí radica la mayor de las tensiones entre religión y ciencia: los credos religiosos son estáticos. Sus cimientos son inmutables, al ser reliquias sagradas preservadas con gran fidelidad y transmitidas a las mentes de sus portadores de una a otra generación y a lo largo de los siglos.

Lo curioso de la ciencia es que usted mismo podría darles una lección a Newton, Aristóteles, Copérnico o cualquier otro de los gurúes del pasado. Cualquiera de ellos puede haber sido más inteligente que cualquiera de nosotros, pero nosotros sabemos más que ellos acerca de la forma en que funciona el mundo. La ciencia avanza por acumulación, y, como vivimos en una época posterior a la de ellos, aun quienes no somos científicos sabemos muchas más cosas que los científicos del pasado. Así de simple. Claro que Aristóteles podría participar de una clase de filosofía y defenderse bien allí. Pero en una clase de ciencia, estaría perdido. He aquí algunas cosas básicas que todos sabemos y a que a él lo chocarían: la Tierra gira alrededor del Sol y —a pesar del símbolo de los illuminati— hay más de cuatro elementos, y ninguno de ellos es tierra, agua, fuego o aire. Ni que hablar de explicarle la electricidad, el magnetismo, los láser, transistores, microprocesadores, paneles solares, física cuántica o nanotubos de carbono.

¿Pueden coexistir pacíficamente la ciencia y la religión?

He sido testigo de una cultura de lo cortés en que decididos partidarios de la ciencia y de la religión andan en puntas de pie, trazando círculos uno en torno del otro para evitar llegar a un choque. Sugerir que lo que uno cree es lo correcto y lo que el otro cree es erróneo se considera arrogancia del mayor nivel —sin embargo, han sido esa arrogancia y ese dogmatismo los que han impulsado todos los progresos científicos y tecnológicos y provocado casi todas las guerras de la humanidad. Así que digámoslo claro: los ejércitos de lo empírico asedian la fortaleza de la fe.

La coexistencia pacífica de ciencia y religión es una ilusión. Son incompatibles y mutuamente excluyentes. El método científico es lo opuesto a la doctrina religiosa, e incluso del misticismo no teísta. La ciencia se basa en hipótesis verificables, resultados repetibles, evidencia empírica, la razón, la experimentación, el escepticismo y el cuestionamiento a las creencias establecidas y las verdades recibidas. La religión se basa en la fe sin cuestionamientos del creyente. Las narraciones religiosas contienen creencias acerca de la creación del universo, la creación del hombre y conceptos como la vida después de la muere o la reencarnación. La ciencia no se basa en creencias que implican ciertos valores, sino en la comprensión fáctica del mundo y de los mecanismos y fenómenos mediante los cuales opera, despojados de toda implicación teológica. Y éste es su credo: *nullius in verba*, "no creas la palabra de nadie".

Pero aunque la ciencia y la religión puedan tal vez coexistir pacíficamente a largo plazo, la seudociencia y la religión decididamente pueden convivir sin problemas. Desgraciadamente, muchas personas distorsionan la complejidad de la nanotecnología o la física cuántica para componer un popurrí espiritual de campos de energía y lo que se podría denominar ciencia *New Age*. Tratan de emplear el principio de incertidumbre para explicar cosas inciertas, y sugieren que nuestros cerebros o la mente de Dios o el universo son en realidad una gigantesca computadora cuántica. Lo cierto es que tendemos a ver lo que creemos más bien que creer lo que vemos.

Se ha sugerido que la religión existe para explicar lo inexplicable. Como humanos, sentimos que la ausencia de explicaciones es disonante en lo cognoscitivo. Y parte de la seducción de la espiritualidad y la religión es que parece llenar los espacios en blanco de las preguntas que le quedan por responder a la ciencia.

La búsqueda de las nobles verdades

Muchos críticos religiosos sienten que la ciencia despoja a la vida de su belleza y su misterio. Pero muchos científicos que conozco creen que hay algo más grande que ellos. Ese algo es la verdad.

El autor de ciencia ficción William Gibson una vez dijo que el futuro está aquí, pero distribuido en forma despareja. Creo que lo mismo puede decirse de la verdad. Tal vez todos busquemos esa elusiva respuesta, tal vez creyendo que nos dará felicidad, satisfacción, una vida más rica o más conocimientos. La búsqueda de la comprensión provoca la curiosidad que lleva a la búsqueda de la verdad.

Las verdades científicas nos dicen quiénes somos, de dónde venimos y a dónde vamos. En última instancia, los mitos y el misticismo se subordinan y someten a la realidad empírica. En realidad, los milagros modernos están en la medicina moderna: inyecciones de insulina, marcapasos, las imágenes por resonancia magnética, rayos X, trasplantes de órganos y farmoquímicos.

La nanotecnología y sus desarrollos científicos asociados tienen todas las características y poder social de un sistema de creencias o una forma sustituta de religión. Hay quienes afirman que la nanotecnología puede llevar a una vida mucho más prolongada o incluso a la inmortalidad. Pero eso es mucho andar desde donde la tecnología realmente está al día de hoy. Desde el magnetismo a las ondas de radio a los choques eléctricos —la tecnología siempre ha tenido sus curanderos vendiendo la fe de que algún nuevo invento curará los males de las personas. Ante la falta de evidencias, la comunidad científica siempre se ha apresurado a exigir pruebas y desacreditar a los fraudulentos charlatanes. El Vaticano, claro, tardó trescientos cincuenta años en arreglar cuentas con Galileo.

Por su propia naturaleza la ciencia es abierta, y el escrutinio público la fortalece. Pero la integridad y utilidad de la ciencia peligran siempre que se la ataca por razones ideológicas. Thomas Jefferson dijo: "No tememos seguir a la verdad hasta donde sea que quiera llevarnos, ni toleraremos error alguno en tanto la razón tenga la libertad de combatirlo".

¿La ciencia necesita a la religión como guía moral?

Muchos críticos de la ciencia caricaturizan la búsqueda del progreso invocando imágenes de científicos locos, que ignoran o desdeñan las consecuencias de tales avances. Es que, enfocados únicamente en obtener resultados desde un medio de solución de problemas carente de implicaciones morales, los científicos carecen de una brújula moral que los guíe en la consideración de las consecuencias sociales de su trabajo. *Doctor Frankenstein.*

Aquí hay una ironía: parecería que lo que no se entiende bien debe ser temido o reverenciado. Los críticos de la nanotecnología exigen pruebas de que sus efectos serán benignos. Pero todos los progresos tecnológicos y humanos tienen un aspecto negativo. La gasolina es inflamable y altamente tóxica, aviones y autos producen muchas muertes, los reproductores de CD tienen trazas de arsénico y el fuego, uno de los mayores descubrimientos del hombre, ha carbonizado a millones de personas.

Nuestra existencia análoga ha sido definida por guerras que se combatieron debido a creencias polarizadas e intransigentes. Con semejante resultado binario, casi tiene sentido considerar que la lógica del destino humano es digital.

La ciencia abre la puerta a más preguntas

Lo bello de la ciencia es que cada vez nos plantea más preguntas. Haga esta prueba: compare la *Creación de Adán* pintada por Miguel Ángel en el techo de la Capilla Sixtina con una imagen de la sección transversal hemisagital del cerebro. ¿Es posible que Miguel Ángel le haya jugado una tremenda broma interna a la Iglesia? Los historiadores siempre han interpretado esta obra como la representación definitoria del hombre creado a imagen de Dios. ¿Puede tal vez tener el sentido opuesto? ¿Puede ser que Miguel Ángel estuviera enviando un mensaje secreto en el cual sugiriera que Dios fue construido en la mente del hombre? Échele un vistazo a este sitio web y juzgue usted mismo: http://psych-www.colorado.edu/users/spencer/psyc2012/michelangelo.html

Para los muchos científicos que creen en Dios, la ciencia provee explicaciones y respuestas respecto del "cómo", pero la religión provee significado, una idea de propósito y responde a los "por qué". Otros científicos son de una antirreligiosidad y una adoración de la ciencia pura tan fanáticos que, sin quererlo, parecen dogmáticos religiosos.

Se suele afirmar erróneamente que Einstein, un icono de credibilidad, creía en Dios. En sus palabras, "claro que lo que ha leído acerca de mis convicciones religiosas es mentira, una mentira que es repetida en forma sistemática... Si hay algo en mí que puede ser llamado religioso, es la ilimitada admiración que siento por la estructura del mundo en la medida en que la ciencia la revela". Amén.

5

La Roma de Robert Langdon: arte y arquitectura

Bernini, el escultor que ayudó a crear la Ciudad Eterna • Secretos y símbolos del arte y la arquitectura vaticana • La verdad acerca de la biblioteca secreta vaticana • El empleo ritual de astrología, magia, alquimia y otras prácticas ocultistas en el Vaticano • En qué tuvo razón —y en qué no— el agudo profesor de simbología de Harvard en su gira por Roma • Gira guiada por la auténtica Roma.

Un experto en Bernini reflexiona sobre el empleo que hace Dan Brown del maestro del Barroco

POR TOD MARDER

Tod Marder es catedrático del departamento de Historia del Arte de la Universidad estatal de Nueva Jersey e integra la American Academy de Roma. Recomienda estos libros para quien quiera leer más sobre el tema: Laurie Nussdorfer, *Civic Politics in the Rome of Urban VIII* [*Políticas cívicas en la Roma de Urbano VIII*]; Charles Avery, *Bernini, Genius of the Roman Baroque* [*Bernini, genio del barroco romano*]; Howard Hibbard, *Bernini; y T.A. Marder, Bernini and the Art of Architecture* [*Bernini y el arte de la arquitectura*].

Tras leer Ángeles y Demonios *y decidir que nuestro equipo editorial desarrollaría una guía para ayudar a los lectores a entender mejor y reflexionar acerca de la novela, el primer libro que adquirí para contribuir a nuestra investigación fue* Bernini and the Art of Architecture *de Tod Marder. Este magnífico relevamiento les infundía vida a Bernini y a sus obras de una forma totalmente nueva. Mirando las fotografías y leyendo los comentarios de Marden, uno podía sentir que se metía en las propias escenas que Dan Brown describe en su novela. De inmediato se percibían los problemas planteados por los errores de Brown. Pero también se percibía el poder visceral del conjunto de la obra de Bernini y los fascinantes interrogantes que plantea la era barroca, a caballo entre el Renacimiento y el Iluminismo, el mundo antiguo y el mundo moderno, la vieja era de la cosmología religiosa y el futuro de la cosmología científica.*

Para entender a Bernini también se debe entender Roma, la Contrarreforma, la política del Vaticano y la era barroca. Ted Marder es un experto en Bernini de renombre mundial, lo que necesariamente también hace de él un experto es esos otros temas. Aquí, y en otra sección de este capítulo habla de su experiencia personal durante los años que pasó investigando en la biblioteca y los archivos secretos vaticanos. El profesor Marder comparte en estas páginas toda una vida de investigación de Bernini y de su arte, del Vaticano, de Roma y de la cultura barroca. También da algunos indicios acerca de cuáles son los nuevos descubrimientos y nuevos estudios sobre Bernini. Aquí, pues, va uno de los mejores recorridos disponibles del mundo de la Roma barroca que constituye el epicentro de Ángeles y Demonios.

Mucha ficción reciente afirma estar basada en la historia del arte. ¿Eso es así? Estos misterios, novelas y relatos ¿están firmemente asentados en hechos de la historia del arte? Ésta es una pregunta legítima, aunque más no sea porque las afirmaciones que se hacen a favor o en contra de una investigación escrupulosa parecen provocar algún efecto en los lectores. De hecho, he recibido más preguntas acerca del *Ángeles y Demonios* de Dan Brown que de cualquier otra obra de ficción de los últimos años. Estas reacciones me dicen que muchas personas adquirieron y leyeron *Ángeles y Demonios* y que, afortunadamente, mis amigos aún recuerdan que soy un experto en Bernini. Sus preguntas también me hicieron ver que los lectores tenían problemas para decidir qué era literalmente cierto y qué simplemente inventado en esa narrativa. La afirmación que se hace en el preámbulo de *Ángeles y Demonios* de que todos los lugares, objetos y personalidades históricas de la novela son estrictamente ciertos, hace que el lector crea toda la información que incluye la historia. En muchos casos, esa confianza será traicionada.

Al fin y al cabo, la mejor razón para reevaluar una obra de ficción ambientada en un contexto histórico es que en algunos casos —como éste— las realidades históricas y topográficas de los personajes, ciudades, y eventos terminan por ser al menos tan interesantes para las personas como lo son sus versiones de ficción. El empleo de la licencia poética para alterar hechos e informaciones claramente establecidos, ¿se justifica cuando el resultado es más entretenido, más revelador, más profundamente provocativo y seductor que la versión real de las cosas? Sospecho que éste es un argumento que a los narradores profesionales les gustaría defender, pues sus vidas e ingresos pueden depender de él. De modo que aquí van unos pocos hechos, temas e interpretaciones que a los lectores de *Ángeles y Demonios* les puede interesar ver aclarados.

La sede vacante

Comencemos con el escenario fundamental de la historia, el interregno que se produce cuando muere un papa y se hacen los preparativos para elegir a su sucesor. Ese momento tiene una denominación oficial —la Sede Vacante— y generalmente dura uno o dos meses. Durante ese período, se hacen arreglos para que se reúna el Colegio de Cardenales que elegirá al nuevo pontífice. Históricamente, el período de Sede Vacante ha sido una aberración, y ha estado marcado por cambios y cuestionamientos al poder dignos de cualquier autor de libros de intriga policial. En el siglo XVII, la transmisión del poder era menos organizada y controlada que la del Vaticano de los tiempos modernos; de hecho, lo más frecuente era que se caracterizara por cuasipermitidas ausencia de normas y venganzas dirigidas por lo general contra familia y allegados del papa fallecido.

Cuando Urbano VIII Barberini murió en 1644 (en *Ángeles y Demonios* se le adjudica el papel de patrocinador del artista Gianlorenzo Bernini) su familia y él recibieron mofas por sus impuestos al pan, su embarcarse en una guerra inútil, y su enriquecimiento personal durante el desempeño de su función —críticas, que con las lógicas diferencias de contexto, no difieren demasiado del período de ajuste entre presidencias de los Estados Unidos. Francesco, sobrino del cardenal, se convirtió inmediatamente en blanco de la ira contenida por tanto tiempo, y se lo tildó de "cardenal de la media onza", en referencia tanto al nuevo y disminuido tamaño oficial de la hogaza de pan como a su también nueva impotencia en materia de autoridad. Se sugirió que sobre el inconcluso sepulcro de Urbano se inscribiera un epitafio que se refiriese al papa que había "engordado las abejas (símbolo de la familia Barberini) y despellejado a su rebaño". Se dijo en broma que Bernini había sido contactado para que esculpiese un Cristo crucificado que debía ser colocado entre los dos "ladrones": Urbano VIII y Pablo III Farnese cuyas tumbas, en efecto, flanquean el ábside de la basílica.

Otro rasgo interesante del período de Sede Vacante del siglo XVII era que durante ese interregno se liberaba a todos los prisioneros de todas las cárceles de la ciudad, con excepción de los delincuentes más inveterados, que permanecían en Castel Sant'Angelo. ¡Imagínese qué habría ocurrido si uno de los illuminati hubiera sido librado en esas circunstancias, para dedicarse al asesinato y al pillaje!

Durante la Sede Vacante, generalmente la plebe y los funcionarios municipales reaccionaban con más velocidad que la Iglesia, los primeros para vengarse, los segundos para recuperar el control de la ciudad. Se afirmó que una muchedumbre enardecida había pulverizado una estatua de Urbano VIII cuarenta y cinco minutos después de la muerte de éste en la mañana del 29 de julio de 1644. Ese mismo día, la tradición hizo que los patricios de Roma se reunieran en los palacios de la colina capitolina de Miguel Ángel para elegir de entre sus filas cuarenta funcionarios que se encargaran de mantener el orden en la ciudad. Se aprobaban edictos que se hacían efectivos con un rigor poco habitual para el papado, pero completamente practicable para los funcionarios de los distintos vecindarios de la ciudad, quienes se encargaban de que sus unidades de guardia patrullasen sus respectivas zonas. Se prohibían las armas, así como las caracterizaciones o disfraces. Se prohibía el juego, y la presencia de huéspedes en las casas particulares debía ser reportada diariamente a las autoridades. Se les exigía a barberos y cirujanos que reportasen los nombres de todos aquellos a quienes tratasen por heridas graves.

En el Vaticano, el camarlengo (cardenal chambelán) encabezaba un comité ejecutivo compuesto de cuatro cardenales que ponía en marcha la organización de un cónclave y tomaba los pasos necesarios para mantener el control de los dominios de la Iglesia. Generalmente, pasaban diez días entre el momento de la muerte del papa y el momento en que los cardenales finalmente se reunían en el Vaticano para elegir un sucesor. Un antiguo protocolo establecía este intervalo, en parte para permitir que en el transcurso de éste se celebraran las exequias del papa fallecido. Una vez que se completaban estos ritos, se recurría a las reglas que permitían que los cardenales hiciesen un esfuerzo conjunto por dar con un sucesor apropiado. Los candidatos debían votar dos veces al día hasta que el proceso estuviese debidamente cumplimentado. Siglos antes, los cardenales quedaban restringidos a comidas de un solo plato al mediodía y uno a la noche si no habían elegido a nadie durante los tres primeros días del cónclave. Pasados cinco días, se los circunscribía a alimentarse de pan, vino y agua. Pero estas restricciones fueron reiteradas y suavizadas sucesivamente tantas veces a lo largo de los siglos, que es muy probable que por lo general se las ignorara.

Terminado el pontificado de Urbano VIII, la votación se prolongó durante todo el mes de agosto y hasta la mitad de septiembre de 1644 hasta que un candidato obtuvo la mayoría absoluta. El triunfador fue básicamente un candidato de compromiso, un clérigo nacido en Roma, cuya familia era considerada recién llegada, pues apenas si llevaba un siglo en Roma. Ambicioso pero mezquino, conocido como "monseñor No Va", guiado y financiado por su avara cuñada, Donna Olimpia Maidalchini (conocida como "la Dominatrix"), Inocencio X Pamfili sería quien encargara a Bernini la gran Fuente de los Cuatro Ríos de la plaza Navona, escenario del último asesinato planificado de *Ángeles y Demonios*.

A comienzos del siglo XV, y para evitar que se infiltraran influencias políticas, los cardenales se reunían a elegir al papa en iglesias de Roma selladas al mundo exterior. Para mediados de siglo, el proceso fue transferido al Vaticano en forma permanente por tratarse de un ámbito que podía ser mantenido bajo llave; *cónclave* (*con clave*) significa "con llave". Tradicionalmente, las llaves eran custodiadas por la familia patricia Savelli, cuyos integrantes tenían derechos exclusivos, como mariscales —encargados de la seguridad— vaticanos, de cerrar y abrir las puertas que daban al lugar de reunión de los cardenales. De hecho, la entrada principal al espacio reservado para las elecciones en el palacio Vaticano se llamaba, y aún se llama, Cortile del Maresciallo (Patio del Mariscal).

En contraste, la responsabilidad por el control de los molinetes con cajas que permitían que comida y otros suministros les fueran pasados a los cardenales durante el transcurso de un cónclave le correspondía a un clérigo que trabajaba como gobernador del Borgo, denominación con la que aún se conoce al vecindario lindero con el palacio vaticano y la basílica de San Pedro. Las *rote* (molinetes-caja) eran habituales en los palacios del Renacimiento romano, en los cuales los aposentos de las mujeres y los de los hombres estaban separados, y el contacto de aquéllas con el resto del palacio siempre estaba severamente limitado. En el Vaticano, tenían la función similar de demorar el flujo de información que entraba y salía de la asamblea de los cardenales. Los intentos de infringir la seguridad eran, según afirman los registros históricos, bastante frecuentes. En una ocasión, un obrero fue encarcelado por haber hecho un agujero en un muro externo para permitirle al cardenal Francesco Barberini pasar y recibir notas e informaciones. Todo el vino que entraba por los molinetes debía estar servido en recipientes transparentes, y los pollos se cortaban al medio para minimizar las posibilidades de que se pasaran notas en su interior.

Los cardenales y sus sirvientes se alojaban en celdas temporarias situadas a lo largo de los perímetros de los lugares de reunión. Estas celdas, construidas con bastidores de madera y cortinados que colgaban de éstos, constituían una suerte de ciudad interna de tiendas de campaña construida especialmente para el cónclave. Esta comunidad se componía de entre treinta y sesenta cardenales, según la cantidad que constituyera el colegio en ese momento y cuantos hubieran podido asistir. En los siglos XVI y XVII, las tiendas se erigían en la Capilla Sixtina; posteriormente, se alzaban en las adyacentes Sala Regia y Sala Ducale, que eran los principales salones de recepción del palacio. Por lo general, se votaba en la cercana Capilla Paulina (Cappella Paolina), y sólo fueron transferidos a la Capilla Sixtina en ocasión del cónclave para Urbano VIII Barberini. A partir de la era moderna, la Capilla Sixtina se convirtió en el lugar de votación favorito.

Típicamente, el cónclave se abría con los cardenales reunidos para recibir sus instrucciones, oír misa y hacer su primera votación. El cáliz empleado para la celebración de la misa era el receptáculo de los votos. Después de cada votación, se contaban los sufragios. Cuando no había ganador, los votos se quemaban con paja húmeda que generaba un humo negro que veían las multitudes de curiosos reunidos en la plaza San Pedro, unos veinte metros más abajo y al sur del palacio principal. Cuando un candidato recibía la necesaria mayoría, los votos se quemaban con paja seca, produciendo un humo blanco, seguido de la aparición de un cardenal que anunciaba *"Papa habemus..."*, seguido del nombre escogido por el nuevo papa. Y logrado eso, la tarea del Sacro Colegio de Cardenales quedaba, por el momento, concluida.

La disposición del palacio Vaticano

El palacio Vaticano, y, por lo tanto, también los archivos que aloja deben su existencia a la presencia de la basílica que conmemora el sitio donde San Pedro fue sepultado. Según algunas versiones, San Pedro sufrió el martirio en la colina del Janículo, donde un templete de Bramante conmemora el lugar exacto del hecho. Otros creen que murió en otro lugar. Se debate si el que yace en la cripta ubicada directamente bajo la cúpula de la basílica es o no el cuerpo de San Pedro. Sin embargo, la evidencia arqueológica indica con razonable certeza que se trata de una tumba de esa época. Y esa misma evidencia señala que la tumba perteneció a un hombre de la edad correspondiente, y de nombre Pedro.

Debido a la presencia de esta reliquia y del santuario y el culto que se desarrolló en el lugar de la tumba, los papas comenzaron a residir en el Vaticano, que además era conveniente y fácil de defender. La catedral de Roma estaba, y está, en san Juan Laterano, completamente al otro lado de la ciudad, en un llano ubicado en el extremo más lejano de las murallas. De modo que aunque San Pedro exhibe una *cathedra pedri* (cátedra de Pedro) ceremonial en el ábside, la basílica no es una catedral (como erróneamente dice Dan Brown en *Ángeles y Demonios*). A medida que se elaboraban ceremoniales y que los días de festividad en la tumba requerían una creciente presencia del papa y su corte, un palacio creció allí para servir a las necesidades del papado y su corte.

Es irónico que el palacio vaticano, cuyas ceremonias deben de haber afectado la forma y tamaño de tantos otros palacios a lo largo de la historia, sea una construcción altamente irregular, que desafía toda noción de simetría y coherencia de diseño. Éste es sólo uno de los obstáculos que impiden conocerlo bien. El otro es el hecho de que sirva en forma simultánea como gran museo, lugar de culto y centro administrativo gubernamental. El resultado es que el acceso del público está limitado al área del museo, y ni siquiera se permite ingresar a los especialistas en las muchas salas del palacio destinadas a funciones administrativas. Ni siquiera los historiadores del arte del Renacimiento, a pesar del vivo interés que despiertan los frescos y la arquitectura de cada recinto, conocen tan bien como uno supondría los diversos niveles, corredores y escaleras del palacio.

Un plano del Vaticano que incluye la guía de Roma del Touring Club Italiano permite hacerse la siguiente composición de lugar. La Via della Fondamenta sigue el flanco noroeste de la basílica de San Pedro. No está "directamente colina arriba desde la Porta Sant'Anna" y allí no hay archivos, ni secretos ni de ninguna otra clase, a pesar de que, en la novela, Robert Langdon los encuentra allí. La Via della Fondamenta *sí* lleva a la entrada del Cortile della Sentinella (patio del centinela), que, a su vez, se une al Cortile Borgia. Pero los caminos que se debe seguir para llegar a estos lugares son tan increíblemente sinuosos que difícilmente nuestro héroe pueda avanzar "a poderosas zancadas" en busca de la verdadera ubicación de los archivos.

Tanto el Cortile della Sentinella como el Cortile Borgia lindan con la Capilla Sixtina, o al menos con sus cimientos superestructurales. La Capilla Sixtina es un ámbito rectangular cuyo eje principal corre paralelo al de San Pedro. Un visitante que se aproximara al palacio desde la plaza de Bernini reconocerá la Sixtina desde el exterior por su techo en punta, pero poco más que eso revela la ubicación del nivel ceremonial de los aposentos oficiales papales, que se alzan a unos dieciocho metros por encima del nivel de la plaza.

La principal ruta de acceso a los salones de recepción más importantes, culto y presentación del palacio Vaticano es una escalinata recta a la que se accede desde el lado norte de la plaza. Un corredor cubierto corre a lo largo del lado norte de la plaza —si los visitantes miran hacia la derecha, lo verán— y lleva directamente a la famosa Scala Regia de Bernini. Para la mayor parte de los visitantes, este recorrido sólo puede ser hecho sobre el mapa: la entrada al corredor del lado norte (derecho) de la plaza está protegida por guardias suizos que sólo permiten el paso de visitantes oficiales por esas puertas. El visitante oficial asciende hasta arriba de la Scala Regia, y llega a una gran sala de recepción. Al entrar y doblar a la izquierda, debería estar en condiciones de entrar a la Capilla Sixtina.

Todo esto es para decir que cuando el ficticio camarlengo Carlo Ventresca llega a la cima de la Scala Regia, aunque tal vez se haya sentido "como si estuviera parado al borde del precipicio de su vida", no hubiera oído el sonido de las actividades de los cardenales en la Capilla Sixtina por debajo de él. La Capilla Sixtina también está escaleras arriba. Los visitantes del museo a quienes, después de ver los frescos de Miguel Ángel en el techo de la Capilla Sixtina, y, como medio de aliviar la presión de tanto público, se hace salir por la Scala Regia y de allí a la plaza, tienen la fortuna de experimentar la famosa entrada de Bernini, sólo que al revés.

Explicación de los monumentos de Bernini

Bernini es el principal artista de la trama de *Ángeles y Demonios*. Sus obras hacen de escenario y telón de fondo para cuatro terribles asesinatos, de lo que se deduce que integró la hermandad de los illuminati en el siglo XVII, fue íntimo amigo de Galileo en ese contexto y se opuso a las enseñanzas de la Iglesia católica. Si estas ideas fuesen ciertas, los historiadores del arte barroco se sentirían agradecidos por las infinitas oportunidades que ofrece cada uno de estos temas para intrigantes investigaciones, enseñanzas y discusiones. El hecho histórico, sin embargo, es que Bernini nada tuvo que ver con ningún grupo llamado los illuminati. Es muy posible que haya tenido una amistad más que casual con Galileo, aunque la exacta relación de ambos sólo es conjeturable. En lo que respecta a la oposición de Bernini a las enseñanzas de la Iglesia, no hay ni un ápice de evidencia. De hecho, mucha información del siglo XVII indica exactamente lo contrario.

Aquí debemos volvernos a los propios monumentos de Bernini. Su prisa por llegar a la escena del primer asesinato lleva al protagonista Robert Langdon al Panteón. Cuando ve que se ha equivocado, Langdon se apresura a llegar a la Capilla Chigi de la iglesia de Santa Maria del Popolo. Ésta se alza en el ángulo nordeste (no sudeste) de la Piazza del Popolo, el espacio urbano ubicado apenas se entra en las murallas de Roma desde el norte y que daba la bienvenida a los visitantes que llegaban por allí. La iglesia fue construida en la década de 1470 como parte de un esfuerzo por poblar los suburbios más lejanos de la ciudad. En la década de 1620, un empobrecido descendiente de la influyente familia Chigi, monseñor Fabio Chigi, regresó para rehabilitar una capilla funeraria que había sido fundada un siglo antes para honrar a sus adinerados ancestros. Para que el prestigio del gran Rafael realzara su propio brillo y linaje, monseñor Chigi pretendió revitalizar la capilla que había sido diseñada en el Renacimiento y decorada por el propio Sanzio. Para que lo ayudara en ese esfuerzo, contrató al joven Bernini.

Durante décadas, no se hizo casi nada, hasta que el monseñor, que había llegado a cardenal y finalmente a papa, como Alejandro VII, en 1655 le solicitó a Bernini que terminara la decoración. Hasta donde sé, la capilla Chigi jamás fue conocida como Cappella della Terra (capilla de la tierra), como se la caracteriza en *Ángeles y Demonios* para hacerla representar uno de los cuatro elementos de los illuminati (tierra, viento, fuego, agua). Sin embargo, sí hay un Capella della Terra Santa (capilla de la Tierra Santa) en el Panteón. Tal vez ése sea el origen del nombre que el autor inventó para la capilla Chigi.

Por cierto, Santa Maria del Popolo es una iglesia, no una catedral como dice Brown, es decir, no está a cargo de un obispo. En mi experiencia, las descripciones casi siempre se refieren a la primera, segunda o tercera capillas a la derecha o a la izquierda de una iglesia desde el punto de vista del visitante que ingresa por la puerta principal. La capilla Chigi es la segunda a la izquierda desde la entrada, tal como dice Vittoria, y a pesar de la momentánea confusión de Langdon. Y cuando el "ojo entrenado" de Langdon contempla la bóveda para ver la imaginería astronómica y zodiacal que desempeña un papel en la narración, debió haber pensado menos en Galileo, Bernini o el siglo XVII que en los diseños originales de Rafael en el siglo XVI, en que el domo fue decorado. En ese mismo orden de cosas, las pirámides que constituyen las tumbas de los Chigi a ambos lados de la capilla, también fueron diseñadas por Rafael. Los medallones con retratos de los antepasados Chigi son obra de Bernini, al igual que el esqueleto que parece erguirse desde el suelo de mármol coloreado. Ésta es una capilla sepulcral, y el esqueleto de Bernini parece alzarse desde la cripta tanto en respuesta al mencionado zodíaco como, sobre todo, al Dios Padre que Rafael representó en el ápice de la bóveda. El significado del esqueleto, explicado por la inscripción que lo acompaña —MORS AD CAELOS (muerte al cielo)— muestra cómo vinculaba Bernini su obra a la de Rafael.

El empleo de pirámides como imágenes cristianas es frecuente ("¿por qué hay pirámides en una capilla cristiana?" exclama Langdon). En el antiguo Egipto, las pirámides eran sepulcros que aseguraban una feliz vida después de la muerte. La imagen fue adoptada inicialmente por los romanos y en el Renacimiento se la empleó para expresar los temas de muerte y salvación que son centrales en las creencias cristianas. De modo que tal vez éste *es* un buen lugar para asesinar un cardenal. De hecho, bajo la "tapa" adornada con el esqueleto del centro de la capilla hay una cripta que contiene otra sorpresa: otra pirámide, subterránea y presumiblemente obra de Rafael. Esa redundante imaginería, que sólo fue descubierta recientemente, probablemente sirviera como osario subterráneo, o depósito de huesos, para complementar la función de las tumbas-pirámide de la capilla.

Buena parte de esta información contradice la idea de que Bernini pueda haber inventado la imaginería de la capilla Chigi, por no hablar de la de una senda de iluminismo que atraviesa la ciudad de Roma. Por ejemplo, al finalizar la decoración de la capilla, Bernini esculpió dos importantes figuras de mármol para dos de los nichos vacíos del ámbito, una figura de Daniel y una representación de Habacuc y el ángel. La primera está al fondo y a la izquierda de la capilla y la segunda está en diagonal a ésta, al costado derecho del altar. Como explicó el gran experto en Bernini Rudolf Wittkower, la imagen de Daniel en el foso de los leones es un símbolo de salvación, como también lo son Habacuc y el ángel. La historia cuenta que Habacuc, que les estaba llevando comida a quienes labraban un campo, fue milagrosamente desviado por un ángel que lo llevó al foso donde estaba Daniel. Habacuc señala hacia su objetivo original, mientras que por su parte el ángel señala hacia Daniel. La historia que vincula a los dos profetas del Antiguo Testamento se relata en una versión única del griego de los Setenta del libro de Daniel que se encuentra en la biblioteca de los Chigi. Ni Langdon ni su creador señalan esta riqueza simbólica, o por ignorancia o porque de ella se infiere que el Papa (más que Bernini) participó en la creación de la imaginería de esa capilla supuestamente antipapal.

Intencional o casualmente, al señalar a Daniel, el ángel que guía a Habacuc también señala hacia la dirección real del Vaticano. Ése es el indicio que envía a Langdon —y al relato— de regreso a la plaza San Pedro. Allí, el intrépido historiador del arte y su compañera descubren al pie del obelisco central una piedra plana que exhibe una representación del "Ponente Oeste", el viento del este, en relieve. El relieve de la piedra es, según el relato, una obra de Bernini que tiene un mensaje secreto donde se mezclan la astronomía, la geometría y el simbolismo orientador. En realidad, los diseños de Bernini para el empedrado de la plaza nunca fueron ejecutados, y, en consecuencia, se hicieron distintas propuestas a lo largo de los años. Por lo que sé, el grabado del Ponente Oeste fue hecho y colocado en 1818 por el astrónomo papal Filippo Luigi

Muerte al Cielo, *capilla Chigi, Santa Maria del Popolo.*

Gilii, quien quería usar el obelisco vaticano como reloj solar, para lo cual colocó un meridiano en las losas ubicadas al norte de ese monumento. Gilii también hizo grabar las longitudes de las principales iglesias de la cristiandad en las losas del suelo de San Pedro, recurso que los visitantes ven y admiran mucho más frecuentemente que los complejos indicadores de la hora y los puntos cardenales de la plaza.

El lugar del tercer asesinato es la iglesia de Santa Maria della Vittoria, donde se encuentra la obra más famosa de Bernini, el *Éxtasis de Santa Teresa*. Es absolutamente falso que el emplazamiento original de Santa Teresa estuviese "dentro del Vaticano". Tampoco es cierto que el grupo compuesto por la santa extática y su ángel fuese "demasiado sexualmente explícito para el Vaticano". Por lo tanto, tampoco es cierto que la escultura haya sido relegada por el papa Urbano VIII a una "oscura capilla" al otro lado de la ciudad por sugerencia del artista (pág. 337). Urbano VIII murió en 1644; el *Éxtasis de Santa Teresa* fue comenzado en 1646. Finalmente, es imposible que sea cierto que un historiador del arte de Harvard o de cualquier otro lugar sólo tenga "una vaga familiaridad con la estatua" que es una de las obras de arte más populares en casi cada curso introductorio universitario.

El *Éxtasis de Santa Teresa* fue encargado por Federico Cornaro, un cardenal veneciano retirado, en 1647, bajo el papado de Inocencio X, para conmemorar a la famosa monja española. Teresa, una mística cuyas afirmaciones de haber tenido visiones fueron corroboradas por extensas investigaciones, devino en heroína de las carmelitas descalzas y del convento de éstas en Roma. Según su autobiografía, experimentó con frecuencia visiones de los ángeles, Jesús y de la propia alma de Dios, caracterizados por una mezcla tan intensa de dulzura y dolor que uno "nunca podría desear que cesara". Bernini la representó en presencia de su ángel, quien suavemente alza sus vestidos para clavarle una flecha ardiente en el corazón. La santa, reclinada y desmayada, muestra una combinación de éxtasis e indefensión, con la cabeza echada hacia atrás, los ojos en blanco y la boca abierta para lanzar un imaginario gemido de arrobamiento y entrega.

Si Santa Teresa está representada en medio de "un orgasmo brutal" o de una experiencia completamente religiosa ha sido asunto de considerable debate, pero la mayor parte de los estudiantes (por no hablar de los adultos) nunca olvidan esta impresionante imagen. Un crítico del siglo XVIII se hizo famoso por afirmar que "si éste es el amor divino, lo conozco bien". Hay serios interrogantes respecto de los motivos de Bernini: ¿estaba haciendo lo más que podía por expresar el fervor contenido en la autobiografía de la santa o estaba empleando reacciones carnales reconocibles para representar la naturaleza de la experiencia religiosa profunda? Tal vez es adecuado hacerla escenario de uno de los encuentros más viscerales, en que se cruzan fe y

Viento del Oeste, *uno de los muchos vientos representados
en las losas incrustadas de la Plaza San Pedro.*

fervor, del relato de Langdon. Ciertamente, éste era el lugar adecuado para escenificar el rapto de la protagonista, Vittoria, destinado a satisfacer los apetitos carnales del Hassassin.

El último punto de la gira por la Roma de Bernini es plaza Navona, el amplio espacio abierto que ha evolucionado a lo largo de los milenios, conservando la forma del antiguo estadio del emperador Domiciano. Dominando ese espacio, y frente a las torres gemelas de la iglesia de Santa Inés, Bernini construyó el más imponente de sus monumentos cívicos, la *Fontana dei Quattro Fiumi* (fuente de los cuatro ríos, 1647-1651), que realmente consiste en personificaciones del Danubio, el Nilo, el Ganges y el Río de la Plata —que representan los cuatro continentes del catolicismo del siglo XVII. Poco hay para decir acerca de las dramáticas aventuras de Langdon dentro de la fuente, fuera de que —debido a su ubicación al final del acueducto Acqua Vergine— la taza de ésta tiene muy poca profundidad, su juego de agua nunca ha "bullido", ni menos, en mi experiencia, "atronado". Al contrario, tanto para el espectador casual como para el estudioso, lo más notable que tiene es su indescifrable simbolismo de imágenes naturales.

La *Fuente de los Cuatro Ríos* está compuesta de un escarpado bloque de mármol travertino, esculpido para fingir que ha surgido intacto de las profundidades de la Tierra. Acompañando las personificaciones de los ríos hay una palmera, un pez, un monstruo marino no identificado y un armadillo. Sobre esta base de piedra se yergue un obelisco colocado allí por expresa indicación del papa Inocencio X Pamfili de un antiguo circo de las afueras de Roma. El obelisco está rematado por una paloma de metal, emblema de la familia Pamfili, como saben la mayor parte de los historiadores del arte. No es éste el caso de Langdon, quien la confunde con una paloma que se hubiera detenido casualmente allí, al menos hasta que le arroja un puñado de monedas —tiro que sobrepasa al que podría haber hecho cualquier lanzador de un equipo rural de béisbol de cualquier parte del país. Entonces revela estar hecha de bronce y ser parte permanente del conjunto.

A pesar de repetidos intentos a lo largo de los años, nadie ha descifrado nunca el significado de los elementos de la fuente. Lo más cerca que estamos de entenderlos es cuando recordamos la asociación de Bernini con el polígrafo jesuita Athanasius Kircher. El Papa le pidió a Kircher, que era el egiptólogo más destacado de Europa, que interpretara los antiguos jeroglíficos grabados en el obelisco. Así lo hizo, recurriendo a todos los conocimientos científicos que pudo, pero basándose también en un concepto excesivamente imaginativo del mundo como teatro de imágenes. Para Kircher, la eterna verdad de la omnisciencia de Dios se revelaba de las formas más oscuras. Kircher, extremadamente aficionado a las ideas cabalísticas, afirmó que había oscurecido deliberadamente el significado del obelisco, para no privar a otras

La fuente de los cuatro ríos y su obelisco, *plaza Navona*.

almas eruditas de la exaltación que produce un descifre personal. Kircher escribió un libro acerca del obelisco Pamfili, como se lo llamaba. En su primera página, aparece un querubín con el índice sobre los labios para indicar silencio —si conoce los secretos aquí contenidos, parece decir, manténgalos en silencio. Señalo esta pequeña digresión de la historia de la fuente, pues habría coincidido fácilmente con las referencias de la trama a los illuminati. Como científico, Galileo ciertamente tuvo contacto con Kircher, aunque es difícil imaginar que tuvieran mucho en común.

Finalmente, está la idea de que el texto del *Diagramma* escrito por Galileo en 1639 describe una cruz inscripta sobre el mapa de Roma que vincula deliberadamente cuatro creaciones de Bernini, según la intención de éste. El origen de esta idea obviamente deriva de una bien conocida propaganda del siglo XVI, que afirmaba, muy incorrectamente, que los traslados de obeliscos durante el Renacimiento habían tenido como propósito disponerlos en cruz. Es igualmente inverosímil que Bernini haya dispuesto según un patrón simbólico intencional obras que le fueron encargadas en la década de 1650 (los dos primeros casos) y entre la de 1640 y comienzos de la siguiente (los dos últimos). La secuencia cronológica y las circunstancias en que fueron encargadas cada una de ellas indican que es imposible ver una relación mutua, más allá de los términos más generales. ¿Cuándo y cómo había alguien de seguir un camino a esclarecimiento trazado por estos monumentos? Los obeliscos que enlazan tanto de la topografía romana fueron en buena parte colocados en sus emplazamientos por obra del papa de fines del siglo XVI Sixto V (1585-1590), y el que remata la fuente de los cuatro ríos fue colocado por orden de Inocencio X (1644-1655).

Palabras finales: Bernini y Galileo

El artista al que recurre Galileo en *Ángeles y Demonios* es Bernini. Desde el punto de vista histórico, ésta sería una elección curiosa por dos motivos. En primer lugar, como dice Langdon, Bernini era "el" artista papal por excelencia y no habría tenido por qué cuestionar las enseñanzas ni la autoridad de la Iglesia. En segundo lugar, Galileo (1564-1642) no tuvo contactos conocidos con Bernini. En cuanto al primer punto, podemos estar totalmente seguros de la ortodoxia de Bernini —por más ejes imaginarios que se tracen sobre Roma, éstos nunca podrán competir con la evidencia de una vida tan documentada que el peso de los testimonios sobre ella bastaría para hundir un galeón papal. Sobre el segundo, existen algunas ambigüedades interesantes.

En la literatura tradicional sobre la historia del arte no hay mención o evidencia de relación alguna entre Bernini y Galileo, aunque este último era un consumado pintor y teórico. Como dibujante, geómetra y experto en perspectiva, Galileo se presentó una vez para obtener el puesto de instructor (que no obtuvo) en la academia de diseño de Florencia. Aun así, los historiadores del arte y la ciencia están convencidos de que su capacidad de interpretar el significado de la luz y la sombra fue fundamental en su descubrimiento de que las irregularidades de la superficie lunar eran montañas y valles. También le fue útil para comprender la línea entre las caras oscura y clara de la Luna, que le permitió calcular el tamaño aproximado de la Luna y postular después un sistema solar por el cual fue, famosamente, perseguido.

En 1612, Galileo escribió una carta que ha devenido en texto seminal en la vieja disputa acerca de la superioridad o no de la pintura sobre la escultura. Muy recientemente, se ha vinculado esta carta en forma directa y muy convincente con las primeras obras de escultura papal producidas en Roma por Pietro, el padre de Bernini, quien había sido convocado a la ciudad con este propósito. Según esta interpretación, Pietro había diseñado sus esculturas con el propósito deliberado de participar en esta vieja discusión. El padre de Bernini, y todos sus ancestros, eran florentinos y es probable que conociera al también florentino Galileo. De ser así, el joven prodigio Bernini también habría conocido al gran científico.

Uno de los primeros patrocinadores de Galileo fue Urbano VIII Barberini, quien fue el mecenas más fiel y activo de Bernini, lo cual es un argumento adicional para suponer que ambos se conocían. Finalmente, Urbano VIII se volvió contra Galileo, quien terminó sus días bajo arresto domiciliario en Florencia. Pero no hay razón para suponer que Bernini haya expresado ninguna solidaridad oficial ni personal con el científico o con su ciencia. El interés que los unía eran el arte y la teoría del arte, cosa muy lejana a un culto secreto consagrado a derrocar el papado.

En síntesis, pues, podemos concluir que la ficción comienza con la nota del autor que firma Dan Brown y que afirma que "todas las referencias a obras de arte, tumbas, túneles y arquitectura de Roma, son totalmente fácticas, como también lo son sus exactos emplazamientos". Le queda al lector descifrar el código de Dan Brown respecto de qué es verdad en el libro y qué es invento del autor. Tal vez esto sea aceptable en un paseo por Roma tan animado que hace que hasta el historiador del arte egresado de Harvard Robert Langdon trate el arte como si éste fuera un asunto trivial.

Bernini y sus ángeles

ENTREVISTA CON MARK S. WEIL

Mark S. Weil es un destacado experto en el arte de Gianlorenzo Bernini. Todos los años pasa muchos meses en Roma investigando en la biblioteca y los archivos vaticanos.

Por qué Dan Brown empleó el título Ángeles y Demonios *es obvio. Los ángeles —especialmente los ángeles del gran escultor barroco Gianlorenzo Bernini— son el epicentro de la novela. Como señala el profesor Mark S. Weil de la Universidad Washington de Saint Louis, históricamente los ángeles han representado mensajeros de Dios que traen a la Tierra la buena nueva de la salvación. ¿Qué mejor recurso narrativo que emplear a los ángeles de Bernini no para la salvación sino como mensajeros ocultos de los illuminati que señalan la senda a la destrucción de la Iglesia católica?*

¿Y quién más adecuado para deconstruir el artificio de Dan Brown que Weil, reputada autoridad en Bernini? Weil se graduó con una tesis acerca de la decoración que hizo Bernini del Ponte Sant'Angelo, el puente de los ángeles que Robert Langdon cruza cuando se dirige a Castel Sant'Angelo en busca de la guarida de los illuminati. A partir de su tesis, Weil desarrolló su The History and Decoration of the Ponte S. Angelo *[Historia y decoración del Ponte S. Angelo], publicado en 1974. Weil también ha escrito acerca de la capilla Cornaro de la iglesia de Santa Maria della Vittoria, donde Robert Langdon encuentra el* Éxtasis de Santa Teresa *de Bernini, tercer altar de la ciencia, que representa el fuego.*

¿Fue Bernini uno de esos artistas talentosos que parecen destinados, casi desde su nacimiento, a ser pintores o escultores?

Gianlorenzo Bernini (1598-1680) fue educado desde la infancia para que fuera escultor y pintor. Era un niño prodigio y fue continuamente elogiado por su capacidad de crear obras de arte impresionantemente naturalistas y emocionalmente dramáticas. La obra temprana de Bernini incluye grandes esculturas de hombres y mujeres desnudos extraídos de antiguos mitos. Dos de éstas son *Plutón y Proserpina* (1621-1622) y *Apolo y Dafne* (1622-1625), ambas actualmente en la galería Borghese de Roma. También produjo una estatua maravillosamente dramática de David (1623) preparándose a matar a Goliat, que también está en la galería Borghese. Esas obras fueron y continúan siendo admiradas como espectaculares representaciones de momentos dramáticos en mármol, no como obras que enseñan lecciones alegóricas, morales o religiosas.

¿Cómo era Bernini como persona? ¿Era tan religioso como pretenden hacernos creer los historiadores del arte?

A Bernini le interesaba mucho el diseño de escenarios y era muy bueno en lo que hoy llamamos efectos especiales. Escribió y produjo obras que eran "obras teatrales mecánicas", llenas de episodios espectaculares que parecían ocurrir en tiempo real en el escenario. En la década de 1630, su obra de teatro acerca de la inundación producida por el desborde del Tíber provocó pánico en el público porque el agua del río parecía rebalsar el escenario. En su juventud, Bernini llevó una vida muy desordenada, y se casó muy grande. Según una carta escrita en 1638 por su madre al cardenal Francesco Barberini, sobrino del papa y vicecanciller de la iglesia, Bernini fue visto con una espada persiguiendo a su hermano por las calles de Roma, incluso hasta el interior de la basílica de Santa Maria Maggiore, porque lo había sorprendido hablando con su amante. La madre de Bernini urgía a Barberini y al papa Urbano VIII que se encargasen de él, que ya tenía cuarenta años, y le consiguieran una mujer adecuada. Así lo hicieron, obligándolo a casarse en 1639. Junto a su esposa, sentó cabeza y tuvo diez hijos. En este período Bernini se volvió muy religioso y se vinculó a la Compañía de Jesús (los jesuitas).

¿Hay alguna evidencia que respalde la idea, que Dan Brown sugiere en Ángeles y Demonios, *de que Bernini y Galileo eran amigos e integraban una sociedad secreta?*

No hay evidencia de que alguno de ellos integrara una sociedad secreta. Tampoco la hay de que fueran amigos ni colegas. Galileo Galilei (1564-1642) era más de una generación mayor que Bernini y había recibido una educación mucho mejor que la de éste. Tal vez se hayan conocido, pues ambos estaban vinculados a la corte papal y vivían en Roma que era, en comparación con el presente, una ciudad pequeña.

Más adelante en su vida, Bernini se volvió profundamente religioso y se asoció a la más importante congregación laica de los jesuitas, la Congregación de Nobles consagrados a la Virgen Ascendida (Congregazione del Nobili dell'Assunta). Con la excepción de unos pocos años en que cayó en desgracia en la década de 1640, Bernini fue el artista más poderoso de Roma hasta el fin de su vida. Como a todos los artistas, se le hacía seguir un programa para cada uno de sus diseños, ninguno de los cuales podría haber sido ejecutado sin aprobación papal. No tenía ninguna razón para integrar una sociedad secreta antieclesiástica.

¿Por qué Bernini era considerado, al decir de Dan Brown, "el niño prodigio del Vaticano"?

La dirigencia de la Iglesia católica quería arte que representase sus doctrinas y estimulara la piedad. Las obras de Bernini hacían ambas cosas y, por eso, la Iglesia lo amaba. Tenía la capacidad de seguir las doctrinas católicas ortodoxas escritas en los programas religiosos. Otro motivo por el cual tenía vínculos tan estrechos con muchos de los papas que encargaban sus trabajos es porque ellos mismos eran artistas. El cardenal Maffeo Barberini (el papa Urbano VIII) era poeta, y había escrito unos breves versos que se pusieron bajo las piezas de escultura clásica de Bernini que están en la colección Borghese de Roma. Y el cardenal Guido Rospigliosi (el papa Clemente IX) era dramaturgo y Bernini diseñó escenografías para él. Cuando Barberini llegó a papa como Urbano VIII en 1623, designó a Bernini artista papal y lo puso a crear obras para decorar la Basílica de San Pedro y otros lugares religiosos. Urbano probablemente escogió a Bernini por la habilidad de éste para crear obras de arte espectaculares que capturaban de inmediato la atención de quienes las veían. Entre 1624 y 1678 Bernini fue responsable de la mayor parte de la escultura, y de la decoración interior y exterior de la basílica de San Pedro, toda la cual fue diseñada para exaltar al papado y a las doctrinas de la Iglesia católica.

¿Por qué los ángeles son tan ubicuos como tema del arte barroco? Tanto, que Dan Brown los emplea en el título de su novela ¿qué representan?

Cuando se contempla la historia del arte cristiano primitivo, se ve que se recurre constantemente a los ángeles para representar mensajeros de Dios que traen a la Tierra la buena nueva de la salvación. Traen el mensaje divino de la victoria sobre la muerte. De modo que a los ángeles se les da habitualmente la forma de la victoria alada propia de la escultura antigua. Si usted mira los altares y decoraciones de iglesias de toda la cristiandad, verá que los ángeles se emplean abundantemente con ese propósito.

¿También Bernini hace de los ángeles mensajeros divinos?

Los ángeles de su autoría que decoran el *Baldacchino* (1624-1633), la gran estructura de bronce que marca la ubicación del altar mayor de la basílica de San Pedro sirven como intermediarios entre Dios y el hombre. El baldaquín y el altar están colocados directamente sobre la tumba de San Pedro. También hay ángeles que decoran la *Cathedra Petri* (Cátedra de San Pedro) de Bernini en el ábside principal del litúrgico extremo este de la basílica. Es un monumento colosal, parcialmente recubierto de oro, que representa la cátedra de San Pedro, el primer papa y, a través de él, el ininterrumpido linaje papal.

Del mismo modo, también hay un ángel en la cúspide del Castel Sant'Angelo. Bernini decoró el Ponte Sant'Angelo (1667-1672), el Puente de los

Ángeles que une la fortaleza papal con el Vaticano. Los ángeles figuran prominentemente en el castillo y el puente debido a un milagro que tuvo lugar en el año 590 dC, en que Gregorio Magno fue elegido como papa. Roma había sido castigada por una mortífera plaga el año anterior. Para salvar al pueblo de la plaga, el papa Gregorio organizó una procesión que debía ir de Santa Maria Maggiore a San Pedro. Cuando la procesión llegaba al puente, la multitud vio al arcángel Miguel flotando sobre la fortaleza, envainando su espada como símbolo de que la plaga había terminado.

El puente está decorado con diez estatuas de ángeles que simbolizan que es el comienzo del camino que lleva de Roma al Vaticano y, por lo tanto, a la salvación. La Iglesia católica considera que es la única y verdadera iglesia y la jerarquía católica, el es decir, el papa y quienes él designa, son los árbitros de la salvación. La iconografía católica insiste en que hay sólo una iglesia verdadera, un puente específico que lleva a la salvación y que ese camino —simbolizado por el puente— es el del Vaticano.

¿Qué nos dice acerca del ángel de Bernini en la capilla Chigi, donde el primer cardenal es asesinado en Ángeles y Demonios?

El ángel que se emplea en *Ángeles y Demonios* como hito que dirige a los illuminati a su objetivo —es decir, el ángel que acompaña a Habacuc en la capilla Chigi de Santa Maria del Popolo— es un mensajero de Dios. La mayor parte de la decoración hecha por Bernini para la decoración de la capilla Chigi (1655-1657) consistió en la realización de dos estatuas que representan la historia de la salvación de Daniel cuando fue arrojado al foso de los leones. Daniel aparece en un nicho a la izquierda de la entrada, orando hincado junto a un león muy domesticado que se recuesta junto a él. La estatua de Habacuc está ubicada frente a Daniel, al otro lado de la capilla, en un nicho a la derecha del altar. La historia, que es parte del relato de Bel y el dragón que en la Biblia católica se agrega al libro de Daniel, cuenta que cuando Daniel pasó treinta y dos días en el foso de los leones, Dios le envió un ángel a Habacuc, quien llevaba una cesta con comida. El ángel tomó a Habacuc de la barba y lo llevó, con cesta y todo, donde estaba Daniel. Habacuc le dio la cesta de comida a Daniel, quien le agradeció a Dios por su salvación. En la capilla Chigi, el ángel toma a Habacuc de la barba y señala a Daniel.

¿Y que nos dice del empleo de símbolos paganos en la capilla Chigi? ¿Por qué figuran las estrellas y los doce símbolos del zodíaco en una bóveda de esta capilla?

En la religión y la iconografía cristiana, es habitual que se adapten y empleen formas antiguas. En lo que hace a las representaciones zodiacales, su simbolismo se remonta a la visión ptolomeica de un universo geocéntrico.

Se creía que el universo estaba compuesto de esferas concéntricas, las estrellas ocupaban lugares fijos y Dios controlaba los cielos. Las pirámides datan de la época de Rafael; Bernini las decoró en el siglo XVII tallándolas con retratos en mármol de la familia Chigi.

¿Cuál es el significado de la imagen del esqueleto humano alado que Robert Langdon encuentra en el piso de la capilla Chighi?
Habitualmente se enterraban los cadáveres en criptas bajo las iglesias. La imagen de esqueletos que reviven bajo el suelo tiene que ver con la resurrección de la carne.

¿Bernini creó una clase especial de ángel para el Éxtasis de Santa Teresa *en la capilla Cornaro, donde tiene lugar el tercer asesinato?*
Sí, ese ángel es un serafín, un ángel muy elevado, mensajero especial de Dios. El *Éxtasis de Santa Teresa* (quien vivió entre 1515 y 1582) en la capilla Cornaro de la iglesia de Santa Maria della Vittoria es parte de una ilustración que representa el dolor y el placer que experimenta la santa durante la más famosa de sus visiones. Bernini trabajó en ella entre 1645 y 1652. En su autobiografía, Santa Teresa describió esa visión en términos que siempre se han reconocido como vinculados al éxtasis sexual. Bernini representa la experiencia del modo en que Santa Teresa la describe. Teresa de Ávila fue hecha santa en el siglo XVI porque fue una de las grandes reformadoras de la Iglesia.

¿Dan Brown usa arbitrariamente los hechos sobre el arte en su Ángeles y Demonios*? ¿O es, en términos generales, preciso?*
Dan Brown manipula y distorsiona los hechos de la historia, la geografía, los edificios y las obras de arte para impulsar su historia. Por ejemplo, Brown dice que originalmente el *Éxtasis de Santa Teresa* estaba destinado al interior del Vaticano pero que fue rechazado por ser sexualmente explícito. El libro afirma que Bernini sugirió mudar su obra maestra a algún lugar poco conocido para ocultarla. El hecho es que el *Éxtasis de Santa Teresa* fue hecho para la capilla Cornaro y no tenía nada que ver con el Vaticano. Federico Cornaro era un cardenal de Venecia, y su palacio estaba muy cerca de Santa Maria della Vittoria, que era la iglesia que él protegía y patrocinaba; fue enterrado allí. Encargó una capilla sepulcral tanto como tributo a sí mismo como a los Cornaro en tanto familia religiosa que proveía a la Iglesia católica de cardenales.

¿Bernini trabajó en el Castel Sant'Angelo?
No. Bernini no tuvo nada que ver con el castillo, ni con el ángel de bronce armado de una espada que está en su cúspide. El Castel Sant'Angelo fue

consagrado como tumba del emperador Adrián en el año 139 dC. Fue for-
tificado para que sirviera de baluarte para la defensa de Roma en el siglo V
o VI, y de a poco se fue transformando en la maciza fortaleza papal que vemos hoy. Nicolás III, elegido papa en 1277 construyó por primera vez el
passetto. Este pasillo que llevaba desde el palacio Vaticano al Castel Sant'
Angelo tenía la misión de preservar al Papa y a sus allegados si necesita-
ban huir a la fortaleza en caso de que el Vaticano fuese atacado. El papa
Alejandro VI reconstruyó el *passetto* en 1493. Fue usado por el papa Clemente VII para escapar a la fortaleza durante el saqueo de Roma por parte de las tropas del sacro emperador Carlos V en 1527. A lo largo de la mayor parte de la historia del papado, el Castel Sant'Angelo albergó al tesoro
papal, prisiones para delincuentes de alto perfil y aposentos papales. Con
la unificación de Italia bajo un gobierno secular en 1870, el castillo pasó a
ser propiedad del Estado. Ahora es un museo nacional —y una de las más
populares atracciones turísticas de Roma.

¿Es verdad que, como dice Dan Brown, el passetto *era donde los papas menos
píos se encontraban con sus amantes?*
No creo que sea cierto, porque no habría sido necesario. Además, no era un
paso muy cómodo.

¿Por qué cree usted que el escritor escogió la Fuente de los Cuatro Ríos *como
último hito de la supuesta senda de los illuminati?*
Simplemente, para mantener su historia en movimiento. La *Fuente de los
Cuatro Ríos* (1648-1651) es útil para la trama porque es una fuente con una
gran taza en que se podría ahogar a alguien. De hecho es un monumento
completamente secular, que celebra el papado de Inocencio X Pamfili,
quien construyó un gran palacio para su familia en piazza Navona, la plaza en cuyo centro está la fuente. La plaza Navona ha sido llamada la sala de
estar de Roma. Es un gran lugar de reunión donde tenían lugar festejos y
espectáculos en el siglo XVII. Superficialmente, hay alguna iconografía eclesiástica en la fuente. Los cuatro continentes —Europa, Asia, África y América— están representados por deidades fluviales. Lo demás, Bernini lo esculpió para que pareciese una formación natural, lo que en jardinería se
denomina una rocalla. La rocalla representa al mundo y, a su vez, hace de
base de un obelisco que se puede considerar que representa al mundo antiguo. Está rematado por un pequeño globo y una paloma, que es tanto el
emblema de la familia Pamfili como el del Espíritu Santo. Así que puede
decirse que la paloma simboliza el dominio por parte de la Iglesia del mundo y de la antigüedad.

Lo mágico y lo mítico en la escultura de Bernini

ENTREVISTA CON GEORGE LECHNER

George Lechner, profesor adjunto en la Universidad de Hartford, es especialista en el simbolismo astrológico y la magia talismánica del arte romana renacentista y barroca.

¿Qué sería de Ángeles y Demonios *sin Gianlorenzo Bernini, el gran escultor y pintor cuyas muchas obras, repartidas por toda Roma, son la quintaesencia del barroco italiano que, en términos generales, abarcó los siglos XVII y XVIII? En la novela, Dan Brown emplea ampliamente la escultura de Bernini —incluyendo al* Éxtasis de Santa Teresa, *que los estudiosos del período han llamado piedra de toque del arte barroco; su famosa* Fuente de los Cuatro Ríos; *sus características columnata y baldaquín de San Pedro y aun algunas de sus obras menos conocidas, como el* Ángel y Habacuc *de la capilla Chigi. El novelista Brown también centra su trama en la afirmación de que Bernini albergaba secretamente sentimientos antieclesiásticos y que era el principal artista de los illuminati.*

George Lechner es profesor adjunto de arte y cultura italiana en la Universidad de Hartford —un Robert Langdon real, por así decirlo. Aunque Lechner no está de acuerdo con la premisa de Langdon de que Bernini era un integrante secreto de los illuminati y que su obra está colmada de mitos y símbolos illuminatus, *en esta entrevista observa que* Ángeles y Demonios *podría haber aludido a misterios aún más oscuros y más secretos ocultos que los que emplea. El cuadro que Lechner traza de la Roma del Renacimiento y de la edad barroca está colmado de magia, astrología, símbolos paganos, y la influencia de la antigua tradición mística judía conocida como Cábala.*

Un papa, Urbano VIII, tenía un astrólogo privado, Tomasso Campanella, que practicaba magia talismánica en los aposentos privados del Papa para alejar al mal.

A Lechner lo intriga especialmente cómo la profundamente religiosa sociedad cristiana del Renacimiento italiano asimiló su pasado pagano. Encontró por primera vez el legado ocultista cuando tomó un curso sobre alegoría —la expresión de conceptos religiosos a través de los símbolos y el arte— barroca en Bryn Mawr College, donde se graduó como master en historia del arte. Mientras se desempeñaba allí se le encargó investigar el contenido simbólico de un fresco de Andrea Sacchi encargado por Urbano VIII para el techo de su palacio. En el transcurso de su investigación sobre dicho fresco en la Biblioteca Hertziana, la American Academy y la Biblioteca Vaticana, todas en Roma, descubrió que se trataba de un mapa estelar que contenía muchos temas místicos y astrológicos y que, bajo ese techo, el Papa practicaba astrología y magia.

¿Cuál es su reacción personal a la arquitectura y los monumentos de Roma?
¿Están repletos de símbolos ocultos, como dice Dan Brown?

Buena parte del arte de la época de Bernini fue creada para un populacho que era mayoritariamente analfabeto. La escultura servía como una clase de idioma visual, una suerte de arte "legible" para que la gente la viera y la entendiera, y esa tradición es anterior al Renacimiento.

Muchas de las obras de arte que figuran en *Ángeles y Demonios* eran perfectamente entendidas en su época. De hecho, fueron diseñadas con fines didácticos. Tal vez nosotros no sepamos por qué el ángel que acompaña a Habacuc en la capilla Chigi señala en una dirección y Habacuc señala en otra. Sin embargo, quienes conocían la Biblia entendían que el ángel señala hacia la figura de Daniel (que está representado en el nicho de la izquierda) y le indica al profeta que vaya a rescatarlo del foso de los leones. Habacuc no quiere saber nada de esto y señala en la dirección opuesta. El espectador del siglo XVII sabía quién ganaría la discusión: el ángel tomaría a Habacuc de la barba y lo llevaría volando al foso de los leones.

El empleo que Brown hace del simbolismo es muy intrigante y entretenido. Su idea de que, incluso en esos monumentos públicos, hay un nivel ulterior de simbolismo oculto que sólo los miembros iniciados de los illuminati pueden entender es un aspecto muy intrigante de su obra. Tal vez los argumentos de Brown respecto de los illuminati o la Roma barroca no sean literalmente ciertos, pero plantea la seductora idea de que obras conocidas ocultan importantes significados secretos y contienen indicios de tales significados que están ocultas aunque son visibles. Eso es lo que hace de Roma el paraíso del conspirador.

Brown aprovecha a fondo esa fórmula en su siguiente libro, *El Código Da Vinci*, en el cual la sociedad secreta no son los illuminati sino el Priorato de Sion. En lugar de los mensajes illuminati ocultos en la capilla Chigi de Bernini o en el *Éxtasis de Santa Teresa* de Santa Maria della Vittoria, se afirma que hay mensajes ocultos del priorato en la *Mona Lisa* y la *Virgen de las Rocas* de Leonardo además de, por supuesto, *La Última Cena*.

¿Hubo realmente un momento histórico en que un grupo controvertido como los
illuminati realmente haya existido? Y, de haber sido así ¿cuán radical era?

Los únicos illuminati que coincidirían con el período escogido por Brown —comienzos del siglo XVII— serían los llamados "alumbrados" —o "iluminados"— españoles. Estos iluminados fueron una derivación de la España mística del siglo XVI que buscaban un contacto directo y personal con Dios a través de las visiones y del éxtasis religioso. Ignacio de Loyola (1491-

1556), fundador de los jesuitas españoles, muestra influencias de los alumbrados en sus *Ejercicios espirituales*, los cuales, entre otras cosas, alientan a emplear los sentidos como medio para comprender la pasión de Cristo y el castigo de los pecados. En 1527, Ignacio fue brevemente encarcelado y censurado por la Inquisición por sus contactos con estos iluminados. Otros importantes místicos españoles, como Santa Teresa de Ávila y San Juan de la Cruz fueron investigados por supuesta herejía en torno de esa época.

La Inquisición temía que los populares alumbrados estuvieran influidos por las enseñanzas de Lutero y que en su busca de una comunicación mística directa con Dios pasaran por alto las doctrinas y prácticas tradicionales del catolicismo, por ejemplo, los sacramentos. Es interesante notar que la estatua de Bernini, *El Éxtasis de Santa Teresa*, que forma parte de *Ángeles y Demonios* en forma tan espectacular es en realidad un fascinante ejemplo visual de esa relación mística con Dios.

Sin embargo, está muy claro que la espiritualidad mística de los alumbrados, Ignacio y Teresa tenía más en común con las ideas de renovación religiosa de la Contrarreforma que con los declaradamente seculares, procientíficos y altamente politizados illuminati anticatólicos del libro de Dan Brown. La similitud entre los illuminati de *Ángeles y Demonios* y los alumbrados históricos no va más allá de sus respectivos nombres. Es cierto que los iluminados españoles fueron investigados y perseguidos por la Inquisición, pero por otros motivos. En primer lugar, lo preocupante era la posibilidad de que los jefes de los alumbrados fuesen judíos conversos. En muchos aspectos, el carácter más punitivo que adoptó la Inquisición en España fue una derivación de la arraigada e institucionalizada persecución antisemita en ese país. Muchos de los judíos españoles fueron convertidos por la fuerza, y la preocupación de las autoridades era que los conversos emplearan a los alumbrados como medio de socavar secretamente la autoridad católica para regresar clandestinamente a su judaísmo originario.

En segundo lugar, un número considerable de alumbrados eran mujeres carismáticas como Isabel de la Cruz y María de Cazalla, y el deseo de éstas de tener un papel más destacado en los asuntos de la Iglesia también era percibido como una amenaza. La idea misma de que la experiencia mística podía ser compartida por hombres y mujeres era considerada una elevación inaceptable de las mujeres en la jerarquía de la Iglesia. Este prejuicio era tan fuerte que aun después de la muerte de Santa Teresa de Ávila y de su eventual canonización, una cantidad de sus obras escritas se mantuvieron en el Índice de Libros Prohibidos, debido a su supuesta conexión con los alumbrados.

A fines del siglo XVIII hubo un segundo grupo de iluminados, los illuminati bávaros, fundados por Adam Weishaupt (1748-1811). Weishaupt, francmasón y ex jesuita, y sus illuminati pretendían liberar a los asuntos intelectuales y científicos del control eclesiástico, así como mayor igualdad para las mujeres. Entre sus integrantes se incluye al gran poeta alemán Goethe. Sin embargo, aunque la sociedad era anticlerical y apoyaba un pensamiento racional y científico como contrapeso a la doctrina religiosa, no era de naturaleza anticristiana ni atea y ciertamente no tenía planes para destruir la Iglesia católica institucionalizada como los illuminati ficticios del libro de Brown. Como sea, Bernini y Galileo vivieron en la primera parte del siglo XVII —aproximadamente un siglo y medio antes de la fundación y breve apogeo de los illuminati bávaros.

¿Cree usted que Bernini pueda haber integrado una sociedad secreta anticristiana?

Es muy difícil creer que Bernini haya podido ser integrante de alguna sociedad secreta. Su vida está muy documentada. Estuvo estrechamente asociado a los jesuitas e iba a misa todas los días a la iglesia jesuita de su vecindario en Roma, Il Gesú, que aún está ahí, muy cerca de la famosa fuente de Bernini en Piazza Navona. Bernini también era *cavaliere* o caballero y apoyó al popular movimiento de reforma religiosa llamado Congregación del Oratorio y fundado por San Felipe Neri (1515-1595) que, junto al de los jesuitas, fue uno de los grandes movimientos renovadores de la Roma de fines del siglo XVI. Los oratorianos tenían un enfoque muy democrático, pues instaban a los laicos píos a que predicasen públicamente su fe y se comprometieran más con las actividades devocionales de la Iglesia católica.

La lectura devocional cotidiana de Bernini era el místico *Imitación de Cristo* de Thomas de Kempis, y su dormitorio estaba adornado con su pintura del Cristo que mira al mundo mientras derrama su sangre sobre éste. Era amigo de importantes funcionarios de la Iglesia, como el cardenal Scipione Borghese, su primer mecenas, así como del cardenal francés Mazarin. Era muy allegado al papa Urbano VIII, quien cuidó de él, visitándolo a diario cuando estaba enfermo. Éstas eran amistades sinceras y afectuosas. Es difícil de creer que Bernini haya traicionado tan completamente su religión y a sus amigos haciéndose miembro de una sociedad dedicada a la destrucción de la Iglesia católica.

¿Cree usted que las esculturas de Bernini que sirven de hitos en la llamada Senda de la Iluminación en la novela de Dan Brown fueron intencionalmente diseñadas para representar a los cuatro elementos —tierra, aire, fuego, agua— de la ciencia primitiva?

No. En primer lugar, las esculturas mencionadas en el libro de Brown fueron hechas a lo largo de una buena cantidad de años, de modo que es difícil ver que haya algún plan o mapa de los illuminati que haya tenido que ver con su realización. Además, estos trabajos le fueron encargados a Bernini por el papa o por mecenas privados, de modo que no hubo forma de que él eligiese o decidiese dónde los pondría. Por ejemplo, el único motivo por el cual Bernini completó el *Éxtasis de Santa Teresa* en la iglesia de Santa Maria della Vittoria, que figura prominentemente en el libro es porque fue específicamente encargada para esa iglesia en 1647 por el cardenal Federico Cornaro. Cornaro era miembro de la poderosa familia veneciana de ese apellido, y había sido patriarca de Venecia entre 1632 y 1644. Era amigo de Urbano VIII y fue hecho cardenal en 1626. Se mudó a Roma en 1644 y encargó la *Santa Teresa* tres años más tarde.

El diseño de Bernini muestra al cardenal y a miembros de su familia como testigos de la experiencia mística extática de Santa Teresa según ella la describe en sus escritos. Esta inclusión de los mecenas en la obra es un recurso muy tradicional en el arte de Europa meridional y septentrional. Enfatiza la tradición cristiana de "dar testimonio" y es una afirmación directa de fe y devoción. El diseño del suelo que cubre las tumbas inferiores también es de Bernini e incluye sus imágenes de esqueletos que oran. El espectador contemporáneo de la escultura contempla así las conexiones entre pasado y presente, vivos o muertos, todos los cuales dan testimonio de la dramática presencia mística de Dios.

La frecuentemente enfatizada sensualidad de la obra corresponde exactamente con el relato que Teresa hace de su experiencia. De hecho, si ese arrobamiento espiritual se manifestaba de una forma física tan profunda como la que ella describe, es difícil imaginar de qué otra forma podría haberla representado el artista. Brown afirma que Urbano VIII desaprobaba la sensualidad de la estatua. Ello no es posible, pues murió en 1644 y Bernini comenzó su trabajo en la estatua y los adornos arquitectónicos que la acompañan en 1647.

Dan Brown se asombra de que Bernini haya esculpido pirámides —supuestamente, símbolos paganos— en la capilla Chigi. ¿Esto era algo muy poco convencional?

No. Que Bernini esculpiera pirámides no es tan raro como parece. Uno de los más populares de los monumentos antiguos de Roma era, y es, la pirámide de Cayo Cesto. Debe recordarse que la antigua Roma era un poder imperial y que Egipto era parte del Imperio Romano. A los antiguos romanos los fascinaron las pirámides tanto como a nosotros. El empleo de pirámides en diseños como los adornos de la capilla Chigi, al igual que muchos obeliscos que existen en diversos puntos de Roma, son buenos ejemplos de esto.

Además, en la época del Renacimiento, se creía que Egipto había precedido a la antigua Grecia como fuente del saber filosófico original. Este saber, del cual se creía que había prenunciado la llegada del cristianismo sobrevivió en la forma de escritos llamados los textos herméticos, que fueron estudiados por el importante sacerdote, filósofo y mago del Renacimiento Marsilio Ficino [1433-1499] y posteriormente por el filósofo Giordano Bruno, entre otros. El descubrimiento de los textos herméticos fue considerado tan importante que, en 1463, Cosimo de Medici hizo que Ficino dejara de traducir una serie de manuscritos de Platón que habían sido encontrados para que tradujera antes los escritos herméticos. El hecho de que los textos herméticos trataran no sólo de filosofía y teología, sino también de astrología y magia hizo que estos estudios ocultistas fuesen más aceptables para posteriores intelectuales y teólogos.

En fecha muy posterior se demostró que la filosofía del hermetismo era parte de los escritos gnósticos de la era cristiana temprana. Pero para algunos artistas y pensadores del Renacimiento, y posteriormente de la era barroca, el pensamiento hermético y su conexión egipcia eran considerados de supremo valor religioso y filosófico.

¿Cómo influyó la creencia renacentista en el hermetismo en el empleo de la astrología y la magia durante el siglo XVII?

Ficino creía que los textos herméticos, que suponía originados en el antiguo Egipto, contenían poderosas fórmulas para atraer las influencias benévolas de estrellas y planetas, así como ritos mágicos para alejar a los demonios y a fenómenos astrales dañosos como los eclipses. Este tipo de magia blanca era una magia "natural" basada en el empleo apropiado de colores, hierbas, flores, gemas y otras piedras. Los cuadros de tema astrológico con cartas astrales favorables también se podían emplear para atraer la energía positiva del Sol y de los planetas benéficos, Venus y Júpiter.

El Sol también era importante como símbolo de Dios —la "luz del mundo" en el pensamiento cristiano tradicional. Tradicionalmente, los altares de las iglesias cristianas miran hacia el este. Así, el sacerdote, al elevar la hostia durante la misa, simbólicamente representa la resurrección de Cristo además de la salida simbólica del sol. La importancia del sol en las antiguas prácticas espirituales egipcias tampoco se le escapaba a Ficino. Aconsejaba el uso de vestimentas sacerdotales doradas, del color del sol, y el empleo de fragancias y de "música celestial" para crear la atmósfera apropiada para esos ritos solares.

La magia de Ficino sobrevive actualmente en las prácticas Wicca y en la brujería verde o basada en la naturaleza. En ambos casos, se hacen hechizos para atraer influencias benignas y rechazar las malignas empleando información astrológica además de las hierbas, piedras, gemas y otras sustancias apropiadas.

¿Y la Cábala?

Es interesante que el empleo de la astrología y los ángeles también aparezca en el renacer de la Cábala que se vio en el Renacimiento. La Cábala puede ser empleada para ayudar a la contemplación espiritual mística. En su forma tradicional, también puede convertirse en un tipo de magia que emplea el poder del idioma hebreo y la invocación de santos ángeles para que hagan milagros. El filósofo y mago Pico della Mirandola (1463-1494) cuya obra *Discurso de la dignidad del hombre* es el texto clásico humanista por definición, buscó las raíces de las creencias cristianas en los escritos esotéricos de la Cábala. Pico aprendió hebreo de sus sabios amigos judíos Elías del Medigo y Flavius Mithridates para poder estudiar más a fondo la Cábala. Una de las grandes controversias teológicas que Pico debió dilucidar se refería a sí el poder taumatúrgico de Jesús, según se lo muestra en los evangelios, se debía a su empleo de hechizos y magia cabalística. Pico decidió que no era así.

Vemos la importancia de los ángeles tanto en los procedimientos secretos de los ritos herméticos como en el misticismo de la Cábala. Ambos empleaban talismanes y magia protectora expresada en rituales cuidadosamente definidos. El empleo de una cinta roja atada a la muñeca derecha para proteger del mal de ojo es un ejemplo del empleo de talismanes por parte de practicantes contemporáneos de la Cábala.

¿Los papas de esa época practicaban lo que nosotros consideraríamos magia?

Sí. Uno de los rituales era de naturaleza astrológica, y el sacerdote dominico, mago y filósofo Tomasso Campanella (1568-1639) lo practicó para proteger del mal al papa Urbano VIII. Campanella consideraba que su magia era un proceso físico más bien que psicológico. Selló uno de los aposentos del Papa en el Palazzo Barberini para que no fuera contaminado por un eclipse. Roció la cámara del Papa con sustancias aromáticas como el vinagre de rosas y el ciprés; quemó romero, laurel y mirto. La habitación fue revestida de seda blanca y decorada con ramas. Luego, se encendieron dos velas y cinco antorchas, que representaban al Sol, la Luna y los planetas. Fueron dispuestas en aspectos favorables para que hicieran de contrapeso a los aspectos desfavorables del verdadero cielo. Se interpretó música jovial y venusina para atraer las buenas influencias de Júpiter y Venus y para dispersar las malas influencias de Saturno y Marte. En la misma tesitura, se emplearon piedras, plantas, colores y olores asociados con Júpiter y Venus para atraer los poderes benéficos de estos dos planetas.

La ceremonia se realizó bajo un techo pintado con un fresco donde se repetían estos elementos mágicos. Había sido pintado por Andrea Sacchi, un amigo de Bernini. Ese techo muestra, como parte de una alegoría de la divina sabiduría, una carta astral simbólica que enfatizaba la fechas del nacimiento de Urbano y la de su designación como papa, así como una representación simbólica del Sol, uno de los símbolos personales de Urbano. Se lo representa como centro del universo conocido —la primera representación artística del sistema heliocéntrico. Todo este simbolismo solar se consideraba necesario para proteger al Papa de la supuesta influencia dañosa de los eclipses. (Urbano VIII temía tanto a la magia demoníaca que en 1631 ordenó que quien usara magia astrológica contra su persona recibiera el máximo castigo. En 1634, el noble Giacinto Centini fue decapitado, y dos de sus acompañantes fueron colgados y después quemados como practicantes de magia negra, por haber predecido la muerte de Urbano). El empleo de la astrología en este contexto religioso nos resulta incongruente hasta que recordamos que según los escritos del gran teólogo Santo Tomás de Aquino, las estrellas no eran cuerpos físicos compuestos de calor y luz sino evidencia visual de los ángeles. Se consideraba que estas "inteligencias angélicas" eran manifestaciones visibles de la voluntad de Dios.

Campanella también era un decidido heliocentrista y escribió una *Defensa de Galileo* (*Apologia pro Galileo*) en 1622. Campanella también escribió una novela utópica, *La ciudad del Sol*, publicada por primera vez en 1623. Junto a la *Utopía* de Tomás Moro, publicada en 1516 y la *Nueva Atlántida* (1626) de Francis Bacon, es uno de los grandes escritos utópicos. En sus páginas, Campanella desarrolla la idea de una nueva ciudad-Estado, gobernada por un filósofo-sacerdote-rey según principios herméticos y mágicos. Intentó en vano que el papado se interesara en estas ideas. Poco antes de su muerte en 1639 logró que el cardenal Richelieu y la monarquía francesa lo protegieran. Uno de los últimos poemas de Campanella celebraba el nacimiento del futuro rey Luis XIV. Él fue el primero en llamarlo "Rey Sol".

¿Cree usted que es posible que Bernini, quien diseñó la tumba de Urbano VIII, conociera al heliocentrista Campanella?

Es muy posible, pues Bernini fue muy amigo de Urbano VIII. Bernini puede haber sido influido por el techo de inspiración astrológica de Sacchi cuando representó al zodíaco, los planetas y las estrellas en la bóveda que Robert Langdon ve en la capilla Chigi y que Dan Brown describe así: "la bóveda brillaba con una extensión de estrellas luminosas y con los siete planetas de la astrología. Debajo de éstos, se veían los doce signos del zodíaco —símbolos paganos y terrenales originados en la astronomía".

¿Cómo se sintetizaron las antiguas enseñanzas religiosas y símbolos paganos —en particular, aquellos vinculados al Sol— con los del cristianismo?

El gran baldaquín de bronce de Bernini en el crucero de San Pedro está cubierto de imágenes del Sol, abejas y guirnaldas de hojas de laurel. Muchos de quienes vieran estas imágenes en el siglo XVII las habrían entendido como los tres símbolos más habituales del papa Urbano VIII (cuyo pontificado se extendió de 1623 a 1644). Son imágenes que también representan al Sol. Las abejas hacen la cera pura que se emplea para hacer cirios de iglesia. Al encenderse éstos, crean con su luz un segundo sol. Las hojas de laurel están consagradas al antiguo dios solar Apolo, y la imagen del Sol mismo se ve en muchos edificios vinculados a Urbano VIII, entre ellos, su residencia, el Palazzo Barberini. Las columnas espiraladas, como las del baldaquín, se conocen como "columnas salomónicas" y remiten al templo de Salomón de Jerusalén, y eran un modo de vincular el gran templo judío del Antiguo Testamento con el nuevo centro de la cristiandad.

Tanto en Ángeles y Demonios *como en el posterior* Código Da Vinci, *Dan Brown afirma que la imagen del Gran Sello que aparece en el reverso de los billetes estadounidenses de un dólar —el ojo en el triángulo sobre la pirámide— es un símbolo de los illuminati ¿esto es así?*

Como en el caso de muchos otros símbolos, la imagen del ojo y la pirámide está abierta a muchas interpretaciones, a menudo menos siniestras. En el simbolismo cristiano tradicional, el ojo que todo lo ve inscripto en un triángulo es un símbolo de la divina providencia. La pirámide trunca es un símbolo de los esfuerzos humanos, y el ojo que la remata representa el concepto de que la ayuda divina es necesaria y bienvenida en toda tarea humana. Es verdad que la pirámide con el ojo que todo lo ve es un símbolo masónico. Pero eso no lo convierte necesariamente en símbolo de los illuminati.

Está claro que a usted no le parece que Bernini conspirara contra la Iglesia católica, integrara una sociedad secreta subversiva o incluyera mensajes secretos en sus esculturas. Pero, al margen de eso ¿cree usted que puede haber estado en sintonía con un misticismo que la Iglesia oficial contemplara con desconfianza?

Sí. No me sorprendería que Bernini hubiera estado influido por el misticismo español, pues nació en Nápoles, que había estado gobernado por España. Como católico devoto, naturalmente se habría interesado por las ideas de reforma religiosa de los iluminados españoles. Ello puede haberlo atraído a la práctica cotidiana de la forma jesuita —inspirada por los alumbrados— de devoción espiritual y plegaria de fuerte orientación sensorial. Esta forma de comunión con Dios intensa, personal y muy privada era considerada muy revolucionaria por los muchos enemigos de los jesuitas. Cuando uno podía experimentar a Dios en forma personal y directa ¿necesitaba de muchos aspectos del ritual y las enseñanzas de la Iglesia?

Los secretos de la Biblioteca Vaticana

Robert Langdon, como estudioso y profesor de Harvard no había obtenido más que cartas de rechazo cuando trató de cumplir con uno de los "sueños de su vida": acceder al Archivo Vaticano. Langdon reflexiona que a ningún estudioso estadounidense no católico se le ha permitido jamás tal acceso. Ahora, y sólo debido a la más desesperada de la situaciones, se le permite acceder, incluso —en dos ocasiones— a archivos tan secretos que ni siquiera la Guardia Suiza puede entrar allí. Una vez adentro, las cosas se ponen muy poco académicas: Vittoria y él se apoderan de un inapreciable trozo de manuscrito, él lucha por respirar —y vivir— cuando alguien corta la electricidad que alimenta los circuladores de aire, y juega al dominó con gigantescas estanterías de libros para escapar ¡al fin! a través de una pila de vidrios rotos.

No parece que hubiera problemas para que el lector separe realidad de ficción en esta parte del relato de Dan Brown; que el acceso sea restringido parece lógico, mientras que la osadía es parte intrínseca de la buena ficción. Sin embargo, como explican nuestros expertos, aquí hay más ficción de lo que parece a primera vista.

Al fin y al cabo no es tan secreta

POR MICHAEL HERRERA

Michael Herrera es un escritor independiente que pasó muchos años estudiando para obtener un doctorado en cristianismo primitivo. Ahora trabaja como experto en relaciones públicas de la industria de la alta tecnología.

Cuando Michael Herrera estudiaba en la universidad sobre el cristianismo durante la época del Imperio Romano, solía encontrarse con referencias a los archivos secretos vaticanos. Estas tres palabras, archivos secretos vaticanos, *le sugerían imágenes de criptas medievales colmadas de antiguos pergaminos; polvorientos manuscritos encuadernados en cuero con obras originales de maestros griegos y romanos; escrituras bíblicas perdidas desde hace tiempo; registros de escándalos papales; y todo otro documento histórico que un ingenuo estudiante graduado de primer año de historia antigua pudiera imaginar. No era difícil imaginar los Archivos Secretos como una suerte de agujero negro histórico donde la información entraba para no volver a salir nunca. Se resignó a la idea de que nunca conocería la verdad sobre su contenido.*

Luego llegó Dan Brown. Años después de que la carrera de Herrera lo hubiera alejado de las bibliotecas del campus y de la academia, acercándolo a la alta tecnología, dio con un ejemplar de Ángeles y Demonios y absorbió con avidez la historia de las experiencias de Robert Langdon en el interior de los archivos secretos vaticanos. Fue fácil trazar paralelos con su propia idea acerca del acceso restringido a documentos ocultos. Parecía perfectamente verosímil que los archivos contuvieran un documento escrito por Galileo que el Vaticano hubiera ocultado durante siglos.

Herrera mismo había visto a los guardias suizos haciendo guardia a la puerta de un edificio sin señales identificatorias, las salas cerradas que conducían a partes desconocidas del Museo Vaticano y las criptas que se extienden por debajo de San Pedro —y que indudablemente también ocultan secretos. Por lo tanto, no le fue difícil imaginar que lo que estaba detrás de los guardias, las puertas con llave o las sogas de terciopelo realmente fuera un manuscrito secreto escrito por Galileo, oculto dentro de una hermética bóveda de vidrio.

Pero investigando más a fondo resultó que no sólo no existían las bóvedas de vidrio, sino que los archivos secretos vaticanos no son, al fin y al cabo, tan secretos. Pero dejemos que el señor Herrera cuente su historia él mismo.

En *Ángeles y Demonios* Dan Brown esparce la suficiente cantidad de hechos acerca de los archivos secretos vaticanos para dejar al lector con la impresión de que uno de los archivos más grandes del mundo es también uno de los más inaccesibles. Aun si a uno se le permitiera acceder a él, el libro sugiere que en habitaciones especiales hay documentos que no pueden ser vistos por ningún visitante. Por ejemplo, el *Diagramma* de Galileo. ¿Qué otros tesoros de la civilización occidental pueden estar ocultos en esos archivos?

Los archivos secretos vaticanos remontan su linaje a los primeros días del cristianismo y a la persecución romana a la Iglesia, pasan por la Edad Media y el Renacimiento, y llegan a nuestros días. Durante todo ese tiempo, la Iglesia hizo cuanto pudo por mantener a los archivos indemnes, pero en muchos casos hubo documentos que inevitablemente se perdieron, destruidos deliberadamente o víctimas de los estragos de la naturaleza.

Los archivos que conocemos hoy se crearon cuando el papa Inocencio III emprendió la primera colección sistemática de papeles de la Iglesia a fines del siglo XII. Con la invención de la imprenta en torno de 1450, la colección vaticana se multiplicó, hasta que fue destruida en el saqueo de Roma por el sacro emperador romano Carlos V en 1527. A comienzos del siglo XVII, el papa Pablo V compiló registros eclesiásticos y otros materiales de toda la cristiandad y separó la colección entre la Biblioteca Vaticana y los archivos secretos vaticanos.

En el transcurso de sus turbulentos siglos iniciales de existencia, los ítem más importantes de los archivos fueron frecuentemente llevados de un escondite a otro para protegerlos de ataques o robos. Durante un período, los papas llegaron a almacenar sus valiosos registros en el Castel Sant'Angelo, la histórica fortaleza romana que Dan Brown emplea como lugar de encuentro de los enemigos declarados de la Iglesia, los illuminati.

En torno de 1810, poco después de anexar los Estados Pontificios y arrestar al Papa, Napoleón Bonaparte se llevó los archivos a París. Cuando Napoleón abdicó pocos años después, el Papa exigió que se le devolvieran sus archivos, pero muchos de los documentos nunca regresaron a Roma. Muchos habían sido quemados como basura y, en un caso, vendidos a los comerciantes de París como papel de envolver.

Actualmente, los archivos vaticanos están compuestos de varios archivos distintos, pero el que menciona *Ángeles y Demonios* es "L'Archivio Segreto Vaticano" o archivos secretos vaticanos. Contiene aproximadamente ochenta kilómetros de estanterías, que contienen aproximadamente sesenta mil ítem (probablemente, muchos más, pues muchos de esos legajos contienen a su vez numerosos registros independientes) y más de seiscientos índices para orientarse en la colección.

Hasta fines del siglo XIX, los archivos secretos estaban prohibidos para quienes no tuvieran las máximas autorizaciones. Quienes fuesen sorprendidos filtrando documentos, o incluso sólo pisando el lugar que los contenía, recibían severas sanciones que podían llegar a la excomunión. Esta política comenzó a cambiar bajo el papa León XIII (1878-1903), quien puso los contenidos a disposición de académicos autorizados como parte de una campaña de relaciones públicas destinada a aplacar el sentimiento antipapal despertado por Giuseppe Garibaldi a mediados del siglo XIX. Él y sus revolucionarios opinaban que el Vaticano era un obstáculo a la prosperidad futura de Italia. León XIII esperaba que, con la apertura de los archivos, los investigadores se dieran cuenta de cuánto había hecho la Iglesia por preservar la sociedad durante los períodos más oscuros de la civilización occidental.

A partir de esa época, el Vaticano ha hecho que un número creciente de documentos pudiera ser consultado, preservando (a veces, parte del proceso es lavarlos) y catalogando frágiles papeles históricos. La mayor parte de los materiales, hasta los del año 1922, pueden ser consultados. Pero algunos, por ejemplo, los papeles privados de los papas, no. Según el archivista vaticano, el cardenal argentino Jorge Mejía, "muchos de los documentos del archivo se mantienen en secreto —tanto en el Vaticano como en otras instituciones y gobiernos— porque su publicación podría dañar las reputaciones de personas vivientes, familias o instituciones; o porque la administración del actual gobierno exige discreción; o, finalmente, por lo que llamamos *derecho a la privacidad*, que pertenece no sólo a quienes viven, sino a los muertos".

Cada tanto debido a presiones o controversias públicas, o porque se trata de materiales que ya no se consideran confidenciales, el Vaticano da acceso a alguna colección hasta entonces reservada. Por ejemplo, en respuesta a la extrema presión, a partir de comienzos de la década de 1990, de grupos que exigían que la Iglesia rindiera cuentas por sus supuestas actividades vinculadas a la Alemania nazi y al Holocausto, el Vaticano liberó ciertos documentos vinculados a los años de la Segunda Guerra Mundial así como a los que la precedieron, permitiendo así la revelación de una política hacia las acciones de Hitler que los estudiosos dicen que fue, en el mejor de los casos, de no intervención.

Otro tipo de presión pública instó al Vaticano a ofrecer una herramienta que, espera, terminará para siempre con la idea de que mantiene siempre un secreto total: el Vaticano se ha integrado a la edad digital. El resultado es el sitio web oficial de los archivos secretos vaticanos (www.vatican.va/library_archives/vat_secret_archive) un rico repositorio de información que les hubiera ahorrado mucho tiempo a Robert Langdon y su compañera Vittoria Vetra en su busca del supuesto *Diagramma* de Galileo. Allí se habrían enterado de información tan útil como las horas de atención al público, la bibliografía de los contenidos y —para aquellos que no tengan, como Langdon y Vetra, instrucciones verbales del Papa— los requerimientos que se exigen para estudiar en los archivos.

Para acceder a los archivos, todos los solicitantes deben cumplir con el requisito que dice que "los archivos están abiertos para los estudiosos calificados de instituciones de educación superior que se dediquen a investigaciones académicas". Sin embargo, ser un "estudioso calificado" no basta para obtener acceso. Técnicamente, el papa aprueba a cada uno de los solicitantes, pero el prefecto de los archivos es realmente quien decide y elige. Es una competición difícil. Hasta Robert Langdon, reputado simbologista de Harvard, es rechazado en varias ocasiones. (Vale la pena mencionar que en ningún lado el Vaticano afirma ni sugiere que se le niegue el acceso a los "estudiosos estadounidenses no católicos", como dice Langdon).

Claro que en las veinticuatro horas durante las cuales transcurre la acción de la novela, Langdon presenta una solicitud muy poco ortodoxa —ingresar fuera del horario habitual— así como el respaldo de altas autoridades. Es infrecuente que una solicitud como ésta sea aceptada. A pesar de su declarado respeto por la colección, Langdon viola casi cada regla del archivo. Como en toda colección de libros raros, está estrictamente prohibido sacar materiales de allí. En sentido estricto, cuando Langdon se llevó la copia del *Diagramma* de Galileo perteneciente al Vaticano, estaba robando. Cualquier mortal que no hubiera tenido tanta prisa y que no buscara un frágil y valioso manuscrito, hubiera podido obtener una copia del personal del archivo por unos cincuenta centavos.

La colección emplea diversos índices, listas de referencias cruzadas y otras herramientas de catalogado que los archivistas profesionales conocen como *auxiliares de búsqueda* que ayudan a los investigadores a encontrar los materiales que necesitan. Afortunadamente, Langdon sabía qué estaba buscando y no necesitaba muchos más auxiliares de búsqueda que su propia intuición. Habitualmente, los investigadores deben llenar una solicitud escrita para estudiar un ítem o ítem específicos (un máximo de tres al día) y, una vez aprobada, deben esperar que un empleado lo busque en los anaqueles. Está prohibido buscar por cuenta propia y, como señala correctamente Brown, un empleado del Vaticano debe acompañar al visitante en todo momento —en este caso, la excepción claramente es la amenaza de destrucción del Vaticano por parte de una sociedad secreta.

Una vez que encontró lo que buscaba, los esfuerzos de Langdon por respetar la integridad de los documentos mientras los mira son básicamente correctos, según los expertos en conservación y archivos. Las herramientas que emplea para revisar el *Diagramma* no difieren de las que usan los actuales expertos. Por ejemplo, hay guantes blancos disponibles en la mayor parte de colecciones de libros raros. Cuando Langdon habla del "estado de durabilidad" del *Diagramma*, su descripción no es distinta de la que da el glosario de la Sociedad de Archivistas de los Estados Unidos, que define a la *durabilidad* como "la estabilidad intrínseca del material que le permite resistir a la degradación producida por el tiempo". Desde ya que Brown se permite cierta licencia poética para describir el empleo que Langdon hace de las herramientas, pero su descripción de esas herramientas y de sus usos está basada en hechos.

Sin embargo, Brown podía haber sido más generoso en su descripción del interior de los archivos. Cuando entra en el edificio y se encuentra con algo que parece un "hangar a oscuras", la idea preconcebida de Langdon de "polvorientos anaqueles cubiertos de pilas de destartalados volúmenes" se desvanece rápidamente. Es una pena que Langdon haya tenido tanta prisa. Si hubiera tenido menos prisa, habría visto los ornamentados salones de lectura en la sección más antigua del edificio, con sus paredes (y techos) adornados con bellos frescos y estanterías de maderas duras ricamente incrustadas colmadas de libros encuadernados en cuero.

Algo que los investigadores no verán dentro de los archivos son bóvedas de vidrio herméticas. Estas bóvedas, que Brown compara a grandes campos de racquetball aislados, contribuyen al suspenso en una escena crucial del libro —una de ellas está a punto de convertirse en el ataúd de Langdon. Mediante este recurso, el autor obtiene un espectacular efecto visual. Pero las bóvedas no existen. Además, algunos archivistas profesionales afirman que las bóvedas herméticas de vidrio serían una precaución excesiva, pues en general los sistemas vigentes de calefacción, ventilación, acondicionamiento de aire y supresión de incendios son más que suficientes para preservar documentos antiguos. En el caso de los archivos secretos vaticanos, las bóvedas que contienen sus materiales más valiosos se asemejan a una bóveda de Banco llena de cajas de seguridad.

¿Y qué hay acerca de la colección de los archivos de materiales referidos al héroe verdadero de *Ángeles y Demonios*, Galileo Galilei? En la actualidad, la colección vaticana de documentos referidos al juicio de Galileo consisten en un solo volumen de registros manuscritos. Originariamente, los registros, junto con otros dos volúmenes, se conservaban en los archivos de la Congregación de la Doctrina de la Fe (anteriormente conocida como "Sagrada Congregación de la Inquisición Universal"). Los dos volúmenes que faltan se han perdido, y los estudiosos se preguntan si habrán terminado como papel de envolver en alguna carnicería de París o en el fondo de algún río en el camino a Roma (tras la derrota de Napoleón). El Vaticano considera que los documentos del juicio a Galileo son una de las joyas de su corona, de modo que por lo general no permite que se consulten los documentos originales. Sin embargo, los estudiosos pueden acceder a copias digitales.

Ahora llegamos a los *Diagramma*. Es muy poco probable, por no decir imposible, que tal documento esté en exhibición, por la sencilla razón de que no hay ni la más mínima evidencia de que nunca haya existido. Es una pena, pues *si* Galileo lo hubiera escrito y el Vaticano tuviera una copia, lo más probable es que estuviese en exhibición. La necesidad de ocultarla habría dejado de tener sentido en 1992, cuando la Iglesia admitió en forma pública que se había equivocado en condenar a Galileo hacía más de tres siglos —hecho que, tal vez convenientemente, el novelista deja de lado.

El cuadro que pinta Dan Brown deja al lector con la impresión de que el Vaticano maneja los archivos secretos vaticanos como si realmente fueran... secretos. Sin embargo, en la actualidad, es de suponer que la palabra *secreto* perdura sólo para perpetuar una vieja imagen de tiempos pasados, en que los archivos secretos vaticanos también eran los archivos vaticanos *privados*. Cuando el Vaticano puso las bibliografías e índices de sus colecciones en Internet para que todos las vean, terminó para siempre con cualquier visión romántica de criptas atestadas de pilas de manuscritos ocultos. Hoy, los archivos secretos vaticanos de *Ángeles y Demonios* sólo existen como recursos novelísticos.

Sin embargo, uno no puede evitar hacerse preguntas. Considerando las controversias y escándalos que permean su historia, parece posible, y hasta probable, que la Iglesia aún tenga esqueletos en el armario que prefiera no discutir. De existir tales documentos, tal vez nunca salgan a la luz —a no ser que ello beneficiara a la actual campaña de la Iglesia por mostrarse abierta. En 2003, un investigador que trabajaba en los archivos de Congregación de la Doctrina de la Fe del Vaticano, descubrió una carta dirigida por un alto funcionario vaticano a otro en 1633, expresando el deseo del Papa de que el juicio a Galileo tuviera lugar lo antes posible, debido al mal estado del salud del astrónomo. El Vaticano no perdió tiempo en usar la carta para mostrar que la forma en que la Iglesia trató a Galileo no fue tan mala como dice la historia.

¿Qué otros documentos que pueden afectar la forma en que la historia contempla las luces y sombras del pasado vaticano quedan por descubrir? Tal vez en los anaqueles aún aceche un documento similar al *Diagramma*, oculto entre papeles inofensivos a la espera de que lo descubran —o al menos especulen acerca de él— escritores de ficción, historiadores, teóricos de la conspiración y Dan Brown.

Un estudioso visita la Biblioteca Vaticana

POR TOD MARDER

Tod Marder, profesor de historia del arte en la Universidad Rutgers recurre desde hace años a la Biblioteca Vaticana, a menudo para su trabajo sobre Bernini, en quien es uno de los mayores expertos del mundo.

En Ángeles y Demonios, *Dan Brown hace que parezca que entrar en los archivos "secretos" del Vaticano es casi imposible. ¡Pobre Robert Langdon, el ficticio profesor de Harvard! Las autoridades del Vaticano no se dignan aprobar su solicitud de ingreso. Y cuando finalmente entra (sólo debido a la emergencia producida por el secuestro de los cardenales y la amenaza de la antimateria), Langdon debe orientarse en una de las bóvedas de almacenamiento de documentos de más alta tecnología del mundo en busca de algunos de los más profundos y oscuros secretos de todas las épocas.*

Tod Marder, profesor de historia del arte en la Universidad Rutgers y auténtico experto en Gianlorenzo Bernini, pinta un cuadro mucho más prosaico acerca de la investigación en el Vaticano. Al parecer, para los estudiosos de la vida real, acceder es relativamente fácil. No hay bóvedas herméticas con clima artificial y probablemente tampoco documentos secretos desconocidos para el mundo. Éste es el informe del profesor Marder respecto de las muchas visitas que ha hecho a los archivos vaticanos a lo largo de los años.

Buena parte del trabajo detectivesco del ficticio historiador del arte Robert Langdon en *Ángeles y Demonios* tiene lugar en los archivos secretos pontificios del Vaticano, un sitio cuyo nombre crea una mística muy superior a la que le adjudican quienes realmente los usan. Para los estudiosos, acceder es un proceso ligeramente engorroso, pero no difícil ni indebidamente restrictivo. La mayor parte de los historiadores del arte usan los repositorios de los archivos y la biblioteca en forma simultánea, aunque se trata de entidades administrativas independientes, cada una con su protocolo y sus equipos de funcionarios, cada uno de los cuales se reporta a sus propias autoridades. No están abiertas al público en general ni a quienes tienen un interés casual por sus contenidos. Pero aquellos a quienes les interese trabajar aquí y que estén calificados para hacerlo, no tienen más que referirse al sitio web www.vatican.va/library_archives/vat_library.

Para acceder, los candidatos a lectores generalmente presentan un título avanzado o cartas de recomendación de una institución establecida, como una universidad, un museo o una casa de estudios; también debe tener un pasaporte que lo identifique. Se entra en el Vaticano por la Porta Sant'Anna, como lo hace Robert Langdon, donde inmediatamente se es interceptado por un par de guardias suizos ataviados con los coloridos trajes que diseñó Miguel Ángel. Para que nos permitan pasar, debemos murmurar algo acerca de que queremos obtener una tarjeta (*tessera*) de lectura y exhibir los papeles autorizadores que se tengan. A continuación, viene una segunda línea de puertas de hierro, custodiadas por hombres aún más altos e imponentes que los anteriores, esta vez, enfundados en el uniforme azul oscuro de la policía vaticana. Deberá reiterarles cuál es su propósito, mostrar sus papeles —que esta vez serán cuidadosamente escrutados, en particular el pasaporte, antes de que se nos permita seguir camino.

Como estudioso, mi sensación personal sobre este proceso es de simpatía, respeto y gratitud. En los calurosos días de verano, cuando literalmente pasan cientos de turistas por la Porta Sant'Anna cada pocos minutos, la tarea de estos hombres es permitir que los estudiosos legítimos con objetivos serios entren en el recinto, mientras que los ansiosos turistas deben ser mantenidos fuera y redirigidos hacia la plaza y la basílica de San Pedro, o hacia la entrada a los museos vaticanos. No es tarea fácil hacer pasar a algunos mientras se expulsa educadamente a otros. El potencial de conflicto es enorme, y siempre se evita de la forma más efectiva.

Una vez que el estudioso serio ha pasado la policía vaticana, una larga caminata, que pasa frente a una rama de la oficina de correos vaticana a la derecha, y al tristemente célebre Banco a la izquierda, conduce hasta un imponente portón del siglo XVI. Este portón, con sus grandes piedras y su inscripción dedicada a Julio II (lo que evoca la era de Miguel Ángel, Rafael y Bramate) lleva hasta la zona inferior del Cortile del Belvedere, donde otro centinela de la policía vaticana con su uniforme azul verifica una vez más exactamente los mismos papeles antes de permitir que uno ingrese y doble a la derecha.

Ahora, el visitante se enfrenta a un ala larga y recta que atraviesa lateralmente y cierra la mitad inferior del Cortile de Bramante. En los lados opuestos de esta ala se distinguen las puertas de la biblioteca y del archivo. La que queda más cerca, a la derecha, es la biblioteca, en cuyo vestíbulo uno le presenta formalmente los papeles al bibliotecario a cargo del acceso.

Para alguien con las credenciales necesarias, un requerimiento legítimo y las recomendaciones adecuadas, hay pocos problemas para obtener una tarjeta de lector, aunque el proceso para completarla puede tardar unos cuarenta minutos. Se necesitan fotografías tamaño pasaporte, una para archivo, otra para la tarjeta de lector. (Durante muchos años, la oficina de acceso prefería que ésta fuera la foto que uno traía en la primera visita. De modo que, hasta bien pasados mis cuarenta años, utilicé la foto que presenté cuando aún era estudiante, que era la misma que la de mi foto de graduación de la escuela secundaria. Durante años, mis colegas y yo nos divertimos mucho comparando esas reliquias, hasta que un día las reglas cambiaron y nos debimos presentar de un modo más realista).

Terminado el procedimiento de ingreso en la biblioteca, el usuario puede dirigirse al otro extremo del edificio y repetir el proceso ante los funcionarios del archivo. De ahí en más, no hace falta más que tomar el ascensor o subir por las escaleras hasta el principal recinto que alberga las colecciones y ponerse a trabajar. Una veranda abierta con piso de ladrillo por detrás del edificio une biblioteca y archivo. Más allá, en un amplio nicho que data del diseño original del Patio Belvedere (1503) hay una pequeña cafetería donde sirven espresso, capuccino y bizcochos dulces a la mañana y sándwiches livianos en torno del mediodía. La cafetería posibilita extender las horas de cada visita y trabajar con una intensidad que no se vea comprometida por el hambre, la sed o la falta de cafeína.

Cualquiera que fuese, como Robert Langdon, historiador del arte de Harvard, no tendría ningún problema en acceder a los materiales del archivo vaticano. Por cuanto sé, nada que sea de legítimo interés histórico les está vedado a los investigadores. Esto es así más allá de cuál sea la posición oficial de la Iglesia en materia de teología, política o ciencia. Por ejemplo, la Iglesia recién reconoció la organización heliocéntrica del espacio exterior en la década de 1990 al decir que, en efecto, Galileo tenía razón. Sin embargo, desde hace décadas se permite a los modernos historiadores de la ciencia acceder libremente a los contenidos de la Biblioteca Vaticana y de los archivos secretos papales.

Hay un índice de cada colección y el procedimiento consiste en llenar un formulario de solicitud para cada ítem basándose en el sistema de identificación numérica propio del Vaticano. Los libros están organizados y catalogados principalmente según la colección de donde proceden —las colecciones del cardenal Chigi están rotuladas como "Chigiana" y las donaciones del cardenal Rossi se llaman "Rossiana". No hay, como sugiere incorrectamente *Ángeles y Demonios* una catalogación por tema y ciertamente, que yo sepa, ninguna Habitación Galileo.

Para pedir libros, se les pide a los usuarios que llenen un formulario de solicitud. Luego, los empleados llevan estas fichas a las entrañas del edificio para buscar los materiales. En un día en que no haya mucha gente en la biblioteca, los libros y manuscritos tardan quince minutos en aparecer. Lo más frecuente es que se espere media hora. Sin embargo, a media mañana de un día de mucha actividad, puede esperarse una hora a que lleguen los materiales. Los materiales están dispuestos en estantes convencionales, según se deduce por la forma del desgaste de las encuadernaciones. Las bóvedas no son la norma y el ambiente climatizado recién se está empezando a introducir. A juzgar por el aspecto saludable de los empleados, trátese de supervisores o de quienes tratan directamente con los libros, la adecuada ventilación de los estantes no es un problema a pesar de los excitantes momentos que debe sufrir Robert Langdon en *Ángeles y Demonios*. Ciertamente, no se ve a nadie que parezca sufrir, como Langdon, de las consecuencias de la falta de oxígeno.

En realidad, el más exigente obstáculo físico que deben enfrentar quienes investiguen en la Biblioteca Vaticana y el archivo secreto papal es el mismo que el de todos los que trabajan en cualquier colección italiana en el calor sofocante del verano romano —la falta de aire acondicionado. Hasta hace muy poco tiempo se requería que los hombres llevasen traje o al menos chaqueta en estos lugares, y las mujeres debían llevar vestidos que llegaran por debajo de las rodillas y los hombros cubiertos. Era fácil reconocer a los recién llegados cuando éstos se quitaban la chaqueta y la colgaban del respaldo de la silla, sólo para que un funcionario les advirtiera que siempre se debía conservar puesta la chaqueta. Últimamente estas reglas se han relajado. Se pueden usar vaqueros. Se pueden quitar las chaquetas. Hasta cierto punto, se toleran las faldas cortas. Pero la norma —cuyo cumplimiento se exige— sigue siendo vestirse en forma conservadora.

Los lectores de *Ángeles y Demonios* pueden verse inducidos a imaginar que los archivos vaticanos son una suerte de repositorio mormón protegido con tanta seguridad contra cualquier calamidad natural o humana que son casi imposibles de usar. Pero esto no es así. A quien no esté familiarizado con ellos, le puede parecer raro que buena parte de estos ámbitos no estén climatizados o que a los lectores se les permita volver las páginas de valiosos materiales sin los guantes que requieren muchas bibliotecas estadounidenses que no tienen colecciones tan valiosas, y que no se vean por ningún lado los elaborados atriles destinados a proteger las encuadernaciones. Lo que es verdaderamente asombroso de esto es que en este (y en muchos otros archivos europeos) los materiales estén tan bien conservados y hayan sobrevivido tan intactos. Y que sean tan accesibles.

La simbología de Bernini
en *Ángeles y Demonios*

POR DIANE APOSTOLOS-CAPPADONA

Diane Apostolos-Cappadona es profesora adjunta de arte religiosa e historia cultural en el Centro para la Comprensión Cristiano-Musulmana y profesora adjunta de arte y cultura en el programa de estudios liberales de la Universidad de Georgetown. Es una ampliamente publicada historiadora de la cultura especializada en arte religiosa.

Antes del éxito de la ficción de Dan Brown, la mayor parte de las personas nunca habían oído hablar de la "simbología" como especialidad académica. De hecho, es difícil pensar en académicos de la vida real que se identifiquen como "simbólogos". Sin embargo, no sería sorprendente que algún día Dan Brown decidiera emplear lo ganado con sus novelas para financiar una cátedra Robert Langdon de simbología en Harvard.

Diane Apostolos-Cappadona es lo más parecido que se puede encontrar a una simbóloga en el mundo académico real. En el siguiente comentario, se centra en las divergencias entre su percepción de Bernini —artista que estudió a fondo antes de obtener su título— y la muy diferente apreciación de él que hace Robert Langdon.

El verano que pasé entre mi graduación en el colegio secundario y el comienzo de la universidad fue mágico gracias a una estada de seis semanas en Roma, donde recorrí con gran excitación las muchas iglesias y obras de arte religioso que había estudiado con tanto detenimiento en el período en que me dediqué al estudio de la iconografía cristiana. Entre los artistas, mi ídolo era nada menos que Gianlorenzo Bernini, *el* escultor y arquitecto del barroco, que siempre había capturado mi atención con su forma de reformular la iconografía (lenguaje visual de signos y símbolos) cristiana, tanto en el nuevo estilo artístico de su época, conocido como "barroco" como con la renovación del catolicismo que se conoció históricamente como Contrarreforma.

Pasé muchos días recorriendo las mismas sendas que Bernini caminó desde su hogar a los distintos emplazamientos —iglesias, palacios y plazas— donde sus obras fueron creadas o instaladas. ¿Qué más asombroso que entrar por primera vez en la basílica de San Pedro a la hora exacta del día en que los rayos del sol cruzaban su magnífico Baldacchino e iluminaban la Cathedra Petri, de modo que ésta parecía flotar en el aire enmarcada por las monumentales columnas salomónicas de aquél, tal como el profesor Leite, mi primer profesor de arte y simbología cristiana me dijo que era la intención de Bernini? Sólo, tal vez, estar al atardecer en la capilla Cornaro, donde la luz de las velas infundía al magnífico *Éxtasis de San-*

ta Teresa de Bernini un aura etérea que contribuía a mi sensación de que la santa estaba experimentando sus visiones místicas. Las soleadas tardes que pasaba visitando las fuentes de Bernini se complementaban con mis cotidianas peregrinaciones a la mañana temprano y al atardecer a la plaza San Pedro, convenientemente próxima al convento-pensión en que me alojaba.

Mis estudios dieron un vuelco espectacular cuando me enamoré perdidamente por segunda vez —de los románticos del siglo XIX. Dejé a Gianlorenzo Bernini y al arte barroco en mi pasado de estudiante secundaria, pero, de alguna forma, siempre volví a ellos. Roma y Bernini se entretejen tanto en mi estudio del arte religioso como en mi propia historia, tanto, que no puedo imaginar a la una sin la otra. Como le dijo el papa Urbano VIII al joven artista, "fuiste hecho para Roma, y Roma fue hecha para ti".

Tras recibirme, he pasado los años investigando, estudiando y enseñando cómo se interpretan los signos y símbolos religiosos. Tal vez, según las categorías de Dan Brown, soy una simbóloga profesional, o lo más parecido que existe en el mundo académico moderno a esa especialidad de coordinar signos, símbolos, textos y análisis interpretativos.

Dados mi relación con Roma, mi estudio de Bernini y mis años consagrados a otros aspectos de la "simbología", pueden imaginar mi excitación, incluso mi deleite, cuando me enteré de que el *Ángeles y Demonios* de Dan Brown tenía lugar en Roma y que el código secreto que resolvía los misterios se centraba en la obra de Bernini. Imaginaba por anticipado mi viaje imaginario junto a Robert Langdon, el profesor de Harvard especializado en historia del arte e iconografía religiosa, por esas calles romanas con las que estoy tan familiarizada y en esas iglesias y museos que conozco tan bien debido a mis periódicas visitas. Me intrigaba la idea de que hubiera un código en el complejo simbolismo de esas esculturas que había estudiado tanto en clases como de primera mano. Abrí el texto con avidez y me sumergí de inmediato en la acción inicial de asesinatos y conspiraciones.

Era indudable que *Ángeles y Demonios* era un novela absorbentemente bien construida, tanto que, de hecho, no me di cuenta de que ya había pasado mucho más allá de la página 200 antes de dar con la primera referencia a Bernini. Sin embargo, a medida que leía acerca de cómo trata Brown los "códigos secretos" de los illuminati ocultos en el arte religioso, y cómo pasaba después a la descripción del asesinato del primero de los cuatro cardenales secuestrados en la iglesia de Santa Maria del Popolo, me recorrió un escalofrío al pensar, "Oh no, *¡el artista illuminati de Brown va a ser Bernini!*". En su nota de autor, Brown le advierte al lector que "todas las referencias a obras de arte, tumbas, túneles y arquitectura de Roma son enteramente fácticas, como lo son las referencias a su ubicación. Pueden ser vistas hasta el día de hoy". Me advertía a mí misma que se trataba de una obra de ficción, más precisamente de una novela de

El Baldacchino de Bernini en la basílica de San Pedro.

intriga, de modo que al autor se le podían perdonar sus licencias artísticas. Me apresuré a continuar la lectura. Pero a medida que progresaba la descripción de las esculturas de Bernini en la capilla Chigi, me encontré rechinando los dientes y dije en voz alta "¡éste de quien escribes no es mi Bernini!".

Breve biografía de Gianlorenzo Bernini

Gianlorenzo Bernini nació el 7 de diciembre de 1598 en Nápoles. Sus padres fueron Pietro, un escultor florentino y la napolitana Angelica Galante. Cuando Bernini tenía siete años, su padre recibió el encargo de diseñar la tumba de Pablo V, que por entonces era papa. Ello requirió que la familia se trasladase a Roma, que, como consecuencia de la Contrarreforma, estaba siendo restaurada. Esa Roma sería el hogar de Gianlorenzo —con excepción de una breve excursión de seis meses a Francia— hasta su muerte el 28 de noviembre de 1680. Bernini, que era un niño prodigio, esculpió una cabeza en mármol a los ocho años, al parecer con tanta habilidad que su talento para el arte fue reconocido por el cardenal Maffeo Barberini (el futuro Urbano VIII, papa que primero sería amigo y luego chocaría con Galileo). A partir de ese momento, el cardenal Barberini supervisó la educación del joven escultor. Bernini asombró al papa Pablo V con su habilidad para dibujar cabezas, particularmente una de San Pablo, al punto que se afirma que el Papa exclamó "este niño será el Miguel Ángel de su época". La vida de Bernini se extendió durante ocho pontificados, y muchos de esos papas fueron sus mecenas y amigos. Sus obras se pueden ver en unos cincuenta lugares —iglesias, fuentes, domicilios privados, museos y plazas— de Roma.

En 1639, se casó con la joven Caterina Terzio cuando ella tenía veintidós años y él cuarenta y uno. El matrimonio tuvo once hijos y suministró compañía y felicidad al escultor hasta la muerte de Caterina en 1673. Por lo que se puede determinar, Bernini fue un devoto católico romano, que iba diariamente a misa y comulgaba regularmente. Estaba próximo a la espiritualidad jesuita, practicaba los ejercicios espirituales creados por San Ignacio de Loyola (ca. 1491-1556) y eventualmente integró un grupo jesuita consagrado al Santísimo Sacramento. A partir de ese momento, Bernini asistió diariamente a misa en Sant'Andrea delle Frate y concluyó su diaria tarea meditando de rodillas ante el sagrario en Il Gesú, la iglesia de los jesuitas en Roma. Sus prácticas ignacianas enfatizaban el desarrollo individual de imágenes visuales como iniciación y técnica de meditación. Tal énfasis en la efectividad de lo visual realzó la tendencia natural de Bernini hacia el espectáculo visual y el compromiso emotivo. La célebre conversa al catolicismo, la reina Cristina de Suecia, se hizo amiga de Bernini y visitó a menudo su taller para ver cómo progresaba su obra y discutir asuntos vinculados al arte y a la espiritualidad.

Para 1680, la salud de Bernini se había deteriorado en forma significativa, de modo que, tras varios días de una enfermedad que lo fue paralizando gradualmente, recibió la bendición del Papa temprano por la mañana del 28 de noviembre y murió al poco rato. La basílica de Santa Maria Maggiore estaba tan colmada de gente que fue a llorarlo que el funeral debió ser demorado durante un día.

Bernini y la era barroca

El estilo de arte —pintura, escultura o arquitectura— asociado con Europa septentrional y meridional durante la revolución cultural, económica y religiosa de la reforma y la Contrarreforma se denomina barroco (del portugués *barocco*, que significa "perla de forma irregular"). En su reacción contra los ideales artísticos de belleza, equilibrio y armonía del arte del Renacimiento, el arte barroco se caracterizó por sus características espectaculares y teatrales tanto en su aspecto visual como en los temas escogidos. Para realzar tales efectos, los artistas barrocos como Caravaggio y Rembrandt empleaban composiciones cuyo foco no se encontraba en el centro de la tela, colores oscurecidos u opacos y una forma de iluminación teatral conocida como *chiaroscuro* en Italia y tenebrismo en el Norte. El arte barroco italiano era una forma de defensa visual y popular de las enseñanzas católicas romanas, en particular aquellas que cuestionaban los reformadores. Este nuevo énfasis en signos y símbolos visuales, a menudo representados mediante una compleja iconografía daba una referencia visual a los pronunciamientos del Concilio de Trento (1545-1563), que definió formalmente qué significaba ser católico romano.

Aunque no fue el originador del arte barroco italiano, Bernini fue su mayor exponente. Perfeccionó el concepto escultórico de un único punto de vista frontal que mostraba la imagen en un foco nítido, de líneas claras y una perspectiva realista *si* uno se paraba en el lugar exacto y miraba desde el ángulo correcto. Pero si uno no se ponía en el lugar adecuado, lo que uno veía tenía formas indefinidas, líneas poco claras y una perspectiva distorsionada. Así, el arte de Bernini, como el de otros artistas del barroco italiano predicaba una visión del mundo que asimilaba los valores religiosos de "la Iglesia". O pertenecías a ésta, y estabas salvado o estabas fuera de sus límites, y tu alma estaba perdida.

Éste era el Bernini que yo conocía y amaba. El mundo en que vivía era uno en el cual el arte y la religión estaban tan intensamente conectados que era imposible distinguir uno de otro. Era un mundo aún más trágico debido a la división de la Iglesia entre lo hoy conocemos como protestantismo y el catolicismo romano —un mundo en el cual se exigía una declaración pública de fe religiosa, que definía la identidad social del individuo. Sin embargo, tal declaración pública incluía los peligros potenciales de ser encarcelado o muerto, pues en toda Europa se libraban guerras desencadenadas por estas nuevas identidades religiosas, guerras que se seguirían librando durante dos siglos más. Las fronteras nacionales incluían la realidad de las fronteras religiosas. Los sitios de Europa donde vivían y actuaban los católicos eran diferentes de aquellos en que vivían y actuaban los protestantes. Ambos simplemente no se mezclaban a gusto, si es que lo hacían. Éste es el escenario en el cual Bernini fue *el* artista que definió visualmente qué significaba ser católico romano.

Mi Bernini es ese entusiasta niño de diez años que, cuando oyó al célebre pintor Annibale Carracci decir que la basílica de San Pedro debía ser rediseñada para mayor gloria de la Iglesia romana respondió "¡ojalá yo pudiera hacerlo!". No, no era ningún tipo de illuminatus ni de conspirador contra la institución ni la jerarquía de la Iglesia de Roma.

Muchas de las iglesias, monumentos, plazas o fuentes de Bernini incorporan los magníficos obeliscos romanos que diversos emperadores romanos llevaron a la ciudad imperial. Sin embargo, a diferencia de lo que parece pensar el profesor Langdon, Bernini no fue quien decidió el emplazamiento de estos obeliscos, y tampoco empleó estos obeliscos y otros símbolos para crear un patrón secreto arquitectónico hecho de monumentos que señalan a la guarida "secreta" de los illuminati, como se sugiere en *Ángeles y Demonios*. De hecho, quienes se ocuparon de reubicar los obeliscos fueron el papa Sixto V y su innovador ingeniero Domenico Fontana. A fines de la década de 1580 (al menos diez años antes del nacimiento de Bernini), el papa Sixto V cambió de lugar los obeliscos de Roma. Remató cada uno de ellos con una cruz a manera de elocuente símbolo visual del triunfo espiritual del cristianismo sobre el paganismo y de la ulterior expansión de aquél por el mundo, representando así la restauración y glorificación de la Iglesia acarreadas por la Contrarreforma.

De todas maneras, Bernini es autor de las esculturas que en *Ángeles y Demonios* marcan el lugar de los sanguinarios, metódicos —y totalmente ficticios— asesinatos de los cuatro cardenales que Dan Brown identifica como *preferiti*, los candidatos favoritos en la elección de donde surgirá el nuevo papa. De modo que ahora volvemos nuestra atención a la discusión de las esculturas específicas de Bernini que tan importantes son como escenario simbólico y a la vez como pistas en los asesinatos conspirativos de cuatro cardenales.

La escena del primer crimen, o por qué Daniel y Habacuc están en la capilla Chigi

La busca de Robert Langdon del primer cardenal, Ebner de Frankfurt, lo lleva primero al Panteón y de allí a la iglesia de Santa Maria del Popolo. En un desesperado intento de encontrar y salvar al cardenal secuestrado, Langdon y su compañera Vittoria Vetra van a la capilla Chigi. Allí descubren la identidad del supuesto artista illuminatus cuya obra esconde las claves a los lugares de los otros posibles asesinatos y a la infame "Iglesia de los Illuminati" de Roma.

La gran plaza que hoy conocemos como Piazza del Popolo es un diseño del siglo XIX, aunque el obelisco central, del faraón Ramsés II fue llevado allí desde el Circo Máximo por el papa Sixto V. La iglesia de Santa Maria del Popolo fue erigida en 1472 por orden del papa Sixto IV, quien consagró la primera capilla del lado derecho a su familia, los Della Rovere. El motivo más frecuente que lleva a los historiadores del arte y los turistas a Santa Maria del Popolo son las obras maestras de Caravaggio, la *Conversión de San Pablo* (1601) y la *Crucifixión de San Pedro* (1601) ubicados en la capilla Cerase, a la izquierda de altar. Sin embargo, para los lectores de *Ángeles y Demonios*, la atención se centra en la capilla Chigi, la segunda a la izquierda según uno ingresa en la iglesia. Esta capilla funeraria de esa célebre familia de banqueros le fue encargada por Agostino Chigi a Rafael, quien diseñó el espacio octogonal con un altar central rodeado de cuatro grandes nichos y tumbas piramidales. Cuando el cardenal Fabio Chigi (que pronto llegaría a papa, bajo el nombre de Alejandro VII) aceptó hacerse cargo de esta capilla ancestral de su familia en 1655, le encargó a Bernini que la redecorara, en particular que llenara los dos nichos vacíos, cubriera las tumbas de mármol con medallones de bronce y mármol y realizara un piso de mármol con incrustaciones.

Para que su trabajo se adecuara a la función funeraria de la capilla Chigi como enterratorio familiar, Bernini recibió instrucciones del bibliotecario vaticano, Lucas Hostensius, quien seleccionó el tema de Bel y el dragón de un ejemplar de la versión griega del Libro de Daniel perteneciente a la familia Chigi. Esta historia está aceptada como parte de la Vulgata —la traducción latina de la Biblia hecha por San Jerónimo en el siglo IV— que fue declarada canónica en el Concilio de Trento. En ese texto, el profeta Habacuc parte con una cesta de comida destinada a los labradores que trabajan en un campo, cuando un ángel lo detiene e indica que se la lleve a Daniel, que está cautivo en el foso de los leones. Bernini representó al sorprendido Habacuc, que señala hacia los hambrientos trabajadores, mientras que el ángel le señala al nuevo destinatario, que Bernini representó rezando de rodillas en el lado opuesto, en diagonal, de la capilla Chigi.

Desde los comienzos del cristianismo, la imagen de Daniel en el foso de los leones ha representado el alma cristiana en peligro de muerte y necesitada de la salvación, mientras que Habacuc transportado por los ángeles con su cesta de pan expresaba el interés de los primeros cristianos en la milagrosa comida de pan y vino llevada a Abraham en el desierto por el rey-sacerdote Melquisedec. Con su dominio de las ondulantes vestimentas y gestos teatrales del

Habacuc y el Ángel *de Bernini, capilla Chigi, Santa Maria del Popolo.*

barroco, Bernini transformó la capilla Chigi en una impactante y enérgica escenografía de esta historia bíblica, no en un hito indicador de la senda de los illuminati.

El lugar del segundo asesinato, o por qué es importante la "pequeña" placa de Bernini

Langdon y Vetra parten, decididos a frustrar el asesinato del segundo *preferito* secuestrado, el cardenal Lamassé de París, y llegan a una obra de Bernini, poco conocida y rara vez discutida, ubicada en la plaza San Pedro de la ciudad del Vaticano. En 1655, el cardenal Fabio Chigi fue elegido papa con el nombre de Alejandro VII. Uno de sus primeros actos como papa fue nombrar a Bernini como "nuestro arquitecto", lo cual tuvo como consecuencia que éste rediseñara la "plaza de las plazas", San Pedro, en 1655. El centro de este espacio público es el gigantesco obelisco de 25 metros de alto que el papa Sixto V hizo llevar allí en diciembre de 1585. Ahora, a los lectores de *Ángeles y Demonios* se los lleva a fijar su atención en los discos de mármol ubicados cerca de las fuentes de la plaza. Uno de éstos es esencial a algo más que el segundo macabro asesinato y al código direccional de la supuesta senda de los illuminati, es un testigo silencioso de la personalidad barroca de Bernini.

El desafío que enfrentó Bernini consistió en transformar ese espectacular óvalo en un espacio que llenara a los peregrinos de maravilla y respeto, pero que transmitiera también intimidad espiritual. Bernini reformuló el óvalo, transformándolo en una elipse llena de ilusiones ópticas, que incluyen la progresión espacial acumulativa de fuente a obelisco a fuente. Luego, rodeó su elipse con una columnata de 284 columnas dispuestas en cuatro hileras, rematadas por noventa estatuas colosales de santos. Los dos arcos circulares de la columnata imitaban dos brazos extendidos, en un *concetto* (concepto o alegoría) de la Madre Iglesia, que abrazaba con amor y protección a todos los que estuvieran allí. Esta interpretación del *concetto* de Bernini remite a una afirmación de Cipriano de Cartago, un padre de la Iglesia primitiva, quien dijo que "quien no tenga la Iglesia por madre, no puede tener a Dios por padre". De este modo, Bernini conectaba al cristianismo primitivo con la Iglesia de Roma de su época, para la cual no había salvación fuera de la Iglesia.

En vida de Bernini, el populoso vecindario conocido actualmente como el Borgo ocupaba el lugar donde hoy se abre la espectacular senda que vemos cuando cruzamos Ponte Sant'Angelo, doblamos a la izquierda y miramos hacia la basílica de San Pedro por la Via della Conciliazione. Sólo podemos imaginar cuál habría sido el espectacular efecto que experimentaban los peregrinos de tiempos de Bernini cuando, tras atravesar las estrechas y atestadas callejuelas de Roma, se encontraban en el vasto espacio abierto delimitado por

La magistral columnata de Bernini frente a la basílica,
Plaza San Pedro, ciudad del Vaticano.

los brazos protectores de las columnas monumentales, contemplados por las estatuas colosales y atraídos hacia las gradas de la gran basílica que aparecían más allá del espacio central que compartían el obelisco y las fuentes.

Parada sobre este disco de mármol, que ahora ha ingresado en la infamia merced al asesinato del cardenal Lamassé, recuerdo que el origen barroco de este disco, y por lo tanto, la función que Bernini le adjudicó, se vinculaba específicamente al arte y valores religiosos de la Roma del barroco. Estos hitos, que pueden representar una estrella, una cruz o un ángel se encuentran en todas las iglesias que tienen techos barrocos. Cuando entro en una iglesia y camino por ella o la atravieso, mirando el techo barroco, veo formas ondulantes y nebulosas, un poco como cuando, a la mañana, me miro al espejo sin haberme puesto los anteojos. Pero cuando uno se para sobre el hito, ese incierto desorden se enfoca, del mismo modo que la cuádruple columnata de Bernini se convierte en una única y clara hilera de columnas. Se trata de una metáfora visual de la teología de la Contrarreforma, que se define como una teología unívoca —o se está entre los brazos de la Iglesia, y uno se salva, o se está fuera de ellos, y uno es condenado— paralela a la perspectiva apreciable desde un único punto propia del arte barroco.

El lugar del tercer asesinato o por qué esa mujer flota en el aire

Según *Ángeles y Demonios*, el lugar del tercer asesinato (el del cardenal Guidera de Barcelona) es la iglesia de Santa Maria della Vittoria, ubicada "sobre plaza Barberini". Además, Brown les dice a los lectores, incorrectamente, que en esta plaza hubo una vez un obelisco, y que éste fue reemplazado a fines del siglo XX por la *Fuente del Tritón* de Bernini. Esta descripción es, como mínimo, problemática. La iglesia que contiene el célebre *Éxtasis de Santa Teresa* de Bernini en realidad está en la Via XX Settembre, a dos larguísimas y sinuosas cuadras de la Piazza Barberini. Además, Bernini creó su *Fuente del Tritón* (1642-1643) como monumento cívico al papa Barberini que lo había reconocido como niño prodigio, se había ocupado de su educación, y lo había patrocinado cuando alcanzó su madurez artística. Su elogio visual de Urbano VIII incluía el blasón de la familia con las célebres abejas Barberini y un tritón que alza una caracola con la que trompetea loas al Papa. Bernini diseñó esa fuente para el emplazamiento que siempre tuvo. Las discrepancias entre la historia que relata *Ángeles y Demonios* y la que cuentan los hechos históricos me hicieron preguntarme, "¿es éste mi Bernini o el Bernini de Langdon, cuyas obras son puestas en uno u otro lugar, como barajas en un juego de solitario?".

Una vez dentro de Santa Maria della Vittoria, los lectores de *Ángeles y Demonios* se encuentran con una de las obras más famosas de Bernini, su excepcional escultura *Éxtasis de Santa Teresa*, ubicada en el transepto izquierdo de la capilla Cornaro. Desde el punto de vista de la relación mutua entre arte, iconografía y teología, esta imagen de una de las figuras más importantes de la Contrarreforma es crucial para mi comprensión de Bernini. El papa Gregorio X había canonizado a Santa Teresa de Ávila muy recientemente, en octubre de 1622. Debido a su devoción religiosa, Bernini la debe de haber percibido como a una santa viviente. Para Bernini, Teresa de Ávila tenía tanto el aura de lo histórico como de la realidad contemporánea. Fundó una orden de monjas reformadas, las Carmelitas Descalzas, estableció dieciséis conventos en España y escribió varios significativos textos sobre espiritualidad católica. Santa Maria della Vittoria es la iglesia de las carmelitas descalzas de Roma. Para la capilla sepulcral de los Cornaro, Bernini adecuadamente eligió representarla durante una de sus visiones místicas, tan centrales en su autobiografía como en el culto de su santidad.

En *Ángeles y Demonios*, Langdon afirma que esta escultura fue un encargo vaticano, rechazado después por el papa Urbano VIII, tal como Bernini se lo esperaba. Sin embargo, la documentación histórica confirma que Bernini recibió un encargo privado del cardenal veneciano Frederico Cornaro (1579-1653) después de que éste adquirió el patrocinio de la capilla del transepto izquierdo en 1647. Descubrimientos realizados en el siglo XX en los libros contables del cardenal Cornaro demuestran que éste pagó la inusualmente alta suma de 12.089 escudos a Bernini por una estatua de Santa Teresa para el altar de la capilla. Está claro, pues, que esta estatua fue creada para el espacio específico que siempre ocupó. Además, el papa Urbano VIII murió en 1644, de modo que no puede haber encargado, visto, evaluado ni rechazado el *Éxtasis de Santa Teresa*, que no se encargó hasta 1647, ni se completó hasta 1652.

El desafío artístico de Bernini consistió en transformar las experiencias de una singular mujer santa, perdida en otro mundo al experimentar momentánea pero absolutamente el amor de Dios, en una visión en mármol. Sólo cuando el barroco como estilo artístico perdió su vigencia debido al surgimiento de otros estilos culturales y artísticos, la forma en que Bernini representó a Santa Teresa se convirtió en tema de constantes críticas por lo que se percibía como su naturaleza lasciva y sexual. Al verla, un presidente de Francia afirmó que esa escultura debía estar en una alcoba, no una iglesia. Sin embargo, ver o describir este retrato en mármol de morbidez femenina y arrobamiento místico sólo en términos sexuales es hacerles una grave injusticia a Bernini, Santa Teresa y la espiritualidad católica.

Toda gran religión tiene una tradición mística. En términos generales, se puede describir al místico como aquel que busca una inmersión inmediata y total en lo sagrado, lo santo y lo divino. Sean hombres o mujeres, sacerdotes o laicos, los místicos describen la unión mística en términos colmados de metáforas o referencias sexuales. Para la forma en que Bernini entendía a Santa Teresa de Ávila, el empleo que ella hace de tales metáforas estaba directamente vinculado a los niveles de amor que identificaba la espiritualidad barroca. El nivel más alto de amor humano es el que se da entre dos amantes cuando se entregan totalmente el uno al otro. Sin embargo, eso sólo da un atisbo de cómo es el amor de Dios. Como mística bendecida por el don de atisbos momentáneos del amor de Dios, el arrobamiento de Santa Teresa es una absoluta entrega de mente, cuerpo y alma a Dios, como evidencian la benevolencia del rostro del ángel y el anhelo del rostro de Santa Teresa. La imagen de Bernini es fiel a las descripciones hechas por ella de que "todo el cuerpo se contrae, y es imposible mover brazos ni piernas". La descripción autobiográfica de Santa Teresa, como la escultura de Bernini no se tratan de "un orgasmo brutal" según describe Dan Brown en su vulgarización posmoderna del poder espiritual y físico de la unión mística.

Hubo un último enfrentamiento entre mi Bernini y el Bernini de Langdon en la descripción de Dan Brown del tercer asesinato. Para refrescar mi memoria visual y geográfica, observé detenidamente un mapa detallado de Roma y fotografías en color de la escultura de Bernini. Tal como yo recordaba, el ángel tiene en sus manos la flecha de oro que la mística describiera con tanto cuidado: "En sus manos vi una gran lanza de oro, con una punta de hierro que parecía de fuego. La hundió varias veces en mi corazón, desde donde penetró hasta mis entrañas. Cuando la extrajo, sentí que me las arrancaba, y me dejada absolutamente consumida por el amor del gran Dios".

Al recordar el empleo que hace Bernini de la famosa perspectiva barroca desde un solo punto, me ubiqué en la perspectiva adecuada para ver en qué ángulo estaba la flecha dorada que el ángel sostiene en su mano derecha. Al hacerlo observé que apunta al torso de Santa Teresa. Si coordinan la ubicación de la capilla Cornaro en el interior de la iglesia de Santa Maria della Vittoria con la ubicación geográfica de ésta, los lectores de *Ángeles y Demonios* tal vez se decepcionen al comprobar que esta flecha de oro apunta al corazón de la santa y que si se traza una linea continua en la dirección en que apunta, ésta se extiende hacia el este, es decir, se aleja, no se acerca, de la plaza Navona y el Vaticano. En otras palabras, la verdadera flecha señala en la dirección contraria a la que Robert Langdon la hace señalar como pista del próximo asesinato. La interpretación que hace Langdon de las obras de Bernini me recuerda que no existe la "mirada inocente".

El lugar del cuarto asesinato, o por qué la paloma cuenta

El asesinato del cuarto y último de los *preferiti* de Brown, el cardenal Baggia de Milán, ocurre en uno de los más populares centros turísticos de Roma, la famosa Plaza Navona, que ha sido una *isola pedonale* (zona peatonal) en el corazón de Roma desde su diseño por el emperador Domiciano como lugar para carreras de a pie. Ubicada frente a la iglesia de Santa Agnese in Agone, esta plaza también incorporaba el lindero Palazzo Pamfili, hogar familiar del papa Inocencio X, quien encargó la *Fuente de los Cuatro Ríos* (1648-1651). Como en el caso de otros importantes encargos, Bernini integraría el blasón familiar del papa al simbolismo de esta fuente monumental.

Desarrollando ideas del clasicismo griego y romano acerca de los cuatro ríos del mundo y del concepto cristiano medieval de los cuatro ríos del Paraíso, Bernini concibió su obra tanto como un tributo a la familia Pamfili como a la glorificación de la Iglesia de la Contrarreforma. En este caso, el *concetto* de Bernini es más directo que el que empleó en la plaza San Pedro. El obelisco está coronado de un globo dorado rematado por una paloma con una rama de olivo en el pico. Ese motivo es una afirmación visual de la evangelización cristiana (léase católica) de todas las regiones del mundo, ilustradas por la cuidadosa representación que hace Bernini de las características faciales de los cuatro lánguidos cuerpos que representan a los dioses fluviales clásicos del Nilo, el Danubio, el Plata y el Ganges. Como sugiere Robert Langdon, la imagen de la paloma con la rama de olivo tiene una miríada de significados y referencias. Pero la forma en que la emplea Bernini es muy precisa: el escudo familiar de los Pamfili incluye una paloma con una rama de olivo.

Postscripto final o ¿qué Bernini es a fin de cuentas?

Bernini y su obra tienen un lugar especial tanto en mi continuo trabajo sobre simbolismo religioso como, sí, en mi corazón. Aunque *Ángeles y Demonios* me sedujo como narración de misterios y aventura, debo decir que me desconcertó la forma en que Langdon discute los símbolos religiosos y la obra de Bernini. Puede tratarse de las muchas formas que hay de interpretar cualquier cosa, pero, como ya sugerí, me preocupa la declaración de la nota del autor, que firma Dan Brown, en que se asevera que todo lo que se dice es cierto. Estoy formada como historiadora cultural, de modo que para mí esto de afirmar que algo sea la verdad es un principio significativo. ¿No sería Robert Langdon un detective igualmente seductor sin esa discutible afirmación? Si no la hubiera incluido, por supuesto que me sería fácil perdonarle sus errores en materia de arte y simbología, y él podrá ignorar mis cuestionamientos.

Curiosamente, el profesor Langdon omite toda discusión de otras obras de Bernini colmadas del simbolismo pagano y cristiano que deberían parecerle terriblemente interesantes. Algunos ejemplos significativos son el *Baldacchino* (1624-1633) y al *Cathedra Petri* (1657-1666). El primero representa el dosel triunfal que cobija al altar pontificio y marca la tumba de San Pedro. El segundo es el signo visible que unifica las enseñanzas esenciales acerca del papel de

Pedro, en particular los dogmas de Sucesión Apostólica y de la Primacía de Pedro. Para expresar la singularidad y la importancia de Pedro, Bernini une visualmente la escritura, la teología y la liturgia. Pero, en el interior de la basílica de San Pedro, Langdon pasa apresuradamente junto a estos monumentos sin dedicarles ni una palabra.

Me pregunto si los lectores, en particular los no especialistas, encontrarían esclarecedora la inclusión de ilustraciones de todas las obras de arte y lugares significativos incluidos en *Ángeles y Demonios*. Al fin y al cabo, el profesor Langdon describe desde su propia perspectiva obras de Bernini tan conocidas como su *Éxtasis de Santa Teresa* o la *Fuente de los Cuatro Ríos*, e incluso una obra tan poco conocida como el hito que tiene la inscripción "Viento del Oeste". Tal vez el clásico dicho de que una imagen vale mil palabras sea no sólo cierto sino esencial para una historia que depende tanto del arte y la simbología. ¿Qué hacer? Tal vez pasar un fin de semana largo en Roma, volviendo a visitar esas tan familiares calles, iglesias y obras de Bernini sea un comienzo sensato.

Roma: ciudad de ángeles y de imaginería demoníaca

POR DAVID DOWNIE

David Downie es un escritor independiente, editor y traductor con base en Europa. Sus temas son la cultura europea, los viajes y la comida.

En muchos sentidos, la ciudad de Roma es la protagonista de Ángeles y Demonios, *más que Galileo, Bernini, Robert Langdon, Vittoria Vetra o el camarlengo. Considerando el importante papel que la ciudad desempeña en la narración, le pedimos a David Downie —un escritor independiente con base en Europa que escribió acerca de una gira por París tras las huellas del* Código Da Vinci *para nuestro libro anterior,* Los secretos del Código— *que les escribiera un informe a nuestros lectores acerca de una visita a Roma en busca de* Ángeles y Demonios.

El *Ángeles y Demonios* de Dan Brown se desarrolla casi todo en Roma, una ciudad que el autor describe como "un laberinto [*maze*] —un indescifrable laberinto [*labyrinth*] de antiguos caminos que serpentean por entre edificios, fuentes y ruinas derruidas". Los aguafiestas se apresuraron a observar que *ma-*

ze y *labyrinth* quieren decir exactamente lo mismo, que los caminos suelen serpentear entre edificios y fuentes y que, por su propia naturaleza, las ruinas están derruidas. No importa. El encanto de la prosa de Brown, y aun el de Roma misma, es que a menudo desafía a la comprensión.

Los lectores familiarizados con la capital italiana se deleitan y desconciertan por igual ante la surrealista descripción que hace el libro del paisaje de la ciudad, mientras siguen al "simbólogo" Robert Langdon y los otros bidimensionales y adocenados personajes que lo pueblan, todos ellos confiablemente estadounidenses en sus modismos y habla, sea cual sea la supuesta nacionalidad que les adjudica la novela.

Roma le provee a Brown un telón de antigüedad e intriga que ni siquiera él puede adulterar por completo. Las ruinas, iglesias, fuentes, plazas, antiguos caminos y aun el Castel Sant'Angelo, empapado en sangre, atraen a decenas de millones de turistas cada año. Además de los habituales periplos turísticos, Brown ha inventado un modo alternativo de conocer algunos de los lugares menos conocidos de la Ciudad Eterna, incluyendo lo que Brown llama "cruciformes", "funerarias", "dedos del pie doloridos", "trenes fugitivos" y una variedad de ítem, entre ellos esculturas de ángeles a las que tilda de "mastodónticas".

Aficionados a *Ángeles y Demonios* de todos los credos y nacionalidades, llevando sus gastados ejemplares del libro buscan los lugares explorados a toda prisa (pero con impresionante profundidad) por el infatigablemente didáctico Langdon y su supuestamente italiana compañera Vittoria Vetra. La mayor parte de las ediciones del libro incluyen un práctico mapa de la ciudad.

Desgraciadamente, incluye una serie de errores: Brown ubica a Sant'Agnese in Agone del lado incorrecto de la Plaza Navona y la llama "Santa Inés en Agonía". Las experiencias de Inés, una joven virgen cristiana brutalmente martirizada por los romanos pueden ser interpretadas como un estado de agonía emocional, pero no es el origen del "Agone" del nombre de la iglesia. *Ágone* significa en realidad competencia deportiva y se refiere a los juegos que se celebraban en el emplazamiento del Circus Agonalis del emperador Domiciano. Además, la iglesia de Santa Maria della Vitoria, donde ocurre uno de los asesinatos de la novela, no está, como dice Brown, sobre la plaza Barberini. Está a cuatrocientos metros de allí sobre la cale XX Settembre. Ésta y otras divergencias con la realidad cartográfica hacen que la busca del tesoro sea aún más emocionante. Tal vez sea poco realista exigirle precisión a un escritor tan talentoso como Brown.

Al igual que en *El Código Da Vinci*, en una nota que antecede al texto de *Ángeles y Demonios*, Brown muestra que no se conforma con escribir ficción. Proclama "Las referencias a obras de arte, tumbas, túneles y monumentos arquitectónicos de Roma son reales (al igual que su emplazamiento exacto). Aún hoy pueden verse".

Eso de "referencias", "reales" que "Aún hoy pueden verse" es un acertijo de defectuosa gramática digno de abogados de Madison Avenue. Tal vez ése sea el motivo por el cual las obras de arte, edificios y episodios históricos a veces se niegan a coincidir con las evocaciones de Brown.

La acción comienza y llega a su apogeo en el Vaticano, pero el mejor lugar donde comenzar a seguir el rastro de Langdon es el Panteón. Por encima de su ciclópea columnata, hasta los historiadores del arte y "simbólogos" más cortos de vista pueden ver la antigua inscripción: M. AGRIPPA L.F. COS. TERTIUM FECI (Marco Agrippa, hijo de Lucio, cónsul por tercera vez, construyó esto). Agrippa probablemente haya sido el mayor constructor de obras hídricas de la historia. Sólo en el año 33 aC financió la construcción de un acueducto, quinientas fuentes y setecientos bebederos en Roma central. Sin embargo, el Panteón que ven los visitantes actuales fue completamente reconstruido por el emperador Adriano entre 120 y 125 dC. Se alza sobre los Baños de Agrippa. Como señala Langdon, los soldados de Dios medievales, que destruyeron tantos otros monumentos "paganos" perdonaron al Panteón porque éste fue cristianizado: el emperador bizantino Focas se lo concedió al papa Bonifacio IV en 608 dC.

Brown más o menos acierta con la historia temprana y la inscripción latina (no dice lo de "hijo de Lucio"). Por razones que tienen que ver con el escandir, sin embargo, insiste en que Langdon llame a Raffaello Sanzio, alias Rafael, "Santi". Eso está en el estilo del "influyente poeta inglés" John Milton, perpetrador de los versos escritos en los márgenes del *Diagramma* de Galileo, llave del herrumbroso cerrojo de los illuminati. Si uno interpreta que las obras literarias también son obras de arte, entonces la afirmación de Brown de que tales afirmaciones son todas ciertas es aún más descabellada, ya que ningún experto real en Galileo cree que éste haya escrito un último libro llamado *Diagramma* que está olvidado en los archivos secretos vaticanos esperando a que Robert Langdon lo encuentre y lo use como guía para ver dónde tendrá lugar el siguiente asesinato de la serie.

Brown tiene algunas ideas curiosas respecto de cuándo Rafael fue supuestamente sepultado en el Panteón dentro de una "ornada funeraria" (presumiblemente, quiso decir "monumento funerario"). La fecha correcta del primer enterramiento es el 8 de abril de 1520, dos días después de la muerte de Rafael. En 1833, la tumba original fue abierta para verificar que los restos de Rafael siguieran allí; en esa ocasión fueron transferidos a la "ornada funeraria" que se ve actualmente. Contrariamente a lo que afirma la novela, debe decirse que las antiguas esculturas del Panteón fueron sacadas de allí mucho antes del siglo XIX y que el espectacular *oculus* del Panteón nunca fue conocido ni como "agujero del diablo" ni con la malsonante traducción literal al italiano que da Brown. Aunque esto no coincida con la trama, debe decirse que un asesinato en el Panteón a las ocho PM es un problema: la iglesia cierra a las siete y treinta. Ya no hay guías mercachifles como el cicerone que figura en la novela; desaparecieron junto a las novelas de E. M. Forster. Funcionarios de informaciones del Ministerio de Cultura proveen gratis la información que Langdon necesita para trasladarse al cuadrado número dos: Santa Maria del Popolo.

Para cubrir los casi dos kilómetros entre el Panteón y la Piazza del Popolo en el minuto que Brown le dedica al trayecto, Langdon y su banda de cómicos policías de cine mudo disfrazados de Guardia Suiza no necesitarían taxis ni autos de policía, sino aviones de reacción. Ni siquiera Brown puede conducir por Via della Scrofa y Via Ripetta y entrar en la plaza Augusto Imperatore para aparecer en Piazza del Popolo. Las calles son de una mano, y van para el otro lado y en la calle Tomacelli hay una barrera que corta el tránsito.

Sería interesante saber cómo el periodista Gunther Glick ocultó su camioneta "entre las sombras" de una de las plazas menos sombrías y más bulliciosas de Roma, que no tiene lugares destinados a estacionar. Y cualquiera que no sea el propio Brown que haya visto "literatos" en el Caffè Rosati en los últimos cuarenta años, que dé un paso al frente.

El narrador no parece poder decidir si Santa Maria del Popolo es "un nido de águila de piedra" del siglo XI o "un acorazado perdido", ni si su interior es una "cueva sombría" o "una estación de tren subterráneo a medio construir". La realidad no es tan confusa. La iglesia es una estructura del Renacimiento construida sobre el cimiento románico de un convento anterior. Está encajada entre la plaza y las antiguas murallas de Roma. Lamentablemente, no tiene nada misterioso ingresar allí por la puerta lateral o la principal. Y la escalinata del frente no es, como dice Brown, *un ventaglio* (una acogedora forma de abanico curvo) sino *una scalinata stondata* (una forma de corchete ligeramente redondeada).

La capilla Chigi existe y tiene una cámara sepulcral subterránea. En efecto, allí hay dos pirámides, pero las diseñó Rafael, no Bernini. Bernini les agregó el revestimiento de mármol.

[Nota del editor: las pirámides no son infrecuentes ni exóticas en Roma, como tampoco los obeliscos egipcios que se alzan en tantas iglesias y monumentos. A los romanos de hace dos mil años les fascinaba la cultura egipcia y consideraban que la conquista de Egipto había sido uno de los grandes logros del Imperio Romano. La fascinación de Egipto ha perdurado; a fin de cuentas, europeos y estadounidenses aún la sienten. En el Renacimiento y la era barroca, el Vaticano empleó sus tesoros egipcios para redecorar y glorificar la ciudad. Los obeliscos rematados de cruces no fueron instalados en secreto por arquitectos illuminati, sino emplazados abiertamente por las autoridades católicas frente a muchas iglesias, incluyendo las mismas Santa Maria del Popolo y San Pedro para realzar esos monumentos y hacer que a los peregrinos les resultara fácil encontrarlos].

Los medallones de las pirámides de la capilla Chigi no son de oro como dice Brown. Sin embargo, el ángel de *Habacuc y el ángel* de Bernini parece señalar hacia algún lugar, como señala Brown tal vez incluso en la dirección general de San Pedro. Hasta hace poco, pocos le dedicaban una mirada a esta escultura, prefiriendo los tesoros artísticos por los cuales la iglesia es más conocida: las sublimes telas de Caravagggio, *Conversión de San Pablo* y *Crucifixión de San Pedro*. Sin embargo, con la popularidad de *Ángeles y Demonios*, actualmente multitudes de turistas asedian a *Habacuc*. Algunos reptan entre prodigiosas nubes de polvo (continúan las obras de restauración), tratando de echar un vistazo al "agujero del demonio" para ver si ven rastros de un cardenal muerto marcado con el ambigrama que representa la tierra para los illuminati. Desgraciadamente, una tapa redonda de mármol se lo impide. Se ha visto a otros acólitos saltando arriba y abajo por la escalera que lleva al punto panorámico del Pincio al este de la iglesia, desesperados por encontrar una línea visual que conecte con el siguiente recuadro del enigma policial de Brown: San Pedro.

En el centro de la Plaza San Pedro de Bernini se alza un obelisco traído a Roma durante el reinado de Calígula o Nerón (los historiadores difieren) y llevado a su actual emplazamiento en 1585 por Domenico Fontana. En torno del mismo se disponen objetos por quien Brown califica de maestro illuminatus, Bernini. Una serie de redondeles de mármol marca los signos del zodíaco y un círculo de mármol blanco con un disco de piedra negra marca el punto focal de la plaza. Desde éste, los visitantes pueden ver una engañosa perspectiva de la columnata. Parece tener una hilera de columnas, en vez de cuatro. ¡Diabólico!

Habiendo ya dispuesto de otro cardenal muerto (en este caso, perforado) Langdon sólo tiene ojos para una de las dieciséis placas de mármol que marcan una rosa de los vientos que rodean a Roma, en especial el *ponente*, el viento oeste conocido como la Respiración de Dios (pues parece provenir de la basílica).

En la novela, el viento oeste impulsa al incansable Langdon y a su torpemente dibujada amada hasta el otro lado de Roma, a lo largo de un "cruciforme" al cuadro illuminati número cuatro —la Plaza Barberini y Santa Maria della Vittoria. El problema es que en la ficción, la iglesia resulta estar en un lugar equivocado. Aunque Brown pretende hacernos creer que la *Fuente del Tritón* de Bernini fue recientemente instalada en la plaza Barberini para reemplazar un obelisco (símbolo de los illuminati), es triste informar que el Tritón ha estado feliz lanzando su chorro en el mismo lugar desde al menos 1643. No hay registro de que nunca haya habido un obelisco en ese lugar, ni siquiera antes de 1643. Y como, de todas formas, Santa Maria della Vittoria no está en esa plaza, las referencias erróneas se cancelan mutuamente.

Pasemos de largo el cruciforme y caminemos unos cientos de metros más hasta la esquina de la calle XX Settembre y el Largo Santa Susanna; allí puede encontrarse la iglesia móvil que actualmente suele estar rodeada de boquiabiertos lectores y aficionados a la pornografía ávidos de ver cómo Bernini ha representado a Santa Teresa en trance de experimentar "un orgasmo brutal".

En esta iglesia, Langdon ve cómo uno de los cardenales marcados a fuego es asado (colgado de cables de lámparas votivas) con el fuego de bancos incendiados. Nuestro héroe pierde preciosos minutos atrapado bajo un sarcófago que se ha volcado, mientras que el malvado Hassassin, al modo de King Kong, se lleva a Vittoria consigo para abusar de sus encantos con tranquilidad. Con un guiño a Disney, el ratón Mickey salva la situación [Langdon usa la alarma de su reloj Mickey Mouse para alertar a alguien que pasa por allí].

Algunos lectores admiten que se decepcionaron amargamente al descubrir que los sarcófagos de la iglesia están instalados muy arriba en las paredes de ésta (es imposible darlos vuelta) y que los bancos no han sido quemados recientemente. Sin embargo, sí resultaron quemados en un incendio en 1833 que también destruyó lo que hasta entonces se consideraba el mayor tesoro de la iglesia, un cuadro de la Madonna de la Victoria. En cuanto a Teresa, donde Langdon ve "una suerte de naturaleza muerta pornográfica", con un rudo ángel a punto de ensartar a la gimiente santa con una fálica lanza llameante, otros, con imaginaciones tal vez menos propensas a hacer que se curven los dedos de los pies, ven lo que técnicamente se conoce como un querube que sostiene una dardo de oro con punta de hierro.

Lanza o dardo, en la mente de Brown señala hacia la Plaza Navona y a Santa Inés, que agoniza de otra manera. Afortunadamente, su iglesia se libra de las atenciones de Brown, tal vez porque fue construida por el gran arquitecto Francesco Borromini, el principal rival de Bernini en el siglo XVII. Esta vez, el obelisco se alza sobre la *Fuente de los Cuatro Ríos* de Bernini, pieza central de la Plaza Navona, uno de los espacios públicos más bulliciosos de Europa, especialmente por las noches. Sin embargo, esa noche de abril, el Hassassin encuentra a la plaza, habitualmente atestada, convenientemente vacía (el narrador incluso observa que Robert Langdon encuentra a la plaza "desierta"), conduce una camioneta hasta el borde de la fuente y arroja a un cardenal encadenado dentro de ésta, otro enigma. La valla de hierro y los veinticuatro postes que evitan que las personas y vehículos se aproximen a más de un metro veinte de la fuente son conocidos como apostaderos de quienes están en plan de seducción. También es desconcertante la forma en que Langdon resbala al pisar monedas (debe de ser que Brown estaba pensando en la fuente de Trevi), respira por un conducto de aire (otra vez, se trata de otra fuente), dispara una pistola, lucha con el villano y escala la fuente sin que nadie lo note, cuando, de hecho, en una tarde de primavera habría estado rodeado por parroquianos de los cafés, caricaturistas y músicos, por no hablar de las patrullas policiales que hacen su ronda en forma constante.

Las esculturas de la fuente no representan a la "Vieja Europa" como afirma Brown. Representan cuatro continentes y cuatro ríos: Europa/el Danubio (el caballo); África/el Nilo (el león); Asia/el Ganges (la palmera y la serpiente); y las Américas/el Río de la Plata (el armadillo). Un interesante dilema para la teoría de Dan Brown de pirámides = símbolos illuminati = Bernini es que cuando se le encargó construir esta estupenda fuente, una faceta de la cual debía representar a Egipto y al Nilo, Bernini no haya escogido representar pirámides en su diseño. Además, cualquier historiador del arte y "simbólogo" que no fuera consciente de que el papa Inocencio X encargó esa fuente e hizo que el emblema de su familia, la paloma, le fuese puesto como remate, tal vez debiera invertir en una guía o pagarle a un guía. Como sea, dice que la paloma que remata la estatua, que Langdon cree que es un símbolo pagano, señala hacia Castel Sant'Angelo, próxima parada en la gira del enigma policíaco.

Imagine a un autor italiano de ficción barata que describiera un museo tan conocido en los Estados Unidos como, por ejemplo, el Smithsonian, como una laberíntica logia de los illuminati vinculada a la Casa Blanca y se dará una idea de qué les parece Dan Brown a los italianos. El Mausoleo de Adriano, completado en 139 dC y sobre el cual Gregorio Magno vio un ángel en 590 dC fue reconstruido posteriormente para hacerlo fortaleza, conocida como Castel Sant'Angelo por la visión de Gregorio. Estaba unido al Vaticano por un pasadizo elevado (llamado Il Passetto), fue ampliado y embellecido por distintos papas y convertido en museo nacional en 1925. Realmente tiene una rampa que asciende en espiral, silos y depósitos de aceite, mazmorras y túneles secretos. También está totalmente abierto al público, está atestado de gente todo el año, no tiene un puente levadizo en funcionamiento, tiene una cafetería panorámica e iluminación eléctrica (lo siento, antorchas, no). Los baluartes son pentagonales, no el parque, que fue construido por Mussolini en la década de 1930. Las mazmorras donde presumiblemente se alojaba a los cardenales secuestrados de *Ángeles y Demonios* también hacen parte de las visitas guiadas y también (al menos a veces) lo es el corredor interno de Il Passetto, que desemboca cerca de la columnata vaticana.

Cuanto menos se diga acerca de las percepciones de Brown de la capilla Sixtina y sus frescos, mejor. Se han escrito muchos libros inspirados e informados sobre el Vaticano, su arte y arquitectura, su historia y sus dilemas, y es de esperar que los lectores de *Ángeles y Demonios* recurran a ellos. En cuanto a las grutas de entrada aparentemente prohibida, las excavaciones arqueológicas y la espuria tumba de San Pedro ubicada bajo la basílica, así como buena parte de la ciudad del Vaticano y sus jardines, también son accesibles en horario de visita o por pedido especial.

La llamada Confessio (bajo el altar papal y el baldaquín de Bernini) está al nivel de la cripta y se llega allí mediante dos tramos curvos de escalones. Directamente debajo del altar está el enrejado dorado que cubre el Nicho de la Pallia, que, si hemos de confiar en los historiadores vaticanos, contiene el Santuario de San Pedro. Allí desaparece el camarlengo tras levantar la pesada reja, y allí se congregan hoy los lectores con sus *Ángeles y Demonios* bajo el brazo y estirando el cuello para ver mejor. Las frenéticas actividades de los personajes de Brown en la cripta hacen que parezca que el acceso subterráneo a la tumba de San Pedro se extendiera durante kilómetros. Afortunadamente no es así, pues si lo fuera, el libro habría sido aún más abrumadoramente largo.

La Confessio tiene forma de herradura y está rodeada de una balaustrada rematada por lámparas de aceite doradas constantemente encendidas. Un tema de debate favorito entre los acólitos de Brown parece ser el de la cantidad exacta de lámparas (oficialmente, noventa y cinco, pero la cuenta varía a diario) y si el líquido que contiene una de ellas —inofensiva cera de abejas líquida, no el fluido similar al napalm del que habla Brown— realmente podría reducir a cenizas a un ser humano decidido a autoinmolarse. Con un poco de suerte, nunca lo sabremos.

"Que los ángeles os guíen en vuestra elevada busca"

POR SUSAN SANDERS

Susan Sanders es directora ejecutiva del Instituto para el Diseño y la Cultura, una asociación sin fines de lucro dedicada a instruir a viajeros respecto de la historia, el arte y la arquitectura de Roma.

> *Desde la tumba terrenal de Santi*
> *en el agujero del demonio*
> *Cruzando Roma esos místicos*
> *cuatro elementos se revelan*
> *La senda de luz está trazada,*
> *la sagrada prueba,*
> *que los ángeles os guíen*
> *en vuestra elevada busca.*
> —*John Milton*

Se ha dedicado mucho tiempo y esfuerzo a discutir el bestseller de Dan Brown *Ángeles y Demonios*. Tanto quienes aman al libro como quienes lo critican han planteado preguntas acerca de los eventos del siglo XVII que narra el libro y se han preguntado acerca de los temas contemporáneos que éste discute, desde los cónclaves papales a la antimateria a los secretos de la Biblioteca Vaticana. Así y todo, lo que el libro logra es mucho más que la suma de sus errores y aciertos y de su condición de bestseller. En *Ángeles y Demonios* Brown abre una puerta al pasado histórico que captura la imaginación y estimula el intelecto. En el mundo ficticio de *Ángeles y Demonios* (al igual que en la otra novela popular de Brown, *El Código Da Vinci*) la historia tiene un destacado papel. Ese papel estelar lleva a que muchos viajeros visiten Roma y recorran su propio "por toda Roma" para ver cómo "se despliegan los elementos místicos".

Para quienes viven en la Ciudad Eterna, los turistas son parte normal de la vida cotidiana. En la antigüedad, los visitantes acudían a Roma para experimentar la ciudad que regía el mundo occidental. Desde entonces, el turismo ha sido vital para el bienestar económico de la ciudad. Roma ha recibido un largo desfile de visitantes, que han incluido desde peregrinos religiosos y poetas románticos a quienes realizan cruceros turísticos. Todos desean ver una de las ciudades más bellas e históricas del mundo.

La vasta mayoría de estos turistas se deja orientar por guías tradicionales en su "elevada busca" del arte, la historia y la cultura de Roma. Sin embargo, la publicación de *Ángeles y Demonios* ha atraído un nuevo tipo de turista, uno que no lleva las típicas *Fodor's* o *Rick Steve's* sino que en cambio usa su gastado ejemplar de *Ángeles y Demonios* como guía. Recorren Roma refiriéndose al mapa del libro, ubicado en las primeras páginas, después de la nota del autor, en la que Brown afirma que "las referencias a obras de arte, tumbas, túneles y monumentos arquitectónicos de Roma son reales (al igual que su emplazamiento exacto). Aún hoy pueden verse".

A pesar de esta afirmación, *Ángeles y Demonios* tiene más ficción que realidad. A medida que se desarrolla la emocionante trama, los dos protagonistas, el simbólogo Robert Langdon y la física Vittoria Vetra atraviesan Roma en todas direcciones en su intento de detener al Hassassin antes de que éste cometa un nuevo crimen. Los lugares que visitan *son* reales y en el libro de Brown, estos cuatro lugares llenos de arte e historia se convierten en "Altares de la Ciencia", escenografías para los sanguinarios y gráficos asesinatos de los *preferiti* (los cardenales con más posibilidades de llegar a papa). Langdon y Vittoria recorren la ciudad tratando de evitar los asesinatos y descifrar los indicios que los llevarán a la siguiente escena.

El mayor valor de *Ángeles y Demonios* es que ofrece una bienvenida alternativa a las guías a Europa-por-caminos-poco-conocidos y de-presupuesto-mínimo que han dominado el turismo durante las últimas décadas. El libro de Brown, y el turismo incitado por éste, se asemeja en cierto modo al modo de viajar de quienes, en los siglos XVIII y XIX, realizaban el Gran Tour y llegaban a Roma con la intención de ver de primera mano los lugares acerca de los cuales habían estudiado y leído. La mayor parte de los turistas de *Ángeles y Demonios* reconocen que el libro es ficticio y que por lo tanto ofrece muy poca información fáctica acerca de la historia, el arte o la arquitectura de Roma. Al igual que sus contrapartidas de los albores de la época moderna, lo que buscan es ilustrar una atrapante narración. Pero ahora no se trata del apogeo y la caída del Imperio Romano sino del mundo barroco de Bernini y la Contrarreforma, de la Plaza San Pedro y la Plaza Navona, de una sociedad secreta del siglo XVII y de muchas intrigas papales.

A diferencia de los turistas que posan para fotos frente a la fuente de Trevi o el Coliseo, y luego tachan esos lugares de sus listas de visitas obligatorias, los visitantes que llevan su *Ángeles y Demonios* se embarcan en una forma más compleja e interactiva de turismo. Al seguir el trayecto de sus protagonistas por Roma, los turistas de *Ángeles y Demonios* experimentan las complejidades de la Ciudad Eterna yendo de una escena del crimen a la otra. Al seguir la senda trazada por el libro, su objetivo es doble: en primer lugar, quieren ver y experimentar los lugares que describe el libro; en segundo quieren aprender más acerca de esos lugares que lo que el libro les dice.

A través de *Ángeles y Demonios*, los viajeros pueden permanecer en Roma por el mismo tiempo que quienes siguen las indicaciones de una guía convencional, pero comprometiéndose más con la ciudad y obteniendo una visión más amplia de las complejidades de Roma. Por ejemplo, el primer asesinato tiene lugar en la capilla conmemorativa construida por el hombre más rico del Renacimiento, Agostino Chigi, en la iglesia de Santa Maria del Popolo. La capilla Chigi fue diseñada originalmente por Rafael, el "niño prodigio" de la pintura renacentista, y fue completada por el prodigioso talento de la era barroca Gianlorenzo Bernini. Aunque es una capilla de exquisita belleza, que exhibe un programa iconográfico complejo e interesante, es difícil que figure entre los diez lugares principales que un turista debe ver. Los turistas que se aventuraran a la capilla Chigi bien podrían encontrarse abrumados por los complejos símbolos e imágenes que encuentren allí. Con sus referencias al Antiguo y al Nuevo Testamento y sus símbolos astrológicos asociados a los planetas hasta sus asociaciones al Panteón y sus referencias al emperador romano Augusto, la mayor parte de quienes visiten esta capilla por casualidad la encontrarán hermética o casi incomprensible.

Por supuesto que la de Brown es una novela de acción y la narrativa debe mantenerse en movimiento, de modo que pasa por alto la mayor parte de los detalles de la capilla Chigi cuando ésta se convierte en escenario del primer asesinato. Sin embargo, Brown introduce sus lectores al concepto de capillas conmemorativas familiares y a la importancia de éstas en la cultura de la Roma de los siglos XVI y XVII. Y como los protagonistas del libro resuelven una pequeña fracción del misterio al examinar en detalle algunos de los elementos iconográficos de la capilla, los turistas de *Ángeles y Demonios* se inclinan a realizar un examen igualmente cuidadoso de la imaginería de la capilla y a evaluar su significado y función con relativa profundidad. Por lo tanto, el texto de Brown provee a sus lectores de una manera de ingresar en un sitio artístico complejo y la forma de alcanzar una comprensión al menos parcial de su significado cultural y estético.

Ángeles y Demonios no sólo provee un procedimiento espectacular para que el turista moderno llegue a comprender un selecto grupo de algunos de los complejos monumentos de Roma, sino que introduce al lector-turista en el mundo de Bernini, uno de los grandes escultores y arquitectos del siglo XVII. En la mente popular, Bernini suele quedar oscurecido por su predecesor renacentista en el campo de la escultura, Miguel Ángel. Pero Bernini fue el principal artista del barroco de Roma. Era un hombre de talento artístico prácticamente ilimitado, además de un individuo encantador cuya experta comprensión de la corte pontificia donde se desempeñaba le valió encargos de los más importantes nobles y prelados de Roma.

Los cuatro asesinatos de *Ángeles y Demonios* ocurren en iglesias, plazas o fuentes diseñadas por Bernini. Según Brown, el artista pertenecía a la sociedad secreta conocida como los illuminati. Este fragmento inventado de la biografía de Bernini no menoscaba el respeto y la maravilla que sienten muchos turistas cuando, gracias a la investigación sobre el terreno de *Ángeles y Demonios* que realizan, descubren las incomparables bellezas del arte de Bernini, a menudo por primera vez. Es indudable que los turistas de *Ángeles y Demonios* que se paran frente a la *Santa Teresa en éxtasis* de Bernini en la capilla Cornaro de Santa Maria della Vittoria sienten curiosidad por saber si Bernini fue miembro de los illuminati. Pero pronto olvidan esa pregunta para reemplazarla por otras, más importantes: "¿Cómo logró representar así el momento de éxtasis de Santa Teresa en el frío y duro mármol?" y "¿cómo puede ser que una figura de piedra parezca ingrávida, flotante y consumida por una pasión ardiente?". Sin duda, *Ángeles y Demonios* ha reclutado una nueva y devota camada de fanáticos que anhelan saber más acerca de la vida y obra de ese gran artista del siglo XVII.

Dan Brown ha despertado una nueva clase de interés por Roma. Los turistas de *Ángeles y Demonios* vienen a la ciudad para explorar los "elementos místicos" usando esa emocionante narrativa a manera de guía. Su "elevada busca" los lleva a descubrir mucho más que la identidad y contactos de un asesino empeñado en corregir las opiniones de la Iglesia católica sobre los progresos de la ciencia. Al escenificar *Ángeles y Demonios* en Roma, Brown ha estimulado la curiosidad intelectual de una importante cantidad de visitantes a esa ciudad y les ha dado un mapa con el cual pueden explorar algunos de los mayores tesoros artísticos de la ciudad.

6

La ciencia y la tecnología
de *Ángeles y Demonios*

La principal unidad de investigación criminológica del mundo investiga los asesinatos y tropelías de Ángeles y Demonios • Lo que su oftalmólogo tal vez no sepa acerca de un globo ocular arrancado; ¿pasaría éste un sistema de identificación basado en la retina? • Si los pájaros vuelan ¿por qué, por qué será que Robert Langdon no? • Qué ha aprendido la ciencia sobre cosmología desde los días de Galileo • Antimateria: ciencia fisión • Desenredando el enredo.

Llega la muerte para los cardenales: un experto forense habla de asesinato, mutilación y supervivencia

ENTREVISTA CON CYRIL H. WECHT

Cyril H. Wecht es uno de los principales expertos en criminología de los Estados Unidos. Es el forense del condado de Allegheny en Pittsburgh, Pennsylvania, y presidente del cuerpo de consejeros del Instituto Cyril H. Wecht de ciencia forense y leyes de la Facultad de derecho Duquesne.

La muerte desempeña un papel protagónico en Ángeles y Demonios, y aparece en formas más bien macabras, desde ahogamientos y pulmones perforados hasta —la más gráfica— la escisión de un globo ocular del científico Leonardo Vetra antes de que le rompan el cuello y le den completamente vuelta la cabeza. Estas descripciones son vívidas pero, ¿son precisas? El reputado forense del condado de Allegheny y experto en criminología Cyril H. Wecht le da alta puntuación a Brown por la mayor parte de los asesinatos y aquellos que están a punto de ocurrir en el transcurso de la racha de muertes en veinticuatro horas que se desarrolla en Ángeles y Demonios. Sólo le pone reparos a dos escenas cruciales: cuando Langdon finge ser ahogado por el Asesino en la Plaza Navona y aquella en que se precipita a la noche romana desde un helicóptero, tomado de un protector de parabrisas de lona de dos por cuatro metros mientras lo golpea la onda expansiva de la explosión de antimateria. Aunque su respuesta es sucinta, su conclusión ante la pregunta de si un ojo "muerto" aún puede ser empleado para engañar a un sistema de identificación por retina es la misma a la que llega un análisis más detallado del problema en otra sección de este capítulo.

A lo largo de su carrera el doctor Wecht ha realizado quince mil autopsias y ha sido convocado a dar su opinión en otros treinta y cinco mil casos de muertes sospechosas en los Estados Unidos y en el exterior. Ha escrito más de 475 publicaciones profesionales y editado treinta y cinco libros.

En Ángeles y Demonios, el ojo del científico Leonardo Vetra le es extraído antes de que muera de modo de poder usarlo para verificar su identidad en un sistema de identificación por retina. ¿Un ojo extraído de la cabeza de una víctima de esa manera está lo suficientemente "vivo" como para ser usado de esta forma?

Cuando el ojo se extrae, obviamente se lo priva de alimentación vascular, de modo que no tardarían en producirse cambios degenerativos. La retina es muy susceptible a la ausencia de oxígeno arterial. En mi opinión, no permanecería "vivo" el tiempo suficiente como para funcionar como llave en un sistema por identificación de retina. Sin embargo, no creo que nadie haya hecho este tipo de investigación con la posible excepción, quizá, de alguna de nuestras agencias de inteligencia.

La identificación de retina analiza la capa de vasos sanguíneos que está al fondo del ojo. El examen emplea una fuente lumínica de baja intensidad y un comparador óptico, y puede leer los patrones con un alto grado de precisión. Requiere que el usuario se quite los anteojos, ponga su ojo cerca del dispositivo y lo enfoque en determinado punto. El usuario mira a través de una pequeña abertura en el dispositivo a una pequeña luz verde. Todo el procedimiento dura unos quince segundos.

No existe forma conocida de replicar una retina, y la retina de un muerto se deterioraría demasiado rápido para ser de utilidad, de modo que los identificadores de retina no tienen dispositivos adicionales para asegurarse de que el usuario esté vivo.

¿Es posible torcerle la cabeza a una víctima ciento ochenta grados, de modo que quede mirando hacia atrás, que es lo que supuestamente el asesino le hace a Leonardo Vetra?

Retorcer el cuello —no. Recuerde que la cabeza se mantiene erguida gracias a la columna vertebral, a las vértebras, que son óseas, además de los músculos, tendones y ligamentos. No puede haber todo ese daño de los tejidos blandos y que la cabeza se mantenga estable. Habría que torcer los varios haces musculares laterales, anteriores y posteriores, que tiene el cuello. En mi opinión, eso sería totalmente imposible. Yo creo que antes de quedar mirando hacia atrás, quedaría inclinada.

El cuerpo yace en el piso. ¿Podría ocurrir en esa posición?

Bueno, si yaciera en el suelo, la cosa sería distinta. Pero nunca vi una cabeza retorcida ciento ochenta grados. He visto cabezas marcadamente torcidas e inclinadas hacia un costado, pero nunca ciento ochenta grados.

En Ángeles y Demonios, *cuatro cardenales son atacados y marcados a fuego, pero mueren por otros motivos. ¿Puede alguien morir por quemadura, shock, o ataque cardíaco por ser marcado a fuego en el pecho con una marca al rojo vivo?*

Si alguien tiene un problema cardíaco grave, un estrés de cualquier tipo, incluido el que se produciría por una quemadura, podría producir arritmia cardíaca, es decir, un latir irregular del corazón, y por lo tanto la muerte debido a lo que se denomina, en forma genérica, un ataque cardíaco. Pero fuera del caso de alguien que tuviera una grave enfermedad cardíaca y arterias coronarias seriamente comprometidas, ser marcado no es distinto de sufrir una quemadura seria. La gente no muere de una quemadura. Muchos sobreviven, aun con más del cincuenta por ciento del cuerpo quemado. Se recuperan y viven durante días, semanas o meses.

En el prólogo de Ángeles y Demonios, *se describe a Leonardo Vetra como "sumiéndose en la inconsciencia" después de ser marcado. ¿Eso produciría tanto dolor como para dejar inconsciente a la víctima?*

Algunas personas quedarían inconscientes, otras no. No hay forma de predecir qué ocurriría con la conciencia. Algunas personas se desmayan fácil y rápidamente. Algunas no soportan el dolor de ninguna clase. Hay muchas variables completamente impredecibles.

Eso es interesante, porque de las cuatro víctimas que son marcadas, algunas duran mucho más que otras. Y hay uno, el malo, el cardenal Carlo Ventresca, que corre, se sube a un helicóptero y encabeza una persecución por las catacumbas después de ser marcado.

Eso es posible. Se puede tener quemaduras graves y seguir consciente. Si usted resiste el dolor y tiene suficientes deseo, motivación, etcétera, puede mantenerse consciente y pensar, moverse y funcionar. Por eso, hay gente que se quema y lucha por salir de una casa en llamas o de un auto incendiado, quiere sobrevivir, ¿verdad? Sus quemaduras son más graves que las de alguien a quien se le ha puesto una marca en el pecho.

En la novela, se envenena al Papa con heparina, un poderoso anticoagulante que toma para su tromboflebitis. ¿Eso es verosímil? ¿Y es posible que la mucosa bucal de una persona sangre tanto a causa de la heparina que se le ponga negra la lengua?

Bueno, no se trataría de "envenenamiento" en un sentido estricto.

¿Por qué?

Puede describirlo así, pero no se trata de una reacción tóxica propiamente dicha. La heparina es un anticoagulante que se le administra por vía venosa a las personas que necesitan anticoagular rápido porque tienen un coágulo en el torrente sanguíneo. La respuesta es que ciertamente podría producir mucho sangrado, pero en lo que respecta al ennegrecimiento de la lengua, no hay ningún motivo para que se pusiera negra pues no hay un efecto directo sobre el músculo de la lengua.

Ahora bien, el sangrado podría producir una hemorragia subcutánea. Luego, la sangre recubriría la lengua y, al secarse, adoptaría un color pardo rojizo oscuro; después de un tiempo, al secarse, a alguien le podría parecer negra. Hay que andarse con cuidado a este respecto.

Dan Brown dice claramente que la lengua del Papa está "negra como la muerte" cuando se abre su sarcófago.

La sangre se coagula, se seca, se oxida. En vez de ser roja, comienza a oscurecerse, y alguien tal vez diga "se ha ennegrecido".

Hay otro aspecto forense curioso referido a la heparina. El Vaticano no descubre este crimen porque la ley pontificia dice que no se les puede hacer una autopsia a los papas. ¿Sabe si eso es cierto?

No sé en lo que hace específicamente al papa. A lo largo de los años, les he practicado autopsias a monjas y curas y he trabajado en hospitales católicos. No va contra su religión. Pero no sé cómo es lo que se refiere al papa. Tal vez no se pueda profanar su cuerpo; se lo considera representante de Cristo en la Tierra.

En uno de los momentos cumbre del libro, Robert Langdon sobrevive a una caída desde un helicóptero que explota sobre Roma empleando una lona cubreparabrisas de dos metros por cuatro. ¿Eso es posible?

En mi opinión, es muy poco probable que eso pudiera ocurrir. A no ser que hubiera unos vientos muy especiales. También influiría mucho el lugar donde tocara tierra.

Aun si uno sobreviviera ¿bastaría ese dispositivo para evitar que uno se rompiera todos los huesos?

Diría que no, si la persona aterriza sobre una superficie dura. Si la persona aterrizara sobre una superficie muy blanda, si la caída no es de una altura muy grande, si la lona embolsa viento tanto como para retrasar todo de forma muy espectacular, diría que no es imposible que uno aterrizara de manera de no romperse ni un hueso. Pero creo que sería muy poco probable que eso ocurriera.

En el libro, Langdon cae en el río, cuyas aguas "bullen", "espumosas y llenas de aire", lo que las hace "tres veces más blandas que el agua inmóvil". ¿Es cierto que el agua en movimiento puede amortiguar una caída?

Por así decirlo, es todo cuestión de la densidad que tenga el agua. Un agua espumosa y turbulenta contiene mucho aire. De modo que sería mucho más blanda que una superficie de agua plana y sin espuma.

¿Cuál es la mayor caída de la que usted se haya enterado que alguien experimentó y sobrevivió, una caída de mil pies, o de una milla o dos sin paracaídas?

No fue un caso mío, pero recuerdo que hace mucho cayó una azafata de un avión, creo que en Yugoslavia, aterrizó en una pila de nieve, sobreviviendo a una caída de cientos de metros.

En Ángeles y Demonios, *el helicóptero supuestamente está a un par de millas de la tierra. ¿Podría alguien sobrevivir a una caída desde esa altura?*

¿Un par de millas? Bueno, tengo serias dudas respecto de eso. Si se trata de dos millas, es decir, más de tres kilómetros, estamos hablando de más de tres mil metros. No me parece probable que alguien sobreviviera. Y no creo que aterrizara sin romperse los huesos.

Mi otra pregunta respecto de una caída desde, digamos entre mil quinientos y tres mil metros es: ¿uno permanecería consciente?

Sí, podría permanecer consciente. No olvide que la gente se lanza en paracaídas y mantiene la conciencia.

¿Es posible que se disparara algún mecanismo de protección? En la novela, Langdon maniobra hasta quedar sobre el Tíber moviendo la lona, y uno no puede menos que creer que tiene suficiente presencia de ánimo como para mejorar sus posibilidades de salvarse.

Una vez más, se trata de algo subjetivo.

Una pregunta acerca de la sangre. En un momento posterior de la novela, hay una escena importante en que el camarlengo se marca a sí mismo y los guardias les disparan tanto a Maximilian Kohler como al capitán Rocher. Rocher cae boca abajo sobre un suelo de baldosas. Brown escribe que "se deslizó, exánime, sobre su propia sangre". ¿Puede uno resbalar así en sangre?

La respuesta es sí. La sangre es muy resbaladiza. Según su corpulencia, un adulto tiene entre cinco y seis litros de sangre, entre cinco mil y seis mil centímetros cúbicos. Se puede perder una cuarta parte de eso sin perder el conocimiento. De modo que, si uno perdiera unos mil centímetros cúbicos ¿podría uno resbalar y deslizarse por esa sangre? Claro que sí. En particular, si es sobre una superficie lisa. Si la sangre es absorbida por la tierra o por hendijas o rajaduras, no. Pero si es un suelo pulido de madera o baldosa, uno ciertamente podría resbalar y deslizarse en su propia sangre.

En una escena del libro el héroe es mantenido bajo el agua de la fuente de la Plaza Navona en Roma por el Hassassin. Aguanta un buen rato bajo el agua porque es nadador y sabe aguantar la respiración. Luego, se hace el muerto quedándose rígido durante cinco segundos, un segundo más de lo que el Hassassin cree que dura la rigidez y, finalmente, se hunde. Si el cuerpo estuviera muerto ¿no flotaría más bien hasta la superficie del agua?

No se flota en forma inmediata. Un cuerpo que se ahoga y muere se va al fondo, y no sube hasta que no se producen gases en él por la descomposición. A veces, los cuerpos quedan bajo el agua durante largos períodos.

¿Cuánto puede mantenerse una persona bajo el agua aguantando la respiración?

Si alguien es un nadador consumado y especialmente si aguanta la respiración en forma consciente y planificada, puede hacerlo durante más de dos minutos. Los que se zambullen en busca de perlas pueden aguantar la respiración durante tres o cuatro minutos. Se entrenan. Sus pulmones se han expandido, y respiran honda y pesadamente para guardar un volumen de reserva en sus pulmones.

¿Puede alguien imitar en forma consciente la rigidez cadavérica? ¿Eso es posible?

Para empezar, no basta con morirse para ponerse rígido. No es algo que ocurra de inmediato.

¿Eso no es así?

Uno no se pone rígido sólo porque se haya ahogado. Y nadie se ahoga en seis segundos. Aun si quedara inconsciente, lo que tomaría entre quince y treinta segundos dependiendo de su estado de salud y otros factores, ello no significaría que estuviera muerto. La rigidez cadavérica sólo se produce cuando uno muere.

La rigidez cadavérica es, por definición, un proceso de la muerte. Y no se produce hasta al menos una hora de pasada la muerte, por lo general, dos.

En otra escena de asesinato, un cardenal muere cuando el Hassassin le perfora los pulmones a ambos lados del pecho. Tiene dos pequeños agujeros bajo el esternón, y cuando Langdon le práctica una maniobra de resucitación cardiopulmonar, los agujeros rocían sangre como "los orificios respiratorios de una ballena, y la sangre le golpeó el rostro".

Se podría inyectar agujas o hacer heridas perforantes con algo como un punzón para hielo, que perforara los pulmones e hiciera que el aire se saliera y los pulmones colapsaran. Esa condición se llama neumotórax —aire en la cavidad torácica— y es el resultado del colapso parcial o total de los pulmones.

De modo que algo agudo, como un estilete o un punzón podría perforar los pulmones, lo que produciría algún sangrado. Y si se tratase de puñaladas, habría más sangre. Las puñaladas, además dañarían más los pulmones.

De modo que sí, heridas perforantes en los pulmones pueden hacer que éstos colapsen y se produzca neumotórax. La persona no puede aspirar, no puede respirar bien. Y podría ser que cuando uno comprimiera el pecho en una maniobra de resucitación, saliese sangre de las heridas.

Otra pregunta vinculada a la respiración. En un momento, Robert Langdon está en los archivos secretos vaticanos, que son totalmente herméticos y que doy por sentado que no contienen mucho oxígeno. He aquí la descripción: "Langdon preparó su cuerpo para el choque físico que siempre acompañaba los primeros segundos pasados en un recinto hermético. Entrar en un archivo sellado era como elevarse seis mil metros desde el nivel del mar en un instante. Náuseas y mareos no eran raros".
De modo que combate un reflejo de náusea y relaja el pecho mientras espera que sus capilares se dilaten. La presión pasa, y él se alegra de que los cincuenta largos que nada al día le hayan servido de algo. ¿Todo esto es correcto?

Se puede relajar el pecho respirando con mayor lentitud. Creo que tal vez esto es lo que quiera decir cuando afirma que Langdon respira hondo para prepararse y así se oxigena más.

En un momento, alguien trata de matar a Langdon apagando el sistema de reoxigenación. ¿Eso es verosímil?

Obviamente, si hay algo que está cerrado en forma hermética y alguien obstruye en forma mecánica el suministro de oxígeno, usted se verá privado de oxígeno. Eso, en un grado más marcado, es lo que ocurre cuando uno asciende a grandes alturas. Lo que lo afecta a uno es la disminución del oxígeno en el aire. De modo que lo que describe es correcto. Si hubiera que ilustrarlo con un ejemplo, sería el de ir de cero a seis mil metros, como dice él.

Y también es cierto si alguien corta el aire de alguna manera y la persona se ve privada de oxígeno, podría sentirse enferma, incluyendo una sensación de náusea.

¿Después de un rato podría matarlo?

Si fuese suficientemente drástico, mataría debido a la falta de oxígeno. Siempre que falta el oxígeno se corre el riesgo de asfixia.

Por el contrario, la descripción de lo que ocurre cuando se le ocurre cómo escapar y sale al exterior, respira y "el aire fresco fue como una droga cuando penetró en los pulmones de Langdon. Los puntos púrpura que dificultaban su visión se borraron en seguida" ¿Eso de los puntos púrpura es correcto?

No sé si de ése color exacto. Puede que se vean manchas, y, a medida que desaparecen, todo mejora, claro.

Una última pregunta, ésta sobre el cardenal quemado vivo, suspendido sobre una pila de bancos ardientes en una iglesia ¿sería ésa una muerte rápida?

La respuesta es no. No sé cuán rápida sería esa muerte, pero puedo decirle ésto: no sería inmediata. Habría una tremenda cantidad de dolor y sufrimiento. Moriría de deshidratación y shock. El cuerpo pierde agua, y muere por shock asociado al desequilibrio electrolítico que se produce cuando los electrolitos, por ejemplo el sodio y el potasio, se alteran. Cuánto tarde esto, dependerá de la intensidad del fuego.

Antiguamente, tanto católicos como protestantes tenían tres métodos de quemar en la hoguera. En los países nórdicos, la víctima era atada a una escalera y de hecho, la ley exigía que se lo estrangulase antes de quemarlo para evitar el tremendo dolor. El quemar en la hoguera comenzó a caer en desuso a partir del siglo XVIII, pues no se lo consideraba un castigo humanitario.

Ojo a ojo: el empleo de la biométrica en *Ángeles y Demonios*

POR JAMES CARLISLE Y JENNIFER CARLISLE
James Carlisle es socio administrador de Greystone Capital Advisors, científico y hombre de negocios. Jennifer Carlisle es experta en biometría, seguridad internacional y economía y tiene su propia compañía, Anzen Research.

Como cualquier buen cultor de su género, Dan Brown suministra las suficientes tropelías como para que a lo largo de su jornada de veinticuatro horas se mantengan constantemente ocupados los laboratorios de investigación criminológica, médicos forenses e investigadores. Un papa drogado, horrorosas muertes con un hierro de marcar al rojo, explosiones en el aire y, lo peor de todo, el asesinato de Leonardo Vetra a manos del Hassassin, quien le arranca un ojo para poder acceder a un laboratorio altamente secreto y robar un recipiente de antimateria.

Ese acto, crucial para la trama del libro se basa en un único y sorprendente postulado, el de que un ojo "muerto" puede engañar a un escáner óptico, haciéndolo creer que aún sigue adherido a su poseedor original y permitiende así el acceso ilegal a un edificio o ámbito que de otro modo sería inexpugnable. ¿Puede esto ser cierto? Para averiguarlo, recurrimos al doctor James Carlisle y (en un apropiado paralelo con ambos Ve-

tra) a su hija Jennifer, quienes son expertos en biometría, la ciencia de reconocer una persona a través de características fisiológicas o de conducta. La industria de la biometría está desarrollando un amplio surtido de tecnologías de verificación de identidad que recurre a rostros, huellas digitales, geometría de la mano, escritura, voces, venas, iris y —lo más relevante para Ángeles y Demonios— *retinas.*

Los Carlisle han suministrado un muestrario de referencias para los lectores que quieran indagar más a fondo en el tema de la biometría. Un adelanto de los nuevos productos de identificación por retina de Retica Systems, incluyendo un fascinante video puede encontrarse en la Web en www.retinaltech.com/technology.html

Para un manual de identificación biométrica y un exhaustivo compendio acerca de la biométrica en el cine, visite el sitio francés perso.wanadoo.fr/fingerchip/biometrics/movies.htm. Algunas de las investigaciones más avanzadas de ese campo las lleva adelante Ultrafast and NanoScale Optics Group en la Universidad de California San Diego; kfir.ucsd.edu/Research/Eye/eye.shtml. Un destacado experto en biometría, Ravi Das, ha publicado un útil documento de estudio en www.technologyexecutivesclub.com/retinalrecognition2.htm.

El siguiente ensayo, hecho en el estilo de un documento informativo nos deja preguntándonos si debemos estremecernos o reírnos de los grotescos episodios por los que atraviesa el ojo del pobre Leonardo Vetra.

La identificación por retina es una ciencia exacta que ofrece un método extremadamente seguro de verificar la identidad de una persona. El doctor Leonardo Vetra la eligió para proteger tanto su laboratorio subterráneo como el sublaboratorio donde se guardaban muestras de antimateria. El sistema biométrico de control de acceso estaba programado para reconocer a sólo dos personas: el doctor Vetra y su hija Vittoria. Cuando asesinó al doctor Vetra y lo marcó con el ambigrama de los illuminati, el Asesino le sacó un ojo al científico. El globo ocular fue luego llevado desde el apartamento del doctor Vetra hasta su laboratorio secreto, donde fue empleado primero para abrir las puertas del laboratorio principal y después para acceder al laboratorio de materiales peligrosos ubicado en el subsótano.

Preguntas

Tal escenario es, como mínimo, horripilante. Pero ¿es plausible? ¿Dan Brown estiró los hechos de la ciencia y la fisiología para obtener un efecto espectacular? ¿Puede emplearse un ojo arrancado para abrir una puerta protegida por un escáner retinal? ¿No perdería la sangre el ojo, y no se desprendería la retina, haciendo así que el escáner no pudiera leerla? En el momento de extraer el ojo ¿podían haberse tomado medidas para preservar la retina de modo que el escáner la reconociera? ¿Puede alinearse correctamente un globo ocular arrancado con el escáner para permitir que éste lo lea con precisión? ¿Por qué fue esta tecnología biométrica en particular escogida por Leonardo Vetra (es decir, por Dan Brown) en vez de alguna otra? Si el laboratorio contenía materiales de tal potencial de destrucción ¿por qué no se emplearon múltiples sistemas de identificación biométrica? ¿Es este escenario más rebuscado que el empleo de la biometría ocular que hacen otros libros y películas?

Trasfondo

Los expertos parecen divididos acerca de si un globo ocular extraído puede o no retener la disposición vascular característica que le permitiría coincidir con una "firma retinal" almacenada en un escáner biométrico. Los fabricantes de artículos de biometría insisten en que esto es imposible. Los oftalmólogos, patólogos y expertos en seguridad del gobierno que entrevistamos especialmente para este análisis no se mostraron tan concluyentes, aunque ninguno admitió haber probado si la situación es factible. Los directores de cine y consultores de efectos especiales no sólo creen que se puede engañar a los escáners de retina, sino que han incorporado tales engaños a varias películas en el pasado reciente.

Para apreciar estas diferencias de opinión, es útil entender cómo funciona esta técnica de identificación biométrica. La tecnología de identificación por retina se basa en el hecho de que no existen dos personas que tengan el mismo patrón vascular en la retina. En 1935, el doctor Carleton Simon y el doctor Isadore Goldstein, que estudiaban las enfermedades del ojo, hicieron un sorprendente descubrimiento: cada ojo tiene un patrón vascular absolutamente único. Hasta los gemelos idénticos tienen distintos patrones. A diferencia de las huellas digitales y el reconocimiento facial, los patrones retinales no cambian con el tiempo, a no ser que se padezca de cataratas.

La retina, una delgada (de unos 0,5 milímetros) capa de tejido nervioso en el fondo del ojo percibe la luz y transmite impulsos al cerebro a través del nervio óptico —es el equivalente de la película o del chip de imágenes digitales de una cámara. Los vasos sanguíneos que se emplean para la identificación biométrica están localizados a lo largo de la retina neural, la más externa de las cuatro capas de células de la retina.

En la época en que se escribió *Ángeles y Demonios*, el total del proceso de reconocimiento tomaba entre diez y quince segundos. La tecnología actual tarda menos de tres segundos en reconocer una retina. Los dispositivos de escaneo de retina leen a través de la pupila, lo cual requiere que el usuario sitúe su ojo a una distancia de un centímetro del dispositivo de captura y se mantenga inmóvil mientras el lector verifica los patrones. El usuario mira una luz verde giratoria mientras los patrones de su retina se miden desde más de cuatrocientos ángulos distintos. En comparación, una huella digital sólo tiene unos treinta o cuarenta puntos característicos (llamados "minucias") que se puedan emplear en el proceso de comparación y verificación. En comparación con todos los demás procesos de identificación biométricos, el de escaneo de retina es el más preciso.

La identificación por retina se ha usado casi exclusivamente en aplicaciones de extrema seguridad que controlan el acceso a áreas o ámbitos de instalaciones militares o plantas generadoras que se consideran áreas de alto riesgo.

Lo más probable es que el doctor Vetra tuviese instalada un EyeDentify ICAM 2001 en sus laboratorios. Cuando se escribió el libro, ése era el más avanzado de los sistemas disponibles. Ninguno de los expertos de la NSA, la CIA y el Departamento de Defensa que entrevistamos saben de otro producto de identificación por retina anterior a 2001. El grado de confiabilidad de los escáners EyeDentify era del ciento por ciento. El manual de instalación afirma que, en quinientas pruebas de campo, no se reportó ni una falsa aceptación.

Aunque Dan Brown seleccionó la mejor tecnología de control de acceso, su doctor Vetra no utilizó todas las capacidades del dispositivo. En la pág. 85, Brown escribe que "Vittoria se plantó ante el aparato y miró con su ojo derecho por una lente que sobresalía como un telescopio.Después apretó un botón". El ICAM 2001 sí tiene una lente que sobresale ligeramente, pero también tiene un teclado para ingresar un número de identificación personal, además de un lector de tarjetas. Si el doctor Vetra hubiera dejado el ICAM en "modo de verificación", podría continuar vivo, ya que por más que lo torturaran, difícilmente hubiera entregado su código de identificación personal y, sin éste, el globo ocular no hubiera servido de nada. Sin embargo, en el "modo de reconocimiento", no se requiere un número de identificación personal.

Sorprendentemente, en 2004 no hay productos de escaneo de retina comerciales (es decir, no clasificados) en el mercado. En aplicaciones comerciales, como la seguridad de aeropuertos, edificios y centros de datos, ha habido gran resistencia a la adopción de escáners de retina. En el mercado, los reemplazan los menos complejos, pero también menos confiables, escáners de iris y de reconocimiento facial.

Pero la demanda para sistemas de identificación biométrica cada vez más perfectos impulsa cada vez más desarrollos en el campo de la identificación por retina. El Ultrafast and NanoScale Optics Group, que lleva adelante sus investigaciones en la UC San Diego emplea microscópicos espejos MEMS (acrónimo de Micro-Electro-Mechanical-Systems, o "sistemas mecánicos microeléctricos", que se refiere a la integración de elementos mecánicos, sensores, "actuadores" y electrónicos en un sustrato de sílice a través de tecnologías de microfabricación) para reducir considerablemente el tamaño y el costo de los escáners retinales.

En el futuro, la identificación por retina podría emplearse para verificar la identidad de pilotos, conductores de automóviles y hasta usuarios de PC. Por supuesto que la más significativa, y para muchos más aterradora aplicación de la biometría es la "tarjeta nacional de identidad". Con la baja de los precios y los temores post 9/11, ésta está muy cerca de ser una realidad. Para tal dispositivo, es de vital importancia una precisión del 100%, pues el riesgo de que se pueda engañar al sistema es motivo de grave preocupación.

En 2005, Retica Systems, un fabricante, lanzará al mercado una nueva línea de productos de identificación por retina que funcionará más rápido y costará mucho menos que los productos de EyeDentify. Retica emplea un pequeño escáner manual que emplea un sistema patentado de lentes asféricos que capturan la imagen de la retina a una distancia de hasta un metro del ojo del usuario. A diferencia de otros dispositivos anteriores, el producto de Retica lee a través de anteojos, lentes de contacto y hasta cataratas. El doctor David Muller, presidente de Retica, me asegura que de ninguna manera un identificador por retina puede ser engañado por un globo ocular muerto.

Análisis

Destacados tecnólogos del Departamento de Defensa de los Estados Unidos y algunos doctores no están de acuerdo. Dicen que, aunque es admisible que un ojo arrancado sea empleado para verificar la identidad de su dueño en un escáner retinal, el asesino debería actuar en forma muy precisa, pues el más mínimo error haría que el globo ocular quedara inutilizable.

Si el ojo fuese arrancado con los dedos o con un instrumento semejante a unas pinzas para hielo, el nervio óptico se cortaría y el ojo quedaría sin sangre, haciendo que los vasos colapsaran. Ello reduciría considerablemente el contraste entre el patrón vascular y el fondo blanco. Sin embargo, expertos en medicina insisten en que los vasos sanguíneos seguirían siendo visibles para un escáner retinal aun después de la muerte, pues incluso si el ojo se desangrara, siempre quedaría algún residuo.

El problema principal del planteo de Dan Brown es que, en una persona de edad, la retina se desprendería poco después de que el corazón dejara de latir. La retina está adherida al fondo del ojo mediante una combinación de fuerzas entre las que se incluye un proceso metabólico activo, que comenzaría a descomponerse con la muerte. La retina se desprende en forma espontánea pocas horas después de la muerte. Un desprendimiento de retina destruiría la arquitectura vascular normal y ciertamente impediría una verificación biométrica.

Para apreciar con cuánta facilidad un desprendimiento puede causar daño, considere a la retina como si fuese una delgada servilleta de papel que recubre el fondo de una tina llena de agua. Si el agua se mueve, la servilleta se despegará del fondo de la tina. En una persona muy joven, el gel vítreo es casi sólido y podría preservar la estructura de la retina por más tiempo que el de una persona de edad. El doctor Vetra era suficientemente viejo como para que el asesino hubiera debido llevar el ojo al laboratorio minutos después del asesinato.

La mejor forma de preservar el patrón retinal después de la muerte es extraer el ojo en forma quirúrgica, procedimiento conocido como *escisión*. Se deben cortar cuatro músculos, tras lo cual se debe seccionar con gran cuidado el nervio óptico. En el libro, no hay evidencia alguna de que el asesino tuviese entrenamiento quirúrgico ni que haya extraído el ojo con ningún cuidado especial. (Kohler sí se refiere al acto como a una remoción "quirúrgica", pero Langdon dice cosas como "destrozado", "mutilación aleatoria" y "desfiguración"). De haberse hecho así, la preservación del patrón retinal habría sido posible. La sangre de los vasos se drenaría, pero el desprendimiento se demoraría.

Médicamente, no tiene por qué haber habido charcos de sangre junto a los dos escáners de retina del laboratorio del doctor Vetra. La cantidad de sangre que contiene el globo ocular es pequeñísima, de modo que la mayor parte provendría de la cuenca ocular. Debería haber un pequeño (varias cucharadas) charco de sangre junto al cuerpo, y la cuenca ocular sangraría mucho si el ojo se le extrajera a la persona viva. Sangraría muy poco (menos de una cucharada de té) si se lo extrajera después de la muerte. En cuanto el corazón se detiene, la sangre abandona casi de inmediato los vasos de la retina y vuelve al cuerpo. Una forma de explicar la presencia de sangre en el suelo junto a los escáners de retina es que pueda haber salido de la cuenca ocular en el momento de la escisión y haber quedado en el recipiente que se hubiera empleado para transportar el globo ocular. Más que drenar del globo ocular, puede haber sido empleada para amortiguarlo o protegerlo durante su transporte.

Otro problema de hacer una verificación por retina post mortem sería el de enfocar el ojo en la fuente lumínica del interior del dispositivo. Aunque en la nueva generación de escáners de retina esto no es tan importante, el ICAM 2001, equipo vigente cuando se escribió el libro, requería que el ojo fuera enfocado durante varios segundos. El asesino podría haber manipulado el ojo con la esperanza de que probar distintas posiciones diera con una que le sirviera para realizar una verificación exitosa.

Adentrándonos en el terreno de la conjetura, podría llegar a ser posible fotografiar la retina de alguien y luego adherir la foto a una esfera de plástico que simulara un ojo. Los doctores emplean un pequeño globo ocular sintético de caucho blanco para enseñarles a los practicantes a examinar la retina. Tiene vasos sanguíneos pintados en su interior y la óptica de la lente y la córnea están diseñados para simular un ojo verdadero. Se podría imprimir la imagen en el interior de una pelota blanca empleando un software de proyección ortográfica para ajuste esférico. Aunque al parecer esto no se ha hecho nunca, tal fotografía podría engañar a un escáner.

Otra opción sería imprimir la imagen en un trozo plano de papel y ubicar éste a una distancia exacta del lente del escáner. Los escáners de retina no son estereoscópicos, de modo que generan una imagen plana. El empleo de fotografías y globos oculares sintéticos tiene dos contras. En primer lugar, los fabricantes de equipos de biometría niegan que puedan servir. En segundo, no sería tan sangriento y repulsivo como el planteo de la historia de Dan Brown. Se supone que el asesino es implacable y brutal, no inteligente y educado.

Escaneo de retina en el cine

Por más libre que haya sido la interpretación que hace Dan Brown de la ciencia y la tecnología de la identificación biométrica, no llega a ser tan descabellado como algunos respetados directores cinematográficos. Por ejemplo, en *Minority Report*, la película futurista que dirigió Steven Spielberg en 2002, el personaje que encarna Tom Cruise se somete a una escisión voluntaria, haciéndose reemplazar sus globos oculares por los de otra persona para que no lo reconozcan los escáners de retina "Eyedentiscan" que hay en toda la ciudad.

Spielberg fuerza la ciencia de varias maneras. Por ejemplo, Cruise conserva sus globos oculares (lo cual lo identifica como fugitivo) en una bolsa de plástico para poder emplearlos eventualmente para abrir las puertas de instalaciones gubernamentales ultrasecretas. Pasadas varias semanas, siguen funcionando, como cuando la esposa de Cruise emplea uno de ellos para entrar en la prisión donde éste está detenido. Todos los doctores con quienes hablé insisten en que es imposible que los globos sanguíneos de la retina mantuvieran su estructura y no se desprendieran o distorsionaran después de un período tan prolongado. Como el personaje de Cruise es joven, su retina puede no desprenderse hasta unas pocas horas después de la operación, pero él ha debido esperar muchas horas a que sus ojos trasplantados se curasen. Cuando a Cruise se le cae la bolsa de plástico y persigue a su ojo que rebota por un largo pasillo, ello ciertamente haría que la retina se desprendiera, haciendo que un escaneo fuese imposible. Pero *Minority Report* ha retratado a la perfección la nueva generación de productos del futuro cercano, en que escáners de rutina portátiles y manuales atravesarán los cristales de los anteojos y escáners de vigilancia funcionarán a considerable distancia para rastrear a las personas y dirigirles publicidad personalizada mientras van por la calle.

Muchas películas han empleado la verificación por retina en forma realista. En *Star Trek II: The Wrath of Kahn* (1982) el reconocimiento retinal se usa para abrir el archivo del Proyecto Génesis. En la película de James Bond *Ne-*

ver Say Never Again (1983) se usa un reemplazo de globo ocular para acceder a un arma nuclear. En *Demolition Man* el centinela accede a la crioprisión a través de la identificación por escaneo de retina, pero Wesley Snipes le saca el ojo y lo usa para escapar. El planteo es similar al de *Ángeles y Demonios*, pero el tiempo que transcurre entre la extracción y el uso en el escáner es tan breve que, según muchos de los doctores con los que hablé, probablemente el recurso funcionara. En la película de Jame Bond *Golden Eye* (1995) se emplea un escaneo de retina para acceder a las oficinas del MI6.

Presumiblemente, la CIA debe de saber cómo se emplea la identificación biométrica. En la película de 1996 *Mission: Impossible*, Tom Cruise y sus amigos ingresan en la sala de computadoras del cuartel general de la CIA en Langley que está protegido no sólo por dispositivos de identificación de retina sino también por reconocimiento de voz, código de seis dígitos y una tarjeta-llave eléctrica, además de detectores de voz, temperatura y presión en la habitación vacía. Cruise elude todos estos dispositivos, evitando una grilla de rayos láser ubicada en la ventilación del techo mediante un sistema de espejos y el sistema de alarmas sensible a la presión mediante un sistema de arneses.

Entrapment (1999) contiene el procedimiento menos realista de fingir un escaneo de retina, pero como la que lo aplica es Catherine Zeta-Jones, ¿a quién le importa? El presidente de un Banco tras ser atacado con gas lacrimógeno en la calle, va a hacerse examinar por un oftalmólogo. Le hacen un examen de retina y Catherine captura una imagen de su retina en una máquina portátil que después proyecta su imagen digital en un escáner. Eso es absurdo. La imagen que muestran en el consultorio del doctor es un gráfico analógico, ni siquiera una fotografía que podría imprimirse en un globo ocular simulado. Aun si el oftalmólogo hubiera capturado una imagen digital de los vasos de la retina en el formato exacto que requiere el escáner, no habría tenido manera de ingresar esa imagen por la lente del escáner.

En *Bad Company* (2002) el director directamente prescinde de la lente. La CIA codifica la retina de Chris Rock en el código que protege una bomba nuclear contenida en un maletín. Los terroristas capturan a Rock y de alguna manera escanean su ojo empleando sólo la pantalla de una laptop —no se ve una lente de escaneo retinal en ninguna parte. La trama, por así llamarla, requiere que Rock mire a la pantalla de la computadora para memorizar una larga secuencia de números, y entre tanto, su retina es escaneada.

En comparación a lo que hacen estos directores cinematográficos el empleo que hace Dan Brown del escaneo de retina no es tan rebuscado. Aun así, es fascinante que no haya habido consenso entre los expertos entrevistados para este capítulo acerca de la viabilidad de emplear un ojo extraído. Casi todos los demás procedimientos de identificación biométrica son vulnerables a las falsificaciones y trucos. Se pueden cortar dedos y manos, moldear huellas dactilares en dedos falsos, copiar iris en lentes de contacto, copiar patrones de voz y firmas, pero no existen dos retinas idénticas y el desafío de engañar a un verificador de retina es enorme.

El tema del ojo

La elección del escaneo de retina como protección biométrica del laboratorio coincide bien con el recurrente empleo que hace Dan Brown del tema del ojo. Langdon le habla a Vittoria acerca del origen del Gran Sello que figura en los billetes estadounidenses de un dólar. Afirma que "el ojo que todo lo ve" sobre la pirámide es un bien conocido símbolo illuminati llamado "Delta Brillante". El ojo significa la infiltración de los illuminati, que "todo lo ven", en el gobierno y en la comunidad, por lo cual se lo representa flotando por encima de una pirámide. Es apropiado, pues, que un ojo abra la puerta a una fuente de inimaginables energía y destrucción.

Como el director del CERN Maxmilian Kohler le dice a nuestro profesor de Harvard al comienzo de la novela, "señor Langdon, créame, ese ojo faltante sin duda tiene un propósito más elevado... un propósito mucho más elevado".

Los juguetes tecnológicos de
Ángeles y Demonios

POR DAVID A. SHUGARTS

David A. Shugarts es un periodista con más de treinta años de experiencia. Ha escrito extensamente sobre aviación y temas vinculados a la tecnología.

De Julio Verne a Ian Fleming, de Tom Clancy a Michael Crichton, los autores populares han incorporado la tecnología a sus novelas estudiando detenidamente la ciencia de su época y luego proyectando esas tendencias tecnológicas al futuro cercano o distante. Lo que une a todos estos autores es un cimiento científicamente preciso. Sus dirigibles están confiablemente amarrados.

Dan Brown no es ese tipo de escritor. Aunque por momentos flirtea con la verdadera tecnología, la mayor parte de las referencias y afirmaciones científicas de *Ángeles y Demonios* ignoran flagrantemente la realidad. Desde el punto de vista científico, éste es un globo de aire caliente carente de amarra alguna. *Ángeles y Demonios* introduce conceptos tales como la producción a gran escala de antimateria en el célebre LHC (Larg Hadron Collider, "colisionador de grandes hadrones"), el transporte hipersónico de personas en un "prototipo X-33", un racimo de armas y maravillas tecnológicas de menor cuantía, y una espectacular explosión de antimateria justo después de que el héroe salta de un helicóptero. Este comentario recorre la ciencia y la tecnología de *Ángeles y Demonios* para intentar dilucidar cuándo Dan Brown habla de algo real e interesante y cuándo no hace más que usar la alta tecnología para sonar interesante y mantener la acción en movimiento.

Dentro del CERN

Tal como dice Dan Brown, el CERN es un auténtico laboratorio investigativo de reputación mundial con sede en Suiza.

Al comienzo, los once países europeos originales que lo constituyen, antes de organizarse formalmente, formaron un grupo provisional el Conseil Européen pour la Recherche Nucléaire (CERN). Con sede en Ginebra, el CERN ha llegado a tener veinte países miembros, todos europeos, además de ocho países "observadores", incluyendo a India y Japón y, desde 1997, los Estados Unidos.

Tim Berners-Lee, un científico británico que trabajó en CERN a comienzos de la década de 1990 realmente es considerado uno de los individuos clave en el desarrollo de Internet, como nota Dan Brown en *Ángeles y Demonios*.

Cuando Dan Brown hizo su investigación para *Ángeles y Demonios* en algún momento previo a la publicación de éste en 2000, debe de haberse enterado que el LGC (Large Hadron Collider, gran colisionador de hadrones), la máquina de producción de antimateria tan importante para su historia, aún no estaba terminada. Aún no está completa. En estos momentos, se calcula que lo estará para el 2007.

El hecho es que la construcción del gran anillo para la LHC requería el desmantelamiento de la anterior máquina gigante, el LEP (Large Electron-Positron Collider, pues el gigantesco túnel de 27 kilómetros de largo será reutilizado. Pero hasta fines del 2000, el LEP aún estaba en funciones, buscando indicios de la elusiva partícula Higgs.

En *Ángeles y Demonios* Dan Brown hace que Vittoria Vetra describa el método empleado por su padre (suponemos que recientemente) para "recrear el big bang". Se basa en acelerar las partículas que circulan por el anillo en dos direcciones opuestas.

Al parecer Dan Brown pretende que esto parezca la revelación de un profundo secreto, pero, de hecho, esta descripción se aplica en términos generales a todos los colisionadores que hayan sido construidos en el transcurso de los últimos setenta y cinco años. No es ningún secreto. La idea básica de la aceleración circular de partículas fue inventada en 1929 por el profesor de Berkeley Ernest O. Lawrence.

Hacer que colisionen partículas de alta energía es complejo. En el equipo del CERN ello requiere varias etapas de generar, acelerar y pasar la corriente de partículas al siguiente dispositivo generador. Eventualmente, las partículas colisionan y a su vez producen otras partículas, energía o ambas cosas. El siguiente paso, el de detectar exactamente qué ocurrió es un gran desafío en sí mismo. Requiere tecnologías de punta para detectar las minúsculas cantidades de materia y energía (y antimateria) que se producen y éste es un proceso que a menudo requiere la capacidad total de inmensos recursos computacionales.

Debido a limitaciones presupuestarias, el CERN mismo está ligeramente abrumado con la construcción y la operación de las inmensamente caras máquinas LEP y LHC. De modo que el aspecto de la operación vinculado a la detección le ha sido entregado a una amplia variedad de organizaciones científicas, universidades y corporaciones. Llegan grupos de científicos de todo el mundo, instalan sus equipos y comienzan a recoger datos de las colisiones. A veces, los resultados son rápidamente visibles, otras, enterarse de las respuestas requiere largos meses y años de análisis de datos.

Los equipos científicos suelen estar constituidos por 300 a 500 integrantes, y en ocasiones alcanzan los 1700. Es una atmósfera muy internacional en la cual, se afirma, el "mal inglés" es el idioma semioficial. Por lo general hay entre 3.000 y 5.000 científicos trabajando en el CERN al mismo tiempo. Según distintos cálculos aproximados, a lo largo de un año en torno a la mitad de los 13.000 físicos especializados en partículas del mundo tienen algún vínculo con el CERN.

En parte, el CERN fue fundado como reacción a la cantidad de físicos atraídos por los Estados Unidos, donde unos pocos laboratorios importantes dominaban el campo de la física de partículas, muy particularmente el laboratorio nacional Brookhaven en Long Island, Nueva York y, posteriormente, el Fermilab, cerca de Chicago. La carrera para construir colisionadores cada vez más poderosos —atrayendo así a los mejores científicos— era una competencia hasta que Estados Unidos perdió la delantera hace unos veinte años.

En la década de 1970, Brookhaven estaba construyendo un gran colisionador pero tuvo algunos problemas. Entonces, el CERN tomó la delantera, descubrió la partícula llamada boson en 1983 y se dispuso a construir el LEP. Esto llevó a los Estados Unidos a planear instalaciones investigativas "mayores y mejores". El gran anillo de CERN para el LEP de próxima generación, fue construido en 1989 tenía 27 kilómetros de diámetro y estaba ubicado a cien metros bajo el suelo de Ginebra. Los científicos estadounidenses se dispusieron entonces a construir "la madre de todos los colisionadores", el "Supercolisionador Superconductor", un anillo subterráneo de 87 kilómetros de diámetro. Esta instalación llevaba consumidos 2 mil millones de dólares de un presupuesto total de 10 mil millones para un programa de construcción en Waxahachie, Texas, cuando una reducción de presupuesto por parte del Congreso interrumpió la iniciativa en 1993. La mayor parte de las historias de la rivalidad entre el CERN y otros centros de nivel mundial se refieren a su relación con los Estados Unidos, no con el Vaticano.

Al hacerse país observador del CERN en 1997 y enviar allí unos 500 millones de dólares —por no hablar de los grandes equipos de científicos estadounidenses, los Estados Unidos han, hasta cierto punto, concedido que los europeos son los ganadores, si bien algunas investigaciones de primer nivel se siguen desarrollando en Brookhaven y Fermilab. Por ejemplo, desde su creación en 1985 Fermilab ha creado antiprotones —hasta ahora, algo más de 2.3 nanogramos, más que ninguna otra instalación en el mundo. Pero si un equipo científico quisiera usar el mayor colisionador del mundo, deberá recurrir al CERN.

Contenedores de antimateria

Los científicos Vetra, padre e hija, en su laboratorio clandestino en el CERN se las componen para fabricar lo que habría que llamar cantidades fenomenales de antimateria, que luego almacenan en tarros "con paredes herméticas de nanocompuestos". Esto es jeringoza seudotecnológica. No hay ninguna ventaja en particular en las paredes de "nanocompuestos". Tanto en *Ángeles y Demonios* como en el *Código Da Vinci*, Dan Brown emplea el prefijo *nano* (al parecer, en una alusión gratuita a la nanotecnología) a palabras técnicas para que suenen más emocionantes o tecnológicamente avanzadas. El "truco" básico de Vittoria consiste en suspender la antimateria entre dos electroimanes. El único intento conocido de construir un contenedor "portátil" de antimateria fue un experimento realizado en la universidad estatal de Pennsylvania, que produjo una unidad que el Hassassin no podría haberse llevado bajo el brazo. El contenedor pesaba casi sesenta kilos, medía un metro de alto y treinta centímetros de ancho. Aunque es cierto que parte del "truco" de suspender los antiprotones consistía en poderosos imanes, la técnica también requería una carga de helio líquido y nitrógeno líquido.

Armas vaticanas

Cuando los guardias suizos van a Roma, conducen cuatro "Alfa Romeo 155T-Sparks" sin marcas identificatorias. El Alfa Romeo 155 comenzó a producirse en 1992, pero el modelo 1995, con lo que se llamó el motor "T-Spark" fue particularmente exitoso. El motor de doble bujía [twin spark o T-Spark] era una máquina de 2 litros y 16 válvulas con dos bujías por cilindro. Obtiene el 90 por ciento de su fuerza de toque en las primeras 2.000 rpm.

Los guardias suizos de *Ángeles y Demonios* están armados con "semiautomáticas Cherchi-Pardini, latas de gas neurotóxico de uso localizado y pistolas eléctricas de largo alcance". De hecho, aunque las pistolas Pardini son apreciadas como armas para tirar al blanco en competencias olímpicas, jamás serían usadas como arma de mano policial. No sabemos por qué Dan Brown agregó la palabra *Cherchi* a la marca. En realidad, la Guardia Suiza emplea pistolas SIG 9 mm., adecuadas para fuerzas de seguridad y que emplean, entre muchos otros, los SEALS de la Armada de los Estados Unidos.

No existe nada llamado "latas de gas neurotóxico de uso localizado" y nada parecido a eso es empleado por fuerzas policiales. La "pistola eléctrica de largo alcance" es una contradicción en sí misma. La más famosa de la "pistolas eléctricas" [*stun guns*] es la Taser, con un alcance de unos seis metros. Existen algunos conceptos tentativos para armas de choque eléctrico de ese mismo tipo, pero sólo la necesidad energética que requerirían haría que fuesen armas montadas en vehículos, no portátiles.

Secretos de la cripta

Vittoria y Landgon visitan los archivos secretos vaticanos. Landgdon describe la atmósfera especial de la "bóveda hermética". Tiene un "vacío parcial", dice, para reducir el nivel de oxígeno. La humedad es de sólo el 8 por ciento. Cuando uno entra, es como si ascendiera desde el nivel del mar a 6.000 metros de altura. "Eso solía producir náusea y mareos".

Las bibliotecas que contienen libros raros se consideran afortunadas cuando tienen controles de temperatura y humedad. No tienen bóvedas herméticamente selladas.

Hay algunas contradicciones en el intento de Dan Brown por convencernos de que el Vaticano conserva sus preciosos documentos antiguos en bóvedas herméticamente selladas. Primero y principal, si el objetivo es reducir el contenido de oxígeno de un ámbito, crear el vacío no es una buena forma de hacerlo. La composición del aire no cambia, de modo que el oxígeno sigue constituyendo aproximadamente el 21 por ciento de la mezcla. Pero si tomamos literalmente lo que dice Langdon acerca de los 6.000 metros, ello significa una presión de aire de unas 6,75 libras por pulgada cuadrada (psi) dentro de la cámara y 14,7 psi fuera de ésta. Esta diferencia de presión de unos 8 psi es enorme. Diseñar un recinto de estas características, que tuviese puertas selladas que permitieran el paso de los usuarios sería prohibitivamente caro y sería rechazado por imposible. Ante todo, nadie lo dotaría de grandes paredes de vidrio. (¿Alguna vez se preguntó por qué son tan pequeñas las ventanas de los aviones?)

Además, nadie le pediría a un ser humano que atraviese una puerta que lo lleve al equivalente de una altura de 6.000 metros. Cuando las fuerzas armadas entrenan pilotos en la cámara de altitud, disminuyen la presión en forma gradual. Los síntomas más pronunciados de hipoxia no serían náusea y mareos, sino más bien un sordo dolor de cabeza y euforia (sensación de bienestar que puede convertirse en mareo), además de reacciones lentas y disminución del razonamiento.

Pero no es difícil reducir la cantidad de oxígeno de una habitación sin cambiar la presión. Basta con llenarla de nitrógeno. Por ejemplo, millones de toneladas de manzanas se almacenan en sistemas de atmósfera controlada que crean un ambiente fresco, de baja humedad y alto nitrógeno que puede demorar hasta un año la maduración de las manzanas. Se mantiene un 2,5 por ciento de oxígeno. Los humanos no ingresan en los ambientes de atmósfera controlada hasta que éstos no son llenados de aire normal.

¡Cielos, Buck, es un avión espacial!

En *Ángeles y Demonios*, Dan Brown propone una suerte de avión espacial que, dice, es un "prototipo de X-33", pero luego comienza a dar especificaciones que no corresponden y referencias a verdaderos conceptos aeroespaciales que no tienen mutua relación. Éstos son los pasajes de *Ángeles y Demonios* en los que el profesor Langdon se encuentra por primera vez con el "X-33":

> *La nave era enorme. Se parecía al transbordador espacial, con la diferencia de que la parte superior había sido eliminada, dejándolo perfectamente chato. Parecía una colosal cuña detenida en la pista. La primera impresión de Langdon fue la de estar soñando. El vehículo parecía tener tanta capacidad de volar como un Buick. Las alas prácticamente no existían. Eran dos rechonchas aletas en la parte trasera del fuselaje. Dos timones dorsales surgían de la sección trasera. El resto del avión era todo armazón —unos 60 metros de punta a punta— pura armazón, sin ventanas.*
>
> *"Doscientos cincuenta mil kilos con carga completa de combustible" explicó el piloto, como un padre que se jactara de su primogénito recién nacido. "Funciona a hidrógeno líquido. La armazón es una matriz de titanio con fibras de carburo de silicio. Tiene una proporción de potencia/peso 20:1. La mayor parte de los aviones de reacción funcionan a 7:1. El director debe de tener mucha prisa por verlo. No suele enviar al monstruo".*

Vale la pena mencionar que el verdadero X-33 nunca llegó a volar, aunque estaba construido en un 75 por ciento cuando la financiación le fue suspendida en 2001 tras amplios excesos de costo. Además, no estaba preparado para llevar seres humanos, y estaba diseñado para despegar en forma vertical y aterrizar en una pista.

La descripción de Dan Brown es un retrato reconocible del X-33 visto a través de los ojos de un lego, aunque la terminología es imprecisa (por ejemplo, los "timones dorsales" en realidad se denominan timones y estabilizadores verticales). Sin embargo, el tamaño de la nave está muy exagerado. El verdadero X-33 iba a tener unos veinte metros de largo (no sesenta) e iba a pesar unos 130,000 kilos (no 250,000) con su carga de combustible completa. La construcción de "una matriz de titanio con fibras de carburo de silicio" no es más que una ristra de palabras que suenan técnicas y no significan nada. Pero una característica muy interesante del verdadero X-33 sería el muy mejorado sistema de protección contra el calor que incorporaría metales al revestimiento.

El principal contratista no era Boeing sino Martin's Skunk Works de Lockheed, y, de haber funcionado el X-33, habría dado origen al programa completo "Venture Star™". En realidad, se trataba de uno de los "conceptos-Santo Grial" del vuelo espacial, el llegar a la órbita en una sola etapa. Sin embargo, el X-33 en sí sólo pretendía llegar a una altura de una unos cien kilómetros o 100.000 metros. Se hubiese necesitado un programa complementario para crear una aeronave para auténticas misiones orbitales.

Uno de los elementos más interesantes del X-33 habrían sido los motores "Linear Aerospike" de Rocketdyne, un motor cohete a propulsión de combustible líquido con escapes en forma de ranura que recordaban a los del Millenium Falcon de *Star Wars*. Rocketdyne hizo ensayos controlados exitosos de estos motores, que no sólo produjeron el impulso esperado sino que proveían un control direccional del chorro de escape que contribuía a la maniobra.

Pero el armazón se demoró. Era básicamente una forma de "cuerpo elevante" cuya sección delantera llevaría un tanque de aluminio que cargaría oxígeno líquido y, detrás de éste y por delante de los motores, dos tanques de aleación llenos de hidrógeno líquido. El tanque de oxígeno fue probado y aceptado, y la producción del revestimiento de protección térmica iba a buen ritmo. Pero los tanques de hidrógeno no pasaron las pruebas a los que se los sometió. El proyecto, que había consumido unos U$S 912 millones de fondos de la NASA y otros U$S 200 millones de Lockheed Martin fue cancelado cuando pareció que iba a costar mucho más que eso.

Cuando el piloto del X-33 ficticio le dice a Langdon que "tiene una proporción de potencia/peso 20:1, la mayor parte de los aviones de reacción funcionan a 7:1", Dan Brown no hace más que unir una fantasía inverosímil a un "factoide" erróneo. Ni 20:1 ni 7:1 son proporciones verosímiles. Nunca ha existido un avión de reacción con una proporción potencia/peso de 7:1, y sería ilógico construir una máquina de esas características, aun si se tratara de un caza. Ninguna aeronave concebible —ni siquiera un cohete— podría tener una proporción de potencia/peso 20:1. Con una proporción ligeramente mayor que 1:1, cualquier aeronave puede despegar y/o ascender en forma vertical. El transbordador espacial, por ejemplo, pesa aproximadamente unos dos millones de kilos y sus motores pueden desarrollar un impulso de unos tres millones y medio de kilos al despegar, lo que da una proporción de aproximadamente 1.6:1. Éste es un desempeño fantástico. Proporciones de 2:1 o 3:1 producirían una aeronave de desempeño revolucionario. Proporciones más altas no tendrían mucho sentido debido a las increíbles fuerza de aceleración que la estructura se vería obligada a soportar.

Por la forma en que fue diseñado, el X-33, de haber sido contruido habría tenido un peso al despegue de 130.000 kilos y una potencia de despegue de 185.000, una proporción de aproximadamente 1.4:1. Habría ascendido verticalmente, con una excelente aceleración.

Los motores Aerospike del auténtico X-33 habrían sido suficientemente impactantes para cualquier futurista, pero Dan Brown decidió cambiar de caballo y referirse al sistema de propulsión con "HEMD" (High Energy Density Matter [Materia de Alta Densidad Energética]). Cuando aterrizan en Ginebra, el piloto "grita para hacerse oír por sobre el rugido de los motores HEDM de combustible vaporizado del X-33, que iban bajando de revoluciones detrás de ellos".

Los motores HEDM nunca "bajarían de revoluciones". A diferencia de un motor jet, con sus turbinas con aletas, nada gira en un motor HEDM. Es como un gran tubo que escupe fuego. El motor está encendido o apagado. Los materiales de alta densidad en cuestión son aditivos, como partículas de carbón, aluminio o borón, agregados al combustible de oxígeno e hidrógeno líquidos.

El piloto de Langdon también dice, "en cinco años, lo único que habrá serán aviones como éstos —TCAV— Transportes Civiles de Alta Velocidad.

"Éste es un prototipo del Boeing X-33, pero hay muchos otros proyectos —el National Aero Space Plane, los rusos tienen su Scramjet, los ingleses HOTOL. El futuro ya está aquí, sólo que se demora un poco en llegar al público en general. Puede despedirse de los jets convencionales".

La lista de aeronaves que da el piloto es curiosa. Ninguno de esos aviones fue diseñado para transportar pasajeros en vuelos entre distintos puntos de la Tierra. La mayor parte de ellos nunca llegó a ser construida. No es de esperar que nada parecido a estas naves se construya entre los próximos diez a quince años. El TCAV esencialmente se extinguió cuando el Concorde se retiró en 2003.

Aire enrarecido

Para quienes acostumbramos verificar la ciencia y la matemática de lo que leemos, el *Ángeles y Demonios* de Dan Brown alcanza impactantes cumbres de imprecisión. Al disponerse a aterrizar en Ginebra, el piloto se entera de que Langdon se siente un poco mareado:

"El piloto asintió. 'Mal de altura. Estamos a dieciocho mil metros de altura. A esta altura, uno pesa un treinta por ciento menos".

Dan Brown necesitaría que el departamento de física de Exeter verifique su trabajo. A esa altura, uno no pesa treinta por ciento menos, ni tres por ciento menos, ni siquiera un uno por ciento menos.

La fuerza de la gravedad entre dos objetos varía con el cuadrado de la distancia entre los dos centros de masa —en este caso, el centro del cuerpo contra el centro de la Tierra. Es verdad que cuando se asciende dieciocho mil metros esa distancia es mayor. Así que la gravedad disminuye —más o menos medio punto porcentual. Eso, en un hombre de noventa kilos de peso, equivale a unos cuatrocientos cincuenta gramos (no, como nos quiere hacer creer Brown, a treinta kilos).

Dice el piloto, "menos mal que sólo se trató de saltar el charco. Si hubiésemos ido a Tokyo, la habría tenido que hacer ascender del todo —a ciento sesenta kilómetros de altura. Eso sí que revuelve las tripas".

Dan Brown confunde altitud en cabina con altitud real. Afortunadamente para los pasajeros, no se trata de conceptos equivalentes. En la altitud en cabina, la "altura" interna sólo asciende a unos 2.400 metros, donde se estabiliza, por más que la altura externa sea de 10.000 o 20.000 metros.

Lo habitual es que la presión —o "altitud"— de cabina se mantiene en un nivel tolerable bombeando grandes cantidades de aire exterior hacia adentro por medio de la presión adicional producida por la succión de las turbinas. En naves espaciales como el transbordador, la presión de cabina se obtiene mediante aire almacenado a alta presión. Dado que así la "altitud" es irrelevante, el sistema está diseñado de modo que la presión que experimentan los tripulantes es la misma del nivel del mar, acompañada de niveles de oxígeno normales —mejor que lo que experimentan los pasajeros de aviones comerciales.

Tal vez con lo de "revolver las tripas" Dan Brown se refiere al vértigo producido por el movimiento. Pero la experiencia práctica demuestra que hay muy poca turbulencia a gran altura. Aeronaves como el Concorde, que a lo largo de décadas de servicio voló habitualmente a aproximadamente 18.000 metros de altitud, típicamente viajaba con absoluta serenidad, pues a esas cotas la turbulencia es de casi cero. De hecho, Brown describe el vuelo a gran altura como "típico —alguna pequeña turbulencia, uno que otro cambio de presión al ascender, pero nada que sugiriera que estaban viajando a la increíble velocidad de 17.000 kilómetros por hora".

Despegue convencional versus despegue vertical

Al llamar la atención sobre un ficticio transporte ultrasónico, Dan Brown podría tal vez hacer que recordáramos las carencias auténticas de nuestro programa aeroespacial nacional. La idea de volar al espacio en una nave con alas existe desde hace mucho tiempo en la ciencia ficción y desde hace cincuenta años en la ciencia real. Desde los primeros días del vuelo al espacio, la comunidad aeroespacial ha buscado formas de hacernos *volar* hasta el espacio. Como cuenta Tom Wolfe en *The Right Stuff* [*Lo que hace falta*], en los comienzos mismos del programa espacial de los Estados Unidos en la década de 1950, a los científicos que consideraban que lo más expeditivo era poner en órbita "cápsulas espaciales" —tripuladas por perros, chimpancés e infortunados seres humanos— se les oponía casi todo el resto de la comunidad aeroespacial y la opinión pública, deseosos de ver algo más parecido a un "vuelo" controlado por "astronautas".

Tras esperar décadas y gastar miles de millones de dólares, obtuvimos el transbordador espacial, un vehículo con muchas imperfecciones, pero "avión espacial" al fin, al menos en el sentido de que se lo puede pilotear de regreso a Tierra. Hoy, los Estados Unidos están en la poco admirable posición de haber cancelado todos los demás programas de vuelo espacial tripulado, concentrándose en perfeccionar el transbordador espacial. La lúgubre realidad es que sólo cinco transbordadores espaciales llegaron a estar en condiciones de despegar y que dos de éstos resultaron destruidos en accidentes. Dos de los tres orbitadores que quedan esperan a ser mejorados. El programa de transbordadores espaciales originalmente aspiraba a poner en órbita vuelos semanales, pero está claro que nunca alcanzará ese objetivo.

Alentadores progresos en la industria privada, incluyendo los espectaculares logros de Burt Rutan y su SpaceShipOne, que ganó el Premio X en 2004 demuestran que es posible alcanzar el espacio bajo la bandera de la iniciativa privada.

Pero si deseamos la velocidad, conveniencia e innovaciones tecnológicas que Brown atribuye a su ficticio X-33, necesitamos que se produzcan algunas importantes transformaciones políticas, económicas y tecnológicas en nuestra cultura aeroespacial.

Para caídas, Dan Brown

Hacia el final de *Ángeles y Demonios*, mientras el recipiente de antimateria hace tictac, el camarlengo y Langdon tienen tres minutos para llegar a una altura segura con el helicóptero. Langdon piensa en términos de las alturas a las que vuela un avión: ocho o nueve mil metros. Pero ello es irrelevante: los helicópteros están limitados a una tasa de ascensión de unos 750 metros por minuto; esto les permite, en el mejor de los casos, alcanzar una altura de 22,50 metros.

Cuando el camarlengo salta, Langdon lo sigue, con un margen de treinta y dos segundos hasta que se produzca la explosión. En caída libre, tal vez logre eludir la explosión, pero si despliega en seguida el paracaídas improvisado que se describe en la historia, probablemente no llegue a hacerlo. Esto no figura en el libro, pero démosle el beneficio de la duda. Langdon ya ha aprendido una lección al comienzo de la novela, en que una mujer obesa es ayudada por un pequeño paracaídas en el túnel de viento del CERN. Se le dice que un metro cuadrado de paracaídas aminorará en un veinte por ciento la velocidad de caída de una persona. (De hecho, quienes se ocupan de túneles de viento verticales no equipan a su personal con paracaídas. Esto simplemente no es así. Pero concedamos que es un recurso de ficción útil para la trama, pues provee a Langdon de un conocimiento que empleará más adelante).

Cuando Langdon se ve obligado a saltar, no tiene paracaídas, de modo que emplea el cubreparabrisas del helicóptero que, dice, tiene dos por cuatro metros. (Es decir que, según la matemática de Langdon, debería aminorar su velocidad en un ciento sesenta por ciento ¿verdad?). Según nuestros cálculos, Langdon podría recibir considerable ayuda de un paracaídas de ocho metros cuadrados, pero claro que eso sería así siempre que el correaje no se desplazara ni rompiera, convirtiendo al paracaídas en un lío de tela que no embolsa aire.

De hecho, entre los millones de saltos exitosos, y los pocos miles que han resultado fatales, un número sorprendente de personas a las que no se les ha abierto el paracaídas sobrevivieron a la caída.

Una caída libre desde cualquier altura alcanza, en pocos segundos, una velocidad y una inercia proporcionales a la altura. Ésa será la velocidad terminal de quien cae. Puede alterarse espectacularmente cambiando de posición, y la posición que más aminora una caída es estirar por completo brazos y piernas. Esta posición resulta en una velocidad de entre 175 y 200 kmph, que varía según el caso individual.

La conclusión es que, con su paracaídas improvisado, Langdon puede aminorar desde casi 200 kmph a unos 80 a 100 kmph. Pero esta velocidad sigue siendo suficiente como para matarlo en cualquier circunstancia. Quienes sobreviven a accidentes de paracaídas suelen ser quienes caen en agua, barro o pantanos —y sin duda es por eso que Dan Brown ha hecho que Langdon caiga, convenientemente, en el Tíber, que agitado por una tormenta, amortiguará aún más, nos dice, su caída. Sin embargo, la mayor parte de aquellos sobrevivientes que caen en el agua, terminan por ahogarse. Pero en el caso de Langdon, tiene el hospital del Tíber a mano.

¡Bum-bum!

La explosión de antimateria en el helicóptero que vuela sobre Roma es, nos dice Brown, una detonación de cinco kilotones que destruye todo en un radio de ochocientos metros. Una rápida expansión de partículas de antimateria, al encontrarse con las moléculas de aire, crea una aniquilación de partículas que desprende inmensas cantidades de energía. Un relámpago, un estampido, y luego todo vuelve a la normalidad en el cielo de Roma.

Bueno, no es muy probable que eso ocurra. Una explosión de la magnitud descripta crearía una ola de presión que demolería edificios dentro de cierto radio, rompería todas las ventanas de un radio más amplio y dejaría a todos los que lo vieran temporal o permanentemente ciegos. Además, aunque no puede considerarse que fuera una explosión nuclear, la liberación de energía probablemente emitiese campos eléctricos muy intensos y perturbadores, si no otro tipo de radiación.

La descripción de la evacuación del camarlengo en helicóptero recurre a algunos eventos reales extremos y anómalos. Es cierto que hay helicópteros que han alcanzado alturas de 6.000 metros y más, por ejemplo en las misiones de rescate en el Everest. Sí, hay personas que han sobrevivido a caídas sin paracaídas tomándose de lonas u otras telas. Pero la combinación de circunstancias presentada en *Ángeles y Demonios* y el efecto multiplicador de cada aspecto extremo hacen que esta escena cumbre sea totalmente inverosímil. Langdon (y el camarlengo) deben sobrevivir debido a la creencia secreta de Brown en la intervención divina (por parte del dios de los novelistas cuyas tramas se les han ido de las manos) antes que por su confianza en Galileo, las leyes de los cuerpos en caída y otros principios secretos de la física.

La ciencia como narración en desarrollo: de Galileo al big bang

POR MARCELO GLEISER
Marcelo Gleiser es profesor de filosofía natural en Dartmouth College y ha sido uno de los sólo quince científicos en obtener el Presidential Faculty Fellows Award.

La cosmología ha avanzado mucho desde que Galileo se hizo un telescopio y lo apuntó a las estrellas. Ahora, los científicos entienden el universo desde el momento en que éste era una sopa cósmica de quarks, electrones y fotones hasta que estrellas y galaxias se formaron por primera vez. Ahora sabemos por qué brillan las estrellas o cómo se formó el sistema solar. Pero en el acalorado centro del debate entre ciencia y religión, siguen existiendo grandes y desconcertantes preguntas.

Llega Dan Brown con su Ángeles y Demonios. *Comenzando con el choque entre*

Galileo y la Iglesia terminando con una guerra actual entre físicos y el Vaticano, la disputa entre ciencia y religión aparece en casi toda las páginas de la novela de Brown. Marcelo Gleiser, profesor de filosofía natural en Dartmouth College, cubre el mismo territorio en un lapso más prolongado en su muy elogiado The Dancing Universe: From Creation Myths to Big Bang *[El universo danzante: de los mitos de la creación al big bang] que* University Press *de Nueva Inglaterra reeditará a comienzos de 2005. La diferencia es que Gleiser se ciñe a los hechos.*

El brasileño Gleiser podría sustituir fácilmente a Langdon como héroe de una novela de Dan Brown. Entre otras muchas credenciales intelectuales, Gleiser es físico premiado, investigador en cosmología, conferenciante sobre ciencia, religión y sociedad y ex miembro de Fermilab, el principal laboratorio de física de alta energía de los Estados Unidos. Da la impresión de que lo que Langdon —con la ayuda de la tan atractiva Vittoria Vetra— tardó 569 páginas en resolver, Gleiser lo habría resuelto en un nanosegundo.

En una entrevista que damos a conocer en una sección anterior de este libro, Gleiser se explayó sobre los temas vinculados a la batalla entre Galileo y la Iglesia. Aquí, discute cómo llegamos de Galileo al big bang.

Después de Galileo ¿cuál es el siguiente gran paso en la evolución de nuestra comprensión del universo?

Sin duda, el mayor nombre después de Galileo y Johannes Kepler es el de Isaac Newton. Como coincidencia adicional, Newton nació el mismo año de la muerte de Galileo, como si éste le pasara la posta a aquél. Menciono a Kepler pues sin él es difícil imaginar la magnitud de los logros de Newton. Para el momento en que Newton entró en escena a mediados del siglo XVII, la física atravesaba por un período muy confuso. Galileo había revelado nuevas maravillas del cielo nocturno, todas las cuales diferían de la prevaleciente óptica aristotélica en la cual los objetos celestes estaban compuestos del perfecto e inmutable éter, el quinto elemento. (Los otros cuatro —tierra, aire, fuego, agua— figuran prominentemente, claro, en *Ángeles y Demonios*). Además, el descubrimiento que hizo Galileo de las cuatro lunas de Júpiter demostró que la Tierra no era tan especial. Si podía haber lunas en órbita en torno a otro planeta ¿por qué era tan obvio que la Tierra era el centro del cosmos?

Además, Galileo desarrolló una física del movimiento de los proyectiles, es decir, de una explicación de cómo experimentan los objetos la fuerza de gravedad de la Tierra. Ésa es la famosa historia de Galileo y la torre de Pisa. Según su primer biógrafo, Galileo arrojó distintos objetos desde allí, demostrando que llegaban a tierra en forma prácticamente simultánea. Aristóteles había afirmado que los objetos más pesados caen más rápido.

Pero demostró que la gravedad atrae a todos los objetos de la misma manera, sea cual sea su masa. Aun así, y a pesar de su osadía, Galileo era conservador en lo que hace a las causas de los movimientos de los planetas y las formas de sus órbitas. Creía que los planetas se movían en círculo en torno al Sol debido a una forma de inercia circular, sin fuerzas que los impulsaran. Su física celeste no era gran cosa.

Más o menos en esa misma época, Kepler descubría las tres leyes del movimiento planetario, la más famosa de las cuales es la que afirma que las órbitas planetarias son elípticas, y que tienen al Sol como uno de sus focos. (Una elipse es un círculo alargado, como el número 0, con dos "centros" llamados focos.) Kepler entendía que había una fuerza que emanaba del Sol, y que de algún modo ésta era la responsable de que los planetas se movieran, pero no llegó a expresarlo en forma matemática. Por otro lado, Kepler no se ocupó mucho de los movimientos más cercanos a la superficie de la Tierra.

De modo que cuando Newton entró en la escena, la física de los objetos cercanos a la Tierra y la de los objetos celestiales estaban totalmente divorciadas. Lo que hizo Newton fue unir ambas, demostrando que la misma fuerza que hace que las cosas caigan en la Tierra es la que hace que los planetas y cometas giren en torno al Sol. Ésa es la famosa teoría de la gravedad universal de Newton. Junto a sus tres leyes del movimiento, esta teoría es la piedra angular de la física clásica, la física que describe la mayor parte de los fenómenos de nuestra vida cotidiana.

Durante el período del iluminismo en el siglo XVIII, y a medida que la ciencia se hizo más eficiente para explicar los fenómenos naturales, Dios pasó a segunda fila. Esa disminución del papel de Dios ¿fue generalmente aceptada por los científicos de la época?

Había una clara división entre "teístas" y "deístas", aunque la óptica teísta tenía cada vez menos adherentes. Los teístas eran aquellos que, como Newton, creían en una constante presencia de Dios, que iba de aquí para allá haciendo los ajustes necesarios, en el cosmos. Por ejemplo. Newton creía que Dios se encargaba de mantener la materia en equilibrio en el universo infinito. De no haber sido así, creía, la gravedad uniría estrellas y planetas en grandes conglomerados. Desde el punto de vista teológico, sería difícil creer en milagros sin postular la presencia de Dios. Los deístas como Benjamin Franklin no creían en milagros ni en la interferencia de Dios. Dios era el creador del mundo y de las leyes que lo rigen; la ciencia era la herramienta para develar esas reglas. Cuanto más aprendían los científicos acerca de la naturaleza, más les costaba creer en fuerzas y seres sobrenaturales. El movimiento romántico de comienzos del siglo XIX [representado por el poeta lord Byron, el pintor Delacroix y el compositor Chopin entre otros] buscó llenar, hasta cierto punto, el vacío espiritual producido por el avance de la ciencia.

¿Puede describir los principales elementos de la expansión de la física que tuvo lugar al final del siglo XIX?

Para fines del siglo XIX, la física estaba dominada por los llamados tres pilares: la mecánica y la gravitación, según las había descripto Newton y refinado muchos otros; el electromagnetismo, que unificaba los fenómenos eléctricos y magnéticos y demostraba que la luz no era más que ondas electromagnéticas que se propagaban por el espacio; y la termodinámica, que describían al calor y sus propiedades en términos macroscópicos como temperatura y presión. Famosos físicos, por ejemplo lord Kelvin, afirmaban que la física había alcanzado su límite. La mayor parte de la obra estaba hecha. Sólo quedaba rellenar uno que otro detalle. La confianza que inspiró el éxito de la ciencia relegó a Dios a un campo aún más reducido, especialmente si se agrega la teoría de la evolución de Darwin, que cuestionaba la otra faz de la creación, el desarrollo de la vida en la Tierra según se lo relata en el Génesis de la Biblia.

Pero no todo estaba en orden. Una serie de experimentos de laboratorio expusieron las limitaciones de los tres pilares: la luz parecía propagarse por un espacio vacío, contradiciendo el saber aceptado de que las ondas "ondulan" en un medio material, como las ondas sonoras en el aire; los espectros de sustancias calentadas sólo irradiaban en colores o frecuencias específicos, como si cada elemento químico tuviese su propia huella digital; nadie podía responder a la engañosamente simple pregunta de por qué los cuerpos calientes se ponían rojos y, si se los calentaba aún más, azules. La órbita de Mercurio tenía una precesión anómala que la gravitación newtoniana no podía explicar satisfactoriamente. Estos descubrimientos sugerían que había una nueva física más allá del horizonte clásico: para 1920, la teoría de la relatividad y la naturaleza cuántica de los átomos y de la luz habían conmovido cualquier certeza de que la física hubiera alcanzado su límite y estuviese "completa". Se había aprendido una lección de humildad: la naturaleza es mucho más inteligente que nosotros y siempre le iremos a la zaga.

¿Toda esta ciencia nueva significó el fin del deísmo? No necesariamente. Siempre que haya preguntas abiertas en la ciencia, habrá lugar para llenar nuestra ignorancia con creencias. Tal vez éste no sea el enfoque más correcto, pero es una elección que se presenta. En lo personal, prefiero pensar que la lección más importante de la ciencia es que no hay problema con no saber *todas* las respuestas, con vivir en la duda. De hecho, no sólo es que no haya problema, es que es absolutamente necesario. Sin ignorancia, el saber no puede avanzar.

Durante la primera parte del siglo XX, la astronomía era el campo por excelencia de la ciencia con mayúscula. ¿Cómo contribuyeron los astrónomos de ese período a nuestra comprensión del universo?

Hubo muchas cosas, pero tal vez dos, ambas atribuidas a Edwin Hubble, son las que más destacan. En 1924, Hubble resolvió una cuestión que atormentaba a los astrónomos desde hacía tiempo: ¿la Vía Láctea era la única galaxia del cosmos o había otras? Los astrónomos distinguían nebulosas y nubes de gas, pero no sabía si estaba dentro o fuera de nuestra galaxia. Lo difícil era medir sus distancias, que es uno de los grandes desafíos de la astronomía. Para determinar cuán lejos está un objeto, los astrónomos deben encontrar lo que se denomina *candela estándar*, es decir, una fuente de luz de luminosidad conocida, dentro de ese objeto. De esa manera, puede comparar la cantidad de luminosidad emitida por la candela estándar con otra que ésa tenga cerca, recurriendo al hecho de que su luminosidad decrece con el cuadrado de la distancia para estimar la distancia del objeto más lejano. Eso es lo que hizo Hubble. Identificó un tipo de estrella llamada variable cefeida en la nebulosa más lejana, estableciendo así que estaban fuera de los límites de la Vía Láctea. Es decir, que nuestra galaxia es una de los miles de millones de galaxias esparcidas por todo el universo.

El otro gran descubrimiento de Hubble llegó en 1929. Empleando una técnica similar para medir distancias, también midió la frecuencia de la luz emitida por galaxias distantes. Cuando analizó estos resultados, notó que las galaxias más distantes viran hacia el extremo rojo del espectro, como si sus ondas lumínicas se estiraran como el fuelle de un acordeón. Sabía de un efecto similar que ocurre con las ondas de sonido y que se llama efecto Doppler: cuando se nos aproxima una onda sonora, su frecuencia o altura sube; cuando se aleja, su altura disminuye. Piense en una sirena que lo alcanza a uno en la calle, o en la bocina de un camión en la ruta. Hubble llegó a la conclusión de que las galaxias se alejan de nosotros a velocidades que aumentan en proporción a lo alejadas que están de nosotros. Aunque no le gustó que fuera así, su descubrimiento indicó que el universo está en expansión, un importante hito en la cosmología del siglo XX.

¿Hasta qué grado la teoría de la relatividad de Einstein contribuyó a sentar las bases de nuestra comprensión actual del universo?

Los dos hitos de comienzos del siglo XX, la teoría de la relatividad de Einstein y la mecánica cuántica son el cimiento de nuestra comprensión moderna del cosmos. Por un lado, la relatividad nos enseñó que la gravedad podía ser interpretada como curvatura del espacio, que los objetos de mucha masa pueden doblar el espacio en torno a ellos. Como el tiempo está indisolublemente ligado al espacio en el llamado *espaciotiempo*, el paso del tiempo también es afectado por la gravedad: cuanto más fuerte la atracción de la gravedad, más lento el paso del tiempo. Un ejemplo extremo de esto es un agujero negro, un objeto de gravedad tan enorme que nada escapa a su atracción, ni siquiera la luz. Ahora sabemos que nuestra galaxia y probablemente la mayor parte de las demás, tiene en su centro un gigantesco agujero negro de masa millones de veces superior a la del Sol: los efectos extremos de la relatividad general son una realidad.

¿Y el segundo hito, la mecánica cuántica?

El mundo de lo muy pequeño, el mundo cuántico de los átomos y partículas elementales como los electrones y protones han demostrado cuán extraña puede ser la naturaleza. Si bien la relatividad fue sobre todo el producto de la mente de Einstein, la mecánica cuántica surgió a partir de los esfuerzos de muchas personas, Max Plack, Niels Bohr, Erwin Schrödiger, Werner Heisenberg, Paul Dirac y otros. Lucharon por entender el porqué del comportamiento anómalo de la materia a distancias submicroscópicas, comportamiento que tiene sus propias reglas, muy diferentes de las que conocemos. Por ejemplo, consideremos el electrón, ese componente de carga negativa de los átomos. No es una pequeña pelota. En realidad, no sabemos qué es. Todo lo que podemos decir es que a veces se comporta como una pelota, otras como una ola, según la forma en que la observemos en el laboratorio. Tampoco podemos decir con certeza dónde va a estar en un momento dado; sólo podemos plantear la probabilidad de que esté en uno u otro lugar. Ah sí, además, atraviesa barreras, como un fantasma que traspasara una pared. Así las cosas, podría pensarse que la mecánica cuántica es un caos y que no tenemos esperanza de comprender el mundo de lo muy pequeño. Pero no es así. Todos los elementos de equipo digitales que empleamos, computadoras, escáners láser, teléfonos celulares, DVD, etcétera, son un subproducto de la revolución cuántica. Lo mismo puede decirse del poder nuclear y la energía nuclear, de la bioquímica, de la ingeniería genética.

¿Qué propiedades del universo entendemos claramente ahora?

Actualmente, podemos reproducir la historia del universo desde fracciones de segundo después del "bang", cuando el universo era una sopa cósmica de electrones, fotones y quarks (las partículas que componen los protones y neutrones) hasta el momento en que se formaron las primeras estrellas y galaxias. Sabemos que el universo tiene algo menos de catorce mil millones de años, que su geometría es plana, que se está expandiendo como la superficie de un globo de goma. Entendemos por qué brillan las estrellas, y que ahí se forjan todos los elementos químicos del universo (con excepción de los más livianos, hidrógeno, helio y litio). Cuando Carl Sagan dijo que somos polvo de estrellas, no bromeaba. Ahora sabemos cómo se formó el sistema solar y cómo nació la Tierra hace unos 4.600 millones de años. Hemos encontrado más de ciento veinte planetas orbitando en torno a otras estrellas, y estamos tratando de entender cuán únicos —o no— somos.

¿Cuán precisa es la forma en que Dan Brown describe la antimateria en Ángeles y Demonios*? Me refiero a la forma en que se crea, se almacena y sus propiedades explosivas, comparada con los auténticos experimentos que ocurren en lugares como el* CERN *y el* Fermilab*, que usted integró.*

La idea científica clave que subyace en *Ángeles y Demonios* es la creación de un conglomerado de partículas de antimateria mantenidas en suspensión por campos magnéticos en el interior de un contenedor especial en el interior del cual hay un vacío casi perfecto. Tal dispositivo, como sugiere Brown, puede actuar como una bomba: la antimateria debe estar completamente separada de la materia. Resulta que cuando la materia y la antimateria se encuentran o, más técnicamente, chocan, se desintegran mutuamente en energía, transportada por pequeños paquetes de radiación electromagnética altamente energética llamados fotones. Ésta es la expresión más bella de la famosa fórmula $E = mc^2$, que afirma que la energía y la materia son mutuamente convertibles. En la práctica, ello significa que no sólo la materia y la antimateria se convierten en radiación al entrar en contacto, sino que la radiación puede crear en forma espontánea pares de partículas de materia y antimateria. Cada partícula de materia de, digamos, un electrón o un protón, tiene como contrapartida una antipartícula de propiedades más o menos idénticas, pero de carga eléctrica opuesta. El positrón, la antipartícula del electrón, tiene carga positiva. Los antiprotones tienen carga negativa.

Aunque actualmente no estamos en condiciones de fabricar la cantidad de antimateria que en el libro se usan de forma tan devastadora, la antimateria no tiene nada de misterioso ni de ciencia ficción. Se produce a diario en laboratorios de alta energía como el CERN europeo o, entre otros, el Fermilab estadounidense. La idea de mantener la antimateria suspendida mediante trampas de campo magnético también es corriente; el proceso fue inventado en CERN hace veinte años. De hecho, CERN ha producido paquetes de antiprotones e incluso átomos de antihidrógeno, compuestos de antiprotones y positrones que giran en torno a ellos.

¿Y qué hay acerca de la verosimilitud de conectar la antimateria al big bang, como parece hacer Brown? ¿Existe tal vínculo?

Ahí la cosa se vuelve un poco más rebuscada e inverosímil —cuando Brown sugiere que la producción de antimateria en el laboratorio tiene algo que ver con el big bang. El "experimento" que creó un mini big bang consistía en dos haces de partículas de alta energía que chocaban. Se crearon nuevas partículas a partir de la colisión, incluyendo partículas de antimateria. Vittoria Vetra, hija de Leonardo Vetra y su colaboradora en el experimento dice, "mi padre creó un universo a partir de la nada". En realidad, no. Lo único que ocurre cuando chocan dos haces —y, claro, no se puede decir que sean "nada"— es la conversión de su masa y energía dinámica en materia según la relación $E=mc^2$ anteriormente mencionada. Eso se hace rutinariamente en los aceleradores de partículas. En todo caso, el proceso real de creación de antimateria sugiere lo opuesto que el big bang. Supongamos, como diversión, que se obtuvieran altas densidades mediante tales colisiones. El resultado probable sería un miniagujero negro, en el sentido de lo opuesto a un mini big bang.

Esto no significa que las investigaciones del CERN, el Fermilab y otros laboratorios de alta energía no nos enseñen cosas acerca del big bang. Lo hacen, y buena parte de lo que sabemos acerca de los primeros instantes de la historia cósmica proviene de las máquinas de esos laboratorios. En la actualidad, decimos que reproducen las condiciones del universo fracciones de segundo *después* del "bang". Imagino que Brown se basó en eso, empleándolo como recurso narrativo perfectamente lógico. Pero no recreamos el propio bang. La cosmogénesis sigue fuera del dominio de la experimentación. Hasta que no tengamos una mejor comprensión de las posibilidades cuánticas de la gravedad, no saldremos de ese estado.

¿Alguna vez llegaremos a explicar científicamente el big bang?

No veo por qué no, al menos en parte. A medida que los modelos se hacen más sofisticados, tal vez consigan explicar cómo el universo emergió de la nada y llegó a ser lo que vemos hoy. Tal vez demos con *una* explicación que sea consistente con las explicaciones. Pero ¿será ese modelo la respuesta *final*? Me temo que no habrá forma de saberlo. Tal vez se convierta en la respuesta aceptada de su época, como lo fue el cosmos esférico estático de Dante en el siglo XIV. Hasta que no tengamos un conocimiento total del universo, no sabremos si tenemos o no una respuesta definitiva. Y como *nunca* tendremos tal conocimiento, nunca tendremos la respuesta final. En la medida en que sigamos preguntando y midiendo, la historia seguirá cambiando. La ciencia es una obra en construcción. Agregaremos nuestros versos a la gran narrativa, e indudablemente, otros no seguirán. Se volverá otra página del Libro de la Naturaleza. Pero no sería la última.

¿Cuáles son los siguientes puntos en la expansión de nuestro conocimiento? ¿Qué verán los científicos del año 2025, 2050?

A pesar de todo lo que aprendimos acerca del cosmos, aún sabemos muy poco. Hay tres preguntas en la primera línea de la investigación, preguntas que alguna vez fueron de dominio exclusivo de la religión y que yo llamo en conjunto "problema de los tres orígenes": el origen del universo, el origen de la vida y el origen de la mente. Esas tres preguntas dominarán buena parte de la ciencia del siglo XXI.

Para comprender el origen del universo primero tenemos que lograr que coincidan las dos grandes teorías del siglo XX, la relatividad general y la mecánica cuántica. A medida que retrocedemos en el tiempo, el universo entero comienza a actuar como una partícula subatómica, inutilizando así el análisis habitual, que se basa en la teoría de la relatividad de Einstein. Desde hace más de cuarenta años los físicos tratan de construir una teoría cuántica de la gravedad. Aún no la tenemos, aunque hay candidatos, como la teoría de las supercuerdas, que es la idea de que las entidades fundamentales de la materia no son las partículas, sino cosas unidimensionales ondulantes del tamaño de un diezmilmillonésima parte de una diezmilmillonésima parte de un átomo.

El origen de la vida también se nos escapa, si bien ahora entendemos algo de la bioquímica básica que implica. La pregunta incómoda sigue siendo cómo identificar el punto en el cual una molécula orgánica se vuelve lo suficientemente compleja como para comenzar a replicarse y a alimentarse del medio que la rodea. Es decir, en qué punto lo inanimado se vuelve animado. Aún no podemos crear vida en el laboratorio. De hecho, ni siquiera podemos definirla. Si pensamos en la vida, debemos enfrentar el tema de la vida extraterrestre. ¿Hay otros seres vivientes en el cosmos? Probablemente, sí. Sólo la cantidad que hay de estrellas y planetas hace difícil creer que seamos tan especiales. Es de esperar que pronto podamos comenzar a sondear la atmósfera de planetas extrasolares en busca de indicios químicos vinculados a la vida, como el agua y el ozono. ¿Hay otros seres inteligentes en el cosmos? Ésa es una pregunta mucho más complicada.

Si nuestra historia sirve como parámetro, el desarrollo de vida inteligente es el resultando de una serie de aleatorios cataclismos planetarios y cósmicos. Tal vez haya sendas evolutivas que conducen a la inteligencia, pero ciertamente no sabemos cuáles son. Ciertamente, la inteligencia no es una consecuencia necesaria de la evolución. Basta con pensar que los dinosaurios estuvieron aquí durante 150 millones de años hasta que un asteroide los aniquiló hace 65 millones de años. Somos los recién llegados a la escena planetaria, los chicos nuevos del vecindario. Tal vez muchos planetas que sustenten vida aún no hayan llegado a ese punto, o tal vez *nunca* desarrollen las condiciones necesarias para que prevalezca la vida inteligente. Sólo podemos esperar a ver qué ocurre.

Finalmente, el cerebro humano —el sistema más complejo que podemos identificar en el universo. ¿Puede el cerebro entenderse a sí mismo? ¿Puede el pensamiento explicar cómo pensamos? ¿Podemos determinar con exactitud dónde está y qué es el "yo" que nos hace ser quienes somos, la sede del ser? La neurociencia cognoscitiva es un campo de conocimiento fascinante y en rápido desarrollo, basado en nuevas técnicas de visualización como la resonancia magnética y la tomografía por emisión de positrones (ambas derivadas de la mecánica cuántica) que pueden mostrar neuronas y grupos de neuronas que se disparan al unísono cuando el cerebro responde a un estímulo. Si nos dará o no una respuesta a la cuestión de la mente, sólo podemos esperar para saberlo. Confío en que será así.

Estas tres cuestiones de los orígenes, junto a la ingeniería genética, mantendrán ocupados a los científicos durante mucho tiempo. De una cosa podemos estar seguros: a medida que nos acercamos centímetro a centímetro a nuevas respuestas, surgirán nuevas preguntas, preguntas que en estos momentos ni siquiera podemos imaginar. A medida que respondamos esas preguntas, revisaremos nuestras definiciones del cosmos y de quiénes somos. La ciencia es una narración en desarrollo.

Un día sin ayer:
Georges Lemaître y el big bang

POR MARK MIDBON

"Un día sin ayer: Georges Lemaître y el big bang", Commonweal (24 de marzo, 2000):18-19 por Mark Midbon. Copyrigt 2000 Commonweal. Empleado con permiso. Mark Midbon es analista y programador en la Universidad de Wisconsin. Ha escrito acerca del sacerdote y geólogo Pierre Teilhard de Chardin.

Parada en el estudio de su padre, procurando explicar la obra de éste, Vittoria Vetra le habla del big bang a Robert Langdon: "Cuando la Iglesia católica propuso por primera vez la teoría del big bang en 1927..." Langdon la interrumpe, pues duda de que se haya tratado de una idea de la Iglesia. "Claro que sí", responde Vittoria. "Fue propuesta por un monje católico, George Lemaître, en 1927".

Los lectores que estén familiarizados en términos generales con la idea de que el universo nació con una gran explosión y no ha dejado de expandirse desde entonces, tal vez crean que se trata de otra de las hábiles ficciones de Dan Brown, y estén de acuerdo con la protesta de Langdon en el sentido de que el big bang fue propuesto por primera vez por el físico estadounidense Edwin Hubble. Pero aquí Dan Brown pisa terreno histórico sólido. Realmente fue Georges Lemaître el primero en plantear la idea de que los orígenes del universo fueron como un estallido de fuegos artificiales.

Lemaître fue monje y científico, pero mantuvo una férrea separación de ambas actividades (por lo cual, la afirmación de Vittoria de que se trató de un planteo propuesto originalmente por la Iglesia no es exacta). Sin embargo, a diferencia del caso de Galileo, el Vaticano jamás se ha pronunciado contra la teoría del big bang. La historia de Lemaître es fascinante, y aquí nos la relata el programador de computadoras y escritor Mark Midbon.

En el verano de 1998, dos grupos independientes de astrónomos de Berkeley, California, hicieron un sorprendente descubrimiento en forma simultánea. Ambos observaban las supernovas —estrellas que estallan que se distinguen desde grandes distancias— para ver cuán rápido se expandía el universo. Según las ideas científicas corrientemente aceptadas, los astrónomos esperaban que la tasa de expansión fuese en disminución. En cambio, vieron que iba en aumento —un descubrimiento que, desde entonces, "ha sacudido a la astronomía hasta los cimientos" (*Astronomy*, octubre de 1999).

Este descubrimiento no habría sorprendido a Georges Lemaître (1894-1966), matemático belga y sacerdote católico que desarrolló la teoría del big bang. Lemaître comparó el inicio del universo al estallido de fuegos artificiales, comparando las galaxias a pavesas ardientes que se esparcían en una esfera creciente desde el centro del estallido. Creía que ese estallido de fuegos artificiales había sido el comienzo del tiempo, ocurrido en un "día sin ayer".

Tras décadas de enfrentamientos, otros científicos aceptaron que el big bang fue un hecho. Pero la mayor parte de los científicos —incluyendo al matemático Stephen Hawking— predijeron que finalmente la gravedad retrasaría la expansión del universo, haciendo que éste se derrumbara sobre su propio centro, mientras que Lemaître creía que el universo continuaría su expansión. Afirmó que el big bang era un evento único, mientras que los demás científicos creían que el universo se contraería hasta que llegara el momento de otro big bang y así sucesivamente. Las observaciones realizadas en Berkeley confirmaron la afirmación de Lemaître de que el big bang realmente fue "un día sin ayer".

Cuando Lemaître nació en Charleroi, Bélgica, la mayor parte de los científicos creían que el universo tenía una edad infinita y un aspecto general inmutable. Las investigaciones de Isaac Newton y de James C. Maxwell sugerían un universo eterno. Cuando Albert Einstein dio a conocer su teoría de la relatividad en 1916, ésta pareció confirmar que el universo siempre había existido, estable e inmutable.

Lemaître comenzó su carrera científica en la Facultad de Ingeniería de Lovaina en 1913. Sin embargo, se vio obligado a interrumpirlos para servir en la artillería belga durante la Primera Guerra Mundial. Cuando terminó la guerra, ingresó en la Maison Saint-Rombaut, un seminario de la archidiócesis de Malines, donde, en su tiempo libre, enseñó matemáticas y ciencia. Tras ordenarse en 1923, Lemaître estudió matemáticas y ciencia en la Universidad de Cambridge donde uno de sus profesores, Arthur Eddington, dirigía el observatorio.

Durante sus investigaciones en Cambridge, Lemaître estudió la teoría general de la relatividad. Como en el caso de los cálculos de Einstein diez años antes, los cálculos de Lemaître demostraban que el universo estaba en permanente expansión o contracción. Pero mientras que Einstein imaginaba una fuerza desconocida —una constante cosmológica— que mantenía estable al mundo, Lemaître decidió que el universo se expandía. Llegó a esa conclusión tras observar el fulgor rojo, conocido como desplazamiento al rojo, que rodea los objetos externos a nuestra galaxia. Si se interpreta como un efecto Doppler, ese desplazamiento significa que las galaxias se están alejando de nosotros. Lemaître publicó sus cálculos y su razonamiento en *Annales de la Société Scientifique de Bruxelles* en 1927. Pocos se dieron por enterados. Ese mismo año habló con Einstein en Bruselas, pero éste no se mostró impresionado y le dijo "sus cálculos son correctos, pero su comprensión de la física es abominable".

Sin embargo, fue la comprensión que Einstein tenía de la física la que no tardó en ser cuestionada. En 1929, las observaciones sistemáticas de otras galaxias realizadas por Edwin Hubble confirmaron el desplazamiento al rojo. En Inglaterra, la Real Sociedad Astronómica se reunió para analizar esa aparente discrepancia entre la observación visual y la teoría de la relatividad. Sir Arthur Eddington se ofreció para encontrar una solución. Cuando Lemaître leyó sobre estos procedimientos, le envió a Eddington una copia de su trabajo de 1927. El astrónomo británico se dio cuenta de que Lemaître había explicado la brecha entre observación y teoría. A sugerencia de Eddington, la Real Sociedad Astronómica publicó una traducción del documento de Lemaître en sus noticias mensuales de marzo de 1931.

La mayor parte de los científicos que leyeron el trabajo de Lemaître aceptaron que el universo estaba en expansión, pero se resistieron a la conclusión de que tenía un comienzo. Estaban habituados a la idea de que el tiempo siempre había existido. Parecía ilógico que hubieran pasado infinitos millones de años antes de que el universo llegara a existir. El propio Eddington escribió en la revista inglesa *Nature* que la noción de un comienzo del mundo era "repugnante".

El sacerdote belga le contestó a Eddington con una carta publicada en *Nature* el 9 de mayo de 1931. Lemaître sugería que el mundo tenía un comienzo definido en el cual toda la materia y energía estaban concentradas en un solo punto:

> *Si el mundo hubiera comenzado con un único quántum, las nociones de tiempo y espacio simplemente no tendrían sentido al comienzo; sólo habrían comenzado a tener un sentido inteligible cuando el quántum original se hubiese dividido en una suficiente cantidad de quanta. Si esta sugerencia es correcta, el comienzo del mundo ocurrió poco antes del comienzo del espacio y el tiempo.*

En enero de 1933, Lemaître viajó a California para dar una serie de seminarios. Después de que el belga expuso en detalle su teoría, Einstein se puso de pie y aplaudió, diciendo: "Ésta es la más bella y satisfactoria explicación de la creación que nunca haya escuchado". Duncan Aikman cubrió estos seminarios para la *New York Times Magazine*. Un artículo sobre Lemaître apareció allí el 19 de febrero de 1933. Incluía una gran foto de Einstein y Lemaître juntos. El epígrafe decía: "Tienen profundo respeto y admiración el uno por el otro".

Por sus investigaciones, Lemaître fue elegido miembro de la Real Academia de Bélgica. Una comisión internacional le otorgó el premio Francqui. El arzobispo de Malines, cardenal Josef Van Roey hizo a Lemaître canónigo de la catedral en 1935. Al año siguiente, el papa Pío XI designó a Lemaître como integrante de la Pontificia Academia de Ciencias.

A pesar de tan importantes reconocimientos, había algunos problemas con la teoría de Lemaître. Para empezar, la tasa de expansión calculada por éste no funcionaba bien. Si el universo se expandiera a un ritmo uniforme, el período que le había llevado alcanzar su actual radio era demasiado breve para que en éste se hubieran podido formar las estrellas y planetas. Lemaître resolvió este problema incorporando la constante cosmológica de Einstein. Mientras que éste la había empleado para procurar mantener el universo de un tamaño invariable, Lemaître la empleó para acelerar la expansión temporal del universo.

A Einstein no le agradó el empleo de su constante cosmológica que hizo Lemaître. Consideraba que la constante era el peor error de su carrera, y lo incomodó el empleo hecho por Lemaître de ese factor de variación supergaláctico.

Tras la muerte de Arthur Eddington en 1944, la Universidad de Cambridge se convirtió en centro de oposición a la teoría del big bang de Lemaître. De hecho, fue Fred Hoyle, un astrónomo de Cambridge, quien inventó, con intención irónica, el término *big bang*. Hoyle y otros defendían un enfoque de la historia del universo conocido como el estado estable, en el cual se creaban continuamente átomos de hidrógeno que gradualmente se conglomeraban y formaban nubes de gas, que luego formaban estrellas.

Pero en 1964 hubo un significativo descubrimiento que confirmó algunas de las teorías de Lemaître. Empleados de los Laboratorios Bell en Nueva Jersey se dedicaban a reparar un telescopio cuando descubrieron una molesta interferencia de microondas. Era igualmente fuerte cuando apuntaban el telescopio al centro de la galaxia o en la dirección opuesta. Además, siempre tenía la misma longitud de onda y siempre expresaba la misma temperatura en su punto de origen. Pasaron varios meses hasta que alguien se diera cuenta de la importancia de este hecho. Eventualmente, le valió a Arno Penzias el Premio Nobel de Física. Esta interferencia de microondas terminó por ser reconocida como radiación cósmica de fondo, un remanente del big bang. Lemaître recibió la buena noticia mientras se recuperaba de un ataque cardíaco en el Hospital Saint-Pierre de la Universidad de Lovaina. Murió en Lovaina en 1966, a la edad de setenta y un años.

Tras su muerte, los fuegos artificiales de Lemaître llegaron a ser generalmente aceptados. Pero aún había dudas: ¿realmente ese episodio ocurrió en un día sin ayer? Tal vez la gravedad pudiera suministrar una explicación alternativa. Algunos teorizaban que la gravedad podía detener la expansión del universo y hacer que se volviera a desplomar sobre su propio centro, donde se produciría una enorme compresión [en inglés, *big crunch*] y otro big bang. Por lo tanto, el big bang no era un evento único que marcaba el comienzo del tiempo, sino sólo una parte de una secuencia infinita de big bangs y *big crunches*.

Cuando le llegaron a Stephen Hawking noticias del descubrimiento realizado en Berkeley en 1998 en el sentido de que el universo se expande a una tasa creciente, éste dijo que era demasiado preliminar para ser tomado en serio. Más tarde, cambió de idea. "Ahora he tenido más tiempo para considerar las observaciones y parecen muy buenas" le dijo a la revista *Astronomy* en octubre de 1999. "Ello me ha llevado a reconsiderar mis prejuicios teóricos".

En realidad, Hawking estaba siendo modesto. Se adaptó muy velozmente al alboroto científico producido por los resultados de las supernovas. Pero la frase "prejuicios teóricos" recuerda las actitudes que entorpecieron a los científicos hace treinta años. Hizo falta un matemático, que además era sacerdote católico para observar la evidencia con mente abierta y crear un modelo que funcionara.

¿Hay una paradoja en esta situación? A Lemaître no le parecía que fuera así. Duncan Aikman, del *New York Times*, resumió así la opinión de Lemaître: "'No hay conflicto entre ciencia y religión' ha dicho una y otra vez Lemaître ante distintos públicos, y ahora lo dice en nuestro país… Esta opinión es importante e interesante no porque sea un sacerdote católico ni porque sea uno de los principales matemáticos físicos de nuestra época, sino porque es ambas cosas".

Algo sobre la antimateria

POR STEPHAN HERRERA

Stephan Herrera ha escrito acerca de ciencias de la vida y nanotecnología para *The Economist, Nature* y la *Technology Review* del MIT entre otras muchas publicaciones. Su libro *Closer to God: The Fantastic Voyage of Nanotechnology* [*Más cerca de Dios: el fantástico viaje de la nanotecnología*] será publicado en el otoño de 2005 por Random House.

Cualquiera que haya leído algo sobre Ángeles y Demonios *indudablemente se ha preguntado si la antimateria es real y si podría utilizarse como un arma para crear la amenaza de destrucción masiva, como ocurre en la novela. Consultamos a un importante investigador, Stephan Herrera, para ayudar a nuestros lectores a comprender qué es y qué no es la antimateria y cuál es el estado actual de la investigación sobre su desarrollo y producción. Herrera es el editor de ciencias biológicas de la* Technology Review *del MIT y es autor del libro* Closer to God: The Fantastic Voyage of Nanotechnology.

Indudablemente es cierto que la buena ciencia ficción tiene sus raíces en la buena ciencia. Casi perdida entre el enigma policial y la historia de amor de *Ángeles y Demonios* hay una inteligente pieza de ciencia ficción. Dan Brown recurre a su licencia artística para postular una visión alternativa del futuro de la antimateria —una visión muy diferente de la que tienen los científicos de instituciones como CERN y NASA. Es una visión que habla de buenas intenciones que de algún modo tienen resultados terribles.

Muy comprensiblemente, dado que se trata de una novela, Brown rellena los espacios en blanco relativos a la creación, almacenamiento y transporte de antimateria con recursos narrativos que hacen que la antimateria parezca mucho más peligrosa que lo que realmente es. Pero hay que darle crédito por llamar la atención sobre la existencia de la antimateria y plantear, aunque más no sea en un marco ficticio, algunas atractivas preguntas reales como: ¿qué ocurre cuando llegan al mundo "milagros intelectuales" no acompañados de instrucciones para entenderlos? Tales descubrimientos ¿son "peligrosos" en sí mismos? ¿Y qué ocurriría si, contrariamente a lo que nos aseguran los científicos bienintencionados, fuera posible que la antimateria cayera en malas manos? No son preguntas que tengan respuestas fáciles.

Algunos críticos de los elementos controvertidos de la ciencia y la tecnología creen que los nuevos avances deberían ser puestos en cuarentena hasta que los múltiples riesgos y consecuencias indeseadas de ellos puedan ser identificados, y se desarrollen salvaguardias a tales consecuencias. Desgraciadamente, no es posible que sepamos todas las respuestas respecto de cosas como la antimateria, las células madre, la nanotecnología o la ingeniería genética hasta que no formulemos las preguntas adecuadas. Y no podremos hacerlo si no se permite que los científicos experimenten. Como en todo, habrá riesgos. Pero también puede haber enormes recompensas.

La antimateria podría llegar a ser "la fuente de energía del futuro". Como le explica a Robert Langdon Vittoria Vetra, la heroína de *Ángeles y Demonios*, al comienzo de la historia, la antimateria de calidad comercial puede llegar a ser "mil veces más poderosa que la energía nuclear". También promete que puede ser "ciento por ciento eficiente, Sin subproductos. Sin radiación. Sin polución. Unos pocos gramos pueden suministrarle energía a una ciudad importante durante una semana".

Como dice el doctor George Schmidt, jefe de investigación y tecnología de propulsión en la base Marshall de la NASA, "la antimateria tiene una tremenda densidad energética. La aniquilación materia-antimateria —la total conversión de masa a energía— es la reacción física conocida que más energía por unidad de masa libera". El sitio web del Centro Marshall de Vuelo Espacial de la NASA en Huntsville, Alabama, afirma con cierta convicción que "viajar a las estrellas requerirá sistemas de propulsión de ultraalta energía. La aniquilación mutua de materia y antimateria libera la mayor densidad conocida de todas las reacciones que conoce la física —tal vez sea la fuente de energía necesaria para ir a las estrellas… Investigaciones de desarrollos tecnológicos que se están realizando en estos momentos… podrían llevar a una nave espacial propulsada por antimateria al dominio de lo real antes de que termine el siglo XXI".

Pero al comienzo del siglo XXI, es probable que la primera aplicación real de la antimateria sea más prosaica: su empleo como herramienta de investigación, tal vez como un elemento que trabaje en tándem con un sistema de combustible por fusión en combustible híbrido de cohete. El desarrollo de la antimateria es tan reciente que es imposible saber si la antimateria realmente tiene los beneficios que le adjudican la NASA y otros. Tal vez lo que ocurra es que la investigación científica con antimateria "sólo" provea información para acerca del origen del universo —lo cual obviamente no es poca cosa.

Claro que es posible que alguna vez la antimateria sea transformada en un arma mortal. Lo importante es entender que, contrariamente a los miedos imaginarios que tal vez aliente *Ángeles y Demonios*, nos separan muchos años del momento en que esos riesgos puedan llegar a ser realidad. De hecho, es difícil entender por qué alguien habría de tomarse esa molestia. Es mucho más fácil construir una bomba atómica, que tiene mucha más capacidad de destrucción. Y, cómo es más que claro en estos momentos, desgraciadamente el material fisionable y los científicos que saben qué hacer con el mismo, se pueden obtener en el mercado negro. Para ser más precisos, construir el equivalente de una bomba de hidrógeno de diez megatones harían falta 125 kilogramos de antimateria y un equipo de especialistas en antimateria con experiencia en convertirla en arma. Hoy día, nada ni parecido a esto puede adquirirse, simplemente porque no existe y no es de esperar que ese pequeño detalle vaya a cambiar pronto ni, tal vez, nunca. Y éstos son sólo una minúscula parte de los motivos por los cuales los científicos que se dedican a investigar la antimateria no creen que ésta sea la próxima arma de destrucción masiva. Y además, si lo científicos no continúan experimentando con la antimateria y aprenden cómo controlarla, no podrán ofrecer soluciones para lidiar con ella si cayera en las manos equivocadas.

Historia de la antimateria

Cualquiera que haya visto *Star Trek* sabe que la nave espacial *Enterprise*, en su misión quinquenal para "buscar nueva vida y nuevas civilizaciones e ir osadamente donde nadie ha ido antes" empleaba la antimateria como combustible. Menos conocido es el hecho de que los científicos llevan años investigando los misterios de la antimateria. En 1928, el físico británico Paul A. M. Dirac empleó la teoría especial de la relatividad de Einstein para formular su teoría del movimiento de electrones de velocidad cercana a la de la luz en campos eléctricos y magnéticos. La fórmula de Dirac predecía que el electrón tenía que tener una *antipartícula*, que tuviera una masa idéntica a la de éste, pero carga eléctrica positiva (la del electrón siempre es negativa). En 1932, Carl Anderson observó esa nueva partícula y la llamó *positrón*. A los fines prácticos, éste fue el primer ejemplo de antimateria. En 1955, el *antiprotón* se produjo en el recientemente dado de baja acelerador Bevatron del Berkeley National Laboratory.

En los últimos años, los físicos del verdadero CERN (Conseil Européen de Recherche Nucléaire) de Ginebra, han llegado mucho más lejos. Y, contrariamente a lo que afirma *Ángeles y Demonios*, sus investigaciones nada han tenido de secretas. De hecho, el 4 de enero de 1996, CERN anunció que en sus laboratorios los científicos habían creado por primera vez nueve átomos de antihidrógeno, que se mueven al 90% de la velocidad de la luz. En 2002, investigadores de CERN que trabajaban en el proyecto ATHENA anunciaron la creación de más de 50.000 átomos de antihidrógeno de desplazamiento lento, producidos en las llamadas "trampas de Penning". Estos átomos de antimateria sólo sobrevivieron durante unas diezmillonésimas de segundo ante de ser aniquilados al entrar en contacto con materia común, pero el solo hecho de que hayan existido es considerado *demostración de concepto* —la prueba de que la antimateria puede ser creada por manos humanas— por los físicos de todo el mundo.

CERN y otras instalaciones donde se desarrollan experimentos con antimateria (como Fermilab y Brookhaven en los Estados Unidos) se han esforzado por asegurarle a la opinión pública que ninguno de ellos se está apresurando lo más que puede para crear antimateria. En sus sitios web, ambos notan que los científicos consideran a la antimateria uno de los diez misterios más destacados del universo. Como explica el físico del CERN Rolf Landua, "una vez que entendimos que cualquier transformación de energía a masa produce idénticas cantidades de partículas y antipartículas, fue obvio que en el big bang se deben de haber formado cantidades iguales de materia y antimateria. Pero la observación demuestra que actualmente nuestro universo consiste exclusivamente en materia (si no se toman en cuenta las antipartículas secundarias que se producen en eventos de colisión de rayos cósmicos, o a través de la degradación radioactiva). De modo que, ¿adónde fue a parar toda la antimateria?". Tal vez haya un buen motivo para que la antimateria haya desaparecido durante los primeros nanosegundos del big bang. Tal vez no tenía que haber antimateria en la Tierra.

Posibilidades de catástrofe

Como explica Dan Brown al comienzo de *Ángeles y Demonios*, la antimateria obviamente tiene efectos negativos. Como dice en la página de "Hechos" que precede al capítulo I "La antimateria es muy inestable. Estalla cuando entra en contacto con lo que sea, incluido el aire. Un solo gramo de antimateria contiene la energía de una bomba nuclear de veinte kilotones, la potencia de la bomba arrojada sobre Hiroshima". En su website (www.danbrown.com), Dan Brown añade que "...la antimateria libera energía con una eficacia del 100 por ciento (la eficacia de la fisión nuclear es del 1,5%). La antimateria es 100.000 veces más poderosa que el combustible de cohete. Pero hasta hace poco, la antimateria se ha creado sólo en cantidades muy pequeñas (de a pocos átomos por vez). Pero ahora CERN ha hecho un avance revolucionario con su nuevo desacelerador de protones —una avanzada instalación para la producción de antimateria que promete crear antimateria en cantidades mucho más importantes".

No es irracional preocuparse por los aspectos negativos de la antimateria. Sólo porque los sitios web de CERN y NASA no revelen nada acerca del potencial de la antimateria como arma, no debemos dar por supuesto que ellos u otros (gobiernos, fuerzas armadas, agencias de inteligencia u otros poderes) no calculen ni planifiquen toda la gama de posible empleos. Aunque, para ser justos, debe decirse que en el sitio web de CERN se calcula cuánta antimateria haría falta para producir el equivalente de una bomba atómica.

¿Estamos en condiciones de hacerlo?

Aunque tras leer *Ángeles y Demonios* (o, por cierto, leer las noticias acerca de discos rígidos de computadora sustraídos del Laboratorio Nacional Los Álamos de Nuevo México) parecería todo lo contrario, lo cierto es que no sería fácil alzarse con un recipiente de antimateria. No se trata de algo que dure el tiempo suficiente como para ser almacenado ni, menos aún, robado.

Además, a pesar del manuable recipiente que el Hassassin sustrae del laboratorio de Leonardo Vetra en *Ángeles y Demonios*, lo cierto es que los científicos aún están investigando para obtener recipientes de tamaños manejables. Los antiprotones, por ejemplo, según el doctor Gerald Smith de la Universidad Estatal de Pennsylvania, pueden obtenerse en modestas cantidades en aceleradores de alta energía como los del CERN. Un receptáculo magnético conocido como trampa de Penning mantiene a los antiprotones fríos e inmóviles mediante nitrógeno y helio líquidos y un campo magnético estable. (Para almacenar antiprotones, el CERN emplea trampas de Penning, en el interior de las cuales éstos se recombinan con positrones para producir antihidrógeno). Tal como se observa en el sitio web de la NASA, Smith y sus colegas están trabajando para producir una trampa de Penning liviana y sólida. El interior del recipiente contendrá una nube de nitrógeno y helio líquidos para mantener a flote aproximadamente diez mil millones (menos de un nanogramo) de antiprotones. Cuando se la complete, pesará unos 100 kilogramos. Aunque no fuera difícil de robar, algo de ese tamaño tampoco se podría meter fácilmente en el bolsillo.

Y no es que pronto vaya a haber grandes cantidades de ese elemento flotando en trampas de Penning. Además de los nuevos y viejos "rompeátomos" CERN, también Fermilab pronto producirá antimateria, probablemente en una cantidad de entre 1,5 y 15 nanogramos al año. Esto no será poco trabajo. Producir incluso una cantidad tan infinitesimalmente pequeña, consumirá 80 giga-electro voltios. Con la tecnología actualmente disponible, la producción de antimateria consume 10 mil millones de veces más energía que la que produce. Faltan décadas para que se disponga de tecnologías de transporte y almacenamiento notablemente más estables.

Muchos de los integrantes de la comunidad de la física de partículas creen que prácticamente no hay forma de que jamás se produzcan más que unos pocos microgramos de antimateria. En el presente, los científicos del CERN consideran que harían falta muchos millones de CERN, y más dinero que el del tesoro combinado de los todos los gobiernos del mundo para fabricar un gramo de antimateria. Al peso, la antimateria es la sustancia más cara de producir que existe en el mundo. Producir un gramo de antimateria con la tecnología de hoy costaría 10 millones de millones de dólares, dicen los científicos de CERN. Sí, el costo de producción de antimateria bajará con el tiempo, pero la ciencia se encuentra en una etapa demasiado temprana del proceso para que nadie vaya a beneficiarse de bajas significativas de la curva de costos en un futuro discernible.

Antimateria buena

Los físicos del CERN no saben si amar o detestar a *Ángeles y Demonios*. Por un lado, Dan Brown ha dado publicidad a su poco conocida labor y al mismo CERN —que es un exhibidor de tecnología de avanzada que destaca el liderazgo de Europa en campos de investigación que en su mayor parte han sido dominados por los Estados Unidos. Pero, por otro lado, Dan Brown simplifica en exceso la descripción científica de la antimateria, distorsionando groseramente las complejidades vinculadas a la producción, almacenamiento y transporte de un cuarto de gramo de antimateria desde Ginebra al Vaticano, puntos separados por casi setecientos kilómetros. Pero seamos justos con Dan Brown. No se equivoca en los puntos centrales del tema. La antimateria es la sustancia más poderosa y volátil que nunca haya sido inventada —y ello basta para que nos haga detenernos y reflexionar.

Desovillando la teoría del enredo de Dan Brown

ENTREVISTA CON AMIR D. ACZEL

El matemático Amir D. Aczel es autor de nueve libros de no ficción sobre ciencia, incluyendo *Entanglement: The Greatest Mystery in Physics Entanglement: The Greatest Mystery in Physics* [*Enredo: el mayor misterio de la física*] y el bestseller *Fermat's Last Theorem* [*El último teorema de Fermat*].

A los científicos ya no se los tortura ni ejecuta por hacer descubrimientos que cuestionen las interpretaciones conocidas del cosmos. Pero si lo fueran, expertos como Leonardo Vetra, primera víctima del Hassassin en Ángeles y Demonios, *sería el blanco ideal. Vetra se desempeña en las fronteras de la física, un mundo de ideas tan complejas que hasta a los científicos les cuesta entenderlas. Tanto el* entanglement *[concepto físico que se traduce como "enredo" o "entrelazamiento"] como la antimateria, dos fenómenos descubiertos en el siglo* XX *y estudiados en enormes aceleradores de partículas y centros de investigación científica como el* CERN *de Suiza conllevan profundas consecuencias filosóficas para nuestra comprensión del universo —y, en el caso de la antimateria, un poder aterrador.*

En su libro Entanglement, *Amir Aczel, matemático y autor de otros bien recibidos libros sobre ciencia, incluido el bestseller* Fermat's Last Theorem, *presenta la espectacular historia de la teoría del enredo y de los intensos conflictos que suscitó entre científicos como Niels Bohr y Albert Einstein. El enredo y la antimateria existen en el mundo subatómico de la mecánica cuántica, en el cual la lógica cotidiana de "causa y efecto" se derrumba. Lo que se sabe de la antimateria es que aniquila la materia, produciendo energía pura. Los científicos sólo han podido aislar partículas de antimateria por períodos de tiempo breves, pero saben que su poder es impresionante. La descripción de la imponente explosión de antimateria a gran altura sobre la ciudad del Vaticano en* Ángeles y Demonios *es completamente realista.*

La teoría del enredo, que describe una inusual relación entre dos partículas subatómicas es especialmente extraña. A Einstein le pareció que amenazaba tanto las nociones aceptadas de lo que es la vida que se negó a aceptarla. Como nota Aczel en su introducción al entanglement, *"En el mundo cuántico, ya no hablamos de 'aquí o allá'; hablamos de 'aquí y allá'". Las partículas enredadas pueden estar localizadas en puntos mutuamente opuestos de la Tierra, pero aun así, la acción que se realice sobre una de ellas se reflejará sobre la otra. Algunos científicos creen que el enredo sólo puede explicarse recurriendo a otra dimensión —una idea que invierte las ideas dominantes sobre la realidad en forma tan espectacular como el descubrimiento de Copérnico de que al fin y a cabo el mundo no es el centro del universo.*

En Ángeles y Demonios, *Leonardo Vetra es un científico-sacerdote del* CERN *que emplea un colisionador de partículas para estudiar la antimateria. Cree que en la antimateria está la clave del origen del universo. ¿Qué tiene que ver la antimateria con el origen del universo?*

Una teoría cosmológica afirma que cuando el universo fue creado, había materia y antimateria. Pero debido a una asimetría, había mucha más materia que antimateria; las cantidades iguales que había se aniquilaron una a la otra, y lo que quedó fue la materia. Cuando materia y antimateria se encuentran, se aniquilan mutuamente y sólo queda energía. De modo que por casualidad (o por voluntad divina, si así lo prefiere) en el universo predomina la materia. La antimateria es muy rara porque en cuanto se encuentra con la materia, explota, transformándose en energía.

En un parte de Ángeles y Demonios, *Maximilian Kohler, el ficticio director del* CERN, *asevera que recientes descubrimientos en la física de partículas proveen respuestas acerca del origen del universo además de responder preguntas acerca de "las fuerzas que nos vinculan a todos". Aunque en el libro no se plantea una conexión explícita entre la antimateria y la teoría del enredo, el trabajo de Leonardo Vetra se extiende a ambos fenómenos. ¿Existe una verdadera conexión entre el estudio de la antimateria y la teoría del enredo?*

El enredo es un fenómeno muy espectacular de la física, en el cual hay dos entidades, y si algo le ocurre a una, lo mismo le ocurre a la otra. Es un fenómeno natural fascinante y totalmente inesperado. A Einstein le parecía que el enredo era una locura, un imposible. Lo denominó "acción sobrenatural a distancia", ya que en cierto modo parecía violar el *espíritu* de sus teorías de la relatividad. Hasta donde yo sé, la única relación entre el enredo y la antimateria es sólo el hecho de que la primera fuente conocida de enredo fue una fuente materia-antimateria. Es una relación tangencial.

El primer experimento sobre el enredo fue el realizado en 1949 en la Universidad de Columbia por Chien-Shiung Wu (profesora de física de Columbia también conocida como "madame Wu") —y ella no estudiaba el enredo. Ella estudiaba el positronio, elemento artificial compuesto de un electrón y un positrón que existe sólo durante una fracción de segundo antes de que el electrón y el positrón se aniquilen mutuamente. Cuando ello ocurre, los dos fotones de alta energía (rayos gamma, que son una forma de radioactividad) que se producen en esta aniquilación están enredados. Madame Wu y su colega I. Shaknov no sabían que los fotones estaban enredados cuando hicieron el experimento, ni ése era su propósito. Pero años más tarde, en la década de 1970, los científicos estudiaron los resultados de esos experimentos y se dieron cuenta de que probablemente ése fuera el primer ejemplo de enredo. En las décadas de 1970 y 1980, dos grupos, uno en los Estados Unidos y uno en Francia, demostraron que el enredo es un fenómeno real empleando luz visible, no los fotones de alta energía de los experimentos de 1949.

¿Hay alguien en el CERN *que, como Leonardo Vetra, trabaja en forma simultánea en la teoría del enredo y la antimateria?*

¿De dónde sacó Dan Brown su idea del enredo y el colisionador? Sospecho que puede haber leído acerca de John Bell. John Bell trabajó en el CERN —figura en mi libro *Entanglement*. La conexión entre ambas cosas es que John Bell trabajaba en el CERN y era experto en aceleradores de partículas, pero por las noches, o los fines de semana, en su casa, investigaba el enredo. De hecho, como cuento en *Entanglement*, Abner Shimony, de la Universidad de Boston leyó el teorema de John Bell, que había sido publicado en un oscuro periódico de física y se le ocurrió que el enredo realmente podía ser producido en un laboratorio. Trabajó sobre esa idea junto a su estudiante de doctorado Michael Horne.

En tanto, en la Universidad de Columbia, un estudiante del doctorado en física llamado John Clauser tuvo exactamente la misma idea que había tenido el profesor Shimony en Boston —y más o menos en el mismo momento que éste. ¡Los físicos que estudian el enredo le dirán que éste tipo de *enredo humano* ocurre en forma constante! Los tres científicos se juntaron y, en vez de que dos de ellos se unieran contra el tercero, colaboraron en el estudio del enredo. Fueron las primeras personas cuyo trabajo —aparte de los resultados "ocultos" de Wu-Shaknov, cuyo elemento de enredo recién fue descubierto años después de producido— realmente produjo enredo basándose en el trabajo teórico realizado por John Bell en el CERN una década antes. Los experimentos mismos fueron realizados por John Clauser y Stuart Freedman en la Universidad de California en 1972 (Clauser había ido allí tras doctorarse; Freedman era su asistente). Supongo que esa es la conexión que existe entre el enredo y el CERN —el hecho de que John Bell haya trabajado allí a comienzos de la década de 1960 y que haya escrito un documento enormemente importante (aunque poco conocido) que permitió a Abner Shimony partir de la idea teórica de Einstein del enredo como una "acción sobrenatural a distancia" a la experimentación concreta en Berkeley que demostró que —"sobrenatural" o no— el enredo realmente existe.

¿Existe alguna conexión entre la teoría del enredo y la teoría general de la relatividad de Einstein?

El enredo es un fenómeno que se origina en las leyes de la mecánica cuántica. Y la relación entre la mecánica cuántica y la relatividad general aún no se comprende bien.

Éste es un asunto de gran profundidad. Las teorías de Einstein —de relatividad especial y relatividad general— se manifiestan en los reinos de lo muy grande o lo muy rápido. Si uno está cerca de un objeto tan inmenso como un agujero negro, entonces el espacio se *curva* de manera muy marcada; y en esas circunstancias el tiempo se aminora y llega a "detenerse" (desde el punto de vista de alguien que lo mirara desde afuera). El descubrimiento de Einstein de la relatividad general demuestra que el espacio mismo se curva en torno a los objetos de mucha masa. El espacio incluso se curva en torno a la Tierra, pero como la Tierra ni se aproxima a la masa de un agujero negro, la curvatura no es importante y no la sentimos. Otra cosa: a muy alta velocidad, el tiempo va más lento —ésa es la relatividad especial. Y, según la relatividad especial, nada va más rápido que la luz. De modo que las leyes de la física para lo muy veloz y lo muy grande forman las teorías de la relatividad especial y la relatividad general, y ésos son los dominios de Einstein.

Por supuesto que el genio de Einstein consistía en deducir matemáticamente estas teorías sin necesitar ir tan rápido (casi a la velocidad de la luz) ni de acercarse a un agujero negro para realmente "ver" como ocurren esas cosas. Con la teoría especial de la relatividad, Einstein demostró que si uno viaja muy rápido, en realidad demorará el tiempo. No es una ilusión. Realmente ocurre así. Fue un resultado que no tuvo nada de intuitivo. Cuando se dispuso de aviones de reacción en las décadas de 1960 y 1970, experimentos realizados con relojes atómicos demostraron que Einstein tenía razón. Uno de los relojes voló en un avión de reacción y el otro permaneció en tierra. El reloj que voló se atrasó una fracción (una fracción muy, muy pequeña) con respecto al que permaneció en tierra. Pero la primera y más espectacular demostración de la relatividad de Einstein ocurrió en 1919, cuando Arthur Eddington fue a la isla Príncipe en medio del océano Atlántico y fotografió al Sol durante un eclipse total. Sus placas fotográficas demostraron que la luz de las estrellas se dobla en torno al sol —demostrando así la afirmación de la teoría de la relatividad general de Einstein de que el espacio se dobla en torno a un objeto de mucha masa.

Pero, por varios motivos, a Einstein nunca le gustó la teoría cuántica. Para empezar, no le gustaba la naturaleza probabilística de ésta. En un ataque que dirigió contra la naciente teoría cuántica en la década de 1920 escribió: "Nunca creeré que Dios juega a los dados con el universo". Los dados en cuestión son las probabilidades de la mecánica cuántica. Einstein era tan inteligente que dedujo que si uno *realmente* se tomaba en serio la teoría cuántica, llevándola al extremo aparecía un fenómeno muy extraño: el enredo. Como tal fenómeno, razonó Einstein, no podía ocurrir en el mundo real, la teoría cuántica debía estar, en sus palabras, "incompleta". Einstein escribió este ataque contra la mecánica cuántica en un trabajo, ahora famoso, hecho en colaboración con dos asistentes (Podolsky y Rosen) en 1935. Luego, John Bell en el CERN le tomó la palabra a Einstein y tradujo ese trabajo, abriendo así el camino para verificar si el enredo es o no un fenómeno verdadero. Shimony, Horne y Clauser diseñaron el experimento, Clauser y Friedman lo realizaron y demostraron, y otros, en las décadas de 1990 y 2000 lo hicieron realidad. Einstein tenía razón: el enredo existe; y —en cierto sentido— se equivocaba: ¡porque la teoría cuántica funciona!

¿Hay algún modo de reconciliar la teoría general de la relatividad de Einstein con la mecánica cuántica?

Hay unas teorías que se están investigando en estos momentos y que se llaman gravedad cuántica. De modo que tenemos la teoría cuántica, y la teoría mayor de la gravedad, que es la teoría general de la relatividad de Einstein. La gravedad cuántica es un juego de teorías diseñadas para compatibilizar las otras dos —la mecánica cuántica y la relatividad general.

¿De modo que ésa sería una teoría general unificada?
Absolutamente. Tal teoría sería el santo grial de toda la física. Se pensó que la teoría de cuerdas aportaría esa unificación, pero lo cierto es que aún no lo ha logrado. La teoría de cuerdas es una muy compleja teoría física de base matemática. Y postula que la naturaleza tiene otras dimensiones además de las tres dimensiones del espacio o las cuatro dimensiones del *espacio + tiempo* que empleó Einstein. La teoría de cuerdas postula diez o más dimensiones, de las cuales las seis restantes (si se cuenta a *espacio + tiempo* = 4) se consideran "muy pequeñas" u "ocultas" —sea lo que sea lo que significa eso. Debería señalarse que —¿a que lo adivinó?— Einstein mismo fue quien sentó los cimientos rudimentarios de esta teoría inmensamente compleja.

¿Realmente están buscando establecer una teoría unificada en el CERN?
No pueden, porque necesitarían demasiada energía para hacerlo. Requeriría de algo así como del total de la energía disponible en nuestra galaxia. Pero en el CERN están haciendo algo muy interesante. Están buscando la muy escurridiza *partícula de Higgs* [un tipo de partícula que se cree que apareció poco después del big bang, momento en que los físicos creen que apareció el universo]. No se trata necesariamente de una teoría cuántica de la gravedad ni de una teoría de cuerdas; pertenece a algún lugar de ese inframundo de los partículas aún no descubiertas. Pero descubrir la partícula de Higgs requiere mucha energía.

Leonardo Vetra usa el colisionador o acelerador de partículas para descubrir partículas que identifica como los ladrillos con que se construyó el universo. ¿Ése es realmente el recurso que emplean los científicos para descubrir partículas como la partícula de Higgs?
Sí. Es en los aceleradores de partículas que se descubren cosas acerca del universo. Las partículas y antipartículas aparecen ahí. Los científicos pueden crear una "sopa" de partículas que reproducen lo ocurrido poco después del big bang cuando, al decir de los cosmólogos, el universo consistía de una "sopa primordial" de partículas y energía.

En Ángeles y Demonios, *el trabajo de Vetra con aceleradores de partículas se describe como "recrear el big bang". ¿realmente es posible recrear el big bang?*
Lo que es seguro es que no es posible crear una "sopa" de partículas del tamaño del universo temprano. Pero recientemente se ha creado un plasma

que tal vez se parezca a la sopa primordial. Después del big bang existía una sopa de partículas de toda clase con muy altas energías, y el universo era muy opaco. No se podía ver a través de él, porque aún no se había liberado la luz —el universo era simplemente demasiado denso. Ello fue algo que ocurrió en el primer período después del big bang —el universo fue opaco durante algunos cientos de miles de años. Luego, finalmente se "liberó" la luz. Como sea, cuando se hace chocar a estas partículas unas contra otras con enorme energía en un acelerador como el que tienen en el CERN, pueden crear algo que se cree que tal vez se parezca a cómo era el universo justo después del big bang.

Este tipo de tarea se está desarrollando en aceleradores de partículas en los Estados Unidos, en el Fermilab, cerca de Chicago y en Europa. Los europeos tienen la delantera con un acelerador más nuevo y más grande en el CERN, que se espera que responda a muchas de las preguntas de la física. ¿Contribuirá a resolver la teoría cuántica de todo? Es cuestionable —no lo creo.

Pero se especula con que sí podrá descubrirse la partícula de Higgs. En cierto modo, la partícula de Higgs es importante en las teorías acerca de los primeros momentos del universo. Tal vez ayude a explicar cómo funcionaba la *inflación* —que es algo que ocurrió después del big bang. Cuando el universo explotó por primera vez en el big bang, se expandió a una tasa exponencial, lo que significa que se expandía más rápido que la luz. Esto parece una paradoja pero en realidad no lo es. Nada puede ir más rápido que un rayo de luz. Pero la totalidad del universo se expandía más rápido que la tasa a la que se propaga la luz, de modo que eso resuelve la paradoja. Como sea, la inflación se explica en parte mediante la partícula de Higgs. La teoría de la inflación resuelve muchos acertijos acerca del origen de nuestro universo. Es una ingeniosa teoría cosmológica que realmente se originó en el estudio de las partículas. Una teoría acerca de todo el gran universo basada en lo que se aprendió acerca de las pequeñas partículas. Esta teoría fue desarrollada en 1980 por el físico Alan Guth del MIT. Y veinticinco años después, prácticamente todos los físicos y cosmólogos y astrónomos creen que la teoría de Guth es la correcta.

La hija de Leonardo Vetra, Vittoria Vetra, es una física de bioenredo que estudia la interconectividad de la vida. ¿La teoría del enredo demuestra que estamos todos interconectados de alguna manera, que las moléculas de un cuerpo están conectadas a las de otro cuerpo, que hay una fuerza única que nos conecta a todos?

No lo creo. Hay que diferenciar entre lo que es física y lo que no lo es, lo que es ciencia y lo que no. El enredo no es algo que ocurra muy fácilmente. El enredo es un proceso (a) difícil de crear (b) difícil de mantener y (c) difícil de detectar.

*Pero, ¿el enredo indica algún tipo de interconexión? ¿Cómo afectan estos
fenómenos a nuestra idea de separación espacial?*

Cuando dos partículas están enredadas, espacio o separación o distancia no
tienen sentido para ellas. De alguna forma metafísica, o física que aún no
hemos descubierto, están en el mismo lugar aunque una esté aquí y otra
en París. Cuando una salta, la otra salta exactamente de la misma manera
—¡como si se estuvieran tocando! Podría ser que haya una dimensión que
no vemos en la que ambas se toquen; tal vez sea eso lo que la teoría de cuerdas pruebe alguna vez —al menos en lo teórico.

Éste es más asombroso de los ejemplos de enredo que conozco: si uno introduce un fotón (o un electrón) en un dispositivo experimental que uno
construye, e introduce otro de una manera en que no se tenga modo de saber, mirando el dispositivo desde fuera, cuál es cuál ¡se enredan! ¿No es eso
lo más raro que haya oído en su vida? Si uno sabe que el fotón que uno emitió hacia la derecha es el fotón A y que el que fue hacia la izquierda es el
fotón B, no se enredarán. Pero si uno los emite de manera de no saber cuál
es cuál, se enredan. De hecho, Anton Zeilinger [un destacado científico
vienés que realizó investigaciones pioneras en enredo de tres partículas, así
como en intercambio de enredo] crea enredo enviando fotones a un dispositivo que, por así decirlo, los mezcla de modo que uno no puede saber cuál
es cuál. Y se enredan.

¿Existe el enredo en la naturaleza? Es decir, ¿ocurre en forma espontánea?

El positronio, en que uno tiene un positrón y un electrón que dan vueltas
uno en torno al otro, es natural. Pero hay que crear el experimento en un
laboratorio porque los positrones y los electrones simplemente no se com-
portan de esa manera. De ser así, estaríamos muertos por la radiación que
ello produce. Eso se hace en un laboratorio de radiación.

¿Qué tipo de experimento de laboratorio produce enredo?

En realidad, a nadie le gusta trabajar con positronios porque, para empezar, no son fotones que se puedan ver. No se los puede medir con polariza-
ción, como se hace con la luz visible. Además, es radioactivo, de modo que
trabajar con positronios es más complicado que con otros elementos. Lo
más probable es que uno debería trabajar con protección de plomo y todas
esas cosas. De modo que se trabaja con luz visible (y hoy día, a menudo con
luz láser, que permite más precisión). Con el positronio, lo que se correlaciona (enreda) es la dirección de los fotones de alta energía. Con la luz visible, lo que se mide es el enredo como correlación del sentido en que se
polarizan dos fotones enredados. En el caso de los electrones, lo que enre-

da (correlaciona) es el sentido en que giran. La forma preferida de hacer estos experimentos es con luz láser visible.

En la pared de su estudio, Leonardo Vetra tiene un afiche de Einstein y su famosa cita de que "Dios no juega a los dados con el universo". Al parecer Vetra, como Einstein, cree que su estudio de la física revelará las leyes naturales de Dios. ¿El enredo realmente tiene consecuencias teológicas o vinculadas a la idea de que el universo tiene un orden divino?

Obviamente, la relación entre ciencia y religión es muy antigua. Einstein consideraba que Dios era el dios de la física. Lo que quiso decir al afirmar que "nunca creeré que Dios juega a los dados con el universo" era algo muy específico, concretamente, que la física cuántica no podía ser real. También dijo "el Señor es sutil, pero no malicioso", lo que quería decir que las leyes de la física hechas por Dios podían ser difíciles de descubrir, pero no por ello habían sido escondidas con mala intención (y, si alguien sabía de esto, era Einstein). Ésa es mi frase de Einstein favorita.

La teoría cuántica es intrínsecamente probabilística; en la mecánica cuántica, la teoría de las probabilidades está en todas partes, al menos en la forma en que los humanos interpretamos el mundo cuántico. De modo que al decir que Dios no juega a los dados con el universo, Einstein habla de eliminar el componente probabilístico. En realidad, es una afirmación de determinismo contra la naturaleza estocástica del universo: ¿el universo es estocástico, en el sentido de probabilístico, o determinístico? Einstein murió en la creencia de que la teoría cuántica del universo no era real porque era estocástica. Decía que el enredo no podía ocurrir. Creía en lo que llamaba realismo local —lo que ocurre aquí, ocurre aquí, y lo que ocurre allá, ocurre allá.

Ahora, sabemos que el enredo sí ocurre, y que por lo tanto el mundo, o al menos nuestra interpretación de lo cuántico, es probabilístico. Pero sigue tratándose de un fenómeno infrecuente; y en cuanto a decir que todos estamos conectados ¿quién sabe? Aún no lo hemos probado por medio de la física.

¿De modo que las nociones de causalidad son demolidas por la teoría del enredo?

Sí. Toda la mecánica cuántica demuele la causalidad. En el mundo cuántico, hay causalidad, pero es distinta de la forma en que la percibimos habitualmente.

¿El enredo es una amenaza para la Iglesia católica?

Bueno, no sé cómo podría serlo. Dios creó el universo. Y, juegue o no a los dados, sigue siendo Dios. En uno de mis libros digo "al parecer Dios sí juega a los dados; pero siempre sabe qué número saldrá".

Como sea, el enredo, la teoría cuántica y la relatividad no tienen mucha relación directa con la religión institucionalizada. Einstein tenía sus debates con su propio Dios porque creía que su teoría era la correcta, y que sería mejor que Dios lo reconociera haciendo que los experimentos la confirmaran. Fue en esa ocasión que dijo "el Señor es sutil, pero no malicioso". Pero Einstein fracasó en términos del enredo y de la teoría cuántica porque, al menos hasta ahora, no ha habido un cerebro humano capaz de compatibilizar ambas teorías.

En la novela, Vittoria Vetra asevera que "una de las leyes fundamentales de la física afirma que no se puede crear materia a partir de la nada". Sostiene que esa ley cuestiona la idea de que Dios creó el universo ¿Eso es así?

No creo que nadie tenga la repuesta a eso. ¿Qué significa "a partir de la nada"? Los cosmólogos y físicos le dirán que nuestro universo tenía el tamaño de una fracción de protón cuando explotó en el big bang. No veo la diferencia entre eso y el libro el Génesis. Dios dijo "que se haga la luz", y la tierra y los cielos arriba, y las aguas abajo, y todo eso. Y el big bang fue la creación de este universo tremendamente grande que tiene un radio que, por lo que podemos calcular ahora, tiene algo así como 13,7 de miles de millones de años luz que se originó de algo que era más pequeño que un protón. ¿No es eso "materia a partir de la nada"?

Uno de los grandes recursos de la trama de la novela tiene que ver con qué hacer con un recipiente que contiene un cuarto de gramo de antimateria, con la cual se amenaza hacer volar el Vaticano. ¿Eso es posible?

Le daré un ejemplo de lo que ocurre cuando se encuentran materia y antimateria. No podemos viajar a las estrellas actualmente, pues nos llevaría algo así como ocho mil años llegar a la estrella más próxima (Alfa Centauro, cuando se la ve desde nuestro hemisferio sur, está a 4,25 años luz de la Tierra) si se fuera a la velocidad máxima que puede alcanzar una nave espacial moderna. Los científicos hablan de utilizar máquinas que recurran a la antimateria, suspendida en un campo magnético en un vacío a bordo de la nave, y dejándola escapar en forma muy controlada a otro sector del motor, donde se encontraría con materia normal. Allí aniquilaría la materia normal, produciendo una inmensa energía. Al hacerlo, crearía positronio (y también, como sabemos, fotones enredados). Y ello propulsaría a la nave a una velocidad mayor que la que nunca hubiéramos alcanzado en el pasado.

Volviendo a la novela, no soy experto en esto, pero según mis cálculos, un cuarto de gramo ciertamente haría peligrar al Vaticano, ya que contendría la energía de una bomba nuclear pequeña. Con diez gramos (el contenido de una cuchara de té) de antimateria, se tendría suficiente energía como para destruir toda la ciudad de Roma. De modo que sólo un gramo de antimateria (un décimo de cucharadita) sería suficiente para destruir la ciudad del Vaticano, que es el centro de Roma.

7

Ángeles y Demonios, Dan Brown y el arte de convertir los "hechos" en ficción

Explicamos los fascinantes detalles de la trama de la novela • ¿Por qué a Dan Brown le convendría verificar un poco más los hechos para la próxima? • El arte y el oficio de crear los ambigramas de la muerte • ¿Qué ocurre cuando la filosofía racional se encuentra con la ficción irracional?

Los huecos en la trama y detalles intrigantes de *Ángeles y Demonios*

POR DAVID A. SHUGARTS

David A. Shugarts es un periodista con más de treinta años de experiencia. Su habilidad como reportero investigador lo ha llevado a ser el primero en descubrir los errores de la trama y los detalles intrigantes de *El Código Da Vinci* de Dan Brown, presentándolos en *Los secretos del Código*.

Uno de los elementos que tuvo más repercusión en nuestro libro anterior, Los secretos del Código, *fue un análisis página a página de* El Código Da Vinci *preparado por el veterano reportero investigador David Shugarts. Le pedimos a Shugarts que hiciera lo mismo para* Los secretos de Ángeles y Demonios *—analizar los errores de la trama (recurriendo a la misma información en la que posiblemente se haya basado Brown en su investigación para la novela), centrándose en los detalles que se pasan por alto demasiado rápido y revisando las afirmaciones de veracidad que hace Brown para todo, desde la antimateria hasta Galileo. Lo que se da a conocer a continuación es sólo una pequeña selección de los hallazgos de Shugarts. Si desea saber más, visite nuestro sitio web en www.secretsofthecode.com y busque el anuncio de cuándo y cómo daremos a conocer el informe completo de estos baches en la trama y detalles intrigantes. Los lectores a los que les atraiga esta clase de análisis textual pormenorizado también disfrutarán de las otras dos notas de Shugarts que se dan a conocer en este capítulo —una referida a los nombres de los personajes de* Ángeles y Demonios *y el otro sobre los juguetes tecnológicos de* Ángeles y Demonios*(por ejemplo, la aeronave X-33, el helicóptero papal de vuelo alto y la antimateria). {Los números de página se refieren a la edición castellana estándar de* Ángeles y Demonios *disponible en 2004.}*

PÁGINA 11: *El* CERN *"logró recientemente generar las primeras partículas de antimateria" ¿Esto es correcto?*

No, La primera partícula conocida de antimateria, el positrón, fue detectada en 1932 por el físico estadounidense Carl Anderson cuando estudiaba los rayos cósmicos, siguiendo la senda abierta por el físico británico Paul Dibs, quien en 1928 predijo que tales partículas existían. Como dice en el sitio web de Dan Brown, "las primeras antipartículas de laboratorio se crearon en la década de 1950" —pero no en el CERN. En 1955, se produjo el antiprotón en el Bevatron de Berkeley. Si se considera que

1995 es una fecha reciente, la primera y fugaz creación de algunos átomos (no meras partículas) de antimateria se logró entonces en el CERN.
Allí, un antiprotón se unió a un positrón durante un breve instante,
creando un átomo de antihidrógeno. Se crearon nueve de esos átomos.
Empleando las instalaciones del CERN, el 2002 el consorcio ATHENA obtuvo cantidades significativas con fines investigativos, y siempre a una
escala extremadamente pequeña.

PÁGINA 11: *"Hasta hace poco, sólo se habían creado cantidades ínfimas de
antimateria (unos cuantos átomos cada vez)". ¿Brown es preciso en esto?*
Es cierto. Sólo después de la publicación de *Ángeles y Demonios* se produjeron centenares de miles de átomos de antimateria, lo cual sigue siendo una
cantidad minúscula.

PÁGINA 20: *"Me llamo Maximilian Kohler. Soy físico de partículas
discontinuas". ¿Es así como se refieren a sí mismos los físicos de partículas?*
No. La referencia de Dan Brown a "discontinua" probablemente se origi-
ne en la discusión iniciada en 1910 por Niels Bohr que llevó a la mecánica cuántica u ondulatoria. No distingue a Kohler de otros físicos de partículas. Al postular partículas y ondas discontinuas, Bohr difirió de la
creencia predominante de que la textura del universo era continua.

PÁGINA 20: *"¿Cómo ha conseguido mi número? 'En Internet. La página web de
su libro'. Langdon frunció el ceño. Sabía perfectamente que la página web no
incluía el número telefónico de su casa. Era evidente que el hombre estaba
mintiendo".*
Langdon no conoce el WhoIs. ¿Lo conocerá Dan Brown? Cuando uno re-
gistra un nombre de dominio (por ejemplo, www.danbrown.com), es típico que el registrador de ese nombre de dominio publique la información
de registro, a la que se puede acceder desde muchos sitios web públicos.
Algunas personas no dan su verdadero número de teléfono, pero ésa es
otra cosa. Por ejemplo, éste es el contacto administrativo que aparece en
www.danbrown.com:

Dan Brown
PO Box 1010
Exeter, NH 03833
US
Phone: 999-999-9999
Email: danbrown9@earthlink.net

PÁGINA 24: *"La aurora empezaba a insinuarse entre los abedules del patio trasero".*

Es un día de abril. Si consideramos que el día postulado es en mitad de abril, la modificación de horario para ahorro de energía está vigente en Boston (también en Ginebra y Roma). El sol sale aproximadamente a las 6:03. Hay tres definiciones útiles de amanecer. Si se quieren observar las estrellas, se recurre al *amanecer astronómico*, que es la hora a la que el sol está dieciocho grados por debajo del horizonte y el cielo apenas comienza a aclarar. Antes de ese momento, el cielo está completamente oscuro. Si uno está en el mar, puede emplear el *amanecer náutico*, en que el sol está doce grados por debajo del horizonte y apenas hay suficiente luz como para distinguir los objetos. Finalmente, está el *amanecer civil*, en que el sol está seis grados por debajo del horizonte, pero hay abundante luz para actividad en el exterior. La mayor parte de las personas llamarían "salida del sol" a ese momento.

De modo que aun si lo que Langdon ve es el amanecer náutico, aún sólo faltan cuarenta minutos para la salida del sol. Ello se contradice con la hora a la que Langdon llega al aeropuerto Logan, que es aproximadamente las 6 AM, aunque aún está oscuro.

PÁGINA 27: *"El hombre guió a Langdon hasta el final del hangar. Doblaron en la esquina y desembocaron en la pista."*

No se puede ir de un hangar a una pista. Las pistas son las superficies desde donde las aeronaves despegan o aterrizan. No hay construcciones al lado de las pistas en Boston. Habitualmente, el área de asfalto cercana a un hangar se conoce como *rampa de estacionamiento*, que lleva a una *antepista*, que a su vez lleva a una *pista*.

PÁGINA 27: *"Las alas prácticamente no existían. Eran dos aletas rechonchas en la parte posterior del fuselaje. Un par de timones dorsales se alzaban en la sección de la popa. El resto del avión era casco (unos sesenta metros de longitud), sin ventanas, sólo casco.*
—Doscientos cincuenta mil kilos con los depósitos llenos de combustible —explicó el piloto, como un padre que presumiera de su primogénito recién nacido—. Funciona con hidrógeno líquido. El fuselaje está hecho de una matriz de titanio con fibras de carburo de silicio. Tiene una proporción de potencia/peso 20:1. La mayor parte de los aviones de reacción funcionan a 7:1. El director debe de tener mucha prisa por verlo. No suele enviar al monstruo.

La descripción de Dan Brown es un retrato reconocible del X-33 visto a través de los ojos de un lego, aunque la terminología es imprecisa (por ejemplo, los "timones dorsales" en realidad se denominan timones y estabilizadores verticales). Sin embargo, el tamaño de la nave está muy exagerado. El verdadero X-33 iba a tener unos veinte metros de largo (no sesenta) e iba a pesar unos 130.000 kilos (no 250.000) con su carga de combustible completa. La construcción de "una matriz de titanio con fibras de carburo de silicio" no es más que una ristra de palabras que suenan técnicas y no significan nada. El X-33 nunca voló y ni siquiera se le llegaron a instalar los motores. Pero, más importante, nunca estuvo destinado a ser tripulado, de modo que no tenía cabina ni carlinga alguna. En cuanto a la referencia al combustible, si acaba de aterrizar ¿cómo va a cargar? ¿venden hidrógeno líquido en el aeropuerto Boston-Logan? ¡Diría que no! Y en cuanto a eso de la "proporción potencia/peso de 20:1, la mayor parte de los aviones de reacción funcionan a 7:1", ninguna de las dos cifras es correcta (véase mi ensayo "Los juguetes tecnológicos" en el capítulo 6 del presente libro).

PÁGINA 28: *"El piloto indicó la pasarela con un ademán.*
—Sígame, por favor, señor Langdon. Mire donde pisa."

¿Pasarela? ¿Me está tomando el pelo? ¿Qué es esto, una nave lunar de Julio Verne? En los jets privados, lo habitual es una puerta que incluye un tramo de escalones.

PÁGINA 41: *"Tubo de caída libre —dijo Kohler, y se detuvo para esperarlo—.*
Paracaidismo de interior. Para aliviar el estrés. Es un túnel de viento vertical".
Ellos miran a través de "Cuatro portales de gruesos cristales, como ventanas en un
submarino".

La mayor parte de los submarinos no tienen ventana alguna, pero si las tuvieran, no serían "portales" ni "ventanas", sino ojos de buey.

PÁGINA 43: *Kohler explica la sigla TGU como "Teoría General Unificada".*
¿Correcto?

No. Debería ser GTU, "Gran Teoría Unificada".

PÁGINA 47: *El apartamento de Vetra está tan frío que hay niebla en él. (Después*
~~*sabremos que la orina de Vetra se ha congelado.)*~~
"—Sistema de aire acondicionado por freón —dice Kohler—. Refrigeré el piso
para conservar el cuerpo".

No sabemos de ningún espacio destinado a vivienda que tenga un sistema de aire acondicionado capaz de producir congelamiento. No hay una necesidad práctica que lo justifique, y sería malo para los caños. Tal vez como director del CERN, Kohler pudo haber pedido que se llevase algún equipo al apartamento. Pero no cabe duda de que una organización consciente de la preservación del medio ambiente, como el CERN, nunca usaría freón, que fue prohibido en Europa hace más de una década. El freón pertenece a una categoría de gases llamada clorofluocarbonos que se afirma que destruyen la capa atmósferica de ozono.

PÁGINA 50: *Langdon explica, "—Científicos sin pelos en la lengua como Copérnico...*
"—Fueron asesinados —interrumpió Kohler—. Asesinados por la Iglesia por revelar verdades científicas."

Copérnico no fue asesinado. Nicolás Copérnico sufrió un síncope a la edad de setenta años en 1543. No hay evidencia alguna de que fuera asesinado o siquiera de que haya provocado las iras de la Iglesia. Aunque su teoría heliocéntrica llevaba años circulando, sus amigos recién lo convencieron de publicarla el año mismo de su muerte, en que apareció bajo el título *De re-volutionibus orbium coelestium* (Las revoluciones de las órbitas celestes). Copérnico había sufrido una hemiplejia, perdido la conciencia y caído en coma. La leyenda dice que despertó el tiempo suficiente para ver un ejemplar de su libro y aprobarlo antes de morir en paz. Copérnico no sólo no tenía problemas con el papa, sino que dedicó su libro al papa Pablo III. La oposición más inmediata a su libro surgió de los protestantes, quienes dijeron que contradecía a la Biblia. Sólo setenta años después de su muerte, cuando la teoría heliocéntrica fue retomada por Galileo, la Iglesia católica se pronunció contra él. Como señalan muchos comentaristas en el presente libro, la Iglesia no se oponía tanto al heliocentrismo como a la forma en que Galileo manejó sus críticas a la doctrina de la Iglesia.

PÁGINA 52: *Langdon dice que el Vaticano tildó a los illuminati de "Shaitan". Dice que es "adversario" en árabe. También dice,*
"—La Iglesia escogió una palabra islámica porque lo consideraba un idioma sucio —Landon vaciló—. Shaitan es la raíz de la palabra... Satanás".

¡Oh! ¡Llamen a la policía lingüística! No existe el idioma "islámico". El idioma inicial del islam fue el árabe. El Corán, por ejemplo, está escrito en árabe antiguo (antes de que se emplearan puntos en los caracteres). Pero *Satán* es una palabra empleada en muchos libros de la Biblia hebrea, mucho antes de Mahoma. Ciertamente, su raíz es una palabra que significa *adversario*, pero ésa es una antigua definición hebrea, no árabe. En árabe, *Shaitan* se define como "un *yinn* (genio o espíritu) rebelde que lleva a los hombres por mal camino", lo cual ciertamente se vincula al concepto de diablo, pero *Shaitan* no es la raíz de la palabra inglesa [y castellana] *satán*.

PÁGINA 57: *Langdon explica que cuando los illuminati huyeron de Roma, fueron acogidos por "otra sociedad secreta, una hermandad de ricos canteros bávaros llamados francmasones".*

Si el concepto de Brown de que Galileo fue denunciado como illuminatus y que, tras ser torturado, dio las identidades de otros integrantes fuera cierto —no lo es— entonces estos eventos habrían ocurrido en torno de 1633, cuando fue arrestado por la Inquisición, y sin duda no después de su muerte en 1642. Esto es al menos 134 años demasiado pronto para que los illuminati se hayan refugiado entre los francmasones bávaros. No hay evidencia de la existencia de francmasones bávaros hasta mediados del siglo XVIII. Las primeras Logias Azules de la masonería fueron fundadas en Londres en 1717. La francmasonería se extendió a Europa después de esa fecha. Los illuminati bávaros, fuertemente arraigados en la francmasonería fueron fundados en una fecha específica: 1º de mayo de 1776, 134 años después de la muerte de Galileo.

PÁGINA 63: *En el estudio de Vetra, Langdon ve "un modelo de Bohr en plástico de un átomo". ¿Qué es eso?*

El modelo de Bohr del átomo es una descripción matemática que no se presta a ser representada en plástico. Predice que la energía de los electrones contenidos en un átomo se encuentra en niveles cuantizados.

PÁGINA 84: *"—Ésa es la partícula Z, "dice Victoria. "Mi padre la descubrió hace cinco años. Energía pura, carente de masa. Puede que sea la construcción más pequeña de la naturaleza. La materia no es más que energía atrapada".*

¡Llamen a la policía de la física! La partícula Z o bosón Z fue detectada en 1983 por Carlo Rubbia y Simon va der Meeer del CERN, quienes al año siguiente ganaron el Nobel de Física en forma conjunta. El bosón Z no sólo tiene masa, sino, en comparación con otras partículas, mucha masa. Por ejemplo, pesa cien veces más que el protón. Si Vittoria supiera lo que dice, habría dicho que tiene carga cero.

PÁGINA 90: *"Vittoria continuó —Cuando la Iglesia Católica propuso la teoría del Big Bang en 1927..." Ella explica que un monje católico, Georges Lemaître, propuso la teoría en 1927 y Edwin Hubble sólo la confirmó en 1929. ¿Es esto correcto?*

Sí y no. Cuando Lemaître propuso la teoría era sacerdote católico, pero hacía tiempo que era científico, pues había pasado muchos años en el mundo académico como estudiante (se había doctorado en el MIT) además de como profesor. De hecho, era profesor de física en la Universidad de Leuven en Bélgica cuando su teoría se difundió. La Iglesia católica no se dio por enterada de sus investigaciones de inmediato, y sólo en 1936 el papa lo nombró miembro de la Academia Pontificia de Ciencia. Inicialmente, Einstein rechazó las ideas de Lemaître, pero después se dio cuenta de que había cometido un grave error y las aceptó. En 1933, cuando Lemaître expuso detalladamente su teoría en un seminario, Einstein se puso de pie, aplaudió y dijo, "ésta es la más bella y satisfactoria explicación de la creación que nunca haya oído". "Big bang" fue originalmente un término despectivo con que la teoría fue designada por quienes se le oponían, pero sobrevivió, y sus inventores fueron olvidados hace mucho.

PÁGINA 95: *El Hassassin está caminando en un túnel bajo el Vaticano, contando en árabe.* "Wahad...tintain...thalatha...arbaa"
No sé árabe, pero los estudiosos me dicen que la forma correcta de contar en árabe es (1) *wâhid* (2) *ithnân* (3) *thalâta* (4) *'arbaa*. La palabra árabe *tintain* es el femenino de "dos" en muchos dialectos, pero para contar, los números en árabe son masculinos.

PÁGINA 96: *Vittoria explica las partículas:*
"*—Todo tiene su contrario. Los protones tienen electrones. Los quarks up tienen quarks down. La antimateria es al yin lo que es al yang la materia. Equilibra la ecuación física.*"
Para una física de "bioentredo" supuestamente tan brillante como Vittoria, esto parece una generalización excesiva. Es cierto que protones y electrones tienen distintas cargas. Sin embargo, en la teoría del modelo estándar, lo opuesto de un protón es un antiprotón y lo opuesto de un electrón es un positrón. Los "sabores" posibles de un quark son arriba, abajo, *charm*, atípico, superior e inferior y un quark tiene un antiquark.

PÁGINA 99: *Vittoria describe su invención de los contenedores de antimateria:*
"*—Cápsulas de nanocompuestos herméticas con electroimanes opuestos en cada extremo...Tomé prestada la idea de la naturaleza. Las medusas atrapan peces entre sus tentáculos utilizando descargas nematocísticas. El mismo principio rige aquí. Cada contenedor tiene dos electroimanes, uno en cada extremo. Sus campos magnéticos se cruzan en el centro del contenedor y retienen la antimateria en ese punto, suspendida en el vacío*".
Ésta es más jeringoza seudotecnológica. No hay nada que ganar con cápsulas de "nanocompuestos". Tanto *Ángeles y Demonios* como *El Código Da Vinci* agregan arbitrariamente el prefijo *nano* (presumiblemente en una alusión gratuita a la nanotecnología) a las palabras técnicas para que suenen más impresionantes y avanzadas. Nada de lo vinculado a los tentáculos de

una medusa es aplicable aquí. Esta medusa no atrapa a los peces entre sus tentáculos, sino que más los envenena con éstos cuando el pez, nadando, pasa por entre ellos. Los nematocistos no están electrificados, sino enroscados como resortes naturales.

PÁGINA 103: *Se afirma que una muestra de antimateria de "unos pocos millonésimos de gramo" es aniquilada, haciendo estremecerse la bóveda de piedra del laboratorio. Vetra lleva semanas o meses haciendo periódicos experimentos de estas características. Posteriormente, Vittoria revela que ella y su padre han fabricado un cuarto de gramo de antimateria.*

¿Cómo puede ser que en el CERN nadie haya notado esas tremendas explosiones que se producían en el subsuelo? ¿No monitorean la actividad sísmica? El esfuerzo de producir un cuarto de gramo requeriría que el LHC gastara una considerable cantidad de energía. ¿Ni Kohler ni el CERN notaron cuánta energía se consumía?

PÁGINA 113: *"La antimateria era el arma terrorista suprema. Carecía de partes metálicas susceptibles de disparar un detector de metales, de rastros químicos que pudieran olfatear los perros, de espoleta que pudiera desactivarse si las fuerzas del orden localizaran el contenedor".*

Sería imposible que los detectores de seguridad no registraran los intensos campos magnéticos producidos por los poderosos electroimanes de la tapa y el fondo de los recipientes.

PÁGINA 122: *Kohler le presenta Langdon a Victoria como* *"—Un profesor de historia del arte en la Universidad de Harvard... especialista en simbología religiosa".*

Langdon no ofrece objeciones, aunque él mismo se dice profesor de simbología religiosa, no de historia del arte.

PÁGINA 124: *La secretaria de Kohler lo escucha en su oficina "utilizando el ordenador, el teléfono y el fax".*

Kohler no necesita de un módem normal. En el CERN, donde fue inventada Internet, sería impensable que cualquier integrante de la organización —en particular el director— no tuviese una conexión de Internet directa.

PÁGINA 132: *"El avión espacial X-33 tomó altura y enfiló hacia el sur, en dirección a Roma".*

Volar hacia el sur desde Ginebra lleva a Tolón, Francia, y luego al Mediterráneo occidental. Para ir a Roma hay que volar hacia el sudeste.

PÁGINA 141: *El piloto tiene un extraño traje: "Su chaqueta abultada era a rayas verticales azules y doradas. Llevaba pantalones y polainas a juego. Calzaba una especie de zapatillas negras. Se tocaba con una boina negra de fieltro.*
"—El uniforme tradicional de la guardia suiza—explicó Langdon—. Diseñado por el mismísimo Miguel Ángel".

Langdon no nota los llamativos puños y borlas rojas del guardia suizo, lo cual es difícil. La muy repetida afirmación de que Miguel Ángel diseñó los uniformes parece ser una leyenda posterior al Renacimiento, aunque es probable que haya tenido alguna participación. A Rafael se le adjudica algún crédito en ese tema, ya que algunas de sus pinturas de ese período representan los elementos básicos del uniforme actual de la Guardia Suiza.

PÁGINA 153: *"La Gran Castración, pensó Langdon. Era una de las tragedias más horripilantes del arte renacentista. En 1857, Pío IX decidió que la representación de los atributos varoniles podía incitar a la lujuria en el interior del Vaticano. En consecuencia, agarró un escoplo y un mazo, y cortó los genitales de todas las estatuas masculinas del Vaticano. Mutiló obras de Miguel Ángel, Bramante y Bernini. Se utilizaron hojas de higuera de yeso para ocultar los daños. Cientos de esculturas fueron castradas."*

No sabemos de ninguna evidencia de que este episodio haya ocurrido durante el pontificado de Pío IX a mediados del siglo XIX. Sin embargo, se sabe que Miguel Ángel produjo las iras de algunos jerarcas de la Iglesia creando figuras anatómicamente completas en la Capilla Sixtina y en estatuas ubicadas en otros emplazamientos. Estos jerarcas, el cardenal Carafa y monseñor Sernini, hicieron un intento de censura que se conoció como "la campaña de la hoja de parra". No tuvieron éxito hasta después de la muerte de Miguel Ángel, cuando se aprobó una ley que exigía que los genitales se cubrieran. Daniele de Volterra, un aprendiz de Miguel Ángel creo *perizomas* (taparrabos), tras lo cual fue llamado "Il Braghettone" (el fabricante de bragas).

PÁGINA 186: *El Hassassin dice:*
"—¿Su padre? Pero ¿qué pasa aquí? ¿Vetra tenía una hija? Debería saber que su padre lloriqueó como un niño al final. Penoso. Un hombre patético."

Quien telefonea parece ser la persona que entró subrepticiamente en el CERN, mató a Vetra, y robó el recipiente. ¿Cómo es posible que, con todos sus movimientos cuidadosamente planeados y sus bien ensayadas técnicas de asesinato —incluyendo el saber que debería emplear el globo ocular de Vetra— no haya sabido que Vetra tenía una hija que trabajaba con él? En particular, ¿no sabía que ella tenía el otro juego de ojos que daban acceso a la cámara de antimateria?

Página 193: *Olivetto se opone a evacuar la Capilla Sixtina "—Evacuar a ciento sesenta y cinco cardenales a Roma, sin preparación y sin protección, sería una insensatez". ¿Cuántos cardenales hay en la capilla?*

Pocas páginas después, el camarlengo Ventresca entiende rápidamente que el número no puede ser 165, sino 161, porque faltan cuatro. Es curioso que Olivetti no haya hecho esta cuenta. La cifra de 165 que emplea Dan Brown ni se acerca a la realidad. A comienzos de 2004, había 193 cardenales, pero 62 de ellos ya tenían más de ochenta años y no podían actuar como electores en el cónclave. De los restantes 131, 10 cumplirían los ochenta antes de fin de año. De modo que la cantidad de cardenales presentes en el próximo cónclave rondaría los 125.

Página 197: *"La oficina central de la BBC se halla en Londres, justo al oeste de Piccadilly Circus".*

La sede de la British Broadcasting Corporation está en Broadcasting House. No hay que ir al oeste de Piccadilly Circus para llegar allí. Está al norte, más o menos a ochocientos metros de Portland Place por Regent Street.

Página 226: *Langdon menciona el* Diagramma della Verità *de Galileo, el cual, dice, fue escrito por éste durante su arresto domiciliario, llevado subrepticiamente a Holanda, donde fue publicado, volviéndose inmensamente popular entre los científicos europeos. La Iglesia lo supo y se dedicó a quemar los ejemplares que pudo encontrar.*

Es casi indudable que *Diagramma* no existe, y todos los expertos en Galileo entrevistados para el presente libro niegan su existencia. Sin embargo, la descripción del libro prohibido impreso en Holanda, se aplica bien a *Discursos y demostraciones matemática relativos a dos nuevas ciencias* (1683) de Galileo.

Página 226: *Langdon dice,*
"—Los archivistas califican los documentos de uno a diez según su integridad estructural". Dice que el Diagramma ha tenido una baja "tasa de permanencia" porque "—Fue impreso en papiro. Es como papel de seda. No dura más de un siglo… Así, cualquier científico que consiguiera un ejemplar podía disolverlo en agua" ¿Es verosímil que el documento sea de papiro? y ¿se disuelve éste en agua? ¿Y qué es eso de la "tasa de permanencia"?

Es poco probable que Galileo haya usado papiro. En la época en que escribió, ya hacía tiempo que no se empleaba el papiro, y habría sido muy difícil, sino imposible, obtenerlo. En la era de Galileo, lo que se usaba era el papel, fabricado a partir de trapos, lino, algodón o pulpa de madera. Algunos documentos formales o especiales se hacían de pergamino, que es una piel animal. El papiro, originado en el antiguo Egipto, se usó durante un largo período y llegó a exportarse a otros países. Pero esto cambió en torno del año 300 o 400 dC con el auge del empleo del pergamino en el Mediterráneo oriental. En Europa, el pergamino fue la norma desde aproximadamente el año 900 dC hasta la impresión de la Biblia de Gutenberg en el año 1456 dC, momento en que comienza la difusión masiva del papel.

El papiro de tres mil años de antigüedad tiende a desintegrarse, pero aun así, no se disolvería en agua. La principal fibra del papiro es la celulosa, que no se disuelve fácilmente en agua. Sin embargo, el papiro se elaboraba tradicionalmente de tiras de la planta de papiro que se entrecruzaban, empapaban con agua del Nilo y luego se prensaban de manera de que los jugos de la planta se convirtieran en el principal adhesivo. Sin duda que mojar una hoja de papiro en algún momento aflojaría la adhesión de las tiras. Lo de "papiro de juncia" parece ser un intento de Landgon por mostrar que sabe más de lo que realmente sabe. No existe otra clase de papiro, pues el papiro pertenece a la familia de las plantas herbáceas conocidas como juncias. Por cierto, cuando Dan Brown quiere que el papiro se disuelva en su siempre fascinante texto críptico de *El Código Da Vinci* hace que el líquido corrosivo sea vinagre (ácido acético diluido). Suena como algo que realmente podría disolver el papiro. Pero lo cierto es que eso tampoco ocurriría.

No hay "tasas de permanencia" aplicables al papiro. Hay algunas normas para los soportes de papel y cartón que las bibliotecas especifican para sus proveedores. Estos soportes se examinan mediante los métodos de prueba estandarizados por el American National Standards Institute, la American Society for Testing and Materials y la Technical Association of the Pulp and Paper Industry. En términos generales, se espera que los papeles duren al menos quinientos años.

Página 232: *Langdon describe la atmósfera especial de "la cámara hermética". Él dice que tiene un "vacío parcial" para reducir el nivel de oxígeno. Tiene sólo un ocho por ciento de humedad. Es como "elevarse seis mil metros desde el nivel del mar en un instante. Náuseas y mareos no eran raros. Doble visión, dóblate en dos, se recordó, citando el mantra de los archivistas."*

Las bibliotecas que tienen archivos para libros raros pueden considerarse afortunadas si tienen recintos con controles de temperatura y humedad. No tienen bóvedas herméticamente selladas. Ni siquiera la biblioteca vaticana. (Véase mi discusión de los "juguetes tecnológicos" en el capítulo 6 para ver qué desafíos atmosféricos y corporales se plantearían si se instalara un sistema de estas características).

PÁGINA 236: *La camarógrafa Chinita Macri dice que ella puede transmitir en directo en*
"—Uno punto cinco tres siete megahertz".

Éso equivale a 1537 KHz, una frecuencia de banda que se le adjudica a la radio AM. Nunca se emplearía para una señal televisiva. De hecho, lo más probable sería que interfiriera con la señal de Radio Vaticano, que está en 1530 KHz.

PÁGINA 239: *"Langdon rebuscó en una bandeja de herramientas de archivero y encontró las pinzas con almohadillas de fieltro que los archiveros llaman 'címbalos de dedo', pinzas de gran tamaño con discos aplanados en cada brazo."*

Lo de "címbalos de dedo" probablemente sea un invento de Dan Brown. Para manejar papiros, los archivistas podrían usar pinzas, pero se trata de pinzas cuadradas, planas, sin almohadillas. Para manejar papel, lo más habitual es ver a los archivistas empleando sus manos (cuidadosamente lavadas, por supuesto) o guantes de algodón, que también plantean problemas, pues, por ejemplo, se enganchan.

PÁGINA 246: *"—Pero esto fue en el siglo XVII —protestó Langdon—. Nadie hablaba inglés en Italia, ni siquiera…—Calló, al darse cuenta de lo que estaba a punto de decir—. Ni siquiera… el clero. —Habló con más rapidez.— El inglés era un idioma que el Vaticano aún no había aceptado. Hablaban en italiano, latín, alemán, incluso español y francés, pero el inglés no existía en el seno del Vaticano. Lo consideraban un idioma contaminado, de librepensadores, propio de hombres profanos como Chaucer y Shakespeare."*

Aunque Inglaterra oficialmente se convirtió al anglicanismo después de Enrique VIII, aún había importantes cantidades de católicos en Inglaterra. Ciertamente habría habido integrantes del clero que hablaran en inglés y una jerarquía que mantuviera relaciones con Roma. Hubo ocasiones en que reyes y reinas católicos accedieron al trono inglés. Según Stephen Greenblatt, uno de los más destacados expertos en Shakespeare de los Estados Unidos, el padre de éste era un católico secreto. Tal vez el joven Will haya desarrollado su sentido de lo teatral por haberlo visto practicando rituales católicos. Además, la mayor parte de Irlanda era católica y también allí habría habido un gran relación de católicos angloparlantes con Roma, Durante el siglo XVI hubo muchos intentos, especialmente en alemán y en inglés, para verter la Biblia al idioma del hombre común, más bien que mantenerla encerrada en el latín. Inicialmente, Roma se opuso firmemente al intento, pero para la década de 1580 había comenzado a aceptarlo. Traducir la Biblia al inglés se consideraba tan importante que ya había dos traducciones católicas para el momento en que la llamada versión autorizada (la Biblia protestante) se distribuyó en 1611.

PÁGINA 252: *Langdon decodifica "Santi" como el artista Rafael. Él dice que Rafael fue un niño prodigio "que a la edad de veinticinco años ya estaba haciendo encargos para el papa Julio II, y que, cuando murió a la temprana edad de treinta y ocho años, dejó la mayor colección de frescos que el mundo había visto jamás. Era un gigante del arte mundial." Langdon también dice que "Rafael, como muchos otros artistas dedicados al arte religioso, era sospechoso de ateísmo."*

Entre los historiadores del arte, a Rafael se lo designa habitualmente con su nombre italiano, Raffaello Sanzio, pero en ocasiones se lo llama Raffaello Santi. Nació en 1483 y murió en vísperas de su cumpleaños número treinta y siete, el 6 de abril de 1520. Es curioso que Dan Brown cite la inscripción de su sarcófago que reza "Raphael Santi, 1483-1520" pero que así y todo no haya podido calcular correctamente treinta y siete años. Los doce años que Rafael pasó en Roma antes de su muerte fueron productivos en materia de frescos, pero de ninguna manera éstos constituyen la totalidad de su obra. Pintó muchos retratos y otras pinturas, y creó célebres tapices para el Vaticano. Adicionalmente, hizo grandes obras arquitectónicas, y durante un período fue arquitecto de San Pedro en Roma, así como el arquitecto original del ámbito dentro de la iglesia de Santa Maria del Popolo que se convertiría en la capilla Chigi que redecoró Bernini. Ése es el lugar donde Langdon y Vittoria descubren el primer asesinato, vinculado al tema de la tierra.

PÁGINA 269: *Son alrededor de las 19:48 en Roma, y Langdon reflexiona que "seis horas antes estaba durmiendo en Cambridge".*

Como aterrizó en Ginebra poco después de la una de la tarde (momento en que, presumiblemente, cambió la hora en su reloj Mickey), debería saber que ya llevaba en Europa casi siete horas, y que hacía casi ocho horas y media que estaba despierto.

PÁGINA 275: *"La práctica de 'devorar a los dioses', o sea, la Sagrada Comunión, proviene de los aztecas. Ni siquiera el concepto de Cristo muriendo por nuestros pecados es exclusivamente cristiano. El sacrificio de un joven para redimir los pecados de su pueblo aparece en la tradición Quetzalcoatl'".*

Es cierto que esas culturas pueden tener leyendas paralelas, pero ninguna de esas afirmaciones tiene sentido si se acepta que la historia de Cristo y de la Última Cena (donde la Primera Comunión se enseñó a los discípulos) tiene base histórica. En el año 200 dC, la Iglesia ya tenía rituales de comunión. La única forma de explicar la afirmación de Langdon es suponer que

Cristo conocía las leyendas aztecas y pretendía emularlas. Pero la cultura azteca no surgió hasta novecientos o mil años después de Cristo.

PÁGINA 277: *Langdon menciona que el Panteón fue reconstruido por Adriano en el 119 después de Cristo. El cicerone, o "guía" del Panteón dice "—¡Fue la cúpula más grande del mundo hasta 1960, cuando fue eclipsada por la Supercúpula de Nueva Orleans!"*

El diámetro de la cúpula del Panteón es de 43,3 metros. Fue eclipsado en el siglo XV. Al construir la catedral de Florencia en 1420, Filippo Brunelleschi diseñó una cúpula de 45,5 metros de diámetro. La cúpula se finalizó en 1438, pero la obra de Brunelleschi continuó hasta la muerte de éste en 1446. Después de eso, la construcción de la catedral se prolongó durante muchos años. Brunelleschi había estudiado concienzudamente la cúpula del Panteón antes de producir su plan para la catedral de Florencia. Miguel Ángel diseñó la cúpula de San Pedro en Roma tras ver el domo de Brunelleschi. El de San Pedro tiene 42,1 metros de diámetro —es un poco más pequeño. El Louisiana Superdome de Nueva Orleans no se construyó en 1960. Se completó en 1975. Tal vez Langdon estuviera pensando en el Astrodome. Proyectado con la intención de que se celebraran encuentros de béisbol de primera división en Houston, el Astrodome, comenzado en 1960, fue concluido cinco años más tarde. Como sea, aunque el Superdome de Nueva Orleans, con sus 210 metros, es grande, el Superdome de Georgia, completado en 1992, es el claro ganador con sus 256 metros.

PÁGINA 291: *"El taxi de Langdon y Vittoria completó el trayecto de más de un kilómetro, Via della Scrofa, en apenas un minuto. Frenaron en el lado sur de la Piazza del Popolo poco antes de las ocho". Ellos miran alrededor de la plaza, y encuentran la iglesia. "La iglesia de Santa Maria del Popolo se erguía como un buque de guerra fuera de lugar, torcida sobre una colina situada en la esquina sudeste de la plaza".*

Este viaje no coincide con el verdadero trayecto que hubieran debido seguir en Roma. Aunque podrían comenzar dirigiéndose al norte por Via della Scrofa, ésta cambia de nombre, transformándose en Via di Ripetta y luego en Piazza Augusto Imperatore. Hay partes de esta calle que son de una mano, y ésta corre en dirección sur. Además, en una calle transversal, Via Tomacelli, hay una barrera al tránsito. No se puede ubicar una iglesia en una "esquina" de una elipse, pero aun si se entiende lo que el autor quiso decir, Santa Maria del Popolo está en la "esquina" nordeste de la Plaza del Popolo, no la sudeste.

PÁGINA 292: *Langdon y Vittoria ven la Porta del Popolo y distinguen un símbolo en el centro del punto más elevado. Vittoria describe "una estrella brillante sobre una pila de piedras triangular". Langdon negó con la cabeza. "—Una fuente de Iluminación sobre una pirámide". Victoria reconoce una descripción de "El Gran Sello de Estados Unidos". Langdon asiente: "—Exacto. El símbolo masónico del billete de un dólar."*

El símbolo que está sobre la Porta del Popolo no es de ninguna manera lo que les parece a Langdon y Vittoria. Es un elemento bien conocido del escudo familiar del papa Alejandro VII, quien definitivamente no era masón. Nacido como Fabio Chigi, de la acaudalada familia Chigi de banqueros sieneses, Alejandro VII quiso dejar huellas de su grandeza. Hizo que artistas crearan una cantidad de elementos pertenecientes al escudo de armas de la familia Chigi. Luego, en el transcurso de su pontificado, hizo que fueran exhibidas en toda Roma y aun más allá. Incluso hizo que estos símbolos, "seis montañas y una estrella" fueran agregados a estructuras que no pertenecían a su época.

La via Flamminia, una ruta de acceso a Roma, había sido construida en el año 220 dC y fue la senda empleada por muchos para ingresar en la ciudad durante siglos. En 1562, el papa (Pío IV Médicis) encargó que se erigiera esa puerta, Porta della Flamminia, para impresionar a los peregrinos que entraran en la ciudad. Posteriormente, se la conoció como Porta del Popolo (Puerta del Pueblo). Casi un siglo después (en 1655), durante el pontificado de Alejandro VII, la reina de Suecia, que se había convertido al catolicismo, entró por esa puerta. El Papa le encargó a Bernini que decorara la estructura en honor de ese evento. La puerta ya tenía el escudo de Pío IV, pero Bernini puso el de Alejandro VII —las seis montañas y la estrella de los Chigi— por encima de aquél.

La evidente pirámide rematada por el ojo que todo lo ve que aparece en el billete de un dólar no se parece en nada a lo que ven Langdon y Vittoria. El símbolo que aparece en el dólar, a menudo atribuido a influencias masónicas se origina en realidad en otras fuentes que influyeron a los diseñadores del Gran Sello de los Estados Unidos. Aun así, Dan Brown ya lo ha esparcido por los dos libros de Langdon, y es de esperar que regrese en el próximo libro de Brown. Indicios contenidos en la sobrecubierta de *El Código Da Vinci* dejan claro que Brown llevará a Langdon a Washington DC. Allí se encuentran muchas estructuras y símbolos verdaderamente masónicos. Se les pueden atribuir muchos nefarios significados que los vinculen a la leyenda de los illuminati, las teorías de la conspiración, etcétera. (Nótese que en sus interpretaciones simbólicas, Langdon ha comenzado a emplear "illuminati" y "masónicos" como términos intercambiables.)

Página 293: *Hay una puerta lateral en la iglesia. "Langdon comprendió que era la habitual* porta sacra, *una entrada privada para el clero. La mayoría de dichas entradas habían caído en desuso años antes..."*

Langdon emplea en forma espantosamente errónea el término *porta sacra*, que literalmente significa puerta o portal sagrado. Hay *portae sacrae* específicamente en cada una de las cuatro grandes basílicas de Roma: San Pedro, San Juan Laterano, Santa María Mayor y San Pablo Extramuros. Ni es una mera "puerta lateral" ni está reservada al clero. Es una puerta especial que es tapiada hasta el comienzo de un año jubilar de la Iglesia católica. Inicialmente, se pretendía que los jubileos fuesen hitos que se celebraran cada cincuenta o cien años, pero ahora la costumbre es que tengan lugar cada veinticinco años, así como en otros años extraordinarios que fija el papa. El papa abre la porta sacra de San Pedro en Navidad y designa a tres cardenales para que abran las otras tres. A la hora designada, el pontífice golpea tres veces a la puerta con un martillo de plata y, al tercer golpe, se hace que la tapia se desplome. Los peregrinos religiosos que pasen por la porta sacra de las cuatro basílicas, obtienen un perdón de los pecados especial conocido como indulgencia.

Página 295: *"Todos los guardias llevaban auriculares conectados con un detector en forma de antena que oscilaba rítmicamente delante de cada uno, los mismos aparatos que utilizaban dos veces a la semana para buscar micrófonos ocultos en el Vaticano... Las antenas sonarían si detectaran el campo magnético más ínfimo. Esta noche, sin embargo, no detectaban nada."*

Eso es ilógico. Una cámara de video inalámbrica transmite una imagen del recipiente en forma constante, de modo que transmite una señal también constante. Si esta señal llega al sistema del video, es indudable que puede ser detectada con el equipo adecuado.

Página 297: *Vittoria halla "una losa decorativa empotrada en la piedra"* con *una "pirámide bajo una estrella rutilante", al lado de una "placa cubierta de mugre"* que dice *"Escudo de armas de Agostino Chigi cuya tumba se haya emplazada en el ábside secundario izquierdo de esta catedral".* ¿No hay aquí un error?

En primer lugar, al parecer la placa está escrita en inglés [es decir, que en la traducción disponible para los lectores de habla hispana, está en castellano] —en una antigua iglesia italiana. En segundo lugar, no es una iglesia, sino una catedral. En tercero, la "losa decorativa" en realidad es una incrustación de mármol. Además, aunque hay pirámides en esa capilla, las connotaciones de aquéllas son más bien imperiales que místicas. Probablemente, Langdon una vez más no se ha dado cuenta de que al menos una de las "pirámides" que vea sean las seis montañas y la estrella que representan a la familia Chigi.

PÁGINAS 300-301: *Vittoria y Langdon entran en la Capilla Chigi y ven dos grandes pirámides con "medallones de oro" que son "elipses perfectas".*
Ciertamente, la Capilla Chigi contiene dos pirámides con elipses, pero las elipses son de mármol blanco, no de oro. La capilla fue pagada por el banquero Agostino Chigi (muerto en 1512) y por su hermano Sigismondo (muerto en 1526). Ambos están sepultados en la capilla, y los medallones elípticos muestran sus imágenes. El diseño de Rafael incluye tumbas con la atípica forma de pirámides, derivada de modelos romanos, y fue realizado por Lorenzetto mucho antes de la época de Bernini.

PÁGINA 301: *Ellos encuentran que la piedra circular ha sido movida para revelar "el agujero del demonio" en el suelo de la Capilla Chigi. Langdon ve la imagen de un esqueleto que plasma "la muerte en vuelo". El esqueleto "cargaba con una tabla que retrataba la misma pirámide y estrellas que habían visto fuera".*
Es cierto que la Capilla Chigi incluye un agujero circular cubierto por la imagen de un esqueleto alado. Éste es un símbolo habitual empleado en muchas tumbas de toda Roma. Lo que tiene de único es que el esqueleto lleva un blasón heráldico, no una lápida sepulcral. La banderola bajo la imagen del esqueleto tiene la inscripción "Mors aD CaeLos" —que significa "la muerte abre el camino al cielo"— las mayúsculas de la cual forman el MDCL —el año de jubileo 1650, en números romanos. Bajo el esqueleto yacen los restos de las mujeres e integrantes menos famosos de la familia Chigi. Una vez más, Langdon interpreta mal el escudo de armas Chigi, con las seis montañas y la estrella. Esto es curioso, pues Langdon se pregunta "cuántas generaciones de Chigi habrán sido arrojadas allí sin ceremonias". El blasón incluye dos repeticiones del símbolo de las seis montañas y dos de un roble, otro símbolo de los Chigi.

PÁGINAS 315-316: *Vittoria y Langdon concluyen que el escultor Gianlorenzo Bernini fue el artista secreto de los illuminati. Parte de la lógica es que Bernini, bien conocido como un artista religioso católico, nunca sería sospechoso de ser illuminati. "Una coartada perfecta. Un illuminatus infiltrado". Otra prueba es una placa que dice "Arte de la Capilla Chigi—Si bien el diseño arquitectónico es de Rafael, todos los ornamentos interiores son obra de Gianlorenzo Bernini".*
Realmente hay una pequeña placa en la verdadera capilla Chigi, pero Dan Brown no nos dice qué dice exactamente. Rafael realmente fue el primer arquitecto, pero murió en 1520. Como se indicó antes, también Lorenzetto trabajó en la decoración. Luego, tras la muerte de Rafael, el

proyecto se abandonó durante más de un siglo. Eventualmente, Bernini recibió la protección del papa Chigi Alejandro VII, quien le encargó finalizar el trabajo comenzado hacía tanto. Entonces, Bernini creó la estatua *Habacuc y el ángel*, así como la incrustación con el esqueleto en el suelo de mármol.

En este proyecto, Bernini trabajó para un pontífice Chigi que podía pagar la cuenta de semejante profusión de mármol esculpido —los resultados fueron espectaculares. Sin embargo, las tumbas piramidales de los dos hermanos Chigi eran un diseño de Rafael que fue completado por Bernini. Bernini iba a misa todos los días y comulgaba dos veces por semana, de modo que si era un illuminatus, realmente estaba engañando a la Iglesia.

PÁGINA 318: *Ellos miran la escultura de Bernini* Habacuc y el Ángel *y se dan cuenta de que ambas figuras están señalando, pero en distintas direcciones.*

¿No deberían notar que la punta del dedo del ángel está quebrada? Ello es bastante evidente para cualquiera que vea personalmente la escultura.

PÁGINA 328: *El guardia del Vaticano describe un "bloque" de mármol a la que inmediatamente después llama "una elipse". Ésta tiene "la imagen de una ráfaga de viento". Continúa hablando de esta placa del "viento oeste" o "Respiro di Dio" como si fuese la única de la plaza.*

De hecho, hay dieciséis de esas elipses, que representan todos los puntos cardinales e intercardinales de la brújula. Que el guardia recuerda sólo una de ellas —como si las otras no existieran— no es verosímil.

PÁGINA 332: *A las 8:54 PM "el sol primaveral se estaba ocultando detrás de la basílica de San Pedro, y una gigantesca sombra se extendía sobre la plaza". ¿Qué es incorrecto aquí?*

El sol se había puesto hacía más de una hora, si es que hablamos de la verdadera Roma en abril. Pero, aún más importante, eran las 8:35 PM cuando Langdon vio, desde el otro lado de la ciudad, el sol "tapado" por la basílica de San Pedro. Un sol que lleva veinte minutos bajo el horizonte no puede arrojar sombras sobre la plaza.

PÁGINA 368: *Vittoria y el camarlengo van a un área subterránea bajo el altar mayor de San Pedro donde hay un "cofre dorado" famoso por contener "los huesos de San Pedro" El camarlengo explica que contiene "palliums—fajines tejidos que el papa regala a los cardenales recién elegidos".*

Un pallium es una faja tejida de lana de cordero blanca. El plural de *pallium* es *pallia*. Se guardan en el Nicho de los Pallia, en un cofre de plata. El papa se las entrega a los arzobispos recién consagrados. Hay un viejo mito popular que sostiene que contiene "los huesos de San Pedro", pero la Iglesia no oculta la verdadera historia.

PÁGINA 392: "—*La iglesia está en la Piazza Barberini", dijo Olivetti.*
Olivetti se equivoca. La iglesia de Santa Maria della Vittori está muchas cuadras más al este, no sobre la plaza, sino sobre la calle XX Settembre.

PÁGINA 404: *Langdon y Vittoria entran en la iglesia y se encuentran una gran hoguera formada de bancos en llamas en el centro exacto de ésta. El cardenal Guidera, marcado con un hierro al rojo, está sujeto por dos cadenas de incensario. Olivetti no está allí.*
Repasemos qué debió hacer el Hassassin en el transcurso de los últimos quince minutos. Primero, tuvo que llegar a la iglesia con el cardenal (pero sin que lo vieran los fieles). Luego, debió esperar que se fueran todos. Luego, suponemos que fue a su camioneta a buscar a Guidera, y meter a éste en la iglesia. Luego, debió usar una escalera para bajar la cadena del incesario de la pared izquierda y atarla a la mano de Guidera. A continuación, debió llevar la escalera a la pared derecha para bajar la otra cadena y atarla a la otra mano de Guidera. Luego, debe de haber regresado a la pared derecha e izado a Guidera con la cadena, cuidando de hacerlo quedar en el centro de la iglesia. Luego, tuvo que llevar la escalera a la pared izquierda e izar la cadena de ese lado. A continuación, tuvo que armar la hoguera y asegurarse de que ardiera bien. Tuvo que acordarse de echar la escalera al montón. Durante sus momentos libres, debió atender la llamada de advertencia de Janus, y luego matar a Olivetti cuando éste se apareció en la iglesia unos cuatro minutos antes de Langdon y Vittoria. Luego, debió esconderse en la parte trasera de la iglesia, de modo de poder emboscar a Vittoria cuando ella pasara por allí.

PÁGINA 413: *Langdon necesita ambas piernas para desplazar el sarcófago invertido y hacerlo caer sobre el brazo del Hassassin. Pero éste logra librarse, aunque sólo tiene un brazo libre ¿cómo es posible esto?*
Tal vez el hachís les de fuerzas sobrehumanas a los hassassin.

PÁGINA 429: *El bombero oye un sonido electrónico que sale de debajo del sarcófago invertido. (Por supuesto que es el reloj del ratón Mickey de Langdon).*
Langdon tiene cuarenta años. Si le regalaron el reloj cuando era niño, bien podemos suponer que fue cuando tenía unos doce años —tal vez a comienzos de la década de 1970. Los relojes de Mickey de ese período no eran electrónicos. Los relojes eléctricos que había por entonces eran caros —como mínimo, U$S 300. Los relojes de Mickey estaban destinados exclusivamen-

te a los niños, ya que aún no se había llegado a la época en que se suponía que era gracioso (¿alguna vez llegó a serlo?) que un adulto llevase un reloj de esa clase. El reloj de Mickey de comienzos de la década de 1970 era un reloj suizo de un solo rubí, de cuerda, sin alarma. (Por cierto, cuando las alarmas llegaron a los relojes Disney, habitualmente no eran un bip electrónico, sino una cancioncita, como *¡Qué pequeño es el mundo!*). Además, en ese entonces, Mickey no sabía nadar; el reloj de Mickey disponible no era resistente al agua ni menos "a prueba de agua" como dice Dan Brown.

PÁGINA 438: *Langdon dice que la iglesia de Santa Agnes en Agonía fue llamada así por Santa Agnes, "una bellísima adolescente virgen condenada a una vida de esclavitud sexual por negarse a renunciar a su fe". Muy bien, alumnos ¿nadie se atreve a pedirle al profesor que se explaye un poco sobre esto?*

Aquí, Langdon se pone morboso y exagerado. Según la leyenda, durante el reinado del emperador Diocleciano en 304, el prefecto Sempronio quería que su hijo se casara con Agnes, de trece años e hija de un noble. Cuando ella se negó, la condenó a muerte. La ley romana no permitía la ejecución de vírgenes, de modo que ordenó que la violaran, pero su honra fue milagrosamente preservada. Según algunas leyendas, su cabello creció milagrosamente y cubrió su cuerpo desnudo. Cuando la llevaron al martirio, fue atada para ser quemada, pero los haces de leña no ardieron, ante lo cual el oficial a cargo de las tropas sacó la espada y le cortó la cabeza. Según estos relatos, pues, no hubo "una vida de esclavitud sexual". Su negativa fue al casamiento, no a renunciar a su fe. Como sea, y como se hace notar en otra sección del presente libro, santa Agnes bien puede haber sufrido agonías, pero no se la conoce como santa Agnes en Agonía, sino en Agone, anterior nombre del vecindario donde está la iglesia que la conmemora. Actualmente se llama la Plaza Navona y en el pasado fue un campo de deportes romano.

PÁGINA 446: *Langdon está escondido cerca de la escalinata de Santa Agnes, y la camioneta del Hassassin entra en la plaza a las 10:46 PM y se acerca a la fuente, de modo que su puerta trasera queda "a escasos centímetros del agua".*

Llevar un vehículo hasta tan cerca de la fuente es imposible. Hay defensas permanentes que la rodean.

PÁGINA 461: *Langdon nota el Puente de los Ángeles con "doce ángeles altísimos tallados por el mismísimo Bernini".*

Hay diez ángeles en el puente, no doce. Las otras dos figuras son los santos Pedro y Pablo. Ninguna de las figuras terminó de ser esculpida por Bernini, sino que las concluyeron sus discípulos. Los dos exquisitos ángeles de mármol esculpidos por el propio Bernini eran tan apreciados por el papa Clemente IX, que éste no quiso ponerlos al aire libre. Siguen estando en Sant'Andrea delle Fratte en Roma.

Página 461: *Langdon dice que el "brazo central" de la cruz formada por los cuatro obeliscos pasaba por el centro del puente de castillo.*
No en nuestro mapa de Roma.

Página 461: *Langdon va a toda velocidad por el Lungotevere Tor Di Nona, con el río Tíber a su derecha, cuando dobla hacia la derecha y choca contra las barricadas del puente.*
Gracias a esas barricadas, Langdon ya no representa un peligro para el tránsito romano. Una vez más, iba a contramano por una calle de un solo sentido. Pero debemos felicitarlo por su habilidad de orientarse en tiempo récord por las calles difíciles de una ciudad desconocida. Ningún conductor romano se desplazaría tan rápido.

Página 465: *El australiano le dice a Langdon que la antena satelital montada en su camioneta se puede elevar "unos quince metros". ¿Por qué esto es ilógico?*
Una antena satelital funciona alineándose con el satélite y después quedando perfectamente inmóvil. Un brazo elevador largo haría que hasta un leve viento afectara su desempeño.

Página 529: *"El camarlengo salió como una exhalación por las puertas de la basílica de San Pedro a las once y cincuenta y seis minutos".*
¡Espera un minuto! En la página 513 el camarlengo entró en San Pedro a buscar el recipiente a las 11:42 PM. A las 11:55 PM comenzó a salir. Aun suponiendo que hubiera pasado uno o dos minutos rezando en la tumba de San Pedro, le habría tomado unos diez minutos llegar al recipiente desde la escalinata de la basílica ¡pero sólo un minuto regresar!

Página 552: *"Fue entonces cuando Langdon vio los restos del pergamino pegados al fondo de la chaqueta".*
¡Espera otro minuto! Brown se vuelve cada vez más descuidado a medida que se acerca al fin de la novela. ¡En la pág. 226 nos dice que era papiro, no pergamino! El pergamino está hecho de piel animal y es mucho más resistente que el papiro. El agua no lo deshace.

Página 606: *Hablando de "experiencias religiosas", Vittoria se quita la bata, diciendo "—Nunca te has acostado con una maestra de yoga, ¿verdad?".*
Como escribió una vez nuestro santo patrono, Paul Simon, "Si ése es mi libro de oraciones, ¡oremos!".

¿Qué hay en un nombre?

Por David A. Shugarts

David A. Shugarts es un periodista con más de treinta años de experiencia. Su habilidad como reportero investigar lo ha llevado a descubrir los "nombres detrás de los nombres" en *El Código Da Vinci*, que presentó en *Los secretos del Código*.

El juguetón empleo de nombres anagramáticos que floreció en *El Código Da Vinci* sólo comenzaba a brotar en su anterior *Ángeles y Demonios*. En éste, sólo hay unos pocos nombres que se presten a ser interpretados y recompuestos. Aparentemente, Dan Brown recurrió a los registros de docentes y alumnos del lugar donde cursó sus estudios universitarios, la Philips Exeter Academy de Nueva Hampshire para obtener los nombres de los personajes secundarios de *Ángeles y Demonios*. Los nombres de los personajes principales apenas si son más inventivos. Ésta es la lista:

Robert Langdon

> *En la página de agradecimientos de* Ángeles y Demonios, *Dan Brown le rinde homenaje a John Langdon, creador de los asombrosos ambigramas.*

El destacado artista John Langdon es uno de los dos maestros reconocidos en el género de los ambigramas. El otro es Scott Kim, cuyo ambigrama realizado especialmente de la palabra *secrets* se da a conocer en el siguiente ensayo. Las obras de Langdon y Kim se pueden ver en www.johnlangdon.net y www.scottkim.com.

Vittoria Vetra

> *En la novela, Vittoria Vetra es la hija adoptiva de Leonardo Vetra, el brillante físico del* CERN. *También ella es física —Dan Brown la describe como "física especializada en biointegración"— y asiste a su padre en su laboratorio privado. A Vittoria se la describe como esbelta y graciosa, alta, con piel trigueña y largo cabello castaño. Es vegetariana estricta y la gurú de hatha yoga del* CERN.
> *Vittoria es la versión italiana de "Victoria", la diosa romana de la victoria, equivalente a la Niké de los griegos. Vetra es una plaza pública de Milán. Es el lugar donde Maifreda, la pontífice mujer propuesta por los guglielmitas fue quemada por los inquisidores en el año 1300.*
> *En el siglo* XIII, *cuando los gnósticos y otros grupos tenían clero femeni-*

no, un mujer llamada Guglielma llegó a Milán procedente de Bohemia y comenzó a predicar. Tras su muerte en 1281, como solía ocurrir, surgió un culto centrado en sus reliquias. Los seguidores fanáticos de Guglielma creían que ella era una encarnación del Espíritu Santo, y que regresaría a deponer al papa, instalando así a la primera de un linaje de pontífices femeninas que comenzaría la "era del espíritu".

Eventualmente, estos fanáticos escogieron a una joven milanesa, Maifreda di Pirovano y fijaron la fecha del regreso de Guglielma, que sería en Pentecostés del año 1300. Cuando llegó esa fecha, las fuerzas del papa Urbano VIII capturaron a Maifreda di Pirovano y a otros y los quemaron en la hoguera en la plaza Vetra.

Leonardo Vetra

A Leonardo Vetra le falta una semana para su cumpleaños número cincuenta y ocho cuando es torturado y asesinado al comienzo de Ángeles y Demonios. *Se considera a sí mismo un teofísico.*

Vemos a Leonardo como precursor del Leonardo da Vinci ficticio de *El Código Da Vinci*. La explicación del apellido Vetra se da más arriba. El tema general de *Ángeles y Demonios* es el del martirio religioso por medio de sangrientas muertes, y se puede reconocer en la muerte de Vetra.

Carlo Ventresca

El chambelán o camarlengo del fallecido Papa es Carlo Ventresca, un huérfano rescatado por el Papa, quien lo ha tratado como si fuera su hijo (porque lo era).

Como ha descubierto nuestro corresponsal David Downie, el nombre Carlo Ventresca significa "Carlos Atún" en italiano.

Maximillian Kohler

Kohler es el director ficticio del CERN, *hijo de una familia adinerada de Francfort, Alemania.*

El origen alemán de *Kohler* puede ser *kohle*, "carbón" en alemán, pero también a *kohl*, "col" en alemán, que también se usa en el sentido de "mentira" o "cuento chino". En alemán, un *köhler* es quien produce carbón.

Jaqui Tomaso

Cuando en los archivos secretos vaticanos el profesor Langdon ve la placa que se refiere al "padre Jaqui Tomaso", piensa en "el bibliotecario más duro del mundo". El nombre evoca una imagen mental de "el padre Jaqui con uniforme militar completo y casco montando guardia armado de una bazuca".

No es que estemos diciendo que no tienen nada que ver, pero Jacquelyn H. Thomas es, y ha sido durante muchos años, la bibliotecaria de la Phillips Exeter Academy.

Tyler Tingley

Cuando noticias de la crisis llegan al mundo exterior, los principales personajes del Vaticano ven la televisión y cambian constantemente de canal, oyendo durante unos segundos algo acerca del "teórico de las conspiraciones Tyler Tingley".
El doctor Tyler C. Tingley fue designado como decimotercer director de la Phillips Exeter Academy en 1997 y aún desempeña ese cargo. Se graduó en esa institución en 1948.

Richard Aaronian

En Ángeles y Demonios, *un profesor de biología de Harvard defiende su investigación en ingeniería genética agregándole piernas humanas y la palabra ¡DARWIN! al símbolo cristiano del pez*
Richard Aaronian es titular de la cátedra de ciencia Harlan Page Amen de la Phillips Exeter Academy, además de un ávido observador de aves. Ha organizado al menos una expedición estudiantil a las islas Galápagos, un punto importante para Darwin.

Robert Brownell

El profesor Langdon está cenando con colegas de Harvard cuando el físico Bob Brownell llega, indignado por la cancelación del programa estadounidense de supercolisionador.
Robert F. Brownell Jr. tuvo diversos cargos en Phillips Exeter. Fue instructor de ciencia, director de alumnos becados, diácono de los estudiantes, director de admisiones, entrenador de béisbol y jefe de dormitorios.

Charles Pratt

Un hombre callado que participa en la cena de la facultad es Charles Pratt, a quien se califica de "poeta residente" de Harvard.
Charles Pratt se graduó en Phillips Exeter en 1952.

Aldo Baggia

Uno de los cardenales asesinados en Ángeles y Demonios.
Aldo Baggia es el ex director del departamento de idiomas modernos de Phillips Exeter, donde enseñó español, francés, italiano y alemán. Era conocido por lo extenso de sus viajes y por escribir reseñas de óperas.

Bissell

El profesor Langdon recuerda su clase de inglés en Phillips Exeter cuando un "animado maestro llamado Bissell salta sobre la mesa y vocifera '¡penta-metro!'"
El fallecido H. Hamilton Bissell, conocido como "Hammy" o "Mr. Exeter" se desempeñó en Phillips Exeter durante muchos años. Se graduó en 1929 y se convirtió en el primer director de estudiantes becados. La carrera de Bissell se extendió durante cuarenta y tres años y tras jubilarse se mantuvo activo en el campus. Era un dedicado jugador de tenis y squash. Tenía muchos dichos famosos, entre los cuales estaba "los maestros deben poner el corazón antes que el programa".

Peter Greer

El maestro Bissel hace entrar por la fuerza el significado de "pentámetro yámbico" en la cabeza de Peter Greer, estrella de béisbol de la academia.
Peter C. Greer es el titular de la cátedra Bates-Russell Distinguished Faculty e instructor de inglés en la Phillips Exeter Academy, en donde se graduó en 1958.

Hitzrot

Un estudiante que dormita al fondo de la clase del profesor Langdon en Harvard es un individuo llamado Hitzrot.
Lewis H. Hitzrot es instructor de química y física en Philips Exeter.

Kelly Horan-Jones

En Ángeles y Demonios, *la reportera "morena y de ojos de gama" de* MSNBC, *Kelly Horan-Jones aparece en televisión "en vivo" desde el Vaticano frente a un fondo simulado.*
Kelly Horan Jones (sin guión) fue reportera de WMUR-TV en Manchester, Nueva Hampshire, en torno de 1997-98, cuando Dan Brown investigaba para *Ángeles y Demonios*. Pasó a WCVB-TV de Boston, y recientemente ha sido editora administrativa de Foodline.com, una guía de restaurantes de Boston.

Sylvie Baudeloque

En Ángeles y Demonios, *Sylvie Baudeloque es la resentida secretaria ejecutiva de Max Kohler, el director del* CERN.
Sylvie Baudeloque aparece entre aquellos a quien se agradece, sin más explicación, en *El Código Da Vinci*. También hay una jugadora de ese nombre en la federación francesa de bádminton.

Rebecca Strauss

En Ángeles y Demonios, *el profesor Langdon recuerda a "un torbellino de terciopelo negro, cigarrillos y senos no muy sutilmente realzados" llamada Rebecca
Strauss. Esa "alguna vez modelo, ahora crítica de arte del* Times" *(presumiblemente el de Nueva York) podría devenir en un interés sentimental, pero Langdon no
le devuelve sus llamadas.*

Buscamos a las Rebecca Strauss conocidas y dimos con una candidata muy
interesante. Al igual que Dan Brown, es música. Toca viola y violín, ha tocado con la Boston Pop Esplanade Orchestra, la Boston Ballet Orchestra,
el New England String Ensemble y la Boston Lyric Opera. Es la creadora
y coordinadora musical de los Riverview Chamber Players de Boston, que
suministra conjuntos clásicos para eventos corporativos y bodas. Se especializa en casamientos para parejas gay y lesbianas; Strauss es una lesbiana
asumida. Es una experta maestra y tiene un título en educación de la primera infancia. Es practicante del método Feldenkrais de educación de la
conciencia de movimiento corporal.

Los secretos de los ambigramas

POR DAVID A. SHUGARTS Y SCOTT KIM
David A. Shugarts es un periodista con más de treinta años de experiencia. Su habilidad como
reportero investigador lo llevo a analizar los errores de la trama de *Ángeles y Demonios*. Escribió
un trabajo similar acerca de *El Código Da Vinci*, que dio a conocer en *Los secretos del Código*. Scott
Kim es un diseñador independiente de rompecabezas visuales y juegos para la web.

Uno de los elementos más impactantes de *Ángeles y Demonios* es el empleo
de *ambigramas*, las palabras que aparecen en el texto de la novela y que se leen
en cualquier dirección; se afirma que son los símbolos marcados a fuego por
los illuminati en la carne de los cardenales asesinados.

Ambigrama es una palabra relativamente reciente y su definición aún no está claramente fijada. Como sólo presentan un tipo de simetría, los que aparecen en *Ángeles y Demonios* representan una definición relativamente estrecha.
Aun así, su efecto es muy potente. Véase el ambigrama de la palabra *secretos* en
la página siguiente, creado por el artista Scott Kim para nuestra serie de libros.

Lo ambigramas que aparecen en *Ángeles y Demonios* y que representan a los
cuatro elementos —fuego, tierra, aire y agua— además de una combinación

de los cuatro en forma de rombo, son un ejemplo de *simetría rotatoria*, en la que una imagen puede ser rotada 180 grados y seguir teniendo la misma apariencia. Fueron creadas por el auténtico artista John Langdon, a quien se atribuye ser el primero en descubrir y explotar este recurso en su forma contemporánea. En este libro, Dan Brown no sólo recurre a su trabajo sino que claramente lo admira —a fin de cuentas, el protagonista, Robert Langdon, lleva su nombre. Por supuesto que Robert Langdon continúa sus aventuras en la siguiente novela de Brown, aunque en *El Código Da Vinci* Brown se interesa más en los *anagramas*, la transposición de letras en palabras o sentencias para crear otras palabras o sentencias diferentes, que en los *ambigramas*.

Los lenguajes escritos tienen palabras y frases que se leen del mismo modo en ambos sentidos. Se llaman *palindromos*. Un ejemplo simple es "ojo rojo" y tal vez el más clásico es "dábale arroz a la zorra el abad". Un ambigrama no necesariamente es un palindromo, pero es un concepto simétrico parecido.

Si lo que uno busca es un elevado arte de los ambigramas, caracterizado por un increíble dominio de las formas de la tipografía, hay dos artistas contemporáneos que se destacan sobre el resto: John Langdon y Scott Kim. Cada uno de ellos es un consumado artista que ha realizado gran cantidad de obras, y ambos llevan años creando ambigramas. Muchos logos de corporaciones pueden ser considerados ambigramas, y a lo largo de los años, ambos han producido numerosos logos.

En general, se reconoce a John Langdon como primer "descubridor" de los ambigramas en sus versiones contemporáneas, aunque el propio Langdon reconoce que "Scott Kim también los inventó, casi al mismo tiempo". Scott Kim fija la fecha de la creación de su primer ambigrama en 1975. Como esas creaciones aún no tenían un nombre aceptado, Kim las llamó "inversiones" y fue el primero en publicarlas en un libro llamado *Inversions* (1981). Langdon finalmente publicó una selección de sus ambigramas en un libro de 1992 llamado *Wordplay* [Juegos con palabras]. Ninguno de los dos empleó computadoras para sus primeros trabajos.

Estos artistas han sido muy elogiados. Se dice que el novelista de ciencia ficción Isaac Asimov llamó a Kim "el Escher del alfabeto", mientras que un crítico dijo de Langdon, "me gustaría agradecerle a John Langdon por haber nacido en nuestros días". Los lectores pueden juzgar por sí mismos, ya que ambos artistas tienen sitios web (johnlangdon.net y scottkim.com).

La creación de la palabra *ambigrama* se atribuye generalmente a Douglas R. Hofstadter, autor de *Gödel, Escher, Bach: An Eternal Golden Braid* [Gödel, Escher, Bach: un eterno y grácil bucle] (1979). Ese libro, que ganó el premio Pulitzer, era una compleja explicación de temas metafísicos que llevaban a la comprensión del desafío de crear un programa de inteligencia artificial en una computadora. Hofstadter usa el arte matemático (incluida la obra de M. C. Escher), la ciencia y la música para ilustrar principios como la retroalimentación, donde algo —trátese de un programa de computadora, un pasaje literario o musical o una serie de ADN— varía en forma autorreferencial.

Más adelante, Hofstadter produjo una serie de artículos para *Scientific American* que se recopilaron en su libro *Metamagical Themas* [Temas metamágicos], publicado en 1983 y en el cual aparece la palabra *ambigrama*. El propio Hofstadter dice que no está seguro de qué parte de la palabra *ambigrama* es de su autoría, pues recuerda vagamente que surgió de una sesión de *brainstorming* con amigos.

Ésta es la historia moderna de los ambigramas, pero debe notarse que algunos de los idiomas más antiguos se prestan muy bien a los ambigramas y palindromos. Los jeroglíficos egipcios tenían muchos caracteres simétricos. De hecho, los jeroglíficos egipcios podían ser dispuestos en cualquiera de las cuatro orientaciones (de izquierda a derecha, derecha a izquierda, arriba a abajo y abajo a arriba). De modo que es evidente que los antiguos deben de haber reconocido a los palindromos y ambigramas aun si no tenían un término para designarlos.

Ya que estamos hablando de historia, tal vez deberíamos señalar que los verdaderos illuminati no fueron particularmente famosos por crear ni usar ambigramas ni nada que se les parezca, aunque los ambigramas que aparecen en *Ángeles y Demonios* se parecen un poco a una de las tipografías alemanas/bávaras en uso en torno de 1776. Tampoco pudimos encontrar base histórica alguna a la afirmación de que alguien haya sido marcado a fuego con los cuatro elementos primordiales de la cosmología aristotélica en la Europa del siglo XVII.

Scott Kim señala que él vio al menos un ambigrama publicado en un libro de acertijos de 1902, y cree que Douglas Hofstadter hizo ambigramas en la escuela secundaria en la década de 1960. También cree que los artistas árabes, con su habilidad para la caligrafía y su amor por los diseños simétricos, probablemente hayan estado entre los primeros en producir ambigramas.

En *Ángeles y Demonios*, el profesor Langdon amplía la definición al observar que tales ambigramas aparecen en la simbología bajo las formas de "esvásticas, yin-yang, estrellas judías, cruces simples". Observaciones como éstas pueden conducir a áreas sorprendentes. Por ejemplo, los matemáticos distinguen entre cuatro tipos de transformación simétrica necesarios para ir desde una forma simple a algo como una esvástica —traslación, reflexión, reflexión desplazada y rotación. Y a partir de ahí comienza la diversión, pues la discusión pasa a tratar docenas de formas cristalinas, cada una con su propia simetría. De allí nace una explosión siempre creciente de ideas interrelacionadas, como los patrones naturales, por ejemplo, el de las secuencias de los pétalos de las flores o el ADN de las formas geométricas como los fractales o teselaciones (patrones semejantes a los del mosaico).

No tardan en producirse preguntas cósmicas que, curiosamente, nos traen de regreso a *Ángeles y Demonios*. Por ejemplo, uno de los mayores enigmas de la cosmología es ¿qué ocurrió con la simetría postulada para el big bang, en el cual se produjeron cantidades teóricamente idénticas de materia y antimateria, pero que resultó en un universo compuesto de vastas cantidades de materia y muy poca antimateria? ¿Dónde está la simetría ausente? ¡Misterio!

Metafísica de la novelística

POR GLENN W. ERICKSON

Glenn W. Erickson es filósofo y ha enseñado en importantes universidades de los Estados Unidos, Brasil y Nigeria. Ha publicado obras filosóficas referidas a una amplia variedad de temas, incluidos muchos de los que se tratan en las novelas de Dan Brown.

Algunas novelas parecen partir de postulados extrañamente paralelos, por ejemplo *Nostromo* de Joseph Conrad y *Under the Volcano* [*Bajo el volcán*] de Malcolm Lowry, mientras que otras contienen equivalencias directas, como en el caso de *El Código Da Vinci* y *Ángeles y Demonios* de Dan Brown. Aunque *Ángeles y Demonios* se escribió antes (fue publicado en 2000), la gran mayoría de los lectores lo conoció después de haberse interesado en el bestseller *El Código Da Vinci* (2003). Leer el primer libro después del segundo, hace que lo que era en los hechos un borrador se parezca más a un calco. Pues los parecidos entre ambos son múltiples.

El protagonista R. Langdon (a quien no debemos confundir con el marido de Liv Tyler, del grupo de rock Spacehog) actúa en ambas novelas. En la transición entre la primera y la segunda versión de la historia, la hermandad de los illuminati y el Vaticano devienen en el priorato de Sion y el Opus Dei; Ginebra y Roma se convierten en París y Londres; Leonardo y Vittoria Vetra se transforman en Jacques Saunière y Sophie Neveu; el Hassassin se vuelve Silas; el comandante Olivetti y el capitán Rocher se transforman en el capitán Bezu Fache y el teniente Collet; Bernini se transforma en Leonardo da Vinci; el camarlengo Carlo Ventresca se transforma en sir Leigh Teabing; y así sucesivamente.

Ambos libros comparten la misma afirmación inicial acerca de cómo los principales elementos artísticos, arquitectónicos e históricos, supuestamente son reales, pero también comparten la disposición del autor a jugar con los hechos, además de, en ambos casos, a cometer una miríada de lo que no son más que errores.

Una reseña ilustrativa de los errores de hecho u opinión que contiene *Án-*

geles y Demonios podría incluir los siguientes: los hassassins no tomaban drogas para "celebrar" sus hechos terroristas como sugiere Brown (pág. 54), sino más bien para prepararse para ellos. Las columnas dóricas no son las "contrapartidas griegas" (pág. 45) de las columnas jónicas, pues ambas son igualmente griegas. Las "estrellas judías" [sic] no son ambigramas (pág. 50), pues no puede afirmarse que sean legibles. Para los estudiosos, una "hermandad antigua" (pág. 49) nunca podría actuar a fines del siglo XVI (pág. 50) pues eso la ubicaría en el Renacimiento tardío, época que a ningún profesor de Harvard se le ocurriría describir como "antigua". Los científicos italianos del Renacimiento no crearon "el primer gabinete estratégico científico del mundo" (pág. 50), pues ya los habían tenido Pitágoras, Platón, Aristóteles y los Ptolomeos; G. Bruno, no Copérnico, que fue publicado en forma póstuma, habló francamente y fue ejecutado por ello (pág. 50). Los nazis no tomaron la esvástica de los hindúes (pág. 59), ciertamente, existe un símbolo similar en las culturas orientales, pero es más probable que los nazis hayan tomado el suyo de la fuerza aérea de Finlandia. La Florencia de Dante, Maquiavelo, Ficino, Pico della Mirandola, Leonardo da Vinci y Miguel Ángel fue "la cuna de la civilización moderna" (pág. 144), mucho más que Roma. No hay pinturas del *Renacimiento* que representen a Galileo y Milton juntos en 1638 (pág. 248), pues para ese entonces, el Renacimiento había terminado con excepción de, digamos, lo que hoy es Alemania y otros puntos más al este. La comunión no fue una idea tomada de los aztecas (pág. 275), cuya civilización llegó a su apogeo mucho después de que la práctica de la comunión comenzara en Europa, y más o menos en la misma época en que Brown sugiere (incorrectamente) que surgieron los illuminati.

La forma en que Dan Brown distorsiona los hechos hace que sea difícil para el lector instruido no fruncir el ceño de incredulidad ante su profesor de Harvard y sus integrantes del CERN. Pueden decirse dos cosas para justificar semejantes retahílas de afirmaciones descabelladas. Para empezar, las personas medianamente instruidas, público al que va dirigido el libro de Brown, no encuentran nada objetable en éste. En sus *Investigaciones filosóficas* Wittgenstein dice que los filósofos como él puede inventar ideas filosóficas que se adecuen a sus propósitos; y, según las convenciones que indican que es más importante ser verosímil que veraz, lo mismo puede decirse de los novelistas.

En segundo lugar, el libro podría ser tomado como una suerte de ciencia ficción en la cual el mundo es ligeramente diferente de lo que realmente es, lo que puede incluir todas las anomalías previamente discutidas. Es más, ese mundo incluye la producción (por parte de Leonardo Vetra) y el envasado (por parte de Vittoria Vetra) de antimateria. Este tipo de ciencia ficción puede ser calificado como propia de Julio Verne, pues parte de la premisa de introducir en forma modesta una innovación tecnológica plausible, como los submarinos de alta tecnología o globos aerostáticos muy evolucionados, a diferencia del abandono total de los parámetros de realidad que se efectúa cuando Marte invade o se inventan máquinas transdimensionales que hacen que viajar de una galaxia a otra sea cosa de rutina.

Sin duda, el aspecto ciencia ficción también puede encontrarse en la forma en que se relata la historia de los illuminati. La ficción histórica de Brown sugiere que Roma dio nacimiento a la hermandad de los illuminati en el siglo XV, luego, a comienzos del siglo XVI, la hermandad, tras adoptar una base doctrinaria más amplia, se difundió por toda Italia, de donde finalmente se expandió al resto de Europa, donde se unió a corrientes intelectuales más amplias, como la representada por los masones, y así sucesivamente... Tal vez aún siga viva hoy, bajo una forma hipersecreta e hipersiniestra. Auténticos movimientos históricos calificados de iluministas incluyen a los hesicastas, místicos ascéticos de la Iglesia oriental (siglos XIV a XVIII), especialmente los palamistas que seguían a Gregorio Palamas (c. 1296-1350) en el Monte Athos; los alumbrados de la España del siglo XVI; los rosacruces, perfectibilistas de la Alemania del siglo XVIII, en particular los seguidores de Adam Weishaupt (1748-1830) en Baviera, que a partir de 1776 cambiaron su nombre por el de illuminati; los martinistas rusos y franceses; la rama jeffersoniana de la masonería, etcétera. De estos iluminismos históricos, el único que Brown parece emplear es la conexión bávara, si bien la superpone a la Roma de Bernini y Galileo, casi dos siglos antes. En este caso, la distorsión radica no sólo en las diferencias entre los diversos movimientos históricos tildados de *iluministas* (generalmente por sus críticos) y la historia relatada en la novela, pero la idea es que tales movimientos de algún modo continúan existiendo a lo largo de los siglos, más bien que, como ocurre en realidad, sean reinventados periódicamente, típicamente bajo formas sustancialmente distintas. Lo cierto es que hay masonerías múltiples, rosacrucianismos alternativos, iluminismos varios, cábalas diversas.

Pero la verdadera diferencia cualitativa de las dos novelas de misterio histórico religioso y conspiración escritas por Brown parece radicar en el nivel de pensamiento. La Diosa Madre, tema clave en *El Código Da Vinci*, es excelente material mitológico, y también lo es el tema del iluminismo que trata *Ángeles y Demonios*, pero esta última desarrolla el tema en forma menos eficaz. Para entender esas carencias, será útil resumir algunos de los puntos centrales de la identificación mitopoética entre mente y luz.

Prometeico, demasiado prometeico: es indudable que el fuego era numinoso antes de que el hombre primitivo dominara su producción y conservación, volviéndose de ese modo divino a su vez. Y si hemos de juzgar por los brajmines y druidas y *flamens* o sacerdotes latinos del fuego, la antigua religión indoeuropea se centraba en cultos del fuego. Heráclito de Éfeso, llamado el Oscuro, refleja esta tradición prediluviana en su identificación del fuego con la luz como principio de los elementos materiales.

En Occidente, la fuente clásica del concepto de iluminación divina era el Mito de la Caverna que aparece en la *República* de Platón. En su estado natural, el hombre está a oscuras, pero el mundo de la verdad está bañado en luz; y el hombre puede atisbar aspectos o fragmentos de la verdad a través de inesperados relámpagos iluminadores. El estoicismo sigue a Heráclito y Platón en ver en el hombre la chispa de la razón universal.

El Evangelio de Juan identifica la verdad, la luz y Dios; y, a través de esa sanción escritural, en el sentido cristiano primitivo, cuando a uno se lo bautizaba, devenía en iluminado o *illuminatus*. El neoplatonismo consideraba que la luz era un elemento tanto físico como espiritual. Este doble significado de la luz aparece particularmente en San Agustín, Proclo, y Dionisio el Areopagita. Estos temas neoplatónicos fueron adoptados y adaptados por ciertos filósofos escolásticos, incluyendo a Guillermo de Moerbeke (1215-1286), Vitelo (ca. 1230-1275), Robert Grossetest (ca. 1168-1253), San Buenaventura (1221-1274) y Enrique de Ghent (ca. 1217-1293). Entre los protestantes, anabaptistas y cuáqueros, quien empleó más particularmente esa metáfora de la iluminación divina fue George Fox (1624-1691).

Aunque al final de *Ángeles y Demonios* la hermandad de los illuminati termina por ser una pista falsa sembrada por el chambelán papal para alejar la atención de los investigadores del golpe de Estado vaticano, la exploración que hace Robert Langdon de los motivos y hechos de los illuminati es uno de los principales focos de la novela. Y esa exploración parece centrarse en si los illuminati eran religiosos o antirreligiosos. Desde esta óptica, es importante notar la diferencia entre la ausencia de una cosa y lo opuesto de esa misma cosa. En comparación, por ejemplo, con el número uno, o por cierto, con cualquier otro número, la ausencia es nada, representada con el cero, pero la forma más precisa de expresar lo opuesto al uno es el uno negativo o menos uno. Curiosamente, hay una afinidad entre el uno positivo y el uno negativo que no existe entre uno y cero ya que tanto el uno positivo como el uno negativo siempre son uno; mientras que el cero no se caracteriza por ser la ausencia del uno en mayor grado que la ausencia de otro número cualquiera, sea el dos, el tres o el que sea.

El psicoanálisis, por ejemplo, reconoce la lógica de este análisis en el concepto de formación de reacción. Pues no es particularmente importante si una persona es muy prolija o muy desprolija, muy limpia o muy sucia si esos extremos son manifestaciones de la misma inquietud. Lo opuesto al orden meticuloso es el desorden deliberado, pero su ausencia significa que ésa es una dimensión del ser que a uno no le preocupa demasiado. De modo que en el mecanismo de defensa conocido como *formación de reacción*, una compulsión se transforma en su opuesto, mientras que el complejo subyacente sigue siendo el mismo.

En teología podemos decir, (siguiendo a Søren Kierkegaard) que lo contrario del teísmo es la desesperación demoníaca, en la que Dios es rechazado voluntariamente, pero la ausencia de aquél es cuando uno no piensa en Dios. Esta distinción es la que oímos, por ejemplo, cuando se afirma que Cristo aceptará a los calientes y a los fríos, pero escupirá a los tibios. También está implícito en el juicio de Nietzsche de que lord Byron es superior a Goethe: mientras que Fausto vende su alma al diablo, a Childe Harolde y a don Juan la cuestión los tiene sin cuidado.

Ahora bien, en muchos idiomas europeos modernos, *iluminismo* se usa en forma intercambiable con *iluminación* (o sus equivalentes) para designar los siglos de luz, es decir, los siglos XVII y XVIII, como un período de civilización o cultura occidental. En ese sentido, el iluminismo designa el momento de la revolución científica, especialmente los progresos de la física y la astronomía. La identificación que hace Galileo de la mecánica terrestre y celeste y su aplicación del álgebra para desarrollar modelos matemáticos de sistemas físicos, así como sus reflexiones sobre la metodología experimental, son monumentalmente importantes para el iluminismo. (Estos factores son bastante más importantes que los que enfatiza *Ángeles y Demonios*, verbigracia, la aceptación por parte de Galileo de la teoría copernicana o su perfeccionamiento del telescopio de refracción).

En ese sentido, Galileo era el *illuminatus* paradigmático, pero esos logros no implican que él ni sus seguidores hayan sido demoníacos, ni siquiera a ojos de la Iglesia universal. De hecho, lo que caracterizó a la era del iluminismo no fue su oposición al teísmo cristiano, sino más bien la ausencia de éste como tema de la cultura o la ciencia. Los intelectuales iluministas de Baviera, Francia, o incluso los que se contaron entre los padres fundadores de los Estados Unidos tenían, de hecho, una creciente tendencia a abrazar el deísmo, doctrina que no niega la existencia de Dios, pues él es quien le otorga sentido a la creación, sino que sólo le adjudica parte activa —es decir intervencionista (léase "hacedora de milagros")— como providencia.

En *Ángeles y Demonios*, Galileo Galilei (1564-16429 es la antítesis de Leonardo Vetra. Mientras que, según Dan Brown, Galileo "sostenía que la ciencia y la religión no eran enemigas, sino aliadas —dos idiomas distintos que cuentan la misma historia", Vetra "tenía la esperanza de que la ciencia y la religión fueran dos campos totalmente compatibles —dos enfoques distintos de la misma verdad". Y supuestamente Vetra, por medio de sus experimentos de antimateria, probará la verdad de la religión, demostrando que la creación (de algo parecido al universo) a partir de la nada es posible. Pero tales experimentos no pueden suministrar esa prueba por diversas razones.

En primer lugar, como Karl Popper, creemos que los experimentos no confirman siquiera teorías *científicas*, sino que a lo sumo las falsifican (dándoles así cierto grado de respaldo).

En segundo lugar, si la materia y la antimateria emergen de una concentración de energía, no se trata de "crear algo a partir de la nada" como dice en la novela, sino más bien, se trata de una materia en desarrollo que se origina en la energía, conversión ya postulada por Einstein en su "energía es igual a materia por velocidad de la luz al cuadrado". La discusión respecto de la ciencia de Vetra parece oscilar entre tres posibles antítesis u opuestos a la materia:

1. La antimateria es lo opuesto a la materia (en otro sentido, la antimateria es una forma de materia).
2. La energía es lo opuesto a la materia (pero es convertible en materia).
3. La nada es lo opuesto a la materia (en el sentido de que materia y energía se toman en conjunto como equivalentes a existencia material).

En tercer lugar, la creación de algo a partir de nada no serviría para hacer plausible la noción de que Dios de alguna manera está detrás o antes de la nada y causó que el algo apareciera, pues hablar de Dios ni siquiera hace parte del léxico de la ciencia.

En cuarto lugar, aun si el experimento de Vetra hiciera más plausible alguna concepción de Dios, se trataría del Dios deístico que, para usar una metáfora del billar, echó a rodar las bolas y luego se retiró de la partida, no el Dios teístico del cristianismo ortodoxo, quien presumiblemente se queda siguiendo el juego.

En quinto lugar, en el supuesto de que el experimento de Vetra hubiese hecho que el deísmo fuese más plausible, ello no demostraría que ciencia y religión son enfoques hermanados a la verdad, pues la novela parece oscilar entre al menos cuatro significados de la religión:

1. La ciencia es lo opuesto a la religión (entendida como superstición).
2. El ateísmo es lo opuesto a la religión (entendida como teísmo cristiano).
3. Satán es lo opuesto a la religión (entendida como religión verdadera).
4. El antipapismo es lo opuesto a la religión (entendida como Iglesia universal).

El resultado de estas breves reflexiones es que "religión" no parece ser un término suficientemente preciso para ser útil en una discusión de esta índole.

Por supuesto que esto no responde al interrogante de si discusiones intelectuales de esta hondura son efectivas en el contexto novelístico, aun en la clase de novela que busca ser efectiva en la esfera intelectual. Desgraciadamente, aunque *Ángeles y Demonios* ofrece a sus lectores muchas ideas y alusiones interesantes, está en el lector aprender la verdadera historia de estas ideas y contemplar su relevancia a cualquier sistema de pensamiento filosófico, cosmológico, religioso o científico.

Vox Populi: Comentarios sobre *Ángeles y Demonios* de cultofdanbrown.com

POR LEIGH-ANN GEROW

Leigh-Ann Gerow es una escritora independiente y diseñadora de sitios web. Ella y su compañera, Nancy Ross, son las propietarias y webmasters de cultofdanbrown.com

La web es la "plaza del pueblo" global ideal para intercambiar opiniones acerca de Dan Brown y sus novelas. Y, claro, en menos tiempo que el que toma ir de Harvard al Vaticano en un X-33, emplear el Google para investigar Ángeles y Demonios *reveló enlaces a docenas de sitios. ¿Cómo resistirse a uno llamado cultofdanbrown.com? Cuando las contactamos, Leigh-Ann Gerow y su compañera (que administraban paneles de mensajes de Internet antes de crear cultofdanbrown.com) nos contaron que el nombre se originó en el contacto casual con un empleado de librería que les dijo que los fanáticos de Dan Brown se obsesionaban tanto con las obras de éste que parecían integrantes de un culto. Una idea —y un panel de mensajes de Internet— nacieron. (A diferencia del intercambio inmediato de mensajes o de un foro de chat de Internet, no se necesita la presencia de una segunda persona para mantener una discusión por medio de un panel de mensajes. Se manda un mensaje, y éste puede ser comentado hoy, mañana o en cualquier momento. Más bien que su identidad real, muchos participantes adoptan una identidad especial). A través de buscadores y boca a boca, invitaron a lectores de Dan Brown de todo el mundo a expresarse sobre las novelas de éste. Y así lo hicieron.*

Ángeles y Demonios pasó meses en mi anaquel sin ser leído. Yo sabía poco acerca de Dan Brown más allá del alboroto mediático producido en torno a *El Código Da Vinci*, y di por sentado que *Ángeles y Demonios* sería otro insulso producto comercial masivo con un hilo argumental predecible. Sin embargo, apenas leí unas pocas páginas, quedé atrapada sin remedio y enamorada. Me impactaron mis primeros atisbos de la biblioteca vaticana y las descripciones históricas de Italia. Mi mente bullía de preguntas acerca de contenido fáctico versus contenido ficticio; me preguntaba cuánto de la novela podía posiblemente ser cierto. Le pedí de inmediato a mi compañera que leyera el libro, para que pudiéramos hablar de las maravillas del arte italiano y de la historia vaticana y de física y química modernas. Cuando terminó de leer, ambas quisimos que nuestros amigos y familias adquirieran ejemplares del libro para poder discutirlo con ellos. Pronto resultó obvio que las novelas de Dan Brown en general y *Ángeles y Demonios* en particular serían el tema perfecto para un panel de mensajes en internet.

Una vez que comenzó la conversación, inmediatamente fue evidente que la mayor parte de los lectores se interesaban por los mismos temas centrales y controversias. Eso es fascinante porque los usuarios no sólo eran estadounidenses, sino también estaban en Australia, Canadá, México, Singapur y Turquía entre otros países. Vengan de donde vengan, las personas buscan respuestas para las mismas preguntas.

❧ Algunos de los temas más populares pertenecen a la categoría de ¿qué quiso decir Dan Brown con…? Tal vez la pregunta más repetida haya sido ¿cuál es la traducción correcta de *Novus Ordo Seclorum*? ¿Es "Nuevo Orden Mundial" o "Nuevo Orden Secular"? ¿La palabra *seclorum* es una palabra latina tradicional o simplemente una inventada en tiempos recientes para que "suene a latín"? Si es así ¿qué significado le adjudicaron sus inventores? Parece haber infinitas formas de traducirla, y varios eruditos latinistas han enviado mensajes dando su interpretación. Es un punto clave para reflexionar, pues si la traducción correcta de la frase no es "mundial" sino "secular", quita parte del cimiento de las teorías conspirativas que propone *Ángeles y Demonios*. El integrante del panel de mensajes Hinge of Fate afirma que lo de "secular" es incorrecto, pues dice, *"Brown se equivoca al afirmar que FDR y su vicepresidente crearon Novus Ordo Seclorum. El Gran Sello le fue agregado al billete de un dólar en 1935. Sin embargo, el Congreso Continental aprobó el Gran Sello de los Estados Unidos el 20 de junio de 1782. Según el* Congressional Record, *novus ordo seclorum significa "un nuevo orden para las edades".* Sin embargo, el panelista Galen responde, *"Estudié latín durante tres años y, como otros que lo han estudiado, puede asegurar que el* Congressional Record *se equivoca o que muy posiblemente contenga la peor traducción que yo nunca haya visto".*

❧ Las personas también se hacen preguntas acerca del manejo de los hechos que hace Dan Brown. Expresan su escepticismo a través de preguntas como ¿puede alguien realmente caer desde el cielo y continuar con vida? ¿Por qué el reloj Mickey Mouse mecánico de Robert Langdon tiene alarma? ¿Por qué el celular de Vittoria tiene tono para discar? y ¿Es verdad que no se puede programar una computadora para que cree un ambigrama? No hay error de trama lo suficientemente pequeño como para que merezca ser pasado por alto.

🔊 Muchas discusiones plantean preguntas acuciantes como ¿tiene la Iglesia derecho a retener información en nombre del bien común? ¿Tiene la Iglesia razones válidas para proteger a sus seguidores de la información contenida en la Biblioteca Vaticana? ¿Puede la Iglesia ser corrompida por el poder? Dice Sephia, *"La Iglesia y los sacerdotes no están realmente obligados a decir la 'verdad' en sí misma —sólo la verdad religiosa de su religión específica. Soy partidaria de la libertad de información, pero también pienso en el Juan Católico normal que no quiere saber nada de todo esto y prefiere andar por la vida sabiendo que haciendo X, Y y Z y evitando A, B y C puede ir al cielo".* ¿La Iglesia debe trabajar activamente para evitar el progreso científico si éste ataca la credibilidad de su teoría de la creación? Arras comenta respecto de qué haría él si tuviera oportunidad de dar a conocer documentos científicos que cuestionan las creencias de la religión: *"Ciertamente me sentiría tentado. Pero también sé que la verdad no es algo que uno pueda conocer a la fuerza —si no quieren conocerla ni seguirla, siempre encontrarán el mecanismo mental para no hacerlo".*

🔊 Un ángulo interesante sobre el tema de los illuminati está representado por la pregunta que plantea: si los illuminati existieran, ¿usted se uniría a ellos? Ante la opción de trabajar con los illuminati para proteger intereses científicos o trabajar contra ellos para proteger intereses religiosos, la mayor parte de quienes integran el panel están firmemente del lado de la ciencia. Packer Fan se pregunta qué decisión habría tomado él de haber vivido en tiempos de los illuminati y dice, *"Me gustaría pensar que me uniría a ellos, ya que mi actitud hacia la ciencia es lógica. Pero me pregunto si, de haber vivido en esa época, habría tenido la fuerza y el coraje para creer en los datos científicos, en particular dado lo que eran la opinión pública y las creencias dominantes. Lo que quiero decir es que viéndolo en retrospectiva desde el presente, parece una decisión más simple que lo que hubiera sido en esa época".* También es digno de notar que la mayor parte de los panelistas comparten un interés por el progreso de la ciencia con un moderado escepticismo hacia la religión organizada. Los lectores que encuentran que *Ángeles y Demonios* es blasfemo no se han precipitado a expresar su punto de vista en el panel. Aunque muchos panelistas parecen tener alguna creencia religiosa, por lo general expresan el deseo de que la religión organizada le otorgue más libertad a la expresión científica.

De lo espiritual a lo superficial —¿cómo debería ser una película basada en *Ángeles y Demonios*? ¿Quiénes harían los papeles de Langdon, Vittoria y el camarlengo? ¿Qué aspectos de la trama serían esenciales para el guión y cuáles deberían quedar afuera? Colin Firth es popular como candidato a interpretar a Langdon, pero también lo es Russell Crowe. ¿O debería ser George Clooney? FtLouie34 es totalmente escéptico acerca de un posible guión, pues dice, *"No soy muy partidario de que lo conviertan en película. A no ser que fuera desmesuradamente largo, no habría manera de incluir toda la información. Claro que, como se trataría de Hollywood, a los escritores no les podría importar menos el aspecto histórico del asunto".*

Debido a los parecidos entre *Ángeles y Demonios* y *El Código Da Vinci*, los fanáticos de Dan Brown disfrutan especulando en el panel acerca del argumento de la próxima novela de Brown. Como informó Dave Shugarts en el bestseller de Dan Burstein *Los secretos del Código*, el acertijo oculto en la sobrecubierta de *El Código Da Vinci* les da un indicio a los lectores de que es probable que la próxima novela incluya una conspiración en la que estén metidos los francmasones. Nuestros panelistas también especulan acerca de la participación de la CIA, los illuminati, los templarios y el Priorato de Sion. Dark Anise es uno de los muchos que sienten que la novela será otra conspiración cuyas consecuencias se extienden profundamente al interior del gobierno, círculos religiosos y el mundo del arte. Y que volverá a haber una acompañante femenina: *"Estoy bastante seguro de que habrá una hermosa mujer a su lado, cuya figura paterna (o un pariente cercano de sexo masculino) habrá sido asesinado. La pregunta es ¿esta vez se quedará con ella?"*

En resumen, éstas son las diez preguntas más frecuentes que han aparecido en cultofdanbrow.com:

1. ¿Ciencia y religión se unirán en un objetivo común?
2. ¿Cuál es la traducción correcta de *Novus Ordo Seclorum*?
3. ¿Hay otras claves sobre la influencia masónica en la historia de los Estados Unidos?
4. ¿Cuál es su reacción a los ambigramas?
5. ¿Está usted a favor o en contra de las acciones y motivos de los illuminati?
6. ¿Aún existen los illuminati y tienen vínculos con los masones?
7. ¿Existe un papel para la religión en la sociedad tecnológica moderna?
8. ¿La forma en que Brown incorpora la materia, la antimateria y el CERN a su historia es precisa en lo científico?

9. ¿Cuántas realidades históricas sigue ocultando la Iglesia?
10. ¿Los libros de Dan Brown hacen más mal que bien?

Está claro que el panel de mensajes sirve de trampolín para el lector inquisitivo. Tal vez Poia es quien mejor lo expresa cuando describe el verdadero valor de la obra de Dan Brown: *"Una enorme cantidad de gente afirma que Dan Brown no es buen escritor. Sin embargo, el impacto que ha tenido sobre el lector común es asombroso. Ha hecho que las personas investiguen y se entretengan"*. Esto también resume nuestra filosofía: un libro que estimula a la gente a pensar, cuestionar y leer más, debe de ser bueno.

Ángeles y Demonios y el surgimiento del género literario arte-ficción

POR DIANE APOSTOLOS-CAPPADONA
Diane Apostolos-Cappadona es profesora adjunta de arte religiosa e historia cultural en el Centro para la Comprensión Cristiano-Musulmana y profesora adjunta de arte y cultura en el programa de estudios liberales de la Universidad de Georgetown. Es una ampliamente publicada historiadora de la cultura especializada en arte religiosa.

Cuando escribió Ángeles y Demonios *a fines de la década de 1990, Dan Brown sabía que quería que Robert Langdon fuese un profesor de Harvard experto en arte e iconografía religiosa. Pero Brown aún no había dado con la idea de hacer de él un "simbólogo" profesional, el título académico que el profesor Langdon recibiría en* El Código Da Vinci.

Diane Apostolos-Cappadona es profesora de arte religioso e historia cultural de la Universidad de Georgetown, y su tarea académica y profesional consiste básicamente en lo que suponemos que haría Robert Langdon si fuera un verdadero profesor en los ratos libres que le dejaran sus investigaciones de homicidios y de conspiraciones mundiales. En otra sección de este volumen, ha escrito acerca de las divergencias entre su investigación académica de Gianlorenzo Bernini y el empleo que Dan Brown hace de éste en Ángeles y Demonios. *En el siguiente comentario, se centra en otro tema: la proliferación de novelas que tratan de artistas y sus obras —y cómo la ficción de Dan Brown encaja —o no— en este naciente género del "arte ficción".*

Hace unos cinco años, cuando echaba un apresurado vistazo a la tienda de la National Gallery de Londres antes de partir hacia Waterloo Station para tomar el tren que me llevaría por Chunnel a París, descubrí la existencia de un nuevo género literario: el arte ficción. Sin embargo, en ese momento no me di cuenta de lo importante que llegaría a ser ese género en mis investigaciones y conferencias. Cuando tomé la edición en tapa blanda de *The Music Lesson* [*La lección de de música*] (1999) de Katharine Weber para leer en el tren, noté que el anaquel estaba lleno de libros como *Girl With a Pearl Earring* [*La muchacha del aro de perla*] de Tracy Chevalier (1999) y *The Girl in Hyacinth Blue* [*La muchacha del vestido color azul jacinto*] de Susan Vreeland (1999). Recordé con fugaz intriga mis primeros encuentros con la ficción vinculada al arte, por ese entonces una profusión de textos relacionados con Caravaggio, como *The Caravaggio Conspiracy* de Peter Watson (1981) y *Caravaggio Obsession* de Oliver Banks (1984), que llevó a *Murder at the National Gallery* (1990) de Margaret Truman.

A lo largo de los últimos cinco años he visto cómo ese anaquel de la National Gallery se convertía en estanterías enteras colmadas de nuevos títulos, y la inclusión de parecidos anaqueles o estanterías en tiendas de museos en todos los Estados Unidos y Europa. Mi momentánea "lectura para el tren" se había expandido exponencialmente hasta convertirse en un fenómeno literario internacional aun antes de que nadie hubiera oído hablar de *El Código Da Vinci* (2003) y mucho menos de *Ángeles y Demonios* (2000), resucitado en 2004 como predecesor de *El Código Da Vinci*.

Yo no me daba cuenta de que para el verano del 2004 podía fácilmente hacer una lista de más de doscientos libros publicados que abarcaban desde pseudobiografías a ficción histórica a enigmas policiales artísticos, todos encuadrados en el género que yo identificaba como arte ficción. Ni que yo dirigiría una innovadora tesis de doctorado de un estudiante en la Universidad de Georgetown que escribía sobre el valor cultural implícito de la "ficción Vermeer". Ni que yo daría conferencias sobre los aspectos artísticos, históricos, religioso y culturales de esta categoría literaria. Ni que se me pediría con tanta frecuencia que comentara sobre las obras de arte y el simbolismo que Dan Brown emplea con tanta osadía en *El Código Da Vinci*. Ni que yo escribiría sobre mi propio concepto de lo que es el arte ficción y de por qué ha aparecido con tantas fanfarrias.

Así y todo, aquí estoy, poniendo la pluma sobre el papel (¡sí, pluma sobre papel!) en el café de la Feria Internacional del Libro de Edimburgo entre una y otra conferencia. Mientras contemplaba los libros en exhibición en la feria y en algunas de las mejores librerías de Edimburgo, confieso que seguía perpleja ante la multiplicación de la oferta de y el interés por el arte ficción. Claro que hoy la pregunta es ¿a alguien se le hubiera ocurrido que el arte ficción es un género antes de la aparición de *El Código Da Vinci*? Y la pregunta siguiente sería: ¿algún autor anterior a Dan Brown trató ese género con tanta seriedad? La respuesta es simple: *El Código Da Vinci* es un libro enormemente exitoso en materia de reseñas iniciales y ventas sostenidas. Parte de ese éxito debe atribuirse a la inclusión por parte de Brown de conocidas obras de arte y artistas y de las atractivas, y a menudo inventadas, historias que cuenta sobre ellos.

Ahora bien, si *Ángeles y Demonios* o *El Código Da Vinci* son obras que se enmarcan en lo que considero este nuevo género del arte ficción, es una pregunta más difícil. Como ocurre con el éxito en cualquier campo, críticos e imitadores entran en la lid —tal vez más rápido que nunca, gracias a la tecnología digital y a Internet. Pero yo sabía que existía un conjunto de textos previos —muchos de ellos influyentes y exitosos en términos de crítica y de ventas— a los que considero arte ficción. ¿Son estas obras marcadamente distintas de *Ángeles y Demonios* y *El Código Da Vinci*?

A medida que crecía mi fascinación —como lectora y como historiadora cultural— con este género, me preguntaba ¿cuándo comenzó? Para mí, ser historiadora cultural es un poco como ser una arqueóloga de símbolos, imágenes y mitos. En mi trabajo, la busca de conexiones y orígenes es constante. Mi idea inicial fue que el arte ficción comenzó con las novelas clásicas de Irving Stone, después convertidas en películas, *Lust for Life* [*Lujuria de vivir*, Emecé, 1980] (1934) y *The Agony and the Ecstasy* [*La agonía y el éxtasis*, Emecé, 1978] (1961), que trataban, respectivamente, de van Gogh y Miguel Ángel. Sin embargo, a medida que investigaba catálogos de bibliotecas y sitios web, me di cuenta de que se trataba de un fenómeno del siglo XIX, que comenzaba con *Le chef d'oeuvre inconnu* [*La obra maestra desconocida*] de Honoré de Balzac (1834) y *The Marble Faun* [*El fauno de mármol*] (1860) de Nathaniel Hawthorne y culminaba con las obras de Henry James, en particular *The Golden Bowl* [*El cuenco dorado*] (1904) y *The Outcry* [*El grito*] (1911). Antiguos filósofos como Platón y Aristóteles y autores como Homero y Dante discuten obras de arte, sus influencias, sus efectos sobre artista, público, mecenas o coleccionistas. Sin embargo, "mi" género de arte ficción probablemente surja de estos libros del siglo XIX. Leyendo e interpretando obras de ese género, veo que el papel y lugar central que le adjudican al arte está vinculado al de valoración cultural —un papel y un lugar que la cultura occidental le reservaba antes a la religión, en especial en la relación de ésta con la vida cotidiana.

El alcance de este nuevo género —que va de biografía a historia, de novela policial a novela romántica— está matizado por la función específica que le adjudica a la obra de arte, en tanto·representación del artista, objeto de robo o de escándalo político, factor de biografía o de relato histórico o sencillamente como auxiliar incorporado a la línea argumental del libro. En mi opinión, los autores que emplean el arte como auxiliar o "anzuelo" de una historia que poco tiene que ver con el arte, el artista o la obra, están en la periferia del arte ficción.

El ejemplo más claro del género de arte ficción lo dan las novelas de Tracy Chevalier. Sus historias ficticias acerca de personajes de pinturas (*Girl With a Pearl Earring* y *The Lady and the Unicorn*) [*La Dama del Unicornio*] se basan en la premisa de la importancia de una obra dada y en su capacidad para inducir al lector a imaginar un mundo a partir de una imagen pintada. Sin embargo, ella es consciente, como también lo son sus lectores, que la que relata es sólo una de las historias que contiene la obra y que sus relatos son reflexiones intuitivas, aunque profundas, acerca de qué significa ser humanos.

En forma parecida, la serie de "enigmas policiales artísticos" de Iain Pears entrelaza una obra de arte significativa —sus artistas han sido, entre otros, Rafael, Tiziano y Bernini— con la realidad moderna del robo de obras de arte, y las cuestiones de autenticidad y propiedad que ésta suscita en un mundo contemporáneo en que el valor financiero del arte cada vez se separa más de los valores tradicionales. El hilo de interés humano que recorre la serie de siete novelas de Pears es la relación romántica entre la investigadora artística Flavia di Stefano y el historiador de arte británico Jonathan Argyll. Otras series de enigmas policiales artísticos han sido desarrolladas por Thomas Banks, Robertson Davies, Arturo Pérez-Reverte y Thomas Swan. Este género que identifico como arte ficción, pues, se define no sólo porque abarca diversos aspectos de lo artístico (arte, obras de arte, artista) y por las formas que toma (romance, aventura, misterio, novela histórica, biografía), sino que también puede limitarse a una obra, tratarse de obras independientes o de una serie claramente desarrollada.

Cuando leí por primera vez la reseña de *El Código Da Vinci* en el *New York Times*, debo confesar que sentí cierta excitación producida por mi creciente interés en el género de arte ficción, mi admiración por el arte de Leonardo y mi investigación académica sobre María Magdalena, por no hablar de mi trabajo con los símbolos y el simbolismo. Una rápida visita a amazon.com reveló que éste era el segundo de una serie de "misterios de Robert Langdon", de modo que encargué rápidamente tanto *Ángeles y Demonios* como *El Código Da Vinci*. Tanto mi vida como mis tareas académicas se han caracterizado por formas académicas de investigación, de modo que procuro leer cualquier serie en el orden en que fue escrita. Con gran expectativa ingresé en el mundo de Robert Langdon, el profesor de Harvard que, en *Ángeles y Demonios* aún no había llegado a ser el "simbólogo" de *El Código Da Vinci*, sino que era descripto por Dan Brown como el principal erudito en los campos tradicionales de historia del arte e iconografía religiosa. Comencé con el nacimiento del personaje Langdon en su primera aventura de descifre, con el asesinato de un reputado científico en Suiza, y luego me zambullí de cabeza en sus andanzas en el mundo barroco que Gian Lorenzo Bernini creó en Roma.

Como ya escribí acerca de mis reacciones a la discusión que hace Brown acerca de Bernini en otra parte del presente libro, bastará con decir que mi preocupación es que Brown trata al arte, al menos en *Ángeles y Demonios*, no como un concepto, idea u objeto que refleje valores culturales o religiosos, como podrían hacerlo los historiadores del arte y de la Iglesia y los iconógrafos. Más bien, en su novela las obras de arte son herramientas para resolver un acertijo —una serie de indicios— que impulsan a Langdon en su busca de la identidad del asesino.

Los enigmas de Robert Langdon se centran primordialmente en las teorías de la conspiración, no en el arte. El arte se convierte en una herramienta clave en estas conspiraciones debido a la visualización de códigos y símbolos que ofrece. El papel de Langdon como simbólogo está potenciado por su capacidad de leer símbolos visuales y textuales, conectarlos y descifrarlos. En *Ángeles y Demonios*, las esculturas de Bernini se transforman en la fórmula visual del mapa de la ruta de una serie de asesinatos, de una guarida de conspiradores y de la identidad de los villanos. Las buenas novelas de aventuras se basan en la credibilidad y es indudable que las seductoras descripciones que hace Brown de las esculturas de Bernini y de sus significados ocultos realzan la credibilidad de esta historia. Por lo tanto, se lee con gusto. Pero ¿es buen arte ficción?

No necesariamente nos enseña nada sustancial acerca del arte, los artistas, ni sus obras, ni tampoco el empleo que hacen del arte las obras de Dan Brown nos lleva a apreciarlo como valor cultural. Más bien, lo que atrapa al lector son los mensajes cifrados que Langdon afirma que contienen las esculturas de Bernini en *Ángeles y Demonios* o las pinturas de Leonardo en *El Código Da Vinci*. Claro que el lector no sabe que esas interpretaciones del "código" fueron inventadas por Dan Brown o se originan en diversas fuentes ocultistas igualmente fantasiosas. Claro que el código es inmensamente útil a la hora de resolver los misterios, y tanto en *Ángeles y Demonios* como en *El Código Da Vinci*, los mensajes codificados inducen a reflexión y a interesantes especulaciones. ¿Le ofrecen al lector general alguna nueva idea sobre las obras de arte o la historia?

Lo que sabemos respecto de la actitud de Dan Brown sobre la línea que separa ficción de realidad en sus obras está expresado en su nota de autor en *Ángeles y Demonios*: "las referencias a obras de arte, tumbas, túneles y monumentos arquitectónicos de Roma son reales (al igual que su emplazamiento exacto). Aún hoy pueden verse". Compárese esa afirmación con la nota de autor de Iain Pears en *The Raphael Affair* [*El caso Rafael*] (1979): "Algunos de los edificios y pinturas de este libro existen, otros no, y todos los personajes son imaginarios. No hay un Museo Nacional en los Jardines Borghese, pero sí hay una división encargada de arte en un edificio del centro de Roma. Sin embargo, he atribuido arbitrariamente su manejo a la policía, aunque en realidad les corresponde a los carabinieri, para destacar el hecho de que la división de mi relato nada tiene que ver con la de la realidad".

La diferencia entre la pretensión de realidad histórica de Brown y la advertencia de Pears en el sentido contrario es reveladora para los lectores y sus interpretaciones del texto. Sin duda, Pears incorpora su admiración por el arte, los artistas y las obras de arte a sus otras, en una combinación de su entrenamiento como historiador del arte con su reconocimiento de que sus obras son ficción. De modo que hasta el lector más desprevenido sabe que lo que escribe Pears no es historia. En cambio, la afirmación de autenticidad y veracidad que hace Brown en su texto acerca de los "hechos" plantea una serie de incómodas preguntas, en particular porque muchos lectores se enteran de los temas históricos, teológicos y artísticos tratados en *Ángeles y Demonios* y en *El Código Da Vinci* exclusivamente a través de estos libros.

Una lectura atenta de *Ángeles y Demonios* y de *El Código Da Vinci* está llena de señales de alarma para eruditos y críticos, pues Brown mezcla hechos y realidad en forma tan generosa y pareja que quien no conozca estos temas se confundirá fácilmente. En este orden de ideas, ni Brown ni su héroe Robert Langdon parecen interesados en apreciar pinturas ni esculturas por su valor artístico intrínseco. Más bien, su atractivo se basa en su empleo como indicios en los juegos intelectuales que se desarrollan en sus tramas, transformando a un sutil y complejo artista como Bernini en un escultor que incorporaba obvios mensajes codificados a su obra.

Pero para mí, Brown, con su afirmación de que lo que dice es cierto, daña al arte y a sus lectores. Confunde un género literario y los elementos de ficción con investigación académica y hechos históricos y, al hacerlo, se hace vulnerable a un escrutinio crítico del que normalmente las obras de ficción no son objeto. A medida que más y más ojos críticos se centran en sus textos, se evidencia en forma creciente la forma en que ha mezclado hechos y ficción. Este escrutinio no lo realizan sólo críticos y estudiosos, sino, cada vez más, lectores intrigados por las ideas e interpretaciones que Brown presenta como reales. Tales lectores suelen decepcionarse cuando se enteran de que Bernini no era miembro de los illuminati y que el empleo que éste hace de símbolos y simbolismo no refleja antiguos misterios ocultos sino la teología oficial del catolicismo romano de la era barroca. No cabe duda, en las vidas de todos hay lugar para novelas de acción, misterio o romance. Sin embargo, tantos lectores como autores deben ser cuidadosos a la hora de separar hechos y ficción en tales obras.

Ni lectores ni autores tienen ojos inocentes; todos tenemos preconceptos, como me ocurrió a mí con mi comprensión de Bernini, el simbolismo religioso y la historia de la Iglesia. Todos tenemos historias personales a través de las cuales filtramos lo que leemos. El arte ficción de Brown se dirige a aquellos que no viven dentro del marco de una religión institucionalizada pero anhelan espiritualidad o fe, así como a aquellos que no están familiarizados con la crítica de arte y quieren saber más, pero sin recurrir al conocimiento especializado de los eruditos. Para este amplio sector, el "Arte" se caracteriza por ser "para la elite", en particular esa elite que tiene el ocio y los recursos financieros para estudiar y ver las obras de arte en sus emplazamientos originales. Esta interpretación y apreciación del arte como fenómeno elitista, combina bien con la idea de "códigos secretos" contenidos en las imágenes y símbolos y acepta las afirmaciones de Dan Brown respecto de una conspiración de elite que rige la cultura a través de ese código de símbolos e imágenes ocultos en obras de arte. Además, para muchos lectores de *Ángeles y Demonios* y de *El Código Da Vinci*, la religión institucional se percibe como "gnosis secreta" —que esconde significados secretos en sus rituales y mensajes ocultos en sus enseñanzas. Así, la fundamental desconfianza por la religión y específicamente de la religión organizada tan frecuente entre los Padres Fundadores perdura, tal vez en forma más abierta, en los Estados Unidos de hoy.

Esta aura de conspiración vinculada a la religión organizada se ha visto reforzada por el escándalo de los abusos sexuales cometidos por sacerdotes de la Iglesia católica romana. Tales desdichadas realidades han reafirmado el difundido error de considerar que la naturaleza del cristianismo es conspirativa, reforzando así el contexto de las novelas conspirativas de Brown. Después de más de un año en la lista de bestsellers del *New York Times*, aun a los más severos críticos de Brown no les queda más que aceptar su inmensa popularidad, que se ha extendido al mundo entero. Si bien la popularidad no hace que una obra de arte ni literatura sea históricamente relevante, sí permite que el historiador de la cultura considere y evalúe las tendencias de opinión del común de la gente. Eso es lo que Brown ha hecho tan bien —ha reconocido que el lector general educado disfruta la emoción de descubrir significados secretos previamente "ocultos" en esas obras de arte, se entere de fragmentos de historia y descifre el significado "secreto" de los símbolos visuales.

Lamentablemente, tengo la impresión de que Brown está satisfecho con la extraordinaria popularidad de *Ángeles y Demonios* y *El Código Da Vinci*. Al mismo tiempo, parece no hacerse cargo de la responsabilidad de trazar para sus lectores una clara línea divisoria entre la historia del arte y su empleo de intrigantes especulaciones en su expansión de los límites de su género literario original de *thrillers* conspirativos al mundo del arte ficción. Reconozco que serán muchos más los lectores que aprendan acerca de Bernini y sus esculturas en las páginas de *Ángeles y Demonios* que los que lo hagan a través de todos los estudios académicos sobre Bernini que existan. Así que, me pregunto, ¿pedirle a Dan Brown que cambie sus aseveraciones de autenticidad por una afirmación más matizada, como la Iain Pears sería esperar demasiado de él?

Colaboradores

DAN BURSTEIN es coeditor, junto a Arne de Keijzer, de *Los secretos de Ángeles y Demonios: la guía no autorizada al bestseller*. También fue editor de *Los secretos del Código: la guía no autorizada a los secretos detrás de* El Código Da Vinci, que pasó más de cinco meses en la lista de bestsellers del *New York Times* en 2004 y que hasta ahora ha aparecido en diecinueve traducciones.

Fundador y administrador de Millennium Technology Venture Advisors, una compañía de inversiones de riesgo con base en Nueva York, la tarea de Burstein se centra en la inversión en empresas de producción de tecnologías innovadoras. Es un periodista premiado y autor de varios libros sobre economía y tecnología global, incluyendo un próximo libro sobre el fenómeno del blog, *BLOG! How the Web's New Mavericks Are Changing the World*.

Yen!, el primer libro de Burstein se centraba en el surgimiento del poder financiero japonés. A fines de la década de 1980 fue un bestseller internacional en más de veinte países. Su libro de 1995, *Road Warriors* fue uno de los primeros en analizar el impacto de Internet y de la tecnología digital en los negocios y en la sociedad. Su *Big Dragon* de 1998, escrito junto a Arne de Keijzer esbozaba el significado a largo plazo del papel de China en el siglo XXI. Burstein y de Keijzer han lanzado en forma conjunta una empresa editorial, Squibnocket Press, y en estos momentos trabajan en varios proyectos pioneros de la serie "Secretos", así como en otros temas.

Burstein fue durante mucho tiempo asesor del Blackstone Group, uno de los principales Bancos de inversiones de Wall Street. También es un destacado asesor de estrategias corporativas y ha sido consejero de presidentes de empresas, equipos administrativos jerárquicos y corporaciones globales como Sony, Toyota, Microsoft, Boardroom Inc. y Sun Microsystems.

ARNE DE KEIJZER. La obra publicada de Arne de Keijzer refleja su amplia gama de intereses. Ha escrito y editado libros acerca de varias disciplinas, desde negocios a viajes y desde religión a navegación. Fue el editor a cargo del anterior libro de esta serie, el bestseller del *New York Times*, *Los secretos del Código: la guía no autorizada a los secretos detrás de* El Código Da Vinci. Él y Dan Burstein son coautores de *Big Dragon*, un innovador análisis del futuro económico y político de China y de su impacto sobre el mundo y de *The Best Things Ever Said About the Rise, Fall and Future of the Internet Economy*. En el transcurso de su carrera como asesor de negocios con China escribió *China: Bussinness Strategies for the '90s* y *The China Guidebook*. Vive en Weston, Connecticut y Martha's Vineyard, Massachusetts, con su esposa Helen y su hija Hannah.

AMIR D. ACZEL fue profesor de matemáticas y estadística en el Bentley College de Waltham, Massachusetts, entre 1988 y 2003. Sus obras de no ficción incluyen los bestsellers internacionales *Fermat's Last Theorem*, traducido a diecinueve idiomas. Sus otros libros incluyen *The Mystery of the Aleph*, *God's Equation*, *The Riddle of the Compass* y *Entanglement: The Great Mystery of*

Physics, todos los cuales han aparecido en diversas listas de bestsellers de los Estados Unidos y el exterior. Aczel es participante habitual del circuito de conferencias, la radio y la televisión. Recientemente recibió una beca de la John Simon Guggenheim Memorial Foundation Fellowship para financiar la preparación de su próximo libro, *Descartes' Notebook*.

DIANE APOSTOLOS-CAPPADONA es profesora adjunta de arte religiosa e historia cultural en el Centro para la Comprensión Cristiano-Musulmana y profesora adjunta de arte y cultura en el programa de estudios liberales de la Universidad de Georgetown. Es una ampliamente publicada historiadora de la cultura especializada en arte religiosa y actualmente está completando su *Mary Magdalene Imaged Through the Centuries, Or How the Anonymous Became the Magdalene*. Escribió el prólogo de *Sacred and Profane Beauty: The Holy in Arts* de Gerardus van der Leeuw, y está editando dos antologías de fuentes y documentos del arte y la simbología cristianos. La profesora Apostolos-Cappadona también colaboró en el libro anterior de esta serie, *Los secretos del Código*.

MICHAEL BARKUN es profesor de ciencia política en la Maxwell School de la Universidad de Syracuse. Ha escrito numerosas obras sobre teorías de la conspiración, terrorismo y movimientos milenaristas y apocalípticos. Su libro *A Culture of Conspiracy: Apocalyptic Visions in Contemporary America* fue publicado por la University of California Press en 2003 y editado en Japón al año siguiente. También es autor de *Religion and the Racist Right, Crucible of the Millenium* y de *Disaster and the Millenium*. Ha sido consultor del FBI y ha recibido becas de la Harry Frank Guggenheim Foundation, la Ford Foundation y el National Endowment for Humanities.

PAUL BERGER es un escritor independiente y periodista británico con base en Brooklyn. Fue reportero del *Western Morning News* de Cornualles, Inglaterra, donde ganó el Society of Editors Award. En los Estados Unidos ha contribuido al *Washington Post, US News & World Report*, y a la *Graham Gazette*.

AMY D. BERNSTEIN es una autora y académica especializada en literatura e historia del Renacimiento. Egresada del Wellesley College, se doctoró en literatura francesa del siglo XVI en la Universidad de Oxford. Su tesis doctoral, completada en 2004, incluyó una nueva edición de los sonetos de Jacques de Billy de Prunay, un monje benedictino, escritor y traductor de Gregorio Nacianceno y otros escritores patrísticos. También ha escrito para *US News & World Report*, contribuido a *Los secretos del Código* y editado *Quotations from Speaker Newt; The Red, White and Blue Book of the Republican Revolution*.

PETER W. BERNSTEIN, socio junto a Annalyn Swan en ASAP Media fue el editor de colaboraciones de este libro. Fundada en 2003, ASAP Media es una firma de desarrollo en medios cuyos clientes incluyen al *Reader's Digest Association, US News & World Report*, y el *Boston Globe*, además de otras compañías y organizaciones sin fines de lucro. También fue editor en Times Books, una división de Random House, Inc. Además, es un autor de éxito. Es editor y ha publicado la *The Ernst & Young Tax Guide*, la principal guía fiscal del país. Es coautor de *The Practical Guide to Practically Everything* y, junto a su esposa Amy editó *Quotations from Speaker Newt; The Red, White and Blue Book of the Republican Revolution*.

JAMES CARLISLE es un inversor de capitales de riesgo, asesor de presidentes de empresa, científico y empresario. Jim ha realizado investigaciones para la defensa financiadas por ONR, DARPA, NSF, RAND Corporation y el Departamento de Defensa. Ha diseñado avanzados sistemas de respaldo de decisiones para ejecutivos de grandes corporaciones, así como para la Secretaría de Defensa de los EUA. Es ingeniero egresado de Princeton y tiene un doctorado de Yale. Las actuales actividades de inversión e investigación de Jim incluyen aplicaciones de biometría para la defensa territorial, acceso, automatización del hogar, diagnóstico médico, comercialización de productos y control de inventarios. Es socio administrador de Graystone Capital.

JENNIFER CARLISLE, autora de *B.I.S. Biometric Identification System: A Radical Proposal for Solving the Identity Problem in a Time of Heightened Security*, es experta en biometría, seguridad internacional y economía. Es presidenta de Anzon Research, que ha completado recientemente un estudio sobre el empleo de verificación biométrica de identidad de pasajeros y empleados en el acceso a aeropuertos. Se graduó con honores en relaciones internacionales y economía en la Universidad de California del Sur. Ha enseñado ciencia y economía a aspirantes a estudiantes y a trabajado en comercialización para Credit Suisse y para una empresa de Internet ulteriormente adquirida por Answerthink Consulting. En estos momentos estudia en la London School of Economics.

JOHN CASTRO es un escritor, editor e investigador con base en Nueva York. Ha trabajado en publicaciones del líder de los derechos civiles Jesse Jackson, el periodista financiero Marshall Loeb y el inversor de Internet Charles Ferguson. John también es director de teatro, actor y dramaturgo particularmente amante de Shakespeare. John ha colaborado en el anterior libro de esta serie, *Los secretos del Código*.

JOHN DOMINIC CROSSAN, monje durante diecinueve años (y sacerdote durante los últimos doce de ese período) también fue profesor universitario durante veintiséis años. Ha escrito más de veinte libros sobre el cristianismo primitivo y ha sido traducido a diez idiomas, entre ellos, coreano, chino y japonés. Da conferencias para público general y especializado en los Estados Unidos, Australia, Inglaterra, Finlandia, Irlanda, Nueva Zelanda, Escandinavia y Sudáfrica. Los medios electrónicos e impresos lo entrevistan frecuentemente sobre temas religiosos.

PAUL DAVIES es profesor de filosofía natural en el Australian Center for Astrobiology en la Universidad Macquaire de Sydney, Australia. Ha enseñado astronomía, física y matemáticas en las universidades de Cambridge, Londres, Newcastle upon Tyne y Adelaide. Sus investigaciones han versado sobre cosmología, gravedad y teoría de campos cuánticos, con particular énfasis en los agujeros negros y el origen del universo. Ha escrito más de veinticinco libros, incluyendo *Other Worlds*, *The Edge of Infinity*, *God and the New Physics* y *The Mind of God*. En 1995, ganó el Premio Templeton.

RICHARD DAWKINS, ganador del premio International Cosmos en 1997, es el primer titular de la recién creada cátedra Charles Simonyi para la comprensión pública de la ciencia de la Universidad de Oxford. El primer libro del profesor Dawkins, *The Selfish Gene*, fue un bestseller inmediato y *The Blind Watchmaker* ganó el premio de literatura de la Royal Society y el Book Prize del *Los Angeles Times*. Entre sus otros bestsellers se cuentan *Climbing Mount Improbable*, *Unweaving the Rainbow* y *The Ancestor's Tale*. Los premios ganados por el profesor Dawkins incluyen la medalla de plata de la Zoological Society de Londres, el Michael Faraday Award de la Royal Society, el premio Nakayama para los logros en ciencia humana y el premio Kistler. Tiene doctorados honorarios en ciencia y en literatura e integra la Royal Society of Literature además de la Royal Society.

HANNA DE KEIJZER estudia ciencia cognitiva, religión y danza en el Swarthmore College. Es una poetisa publicada.

JUDITH DE YOUNG es una reportera investigadora para la revista *Vanity Fair*. También es una escritora independiente cuyo trabajo ha aparecido en *Marie Claire*, *McCall's*, *PC Magazine* y *Working Woman*. Ha pertenecido al staff de revistas como *Lear's* y *Connoisseur*. Estudió historia del arte en la Sorbona de París.

DAVID DOWNIE es un escritor independiente, editor y traductor con base en Europa. Sus temas son la cultura europea, los viajes y la comida, y sus artículos han aparecido en más de cincuenta revistas y periódicos de todo el mundo. Es autor de varios libros de ficción y no ficción. HarperCollins USA publicó su último libro de cocina, aclamado por la crítica, *Cooking the Roman Way: Authentic Recipes from the Home Cooks and Trattorias of Rome*. Actualmente trabaja en una compilación de ensayos de viaje llamada *Paris, Paris* y en una guía de Roma, ciudad donde pasa parte del año desde su infancia, para el amante de la comida. Downie también colaboró en el anterior libro de esa serie, *Los secretos del Código*.

GLENN W. ERICKSON ha enseñado filosofía en Southern Illinois University, Texas A&M University, Western Carolina University y la Rhode Island School of Design, así como en cinco universidades federales en Brasil y Nigeria, a veces como ganador de una beca Fullbright. Es autor de una docena de libros de filosofía (*Negative Dialectics and the End of Philosophy*), lógica (*Dictionary of Paradox*, junto a John Fossa), poesía, cuentos, historia del arte (*New Theory of the Tarot*) y la historia de las matemáticas. Erickson también colaboró en el anterior libro de esta serie, *Los secretos del Código*.

LEIGH-ANN GEROW es una escritora y diseñadora gráfica independiente. Ella y su compañera, Nancy Ross, diseñan y administran una cantidad de sitios web. Viven en Las Vegas, Nevada, rodeadas de miles de libros y de demasiadas mascotas.

OWEN GINGERICH es profesor de investigación astronómica y de historia de la ciencia en la Universidad de Harvard y astrónomo emérito jefe del Smithsonian Astrophysical Observatory. Es una destacada autoridad en el astrónomo alemán Johannes Kepler y en Nicolás Copérnico. El profesor Gingerich ha editado, traducido o escrito veinte libros y cientos de artículos y reseñas. Es autor de *The Book Nobody Read: Chasing the Revolutions of Nicolaus Copernicus*, resultado de una investigación personal de tres décadas en torno a las *Revoluciones* de Copérnico. Su esposa y él viven en Cambridge, Massachusetts y son ávidos viajeros, fotógrafos y coleccionistas de caparazones y libros raros.

MARCELO GLEISER es titular de la cátedra Appleton de Filosofía Natural en Dartmouth College. Ha sido investigador del Fermilab y del instituto de física teórica de la Universidad de California. Ha sido uno de los sólo quince científicos en haber recibido el Presidential Faculty Fellows Award de la Casa Blanca y la National Science Foundation. Ha aparecido en muchos programas televisivos, incluyendo el documental de PBS *Stephen Hawking's Universe*. Gleiser es autor de *The Prophet and the Astronomer: Apocalyptic Science and the End of the World* y de *The Dancing Universe: From Creation Myths to Big Bang*. Actualmente trabaja en una novela sobre la vida de Johannes Kepler.

DEIRDRE GOOD es profesora de Nuevo Testamento en el Seminario Teológico General de Nueva York. Lee griego, copto, latín, hebreo, y algo de arameo. Se interesa especialmente por el empleo del griego que hace el autor del libro de Mateo y la forma en que éste usa tanto expresiones griegas de la traducción griega de la las escrituras hebreas (versión de los Setenta) como giros hebreos traducidos al griego. Sus publicaciones recientes incluyen un ensayo sobre María Magdalena para *Los secretos del Código* y un ensayo para la edición de abril de 2004 de *Episcopal Life* llamado "A Visual Narrative: Is Mel Gibson's Passion a Gospel for Our Time?". Su libro *Jesus the Meek King* apareció en 1999 y actualmente está terminando *Mariam, the Magdalen and the Mother*, que aparecerá en la primavera de 2005.

DEAN HAMER ha investigado la biología de la orientación sexual, la busca de emociones fuertes, la ansiedad, la ira y la adicción. Sus libros sobre estos temas, *Science of Desire* y *Living With Our Genes* fueron bestsellers en la categoría ciencia. Últimamente el doctor Hamer se ha interesado por la espiritualidad. En su nuevo libro, *The God Gene*, argumenta que nuestra inclinación hacia la fe religiosa no es un accidente; es parte de nuestra programación genética. Jefe de estructura y regulación genética en el instituto nacional del cáncer en Bethesda, Maryland, Hamer ha trabajado durante más de dos décadas en los institutos nacionales de salud. Ha aparecido en periódicos nacionales e internacionales, revistas y documentales. El doctor Hamer también aparece frecuentemente en televisión.

STEVEN J. HARRIS se licenció en física y se doctoró en historia de la ciencia. Ha enseñado en la Universidad de Harvard, la Universidad de Brandeis y Wellesley College, ganando dos premios a la calidad de la enseñanza. Sus dos principales áreas de interés son la revolución científica y la historia de la astronomía y la cosmología, en particular la actividad científica de los integrantes de la Compañía de Jesús en los siglos XVI a XVII. Harris es coeditor de una colección de ensayos en dos volúmenes sobre la

historia cultural jesuita y es autor de varios ensayos sobre la historia de la ciencia jesuita. Muchas de las reflexiones que hace en su entrevista se desarrollan en su ensayo "Roman Catholicism and Science Since Trent" de *The History of Science and Religion in the Western Tradition*.

MICHAEL HERRERA es un escritor independiente con base en Denver, Colorado. Es licenciado en historia y pasó muchos años estudiando para obtener un doctorado en cristianismo primitivo. Ahora trabaja como experto en relaciones públicas de la industria de la alta tecnología.

STEPHAN HERRERA es un periodista con base en Nueva York que ha pasado dieciocho años escribiendo sobre ciencia y tecnología para *The Economist*, *Nature*, *Forbes*, *Red Herring* y *The Acumen Journal of Science*. Actualmente es editor de ciencias de la vida de la *Technology Review* del MIT en Cambridge, Massachusetts. Su libro *Closer to God. The Fantastic Voyage of Nanotechnology* aparecerá en otoño de 2005. Stephan se licenció en economía y administración en Colorado State University y se doctoró en la Graduate School of Journalism de la Universidad de Columbia.

ANNA ISGRO es una escritora y editora independiente con base en Virginia septentrional. Fue editora asociada de la revista *Fortune* y editora de la hoja informativa corporativa *US News Bussiness Report*. Ha trabajado en diversos libros, por ejemplo, como editora administrativa de *The Practical Guide to Practically Everything* y editora de una obra académica sobre el poeta jesuita del siglo XVI Robert Southwell.

GEORGE JOHNSON escribe sobre ciencia para el *New York Times* desde Santa Fe, Nueva México, y ha ganado el premio AAAS al periodismo científico. Sus libros incluyen *Fire in the Mind: Science, Faith and the Search for Order* y *Architects of Fear: Conspiracy Theories and Paranoia in American Politics*. Es codirector del taller de ciencia-escritura de Santa Fe y se puede acceder a él mediante Internet en talaya.net. Su séptimo libro, *Miss Leavitt's Stars*, será publicado en la primavera de 2005.

Scott Kim ha sido diseñador de tiempo completo de acertijos visuales y juegos para Internet, juegos de computación, revistas y juguetes, desde 1990. Sus rompecabezas están en el espíritu del Tetris y de M.C. Escher —visualmente estimulantes, provocadores de reflexión, ampliamente atractivos y altamente originales. Ha creado cientos de rompecabezas para revistas y miles para juegos de computadoras. Le interesa especialmente diseñar rompecabezas diarios, semanales y mensuales para la web y para dispositivos portátiles.

Gwen Kinkead, una periodista premiada, ha colaborado en las páginas de ciencia del *New York Times*. Como editora de *Fortune*, se especializó en asuntos internacionales. En 1980, fue coganadora del prestigioso George Polk de periodismo cultural.

George Lechner es profesor adjunto de arte y cultura italiana en la Universidad de Hartford. Se doctoró en historia del arte en Bryn Mawr, especializándose en simbolismo religioso. Con la beca Whiting, pasó dos años en Roma investigando sobre Andrea Sacchi, un pintor barroco contemporáneo de Bernini, quien pintó un fresco de tema astrológico por encargo del papa Urbano VIII en el techo del palacio de éste. Lechner descubrió que las imágenes místicas del fresco estaban destinadas a inducir buena fortuna y proteger al Papa y a la Iglesia católica de los desafíos planteados por la Reforma protestante. Su tesis sobre el tema fue publicada en *Art Bulletin*.

Tod Marder es Profesor II (profesor distinguido), titular del Departamento de Historia del Arte en la Universidad Rutgers e integrante de la American Academy de Roma. Estudió historia del arte en la UC Santa Bárbara y egresó como master y doctor de la Universidad de Columbia en Nueva York, donde estudió con Howard Hibbard y Rudolf Wittkower. Ha publicado dos libros sobre la obra de Bernini: *Bernini's Scala Regia in the Vatican Palace*, *Architecture, Sculpture and Ritual* y *Bernini and the Art of Architecture*. Este último ganó el premio Borghese para el mejor tema de un extranjero sobre un tema romano. En este momento, el doctor Marder trabaja en un libro sobre nuevos desarrollos en los estudios de Bernini.

Jill Rachlin Marbaix es una escritora y editora independiente que cubre una amplia variedad de temas, desde negocios a educación a espectáculos. A lo largo de su carrera de veinte años ha trabajado como escritora y editora de varias revistas nacionales, incluyendo *TV Guide*, *People*, *US News & World Report*, *Ladies Home Journal* y *Money*.

Richard P. McBrien es titular de la cátedra de teología Crowley-O'Brien de la Universidad de Notre Dame, donde fue decano durante tres años lectivos del departamento de teología. Ha sido presidente de la Sociedad de Teología Católica de América. Es autor de veinte libros, incluyendo *Catholicism*, *Lives of the Popes* y *Lives of the Saints*. Aparece regularmente en televisión abierta como comentarista de eventos católicos y será el comentarista de ABC News para la próxima elección papal. El padre McBrien también colaboró en el anterior libro de esta serie, *Los secretos del Código*.

Mark Midbon es programador y analista jefe en la Universidad de Wisconsin. Como programador de computadoras, a comienzos de la década de 1990 automatizó las bibliotecas del campus de la Universidad de Wisconsin. Sus trabajos han tratado acerca de los modelos por computadora de Israel para la guerra de 1967 y del surgimiento de la firma de computación IBM. Ulteriormente trabajó en el programa Y2K de la Arizona State University, ocasión en la que se despertó su interés por la ciencia pura. Durante ese período escribió una serie de artículos para Internet sobre el sacerdote geólogo Pierre Teilhard de Chardin y el sacerdote astrónomo Georges Lemaître.

TOM MUELLER es un escritor con base en Italia. Sus trabajos han aparecido en *The New York Times*, *Atlantic Monthly*, *New Republic*, *Business Week*, *Best American Travel Writing* y otras publicaciones estadounidenses y europeas. Está completando una novela acerca de la construcción y reconstrucción de la basílica de San Pedro y también lo que denomina una "guía para el usuario" de la Roma subterránea, el vasto reino de templos, palacios, burdeles y modestos hogares que yacen sepultados bajo la ciudad moderna.

JOHN W. O'MALLEY, sacerdote jesuita, enseña historia de la iglesia en la Weston Jesuit School of Theology en Cambridge, Massachusetts. Ha dado muchas conferencias en los Estados Unidos, Europa y Asia sudoriental. Entre sus libros premiados se cuentan *The First Jesuits* y *Trent and All That*, ambos publicados por Harvard University Press. Miembro de la Academia Americana de Artes y Ciencias, también ha presidido la Asociación Histórica Católica Americana y la Renaissance Society of America. Su obra más reciente es *Four Cultures of the West*.

ALEXANDRA ROBBINS es una escritora que ha figurado en la lista de bestsellers del *New York Times* y conferencista, cuyos libros incluyen *Pledged: The Secret Life of So-*rorities*; Secrets of the Tomb: Skull and Bones, the Ivy League and the Hidden Paths of Power* y *Conquering your Quarterlife Crisis: Advice from Twentysomethings Who Have Been There and Survived.* Ha escrito para *Vanity Fair*, *The New Yorker*, *Atlantic Monthly* y el *Washington Post* entre otras publicaciones. Aparece regularmente en los medios nacionales y da frecuentes conferencias sobre sociedades secretas, problemas de los veintitantos años, la vida de los griegos, y la escritura. Se la puede contactar en www.alexandrarobbins.com.

WADE ROWLAND es autor de *Galileo's Mistake: A New Look at the Epic Confrontation between Galileo and the Church* y más de doce otros libros. Es un periodista premiado y productor televisivo de documentales y noticiarios. Actualmente es titular de la cátedra Maclean-Hunter de Ética en la Comunicación en la Universidad Ryerson de Toronto y enseña sobre la historia social de la tecnología de las comunicaciones en la Universidad Trent de Peterborough, Ontario. Rowland está completando un libro sobre las corporaciones y el eclipse de la moral llamado *Ethics and Artificial People*. Vive cerca de Port Hope, Ontario. Se puede contactar al doctor Rowland por medio de www.waderowland.com

SUSAN SANDERS es cofundadora y directora ejecutiva del Institute for Design and Culture de Roma. Es master de arquitectura de Georgia Tech y licenciada en arte en la Universidad de Georgia. A lo largo de la pasada década, Susan ha enseñado diseño arquitectónico en las universidades de Arkansas y Kansas y en el Savannah College of Art and Design, además de ser titular de la cátedra Hyde de excelencia en la Universidad de Nebraska. También fue directora creativa de Carrier Johnson Architects en San Diego, California. Actualmente reside en Roma.

David A. Shugarts es un periodista con más de treinta años de experiencia que ha trabajado en periódicos y revistas como reportero, fotógrafo, redactor y editor jefe. Creció en Darthmore, Pennsylvania y tiene una licenciatura en Inglés de la Universidad Leigh, tras la cual se desempeñó en el Cuerpo de Paz en África y se recibió como periodista en la Universidad de Boston. Ha escrito sobre aviación y navegación. Ha recibido cinco premios regionales y nacionales de la Aviation/Space Writers Association. Shugarts fue editor fundador de *Aviation Safety Magazine* en 1981 y de la revista *Powerboat Reports* en 1988. Como escritor, ha ccolaboró en una docena de libros, incluido *Los secretos del Código*. Como editor y administrador de producción, ha producido cientos de libros. Vive en Newtown, Connecticut.

Annalyn Swann, socia de Peter Bernstein en asap Media fue editora colaboradora para este libro. Fundada en 2003, asap Media es una firma de desarrollo en medios cuyos clientes incluyen al *Reader's Digest Association, US News & World Report*, y el *Boston Globe*, además de otras compañías y organizaciones sin fines de lucro. Swan ha sido redactora del equipo de la revista *Time*, crítica de música y editora de arte de *Newsweek* y editora jefe de *Savvy*. Junto al crítico de arte Mark Stevens ha escrito una biografía del pintor Willem de Kooning, que acaba de ser publicada por Knopf.

Greg Tobin es autor, editor, periodista y estudioso, actual encargado del *Catholic Advocate*, periódico de la archidiócesis de Newark, Nueva Jersey. Ha escrito libros de ficción y no ficción sobre la Iglesia católica, incluyendo *Conclave y Council*, dos novelas acerca del papado en el futuro inmediato; *The Wisdom of Saint Patrick*, meditaciones acerca del amado santo patrono de Irlanda; *Saints and Sinners*, una antología de escritos de católicos estadounidenses de la segunda mitad del siglo xx; y *Selecting the Pope: Uncovering the Mysteries of Papal Elections*, un manual acerca de la historia y el futuro de las elecciones papales dirigido a católicos y no católicos.

Neil deGrasse Tyson, astrofísico, nació y creció en la ciudad de Nueva York, donde asistió a la Bronx School of Science. Tyson luego se licenció en Harvard y se doctoró en Columbia. Sus intereses de investigación profesional incluyen la formación de las estrellas, las estrellas en explosión, galaxias enanas y la estructura de la Vía Láctea. Ha formado parte de dos comisiones presidenciales sobre el futuro de los Estados Unidos en el espacio. El doctor publica ensayos mensualmente en la revista *Natural History*. Entre los libros que ha escrito se cuenta su memoria *The Sky is not the Limit: Adventures of an Urban Astrophysicist* y *Origins: Fourteen Billion Years of Cosmic Evolution*.

Alex Ulam es un escritor independiente especializado en temas culturales. Sus trabajos han aparecido en *Discover, Archaeology, Wired, Architectural Record*, el *National Post of Canada* y otras publicaciones. Vive en la ciudad de Nueva York.

Steven Waldman es editor en jefe y cofundador de beliefnet.com. Previamente fue editor nacional de *US News & World Report* y corresponsal nacional de *Newsweek*. Ha sido editor del *Washington Monthly*, influyente revista política. Waldman fue principal consejero del presidente de la Corporation for National Service, la agencia gubernamental que administra AmeriCorps y otros programas de voluntarios.

James Wasserman ha estudiado esoterismo durante toda su vida. Sus escritos incluyen *Art and Symbols of the Occult* y *Aleister Crowley and the Practice of the Magical Diary*. Su edición para Chronicle Books del *Libro Egipcio de los Muertos* editado por el doctor

Ogden Goelet incluye un papiro a todo color con una traducción inglesa integrada. Su *The Templars and the Assassins* se ha traducido, hasta ahora, a cinco idiomas. Su discutido *The Slaves Shall Serve* define la libertad política en tanto valor espiritual y analiza la moderna tendencia al colectivismo. Actualmente colabora con Jon Graham en una traducción de *The Bavarian Illuminati and German Freemasonry {Los illuminati bávaros y la francmasonería alemana}* y escribe *The Illuminati in History and Myth*.

CYRIL H. WECHT está habilitado por la American Board of Pathology en patología anatómica, clínica y forense. Es forense electo del condado de Allegheny en Pittsburgh, Pennsylvania, y presidente del cuerpo de consejeros de instituto Cyril H. Wecht de ciencia forense y leyes de la Facultad de Derecho Duquesne. Ha realizado personalmente quince mil autopsias y ha supervisado, reseñado o sido consultado en otros treinta y cinco mil exámenes post mortem. El doctor Wecht ha escrito más de 475 publicaciones profesionales, y editado treinta y cinco libros. Suele ser convocado como experto en casos legales. También aparece regularmente en la televisión y la radio nacional y ha escrito varios libros acerca de casos célebres, incluyendo *Cause of Death*, *Grave Secrets*, y *Who Killed Jon Benet Ramsey?*

MARK S. WEIL es un destacado experto en el arte del escultor Gianlorenzo Bernini e imaginería barroca y enseña en la Universidad de Washington. Su tesis doctoral versó sobre las decoraciones de Bernini del Ponte Sant'Angelo (el Puente de los Ángeles que Robert Langdon atraviesa en busca de la guarida de los illuminati), y dio origen a su libro *The History and Decoration of the Ponte S. Angelo*. A lo largo de los últimos treinta años Weil ha ido cada año a Roma para realizar investigaciones en la biblioteca y los archivos vaticanos. Weil también es director del Mildred Lane Kemper Art Museum en la Universidad de Washington y director del centro de artes Sam Fox de esa universidad.

ROBERT ANTON WILSON es el aclamado autor de más de treinta libros. Fue editor asociado de *Playboy* a fines de la década de 1960, y es futurólogo, poeta, conferencista y cómico. Fue autor, junto a Robert Shea de la *Illuminatus! Trilogy*, que el *Village Voice* llamó "la mayor novela de culto de ciencia ficción desde *Dune*". La trilogía ha sido traducida a muchos idiomas y convertida en una épica teatral de diez horas de duración. En 1986, sólo diez años después de su publicación, *Illuminatus!* ganó el Prometheus Award como clásico de la ciencia ficción. Wilson es el protagonista de *Maybe Logic: The Lives and Ideas of Robert Anton Wilson*, una película de Lance Bauscher que ganó el premio al mejor documental en el festival de cine de San Francisco en 2004. Wilson enseña cursos online en la Maybe Logic Academy.

JOSH WOLFE es socio administrador de Lux Capital, donde se especializa en inversiones en nanotecnología. Anteriormente, trabajó con Salomon Smith Barney y Merrill Lynch y ahora participa del panel de asesores TechBrain de Merrill. Ha llevado a cabo investigaciones de punta sobre el sida y publicado en *Nature*, *Cell Vision*, y el *Journal of Leukocyte Biology*. Josh es autor del "Nanotech Report", de quinientas páginas. También es editor del *Forbes/Wolfe Nanotech Report* y escribe una columna en la revista *Forbes*. Como fundador de la NanoBussiness Alliance, Josh estuvo junto al presidente Bush en la Oficina Oval para la firma del acta de Investigación y Desarrollo en Nanotecnología en el Siglo XXI. *Red Herring* lo ha llamado "Mr. Nano". Steve Forbes lo ha denominado "la más destacada autoridad en nanotecnología de los Estados Unidos". Ha aparecido en *Bussiness Week*, el *New York Times*, el *Wall Street Journal* y aparece regularmente en CNBC. Josh se graduó con distinción en la Universidad Cornell.

Agradecimientos

Los secretos de Ángeles y Demonios, como su predecesor, Los secretos del Código, es una asombrosa historia editorial. En pocos meses fuimos capaces de ir del concepto a la librería, produciendo un libro colmado del conocimiento de grandes pensadores y brillantes escritores. Hemos concentrado conocimientos de categoría mundial en una diversidad de temas que van de la ciencia al arte y de la historia a la religión. Quienes estén familiarizados con las habituales limitaciones impuestas por la encantadora pero anticuada industria editorial a menudo nos preguntan cómo compilamos estos libros tan rápido. La respuesta es —aparte de no dormir y del gran apoyo de nuestras familias— que estos libros se basan en los esfuerzos de cooperación de una gran cantidad de personas de talento. Queremos agradecer a muchas de ellas por sus aportes.

En primer lugar, nuestra casa editora, CDS Books nos apoyó como un verdadero socio en cada paso del camino, ofreciendo toda la atención, ideas, recursos, conocimientos editoriales y capacidad de distribución que pueda esperar un autor. En especial, queremos agradecerle a Gilbert Perlman por compartir nuestra visión y mostrarnos cómo hacerla realidad. Una vez más, David Wilk fue nuestro hábil guía, infatigable maestro de ceremonias y alegre primer instigador desde el concepto hasta el libro terminado. Donna M. Rivera, editora administrativa de CDS Books fue la malabarista en jefe de las constantemente cambiantes versiones. También queremos agradecerle a Steve Black y al gran equipo de ventas de CDS; sus esfuerzos aseguraron el éxito de Los secretos del Código y le abrieron el camino al presente libro. El equipo de estrellas convocado para trabajar en muchos aspectos del diseño y la producción del libro incluyó a George Davidson, Leigh Taylor, Lisa Stokes, Gray Cutler y David Kessler. Un agradecimiento muy especial a Paul J. Pugliese por sus mapas y Elisa Pugliese por sus ilustraciones. En este libro, nos faltó la creatividad y la energía de Jaye Zimet, pero su espíritu estuvo con nosotros y la recordamos con amor.

También nos beneficiamos con el infatigable trabajo de un impresionante equipo de editores, entrevistadores y escritores. Nuestro agradecimiento a David A. Shugarts, Paul Berger, Peter Bernstein, Annalyn Swan, John Castro, Judy DeYoung, Anna Isgro, Gwen Kinkead, Jill Rachlin Marbaix y Alex Ulam.

El núcleo de Los secretos de Ángeles y Demonios es el conocimiento especializado de nuestros muchos expertos. Apreciamos profundamente los esfuerzos que todos ellos hicieron por responder a nuestras preguntas y proveer importantes y oportunas colaboraciones que enriquecen cada página del libro. Un gran agradecimiento a Amir D. Aczel, Diane Apostolos-Cappadona, Michael Barkun, Amy Bernstein, James Carlisle, Jennifer Carlisle, John Dominic Crossan, Paul Davies, Richard Dawkins, Hanna de Keijzer, David Downie, Glenn Erickson, Leigh-Ann Gerow, Owen Gingerich, Marcelo Gleiser (con un agradecimiento especial por habernos permitido apropiarnos de su frase "el hereje piadoso"), Deirdre Good, Dean Hamer, Steven Harris, Michael Herrera, Stephan Herrera, George Johnson, Scott Kim (con un agradecimiento especial por haber creado el ambigrama de *Secretos*), Paul Kurtz, George Lechner, Tod Marder (agradecimientos por la cartografía además de sus conocimientos sobre Bernini), Richard McBrien, Mark Midbon, Tom Mueller, John W. O'Malley, Alexandra Robbins, Wade Rowland, Greg Tobin, Neil deGrasse Tyson, Steven Waldman, James Wasserman, Cyril Wecht, Mark Weil, Robert Anton Wilson y Josh Wolfe.

Gracias por sus asistencia en Roma a Sergio Caggia de Nerone & Rome Made to Measure; Susan Sanders, directora ejecutiva del Institute for Design and Culture; Mauro Scarpati; y el Hotel Exedra.

Muchas personas han trabajado entre bambalinas para asesorarnos, estimularnos, compartir una gran idea con nosotros o asistirnos en las múltiples maneras que fueron necesarias para hacer de la serie *Secretos* el éxito de ventas en que se ha convertido. Nuestro agradecimiento a Danny Baror, Elkan y Gail Blout, David Burstein, Mimi Conway, Helen de Keijzer, Steve de Keijzer y Marni Virtue, Jelmer y Rose Dorreboom, Marty Edelston, Brian Flynn, Michael Fragnito, Peter Kaufman, Clem y Ann Malin, Lynn Northrup, Julie O'Connor, Cynthia O'Connor, Joan O'Connor, Michael Pricinello, Bob y Carolyn Reiss, Dick y Shirley Reiss, Stuart Rekant, Amy Schiebe, Sam Schwerin, Allan Shedlin, Bob Stein, Kate Stohr, Brian y Joan Weiss, Sandy West y Joan Wiley. También nos sacamos el sombrero ante el personal de la Biblioteca Pública Chilmak y la Biblioteca Pública Weston, así como ante Mike Keriakos, Nerissa Wels, Ben Wolin y el resto del equipo de Waterfront Media.

Dan Burstein y Arne de Keijzer

tranche sale GT 2009-04-06
légèrement gondolé A1 09/11